Bettina Hoeltje
Kinderszenen

BAND 73

REIHE »BEITRÄGE ZUR SEXUALFORSCHUNG«

ORGAN DER DEUTSCHEN GESELLSCHAFT FÜR SEXUALFORSCHUNG

HERAUSGEGEBEN VON MARTIN DANNECKER,
GUNTER SCHMIDT UND VOLKMAR SIGUSCH

Bettina Hoeltje

Kinderszenen

Geschlechterdifferenz und sexuelle

Entwicklung im Vorschulalter

Psychosozial-Verlag

Die Deutsche Bibliothek - CIP-Einheitsaufnahme
Kinderszenen :
Geschlechterdifferenz und sexuelle Entwicklung im Vorschulalter /
Bettina Hoeltje. - Unveränd. Neuaufl.. -
Gießen : Psychosozial-Verl., 2001
(Beiträge zur Sexualforschung ; Bd. 73)
Zugl.: Hannover , Univ., Diss., 1996
ISBN 3-89806-066-7

© 2001 Psychosozial-Verlag
Goethestr. 29, D-35390 Gießen,
Tel.: 0641/77819, Fax: 0641/77742
e-mail: info@psychosozial-verlag.de
www.psychosozial-verlag.de
Unveränderte Neuauflage der Ausgabe
des Ferdinand Enke Verlages, 1996
Umschlagabbildung: Pieter Bruegel d. Ä., Kinderspiele, 1560 (Ausschnitt)
ISBN 3-89806-066-7

Inhalt

Einleitung

In der Kritik an der Psychoanalyse ist immer wieder darauf hingewiesen worden, daß durch die Verengung des Blicks auf die Familie und auf die ersten drei Lebensjahre sowohl wichtige andere soziale Orte (peergroup, Kindergruppe, Schule etc.) als auch Lebensabschnitte (Schulzeit, Adoleszenz etc.) als Faktoren der geschlechtlichen Sozialisation übersehen werden (Mario Erdheim 1990, Regina Becker-Schmidt 1992, Ulrike Schmauch 1987, Ruth Großmaß 1989, Karin Flaake 1992 u.a.).

Auch in feministischen Reformulierungen der Psychoanalyse wurde diese eingeengte Fokussierung z.t. unhinterfragt übernommen. Exemplarisch seien hier Nancy Chodorow und Jessica Benjamin genannt. Chodorow (1986) richtet zwar ausdrücklich den Blick auch auf die Prozesse in der Adoleszenz, erklärt diese aber fast ausschließlich aus der Dynamik der frühen geschlechtlichen Sozialisation im Rahmen der Kleinfamilie. Ruth Großmaß (1989) kritisiert deshalb berechtigterweise, daß Chodorow aufgrund einer "Akzentuierung der frühkindlichen affektiven Beziehung" in der Kleinfamilie die affektiven Erfahrungen von Kindern in soziokulturellen Feldern "jenseits der Familiengrenze" wie peergroups etc. in ihrer Bedeutung nicht berücksichtigt. Und Mechthild Rumpf (1989: 65) schreibt in ihrer Auseinandersetzung mit dem Konzept von Jessica Benjamin (1982): "Die Fixierung auf frühe familiale Kindheitserfahrungen setzt heute jeder Aussage über die Ausbildung von Geschlechtsrollenstereotypen spezifische Grenzen. Ohne Berücksichtigung der außerfamilialen Erfahrungen und der Bedeutung der Adoleszenz gerät jede Analyse des familialen Geschehens in die Gefahr, einen Determinismus zu formulieren." Auch in neueren Publikationen dieser Autorinnen (Chodorow 1989; Benjamin 1990) bleibt die Adoleszenz praktisch unerwähnt.

Empirische Untersuchungen belegen, daß z.B. die Schule ein wichtiges soziales Feld über die Familie hinaus ist, in dem sich Geschlechterpolaritäten und geschlechtsspezifisch strukturierte Machtverhältnisse weiterentwickeln und verstärken, geschlechtlich geprägte Selbst- und Fremdkonzepte verändern und Brüche erfahren (Marianne Horstkemper 1987; Uta Enders-Dragässer/Claudia Fuchs u.a. 1988).

Mein Interesse gilt dem Zeitraum zwischen der frühen Familiensozialisation und dem Schuleintritt und hier speziell dem Spiel der Kinder miteinander. In Kindergärten und kindlichen Spielgruppen knüpfen Kinder ihre ersten sozialen Beziehungen zu "Gleichen", die nicht – wie Geschwister – eingebunden sind in das spezifische psychodynamische Konfliktfeld der Familie. Hier müßte sich beobachten lassen, ob und wie sich Kinder selbst entlang der Geschlechterdifferenz definieren und diese damit hervorbringen. Diese Fragen sind der Ansatz meiner Beobachtung kindlichen Spiels mit der Videokamera.

Mein Blick ist dabei kein biografischer und kein quantitativer; ich will nicht geschlechtspezifisches Verhalten im Vorschulalter nachweisen (im Sinne einer unterschiedlichen Häufigkeit bestimmter Verhaltensweisen) und keine Aussagen über dessen konkrete familiale oder soziale Konstitutionsgeschichte treffen. Mein Ziel ist es, zu sehen und – quasi unter dem Vergrößerungsglas der Mikroanalyse – zu zeigen, welche Rolle die Geschlechterdifferenz in diesem Alter spielt, welche inneren

Bilder und Deutungsmuster Mädchen und Jungen zum eigenen Geschlecht und dem jeweils anderen entwickeln, wie diese von den Kindern im Spiel in Szene gesetzt werden und die sozialen Beziehungen in der Kindergruppe strukturieren. Dies macht klar, daß es hier um zwei Aspekte der Geschlechtsidentität geht, die begrifflich auseinandergehalten werden müssen (Becker-Schmidt 1989): Geschlechtsidentität als psychosexuelles Ergebnis geschlechtsdifferenter Liebeserfahrungen, die zwar zusammenhängt – aber nicht deckungsgleich ist – mit der sozialen Positionierung eines Individuums aufgrund seines Geschlechts. Eine empirische Untersuchung zum Kinderspiel wird beides abbilden. Allerdings werde ich mich in erster Linie auf die Geschlechtsidentität im Sinne der für Mädchen und Jungen unterschiedlichen psychosexuellen Konfliktfelder konzentrieren und danach fragen, wie sich diese in Spielszenen zeigen und sich im gemeinsamen Spiel gegenseitig verschränken. Fragen nach einem mit dem Geschlecht zusammenhängenden "Oben und Unten", nach der sozialen Bewertung der Differenz etc. wären Bestandteile einer weiteren umfassenden Fragestellung. Diese Aspekte werde ich nur streifen, sofern dies vom Material aufgedrängt wird.

Meine Untersuchung ist also aufgespannt zwischen den Polen einer akribischen Beobachtung und Beschreibung des Geschehens einerseits und einer Interpretation andererseits, die – notwendig spekulativ – zum Ziel hat, frühe innere Bilder der Kinder in bezug auf die Geschlechterdifferenz und die damit verbundenen intrapsychischen Konflikte, die selbst nicht beobachtbar sind, zu erschließen.

In Kapitel 1 expliziere ich meine theoretischen Ausgangspunkte in bezug auf die geschlechtsspezifisch unterschiedlichen psychosexuellen Konfliktfelder für Mädchen und Jungen, in bezug auf die ontogenetische Aneignung einer Geschlechtsidentität und die Antriebskräfte dieses Prozesses. Diese Ausgangspunkte bilden die Interpretationsfolie für mein empirisches Material. Sie sind zum einen in der Freudschen Psychoanalyse zu finden; zum zweiten in Reformulierungen dieser Theorie durch Irene Fast (1991), Dorothy Dinnerstein (1979), Nancy Chodorow; im weiteren in der Kritik von Regina Becker-Schmidt und Mechthild Rumpf am objektbeziehungstheoretischen Aufgeben des Freudschen Triebkonzepts bei Nancy Chodorow und Jessica Benjamin; zum vierten beziehe ich mich auf Befunde in der Säuglingsforschung und die darauf aufbauenden Konzepte vom Selbst (Daniel N. Stern 1985) und komme dann unter bezug auf Alfred Lorenzer zur Frage des Zugangs zu intrapsychischen Konfliktkonstellationen über ein "szenisches Verstehen" des kindlichen Spiels.

In Kapitel 2 stelle ich die Ausgangspunkte meines methodischen Vorgehens dar. Diese sind zum einen Konzepte der sozialwissenschaftlichen Hermeneutik (Hans-Georg Soeffner 1989, Ulrich Oevermann et al. 1979, 1983); zum anderen die Kritik durch Jo Reichertz (1986, 1988) an der "Objektiven Hermeneutik" (seit Ende der 80er Jahre "Strukturale Hermeneutik") Oevermanns hinsichtlich der Begriffe von Struktur und Unbewußtem; zum dritten die Erweiterung des hermeneutischen Zugangs sowohl durch das psychoanalytische Unbewußte als auch durch Alfred Lorenzers (1983) "szenisches Verstehen".

In Kapitel 3 beschreibe ich mein Beobachtungsfeld, die Datenherstellung (Filmaufnahmen) sowie die Datenverarbeitung (Vertextung der gefilmten Interaktionssequenzen) und komme dann zur Inhaltsanalyse ausgewählter Spielszenen. Im letzten

Kapitel fasse ich meine Befunde zusammen und reflektiere die eingesetzte Methode.

Kapitel 1

Kinderszenen zur Geschlechterdifferenz

Einige Probleme feministischer Theorien zur Geschlechterdifferenz

Das zentrale Dilemma, das die Psychoanalyse Sigmund Freuds für die feministische Theorie darstellt, besteht darin, daß sie *einerseits* mit Triebkonzept, Metapsychologie und Kulturtheorie ein analytisches Instrumentarium zur Verfügung stellt, das brauchbar ist für die Aufdeckung von unterdrückten Bedürfnissen, brauchbar, Strukturen und kulturelle Bildungen der patriarchalen Gesellschaft (Tabus, Religion, Familie, politische Organisation etc.) als Ergebnisse des Schicksals dieser verdrängten Wünsche zu lesen. *Andererseits* aber war Freud trotz der aufklärerischen Potenz seiner Kategorien nicht in der Lage und nicht willens, in denselben Strukturen auch die Geschichte der Unterdrückung der Frau zu erkennen und versetzte sein theoretisches Gebäude mit Konstrukten – wie Ödipuskomplex und Penisneid –, in denen die hierarchische Geschlechterbeziehung und die Abwertung des Weiblichen legitimatorisch mystifiziert und biologisiert werden: Die Penislosigkeit des Mädchens wird zu seiner "organischen Minderwertigkeit", der Kinderwunsch zu einem biologisch fundierten Charakterzug der Frau (weil Kompensation des organischen Mangels), die Kastrationsangst des Jungen einseitig als Angst vor Verlust des Penis konzeptualisiert und nicht als (phantasierter) Verlust von weiblichen Fähigkeiten etc.

Irene Fast (1991) versucht demgegenüber "jenseits einer androzentrischen Psychoanalyse" (Christa Rohde-Dachser 1991) in einem psychoanalytisch-entwicklungspsychologischen Modell die Erkenntnis der Geschlechtszugehörigkeit als Entwicklungsaufgabe zu beschreiben, die für *beide* Geschlechter unvermeidlich mit dem "Gefühl des Verlustes oder der Beraubung" verbunden ist und mit der "Notwendigkeit, auf Eigenschaften des Selbst zu verzichten, die sie sich durch frühe Identifikationen angeeignet haben" (Irene Fast 1991: 11). Fast widerspricht Freud, der für Jungen *und* Mädchen eine primäre männliche Orientierung postulierte, die beim Mädchen durch die Erkenntnis seiner Penislosigkeit schmerzhaft beendet wird. Sie geht stattdessen von einer frühen undifferenzierten Phase aus, "in der die Selbstrepräsentanzen oder Identifikationen von Jungen und Mädchen männliche wie auch weibliche Eigenschaften umfassen" (ebenda). Vor diesem Hintergrund kommt Fast zu einer völlig anderen Sichtweise von Kastrationsangst, Kinderwunsch, weiblicher und männlicher Sexualität.

Zum "Kastrationsempfinden" beim *Mädchen* schreibt Fast (1991: 28f.): "Das Differenzierungsmodell deutet das Verlustgefühl des Mädchens, das sich im Gefolge der Entdeckung einstellt, daß der Junge einen Penis besitzt und es selber nicht, auf andere Weise. Das Verlustgefühl wird als Ausdruck der Erkenntnis des Mädchens betrachtet, daß ihm nicht alle sexuellen und geschlechtlichen Möglichkeiten offenstehen." Sie nennt diese Verlustgefühle "Überreste einer frühen Phase des Differenzierungsprozesses" und grenzt sich ab von Freud, der darin den Wunsch des Mädchens/der Frau gelesen hatte, real ein Mann zu sein: "Das heißt, daß das Verlangen des Mädchens nach einem Penis – nun auf die Geschlechtsdifferenzierung bezogen – ein Verlangen nach Unbegrenztheit mit all den Eigenschaften des frühen narzißtischen Erlebens ist und *kein* Verlangen nach einer realistischen differenzierten Männlichkeit" (ebd.: 29, Hervorheb. durch B.H.).

In bezug auf den *Jungen* bietet Fasts Differenzierungsmodell die Möglichkeit, die Kastrationsangst nicht nur als eine Angst vor dem Verlust von Männlichkeit und im Rahmen des Konfliktes mit dem Vater zu konzeptualisieren, sondern auch als Angst vor dem Verlust von Weiblichkeit als Bestandteil eines vollkommenen Selbst und im Konflikt zu der "von diesem Verlust nicht betroffenen Frau" (ebd.: 55), der Mutter. Die Abwertung des Weiblichen braucht nicht länger mit der "objektiven organischen Minderwertigkeit" der Frau erklärt zu werden, sondern kann als "Begleitaffekt" (ebd.: 56) gegenüber dem Geschlecht verstanden werden, das über sexuelle Möglichkeiten verfügt, die man(n) nicht hat.

Auch der Kinderwunsch erscheint in neuem Licht. Fast sieht in ihm "nicht allein eine Abkehr von der Mutter, sondern außerdem eine Identifizierung mit ihr und ihrer spezifischen weiblichen Gebährfähigkeit" (ebd.: 19). Nicht also Kompensation eines Mangels, sondern Bewußtwerdung und Annahme einer besonderen geschlechtlichen Fähigkeit.

Einen weiteren wichtigen Zugang zur Geschlechterdifferenz im Rahmen der psychoanalytisch orientierten feministischen Theorie bieten Nancy Chodorow und Dorothy Dinnerstein an (beide beziehen sich dabei nicht auf Fasts Modell): Sie gehen der Frage nach, welche psychosexuellen Folgen das "Muttern von Frauen" für die Geschlechtsidentität von Mädchen und Jungen hat. Chodorow (1986) untersucht die Psychogenese der Geschlechterdifferenz in der Familie und zeichnet nach, wie die spezifische, also unterschiedliche psychosexuelle Verfaßtheit der beiden Geschlechter als Folge der geschlechtlichen Arbeitsteilung bei der Reproduktion der Gattung entsteht und diese damit wieder reproduziert. Chodorow argumentiert, daß die "asymmetrische Organisation der Elternschaft", "die unserer Familienstruktur zugrunde liegt", bereits ganz früh – in der präödipalen Phase – Geschlechtsunterschiede produziere. Sie schreibt: "Die präödipale Liebe zur Mutter, die Beschäftigung mit präödipalen Themen ist bei Mädchen in bestimmter Weise verlängert, bei Knaben nicht" (Chodorow 1986: 143).

Präödipale Themen sind für Chodorow die Prozesse von Individuation und Abgrenzung des kleinen Individuums von der ersten Bezugsperson. Sie greift damit ein Thema der kognitiven Entwicklungspsychologie auf, die sich seit Piaget (also seit ca. 1930) mit Aufbau und Stadien der intellektuellen Leistung des Kindes beschäftigt (Subjekt-Objekt-Differenzierung; konstantes Objekt; Egozentrismus etc.). Die Unterschiede zwischen Mädchen und Jungen in dieser frühen Phase der Individuation sieht Chodorow so: Die Abgrenzung und das Gefühl und Wissen eines separaten Selbst gelinge dem Jungen früher, weil die Mutter ihn als gegengeschlechtlich, also als sexuell Anderen erlebe und deshalb früh in eine ödipale, d.h. "in eine sexualisierte, genital getönte" (ebd.: 144) Beziehung treibe. Chodorow nimmt an, daß "Männlichkeit und geschlechtliche Verschiedenheit ('ödipale' Themen) mit Fragen der Separation-Individuation ('präödipale' Themen) im Leben von Knaben fast von Anfang an miteinander verknüpft werden". Die präödipale Phase des Mädchens dagegen dauere länger, weil Mütter ihre Töchter – da gleichgeschlechtlich – "nicht in gleicher Weise verschieden von sich selbst" erleben, "sie als weniger separat empfinden" (ebd.: 143); weil die Mütter ihre Töchter deshalb nicht frühzeitig in eine ödipale, also sexualisierte Beziehung treiben. Dies führt nach Chodorow zu größeren Schwierigkeiten bei Töchtern, Ich-Grenzen zu entwickeln und dazu, "daß Frauen offener für Beziehungsfragen sind, die für das Muttern gebraucht werden" (ebd.: 145).

Regina Becker-Schmidt (1992: 149f.) kritisiert an Chodorow deren Ablehnung des Triebkonzepts und zeigt, welche Konsequenzen dies für eine Theorie weiblicher Sexualität hat: "Wir stoßen zum einen auf eine inadäquate Rezeption des Freudschen Triebkonzepts. In objektbeziehungstheoretischen Positionen (z.B. bei J. Benjamin und N. Chodorow) wird die Genitalisierung des Sexualtriebes zunächst zurecht als phallokratische Konstruktion kritisiert, dann aber der Freudsche Triebbegriff insgesamt als biologistischer mißverstanden und verworfen. Das hat Konsequenzen für die Analyse der Tochter-Mutter-Beziehung, in der die homoerotische Komponente als sexuelle tabuisiert wird." Und weiter: "Die Entwicklung des Mädchens ist nach Chodorow also eine zur Mütterlichkeit, nicht aber eine zur Frau mit ausgeprägten sexuellen Bedürfnissen. Diese Sichtweise ist meines Erachtens durch eine objektbeziehungstheoretische Entscheidung vorprogrammiert: es gibt keine infantile Sexualität, kein weibliches Begehren in den präödipalen Phasen. Die Mutter-Tochter-Beziehung basiert auf primärer Liebe und ist als solche eine zielgehemmt-libidinöse. (...) Und auch das Mädchen besetzt die Mutter nicht sexuell-libidinös. Die sexuelle Beziehung wird der gegengeschlechtlichen vorbehalten – weibliche Homosexualität wird nicht thematisiert" (ebd.: 155).

In einem anderen Text (1991: 74) sagt Becker-Schmidt: "Die Mutter ist nicht die falsche Sexualpartnerin, sondern für das Mädchen das homosexuelle Liebesobjekt und für den Jungen das andere Geschlecht. Doch diese Differenz kann eine Psychoanalyse nicht denken, die den Phallus mythologisiert, indem sie ihn verabsolutiert."

Anhand eines Zitats läßt sich zeigen, wie Chodorow (1986: 140) die Möglichkeit einer erotischen Beziehung von Mutter zu *Tochter* an einer Stelle übersieht, an der sie ausdrücklich auf die Möglichkeit einer "explizit sexuellen Beziehung zwischen Mutter und *Sohn*" hinweist. So schreibt sie unter Bezug auf Whiting et al. (1958): "Darüberhinaus halten sie auch eine explizit sexuelle Beziehung zwischen Mutter und *Sohn* für möglich. Sie zitieren 'klinische Belege, die vermuten lassen, daß zumindest manche Frauen in unserer Gesellschaft das Stillen als sexuell befriedigend empfinden', und Berichte aus einer Gesellschaft mit nachgeburtlichen Geschlechtsverkehrtabus und Mutter-*Kind*-Schlafarrangements, in denen die Frauen während der Stillperiode kein Verlangen nach Geschlechtsverkehr hatten. Sie 'halten es für möglich, daß Mütter durch das Stillen und durch das Umsorgen ihres *Kindes* eine Art sexuelle Ersatzbefriedigung erleben'" (Hervorheb. durch B.H.).

Es ist verblüffend, zu sehen, wie hier von Chodorow das "Kind" nur als "Sohn" gedacht wird; das Verführerische ereignet sich nur in bezug auf das andere Geschlecht; eine Mutter, bei der sich während des Stillens ihrer Tochter sexuelle Gefühle einstellen, wird nicht gedacht, darf nicht gedacht werden. Hier wird sehr deutlich, worauf Becker-Schmidt (1992: 158) hinweist: Daß die Aufgabe des Triebkonzepts zugunsten einer asexuellen "primären Liebe" in bezug auf die weibliche Sexualität u.a. darauf hinausläuft, "der gesellschaftlichen Desexualisierung der Frau als Mutter nur eine neue Begründung hinzu(zufügen)."

Von hier aus läßt sich nach Becker-Schmidt dann "ein anderer Grund (...) als Freud ihn nennt" angeben für die Abwendung des kleinen Mädchens von der Mutter und die Hinwendung zum Vater, für die Abwendung von der homoerotischen Beziehung hin zur Heterosexualität; nicht Penisneid bzw. Zorn "auf die mangelnde phallische Ausstattung durch die Mutter", sondern: "Der Grund könnte enttäuschte Liebe sein. Die Tochter sieht, daß die erotischen Triebe der Mutter, ihre Libido, dem Vater und dem Sohne gelten – also heterosexuellen Beziehungen. Die Tochter würde sich aus Eifersucht von der Mutter abwenden" (ebd.: 160).

Daß die objektbeziehungstheoretische Kritik am Triebkonzept für Autorinnen wie Chodorow so attraktiv ist, hängt mit der zentralen Schwierigkeit zusammen, die feministische Theoretikerinnen mit den Freudschen Thesen über die Geschlechterdifferenz, die weibliche Sexualität und deren angebliches biologisches Fundament haben müssen. Mit ihrem Bezug auf die Objektbeziehungstheorie greifen sie eine wichtige Denkbewegung innerhalb der Psychoanalyse auf, deren zentrales Motiv in der Herauslösung des Psychischen aus seiner Einbettung ins Somatische bestand und besteht. Die Kontroverse entzündete sich an dem Vorwurf gegen Freud, er habe lediglich physiologische (Trieb-)Bedürfnisse des Säuglings benannt, nicht dessen Grundbedürfnis nach menschlichem Kontakt; er habe die frühkindliche Entwicklung biologisch-deterministisch gesehen; er habe den Säugling "objektlos" und "asozial" konzipiert. Der Libido Freuds wurde eine asexuelle "primäre Liebe" gegenübergestellt.

Hierzu muß man allerdings einräumen, daß es Formulierungen von Freud gibt, die von einer "objektlosen Zeit" in der Frühphase des Individuums sprechen (1912/13; 1982, Bd. IX: 377). In diesem Sinne sind seine Aussagen zum "Autoerotismus" und "Narzißmus" des Säuglings[1], zum "Autismus"[2] und zur "Reizschranke"[3] immer wieder in der Richtung mißverstanden worden, er habe den Säugling als beziehungslos konzipiert. Daß es sich hier um Mißverständnisse handelt, wird deutlich, wenn man Freuds Aussagen im Kontext seiner Triebtheorie liest; dies versuche ich in den untenstehenden Anmerkungen zu belegen. Zusammenfassend an dieser Stelle nur soviel: Freuds Triebkonzept ist ohne Objekte nicht zu denken, und zwar vom ersten Moment der Ontogenese an. Trotz seiner Formulierung von einer "objektlosen (frühen) Zeit" nennt er die spätere "Objektfindung" so auch "Wiederfindung" des ersten Objekts. Dieses erste Objekt ("die Mutterbrust") bildete der Sexualtrieb zu einem Zeitpunkt, zu dem dieser noch nicht von Selbsterhaltungstrieben geschieden war. Mit dem Konzept einer "objektlosen" Phase des Sexualtriebes ging es Freud darum, die Entwicklung der einzigartigen Fähigkeit der menschlichen Psyche zu erfassen, sich – zeitweilig und unter der Bedingung nicht völliger sozialer oder physischer Deprivation – durch Phantasie und mentale Repräsentanz im Wünschen und Befriedigen des Triebes unabhängig zu machen von den Objekten der Außenwelt. Hiermit hat Freud in den Körperreizen, in der Libido *einerseits* das Movens der Vergesellschaftung des Subjekts gesehen (der Trieb treibt zum Objekt) und *andererseits* die treibende Kraft bei der Entwicklung von Repräsentanzen (sowohl des Triebes selbst als auch seiner Objekte).

Abgesehen von dem Problem der Dynamik der geschlechtlichen Entwicklung stellt sich weiter die Frage, wie die frühe ontogenetische Entwicklung in ihren kognitiven und affektiven Aspekten (und hier speziell die Aneignung einer Geschlechtsidentität) verläuft. Dieses beschriebe ein Projekt der Vermittlung von (feministischer) psychoanalytischer Theorie, kognitiver Entwicklungspsychologie und Säuglingsforschung.

Piagets Konzepte der kindlichen Aneignung der Welt, der stufenweisen Entwicklung der Intelligenz von ersten sensomotorischen Schemata bis zu abstrakten Denkoperationen, seine Modelle von Objektkonstanz, Subjekt-Objekt-Differenzierung, von Egozentrismus und anschließender Dezentrierung des kindlichen Weltbildes – sowohl in bezug auf die gegenständliche als auch in bezug auf die soziale Umwelt – alle diese Themen sind in die psychoanalytische Debatte eingegangen, ebenso wie die Auseinandersetzung über die Berechtigung dieser Konzepte. So findet sich bei psychoanalytischen TheoretikerInnen wie Edith Jacobson, Margaret Mahler, Otto F. Kernberg ein Konzept von "Symbiose", das auf der Annahme des Fehlens einer Subjekt-Objekt-Differenzierung beim Säugling basiert, auf der Vorstellung also, er unterscheide lange Zeit nicht zwischen sich und seiner Pflegeperson, fasse diese als Erweiterung seines eigenen Selbst auf, sei "autistisch" nur auf sich bezogen etc.

Innerhalb der kognitiven Entwicklungspsychologie gibt es seit längerem eine umfangreiche Kritik an Piagets Stufeneinteilung, Untersuchungen über die Fähigkeiten zum "role taking" (John H. Flavell 1975) und Befunde zum empathischen Verhalten (Martin L. Hoffman 1975, 1978, 1982, 1984) bei kleinsten Kindern, die dem Konzept der egozentrischen Beschränkung des sozialen Verhaltens von Kindern in der präoperationalen Phase widersprechen (siehe auch Helene Borke 1971, 1972, 1973, 1975). Dies alles hat zur Revision der Auffassung geführt, vor dem Stadium des konstanten Objekts liege eine Phase der völligen Nichtdifferenzierung zwischen Selbst und Umwelt, zwischen Subjekt und Objekt.

Die Säuglingsforschung hat in den letzten Jahrzehnten darüber hinaus faszinierende Daten geliefert, die deutlich machen, daß die sozialen und repräsentationalen Kompetenzen des Säuglings weit unterschätzt wurden (Joseph D. Lichtenberg 1991, Daniel N. Stern 1985). Die von diesen Autoren entwickelte Gegenposition zum Symbiose- und Nicht-Differenzierungs-Paradigma ist dabei aber keineswegs eine, die von einer voll entwickelten Subjekt-Objekt-Differenzierung von Geburt an ausgeht. Stern z.B. leistet sprachlich sehr sensible Versuche, die Entwicklung dieser psychischen Struktur von ihren ersten Anfängen bis zur vollen Ausbildung zu beschreiben; er spricht vom "sense of an emergent self" und dem eines "emergent other", das sich in der Interaktion des Säuglings mit seiner Umwelt herausbildet, von dem Beginn eines Gefühls von Intention im Zusammenhang mit den ersten sensomotorischen Schemata (hand-to-mouth-pattern), von einer Ahnung der Kontinuität und Kohärenz der eigenen Person über die Zeit, von der ganz frühen Erfahrung von Konsequenzen der eigenen Aktion, die begleitet wird durch die kontingent ablaufenden proprioceptiven Sensationen und den Eintritt von Handlungserfolgen und so in ihren kognitiven Facetten befestigt werden. Stern arbeitet die Rolle der Propriozeption bei der Entwicklung der Self-Other-Distinction heraus: Die sensorische Rückmeldung der Muskelanstrengung bei einer eigenen Handlung markiert einen Unterschied zwischen dem Sichbewegen und dem Bewegtwerden als Folge der Aktion eines anderen; und es muß einen zentralen Unterschied machen, ob ich an meinen eigenen Fingern sauge oder an etwas, das mir kein Gefühl, besaugt zu werden, zurücksendet (Vaters Finger, Mutters Brust, Sauger etc.). Stern stellt in Abgrenzung zu psychoanalytischen Konzepten die These auf, es gebe keine Phase der völligen Undifferenziertheit; er widerspricht der Vorstellung von Symbiose als einem – weil durch entwicklungsbedingte kognitive Beschränkung hervorgerufen – unvermeidbaren Zustand des Irrtums und der Illusion und datiert Gefühle von Symbiose, Verschmelzung und Grenzverwischung als sekundär: "First comes the formation of self and other, and only then is the sense of merger-like experience possible" (Stern 1985: 70).[4]

Folgt man dieser Auffassung, so hätten die Begriffe von Symbiose, Verschmelzung, Omnipotenz etc. nur noch als Beschreibungen von Abwehrstrategien (gegen das Gefühl von Alleinsein, Ohnmacht) eines von Anfang an in gewissem Umfang individuierten Subjekts eine Funktion. Hier muß allerdings angemerkt werden, daß Stern, der sich explizit vom Triebkonzept der Psychoanalyse abgrenzt und positiv auf die Objektbeziehungstheorie bezieht, die kognitiven Aspekte der Kinderentwicklung stark betont, sein Konzept vom Selbst trotz aller Betonung der frühen sensorischen Erfahrungen relativ "körperlos" und "sexualitätsfrei" formuliert und damit ungebrochen in der humanistischen Tradition eines seiner selbst sicheren Subjekts steht[5]. Den Ausgangspunkt seiner Überlegungen umreißt er so: "The self and its boundaries are at the heart of philosophical speculations on human nature (…). While no one can agree on exactly what the self is, as adults we still have a very real sense of self that permeates daily social experience. It arises in many forms. There is the sense of a self that is a single, distinct, integrated body; there is the agent of actions, the experiencer of feelings, the maker of intentions, the architect of plans, the transposer of experience into language, the communicator and sharer of personal knowledge. Most often these senses of self reside out of awareness, like breathing, but they can be brought to and held in consciousness" (ebd.: 5f.).[6]

Dies scheint fast eine Beschwörung, daß dem so sei: Alles integriert (nichts desintegriert!), single und distinct (nichts vermischt!), Handlungen werden geplant (es geschieht nichts mit mir ohne meinen Willen!), meine Gefühle, Intentionen und Handlungen sind meinem Bewußtsein grundsätzlich zugänglich (es ist alles durchschaubar und im Griff!), Körperbedürfnisse werden nicht benannt, nicht als Elemente des Selbst, nicht als Organisatoren des Selbst und seines Bewußtseins. Es ist interessant zu sehen, wie Stern vor diesem Hintergrund – obwohl er gerade die Propriozeption in ihrer Bedeutung für die Entwicklung des Selbstgefühls beschreibt – übersieht, daß bestimmte propriozeptive Wahrnehmungen, denen der Säugling ausgesetzt ist, wahrscheinlich das Gefühl des Selbst als single, distinct und integrated gerade *nicht* befestigen, sondern sogar konterkarieren: Er diskutiert nämlich nur die Propriozeption *willentlicher* Akte, nicht aber die *vegetativer* Prozesse und damit verbundener endogener Sensationen (wie Triebspannung, Hunger, Verdauung, Ausscheiden), die ja ebenfalls zum Selbst gehören, aber dem Säugling nicht nur keine Informationen für seine Subjekt-Objekt-Differenzierung liefern, sondern ihm wohl eher Erlebnisse bereiten, die seine Kerne von Integration, Kohärenz, Intention und Kompetenz immer wieder bedrohen können.

Es ist wahrscheinlich sinnvoll, die Individuation als Differenzierungsprozeß zu begreifen, der vom ersten Moment an ein aktives soziales Subjekt zum Zentrum hat, das – über seine ganze Lebensspanne hinweg – in einem altersentsprechend sich verschiebenden, aber immer prekären Spannungsfeld steht zwischen dem Pol der

Eingebundenheit in Beziehung, der empathischen und identifikatorischen Erfahrungen, der Erlebnisse von Grenzverwischung und Symbiose etc. einerseits und dem entgegengesetzten Pol des individuierten und abgegrenzten Subjekts andererseits. Weder ist ein vollständig nicht-differenziertes, nicht-individuiertes Subjekt am Beginn der Ontogenese vorstellbar, noch die restlose Individuation als Ziel oder Ende. Für eine feministische Theorie der Kinderentwicklung und der Entstehung eines geschlechtlich geprägten Selbst ist es nötig, sich mit der Kritik am Symbiose-Paradigma auseinanderzusetzen. Sowohl Chodorow als auch Dinnerstein gehen noch unhinterfragt vom Nicht-Differenzierungs-Konzept aus. Chodorow (1986) schreibt, der Säugling erlebe die Mutter "eigentlich überhaupt nicht als separates Wesen". "Er differenziert nicht zwischen Subjekt/Selbst und Objekt/Anderer. Das bedeutet, daß er nicht zwischen seinen Bedürfnissen und Wünschen und deren Befriedigung unterscheidet. Der Säugling erlebt sich generell als Teil seiner Umwelt und speziell als mit seiner Mutter verschmolzen (oder mit seiner primären Bezugsperson)" (Chodorow 1986: 83).

Auch Fast (1991) operiert unter Bezug auf Freud mit dem Begriff "infantiler Narzißmus", nennt als Charakteristika Omnipotenzillusionen, eine noch nicht geschiedene Einheit von Selbst und Nichtselbst im Erleben und eine auf das Körperinnere gerichtete Wahrnehmung des Kindes. Dieses sind die Grundlagen ihrer zentralen Annahme eines auch in geschlechtlicher Hinsicht undifferenzierten Selbstgefühls und eines Konzepts unbegrenzter geschlechtlicher Möglichkeiten, das sich erst im Alter von etwa zwei Jahren – im Zuge einer allmählichen Erkenntnis einer vom Selbst unabhängigen Welt und in einem Prozeß der schmerzhaften und realitätsgeleiteten Einschränkung – zu einem geschlechtsspezifisch differenzierten Selbst entwickelt. Fast thematisiert allerdings den Widerspruch zwischen der Annahme eines frühen Narzißmus und den Befunden eines sozial aktiven Säuglings und fragt: "Wie kann man die Erfahrung, die der Säugling macht, noch als narzißtisch bezeichnen, wenn er doch aktiv mit seiner Umwelt interagiert? (...) Wenn Omnipotenzillusionen oder illusionäre primäre Kreativität Bestandteil des Narzißmus sind, wie läßt sich dann ihr Vorkommen im Kontext eines adaptiven Verhaltens erklären?" (ebd.: 97).

Zur Lösung des Problems schlägt sie vor, zu unterscheiden zwischen der *objektiv* "aktiven und adaptiven Interaktion" des Babies und dem fehlenden *subjektiven* Bewußtsein davon, "daß es mit einer stabilen, von ihm selbst unabhängigen Welt interagiert" (ebenda). Für die Geschlechtsidentität hieße das: In der Phase *vor* der Differenzierung – bevor Kinder also etwa zwei Jahre alt sind – lernen sie "ihr objektiv männliches oder weibliches Genitale kennen. Gleichzeitig lernen sie den objektiv weiblichen oder männlichen Körper ihrer Mütter und Väter kennen". Sie lernen weiter, sich und andere korrekt in bezug auf das Geschlecht zuzuordnen und sich "objektiv geschlechtsadäquat" zu verhalten: "Die versorgende Umwelt fördert solche Verhaltenweisen, die in der Gesellschaft als dem tatsächlichen Geschlecht des Kindes angemessen gelten" (ebd.: 71). Aber: "Kinder haben [bevor sie etwa zwei Jahre alt sind, B.H.] diese Erfahrung jedoch noch nicht *subjektiv* unter geschlechtlichem Aspekt differenziert. Sie besitzen noch keine subjektiven Definitionen von Männlichkeit und Weiblichkeit" (ebd.: 71).

Die Frage stellt sich, ob das Problem mit diesen Bestimmungen wirklich gelöst ist. Denn dieses Modell beschreibt nicht die Zwischenschritte der Entwicklung zu einem (in geschlechtlicher Hinsicht) differenzierten Selbst und gibt keine Antwort auf die Frage, wie kommt es zu diesem "Wissen" der Kinder und wie sehen die nicht-verbalen Vorläufer des mit zwei Jahren offenbar vorhandenen zweige-schlechtlichen Kategoriensystems aus? Denn wenn man sich empirische Befunde zur Geschlechtsdifferenzierung bei Kindern genau ansieht, wird deutlich, daß diese bereits mit anderthalb Jahren über so etwas wie "subjektive Definitionen von Männlichkeit und Weiblichkeit" verfügen müssen: Anderthalbjährige Kinder können das eigene Geschlecht und das von Erwachsenen korrekt identifizieren (Michael Lewis und Marsha Weinraub 1979); weiter wurde gefunden, daß Kinder zwischen 15 und 18 Monaten Fotos gleichgeschlechtlicher Kinder gleichen Alters signifikant länger anschauen als Fotos gegengeschlechtlicher Kinder (Michael Lewis und Jeanne Brooks 1975), diese also offenbar nach Geschlecht unterscheiden können. Lewis und Brooks fanden weiter, daß Kinder bereits im Alter von sieben Monaten deutlich positiv reagieren, wenn sich ihnen ein fremdes Kind nähert und es an der Wange berührt, während die Reaktionen deutlich negativ ausfallen, wenn es sich um einen fremden Erwachsenen handelt (dieser Befund verstärkte sich bei Anderthalbjährigen). "We suggest that the concept of self may explain the results and argue that the strange child was not frightening because the infant evoked the cognition 'like me'" (Lewis and Brooks 1975: 125).[7]

Diese Befunde könnten im Rahmen von Sterns Konzept von einem Selbst, das von Anfang an eine Ahnung davon hat, daß es selbst als "coherent active physical entity" ("kohärente aktive physische Einheit") existiert, damit erklärt werden, daß Kinder sehr früh Personenkonzepte (von sich selbst und von anderen) entwickeln entlang einer Bewertungsdimension, die wahrscheinlich auf Faktoren wie Größe, Körper- und Gesichtsproportionen, Motorik, Klang der Stimme, Geruch etc. abstellt, die ihnen die Möglichkeit einer Einteilung der sozialen Umwelt nach den Kategorien "mir ähnlich" und "mir unähnlich" geben und daß die Geschlechtsidentität (vielleicht etwas später, wohl aber vor dem Alter von anderthalb Jahren) zu den kategorialen Bestimmungen ihrer Personenkonzepte hinzutritt.

Ist damit Fasts Differenzierungshypothese der Geschlechtsentwicklung insgesamt zu verwerfen? Ich denke nein. Sie ist insofern überzeugend, als sie die Geschlechtsidentität als Entwicklungsleistung konzeptualisiert und zwischen einem frühen Stadium der Geschlechtswahrnehmung, des geschlechtsspezifischen Verhaltens und einem späteren reiferen "differenzierten" Stadium der "bewußten" Geschlechtsidentität mit der Kenntnis der eigenen Möglichkeiten und Beschränkungen unterscheidet. Es ist weiter überzeugend, davon zu sprechen, daß Kinder in einer solchen reiferen Phase ihre frühen genitalen und sozialen Erfahrungen unter dem Kriterium der Geschlechtszugehörigkeit rekategorisieren und neu bewerten. Allerdings denke ich, es müßte vor der Folie der weiterentwickelten Debatte um ontogenetisch frühe Selbstkonzepte und deren affektive, sensomotorische und kognitive Facetten vermieden werden, im Rahmen eines solchen alternativen Modells der Geschlechtsentwicklung eine zeitliche Stufenleiter im Sinne einer kruden Abfolge Nicht-Differenzierung – Differenzierung zu tradieren. Die Phase der geschlechtlichen Nicht-Differenzierung sollte eher als Folge aktiver Identifikationsakte des Kindes mit Bezugspersonen beiderlei Geschlechts gesehen werden, denn als Ergebnis seiner intellektuellen Beschränktheit.

Aus dem bisher Gesagten leite ich folgende Thesen über die Geschlechtsidentität von Vorschulkindern ab:

– Kinder diesen Alters sind damit beschäftigt, sich im System der kulturellen Zweigeschlechtlichkeit zu verorten;

– hierzu müssen sie sich an frühen (präödipalen) Identifikationen mit ihren gegengeschlechtlichen Bezugspersonen abarbeiten; dazu gehört u.a. die (schmerzhafte) Erkenntnis des Kindes, daß es selbst nicht über die geschlechtlichen Fähigkeiten des anderen Geschlechts verfügt;

– diese frühen Identifikationen und die das eigene biologische Geschlecht transzendierenden Selbstrepräsentanzen erfordern eine permanente Arbeit an der Geschlechterdifferenz, weil sie eine im Koordinatenkreuz der Zweigeschlechtlichkeit geforderte eindeutige Geschlechtsidentität unsicher machen; Bronwyn Davies nennt dies "kategorienerhaltende Arbeit an den Geschlechtergrenzen" (1992: 46);

– für den Jungen ist das Abschütteln seiner frühen Identifikation mit der Mutter schwieriger und langwieriger, die Arbeit hieran wütender, weil diese Identifikation – unter den Bedingungen einer asymmetrischen Arbeitsteilung der Kinderversorgung – zu einer Person entstanden ist, die in einer umfassenden Weise verfügbar, anwesend, die frühen Erinnerungsspuren vergangener Interaktionen dominierend, sein Verhalten kontrollierend war und weiterhin ist;

– für das Mädchen ist – unter diesen gleichen Bedingungen – die Identifikation mit dem eher entfernten Vater weniger tief und weniger vermischt mit Konflikten um eigene Autonomiebestrebungen;

– zur Seite des sexuellen Begehrens hin ergibt sich für das Mädchen die Enttäuschung, daß es von der Person, der ihre tiefste (gleichgeschlechtliche) Identifikation gilt, von der Mutter, nicht begehrt wird; das (hetero)sexuelle Begehren richtet sich auf eine entferntere Person und hat immer auch die Funktion, die enttäuschte Liebe zu einer Frau zu kompensieren;

– für das Mädchen weist also – unter den Bedingungen des "Arrangements der Geschlechter" – die Heterosexualität den Ausweg aus einer enttäuschten homo–erotischen Liebe; gleichzeitig kann das Mädchen seine präödipale Identifikation mit der Mutter aufrechterhalten; der Preis, der in dieser Entwicklungsphase von ihm zu zahlen ist, besteht in der Aufgabe seiner männlichen Selbstrepräsentanzen bzw. seiner Identifikationen mit dem Vater;

– für den Jungen wird Heterosexualität immer verbunden sein mit seinen frühesten und nicht abzuschüttelnden identifikatorischen weiblichen Selbstrepräsentanzen und bleibt deshalb immer verknüpft mit Abwehrbewegungen hiergegen; Dinnerstein (1979) sagt, in Männern rufe die heterosexuelle Liebe immer wieder das Gefühl des "nackten Säuglings" wach, der sie einmal in den Armen der Mutter gewesen sind;

– beide Geschlechter finden in der Bearbeitung dieser mit der Geschlechtsidentität verknüpften intrapsychischen Konflikte Bilder, Szenen und sprachliche Zeichen, in denen diese Konflikte aufgehoben sind und bearbeitet werden.

Zu dieser Auflistung müssen allerdings zwei Dinge einschränkend angemerkt werden: *Erstens* hat diese Zusammenstellung idealtypischen Charakter und darf nur als Beschreibung typischer Konfliktkonstellationen unter sozial und kulturell gegebenen Bedingungen verstanden werden und nicht als Skizzierung konkreter Subjekte. Großmaß (1989: 208f.) kritisiert an Chodorow, daß diese "typische Persönlichkeiten" als Ergebnis einer bestimmten geschlechtsspezifischen Sozialisation entwirft: "Psychoanalytische Theorie ist daher in der Lage, für in unserem Kulturkreis Heranwachsende typische affektive Konfliktfelder zu beschreiben. Sie ist nicht in der Lage, typische Persönlichkeiten zu prognostizieren, die in der Verarbeitung dieser Konflikte entstehen. (...). Damit ist auch das theoretische Interesse, mit dem feministische Sozialforschung auf psychoanalytische Theoreme zurückgreift (s.o.), in einem wesentlichen Punkt enttäuscht: Als *Subjekttheorie,* aus der sich Subjektivität als strukturell weibliche oder männliche *ableiten* ließe, taugt auch die Psychoanalyse *nicht.*"

Zweitens ist mit der Beschreibung der geschlechtsspezifisch verschiedenen intrapsychischen Konflikte für Mädchen und Jungen nur zu einer Seite der Geschlechtsidentität etwas gesagt. Becker-Schmidt (1989) weist auf die zwei Dimensionen von Geschlechtsidentität hin: Die Dimension der geschlechtsspezifisch unterschiedlichen Triebschicksale in den frühen dyadischen und triadischen Liebesbeziehungen eines Kindes einerseits und die soziale Positionierung des Individuums aufgrund seines Geschlechts andererseits. Beide Identitäten hängen zwar zusammen (und natürlich sind auch die familialen Triebschicksale nicht denkbar außerhalb des sozialen Kontextes des Geschlechterverhältnisses, das ein Machtverhältnis ist); sie sind aber "nicht deckungsgleich". Die soziale Positionierung eines Individuums (aufgrund seines Geschlechts) "hat eine umfassendere Konstitutionsgeschichte" und speist sich "nur ausschnittsweise aus familialen Zusammenhängen" (alle Zitate Becker-Schmidt 1989: 62). Eine Untersuchung zur Geschlechterdifferenz in Kindergruppen wird beide Dimensionen der Geschlechtsidentität in den Blick nehmen müssen, weil im Material beides abgebildet sein wird. Allerdings werde ich mich in der Analyse, wie in der Einleitung bereits gesagt, in erster Linie auf die Geschlechtsidentität im Sinne der für Mädchen und Jungen unterschiedlichen psychosexuellen Konfliktfelder konzentrieren, weil eine Fragestellung nach einem mit dem Geschlecht zusammenhängenden "Oben und Unten", nach dessen Konstitutionsgeschichte und der sozialen Bewertung der Differenz einen weiteren umfassenden Zugang zum Material erfordern würde. Ich werde diese Aspekte allerdings streifen, wo dies vom Material aufgedrängt wird.

Überlegungen zum Prozeß der Aneignung der Zweigeschlechtlichkeit

In einem weiteren Punkt scheint es mir notwendig, daß sich die feministische Theorie zur Geschlechtsentwicklung von in der kognitiven Entwicklungspsychologie bereits überwundenen Konzepten trennt: Obwohl natürlich nicht bestritten wird, daß das soziale "Arrangement der Geschlechter" (Dinnerstein 1979), die Arbeitsteilung zwischen Mutter und Vater, die nach Geschlecht unterschiedlichen Erwartungen der Erwachsenen an den Säugling etc. diesen vom ersten Tag an objektiv beeinflussen, fehlt bislang ein Konzept, das beschreibt, wie sich diese Erfahrungen der "prähistorischen Kinderzeit" (Sigmund Freud 1920), in der nonverbalen Phase also, in der Kinderseele niederschlagen. Chodorow (1986: III) z.B. übernimmt ohne Korrektur die Argumentationsfigur von Lawrence Kohlberg (1966), wenn sie schreibt: "Das soziale Geschlecht spielt während der frühen Phase fast keine Rolle (das Kind kennt auch die Kategorien noch nicht, an denen soziales Geschlecht festgemacht ist)."

Und Großmaß (1989: 195) geht davon aus, daß Kinder erst "im Alter zwischen drei und fünf Jahren beginnen, die Geschlechts*bedeutung* zu erfassen (Geschlechts*wahrnehmung* beginnt früher), d.h. zu verstehen, daß in der Welt, in der sie sich bewegen, eine eindeutige Geschlechtszuordnung wichtig und identitätsstiftend ist und sie selbst für sich eine solche Zuordnung auch vornehmen müssen (durch äußere Zeichen und eindeutig zuzuordnendes Verhalten)."

Beiden Aussagen liegt zunächst die Auffassung zugrunde, daß sich das Wissen um das Geschlecht in seiner sozialen Bedeutung entwickeln muß. So weit, so gut. Mehr oder weniger explizit wird aber weiter davon ausgegangen, daß das soziale Geschlecht erst dann eine Bedeutung gewinnt, eine Rolle spielt, wenn das Kind über Sprache verfügt. Dies scheint mir mechanistisch: Schon ein Säugling mißt den Personen (und Objekten) seiner Umgebung Bedeutung bei; bekannt, vertraut, fremd, interessant, aufregend, ängstigend etc. sind Bedeutungszuschreibungen, die ein Kind in den ersten Monaten seines Lebens erwirbt und die seine Personenkonzepte affektiv färben (Stern 1985).

Wie ließe sich nun die Herausbildung vorsprachlicher geschlechtsspezifischer Personenkonzepte vorstellen? Vielleicht als Verknüpfung von Erfahrungswerten/-qualitäten wie weich – hart – bekannt – tiefe/hohe Stimme – Brust – Haut – nackt – Nahrung – greift oft störend ein – ist selten da – wirft mich oft in die Luft – mit den Bezugspersonen des Kindes (die unterschiedlichen Geschlechts sind) entsprechend der Zuverlässigkeit, mit der bestimmte Eigenschaften bei der einen Person immer wieder anzutreffen sind, während sie bei der anderen fehlen oder eher selten sind. Dies wären erste kognitiv-affektive – aber nonverbale – Bilder von den "ermergent others", die sich nicht oder noch nicht von den mit diesen Personen erlebten Interaktionen trennen lassen und "affektive Schemata" ("eine Art, zu reagieren und zu empfinden", Jean Piaget 1945: 242) abgeben.

Hilfreich könnten hier sowohl Sterns (1985) Begriff von den "Representations of Interactions that have been Generalized" (RIGs) sein, als auch Alfred Lorenzers (1983) "Erinnerungsspuren".

Stern versteht unter RIGs erste präverbale Repräsentanzen von Interaktionserfahrungen, die das Kind im Alter von zwei bis sieben Monaten – in der Phase der Herausbildung des "Kernselbst" also – in einem Prozeß der Abstraktion und der Prototypenbildung entwickelt: "The conclusion is that infants have a capacity to aggregate experiences and distill (abstract out) an averaged prototype" (ebd.: 98)[8]. Auf diese Weise – so Stern weiter – gewinnt das Kind Repräsentanzen von einem "self who acts", einem "self who feels" etc. und beginnt damit, diese als Selbst-Invarianten zu integrieren. Im gleichen Atemzuge – denn für Stern sind diese Erfahrungen nur als interaktive ("sense of being with someone") denkbar – bilden sich prototypische Vorstellungen der Anderen: "the mother who plays, the one who soothes" (ebd.: 98; "die Mutter, die spielt, diejenige, die tröstet") etc.

Lorenzer (1983) sieht die ontogenetisch früheste Form von Bedeutungsträgern in Interaktionserfahrungen des Kindes, die sich in "Erinnerungsspuren" (diesen Begriff verwendete Freud 1915 in "Das Unbewußte" zur Unterscheidung von unbewußter Sach- und bewußter Wortvorstellung) niederschlagen. Diese seien "geronnene Interaktionsformeln", "Spuren abgelaufener Interaktionen und Entwürfe zukünftigen Interagierens, szenische Modelle, Interaktionsformeln (d.h. 'Interaktionsformen')" (ebd.: 100). Dann heißt es weiter: "Die 'Erinnerungsspuren' sind – hinsichtlich ihres körperlichen 'Substrats' betrachtet – Engramme, die nicht erst zentralnervös zu existieren beginnen, sondern schon in der Körperperipherie sich 'einzeichnen', um als 'Spur' angefangen von peripheren Eintragungen in den Sinnes- und Muskelapparaten, über Reflexbögen, Stammhirnschaltungen nach 'oben' zu laufen. (...). *Erlebbar* sind alle diese Erinnerungsspuren auch ohne Bewußtsein (nach Art des tierischen Erlebens); 'bewußtes Erleben' werden sie erst in Verbindung mit den 'Wortvorstellungen'" (ebd.: 101).

An dieser Stelle muß darauf hingewiesen werden, daß sowohl Lorenzers als auch Sterns Analysen geschlechtsneutral sind. Stern erwähnt zwar das "establishment of core gender identity" (Stern 1985: 165) als einer "Kategorisierung des Selbst" in der Phase des "verbal self", also ab dem 15. Monat, arbeitet aber die Fragen, wie diese qualitative Bestimmung des Selbst sich entwickelt, wie die Vorläufer aussehen, welcher Art die Prozesse (Identifizierung, Sich-unterscheiden) dabei sind, nicht in sein Modell ein. Dabei liegt, denke ich, mit dem Konzept der RIG's ein Schlüssel für die Lösung dieser Fragen bereits auf der Hand: Die typisierenden Abstraktionen, die das Kind bei der ersten Repräsentanzenbildung vornimmt, werden natürlich die Geschlechterdifferenz der das Kind versorgenden bzw. mit dem Kind interagierenden Personen nicht auslassen, sondern diese entsprechend der sozialen Arbeitsteilung auf allen Ebenen der physischen und psychischen Versorgung abbilden.

Ich fasse zusammen, was sich hieraus für den Prozeß ergibt, in dem sich das Kind die sozial gesetzten Geschlechtsbedeutungen – den Katalog der "kulturellen Zweigeschlechtlichkeit" – aneignet: Dieser Prozeß beginnt nicht erst in der ödipalen Phase, nicht erst "im Alter zwischen drei und fünf Jahren". Von Anfang an sind Wahrnehmung und Erfassung der Bedeutung des Wahrgenommenen auf das Engste miteinander verknüpft. Die Erfassung von Geschlechtsbedeutungen beginnt mit der Geschlechtswahrnehmung des Kindes und beides ist vermutlich integraler Bestandteil der vorsprachlichen Entwicklung des kindlichen Selbst. Diese Prozesse sind an Körperreize und sensorische Erfahrungen, an die Situation und Personen von spezifischen Interaktionen gebunden, gerinnen in affektiv-sensomotorischen Erinnerungsspuren, die zu geschlechtlich typisierenden Repräsentanzen weiterverarbeitet werden. Diese wirken zukünftig wahrnehmungs- und handlungsleitend. Die Art der Erfassung von Geschlechtsbedeutungen sowie deren Inhalte entwickeln sich mit zunehmendem Alter und kognitiver Kapazität, mit zunehmender Wichtigkeit der sprachsymbolischen Bedeutungssysteme. Auch die Auswirkung von Bedeutungszuschreibungen auf das eigene Verhalten wird mit der Gewinnung von mehr Verhaltensalternativen beim älteren Kind immer größer (Großmaß beschreibt insofern in der oben zitierten Aussage den für ein drei- bis fünfjähriges Kind typischen Kenntnisstand von Geschlechtsbedeutungen).

Von diesen Überlegungen ausgehend, widme ich mich nun der Frage nach der spezifischen Möglichkeit, die das freie Phantasiespiel von Kindern bietet, Zugang zu den in 1. skizzierten psychosexuellen Konflikten und den hier in 2. angesprochenen frühen Geschlechtsbedeutungen zu gewinnen.

Das Kinderspiel als Symbolisierung vergangener Interaktionsszenen

Es stellt sich natürlich die Frage, wie Thesen über geschlechtsspezifisch unterschiedliche intrapsychische Konfliktkonstellationen im Rahmen einer empirischen Untersuchung überprüft werden können. Innere Konflikte und deren Verarbeitung sind per se nicht beobachtbar. Sie sind nur durch Interpretation eines zu beobachtenden Verhaltens zu erschließen. Dieser Annahme liegt die These zugrunde, daß sich intrapsychische Befindlichkeiten in äußerem Verhalten zeigen.

Dies dürfte insbesondere für das freie Phantasiespiel von Kindern zutreffen. Diese Art von Spiel ist – in Abgrenzung zum Regelspiel – dadurch definiert, daß es "freiwillige, sich selbst genügende Aktivität" ist (William Stern 1914, zitiert bei Stefan Schmidtchen und Anneliese Erb 1979: 9). Schmidtchen und Erb weisen weiter auf intrinsische Motivation, Spontaneität und Zweckfreiheit als wesentliche Merkmale des freien Spiels hin.

Piaget (1945) sah im Phantasie- bzw. Symbolspiel die entwicklungspsychologisch wichtige Funktion für das Kind, sich seine physische und soziale Umwelt zu eigen zu machen, diese im Sinne seines Assimilationsbegriffs zu transformieren und an die eigene innere kognitiv-affektive Struktur anzugleichen. Er sprach von der "Assimilation der Wirklichkeit an das Ich" im Spiel (Piaget 1945: 230), von der affektiven Funktion des Spiels für das Kind und dokumentierte eine Fülle von eigenen Beobachtungen zur Symbolisierung typischer kindlicher Konflikte zu den Themen Gestilltwerden, Ausscheidung, Geschwisterrivalität, Eifersucht, Aggressivität etc. (ebd.: 223ff.)[9].

Auch Freud beschäftigte sich mit der Funktion des Kinderspiels. In "Jenseits des Lustprinzips" (1920; 1982, Bd. III: 226) heißt es: "Man sieht, daß die Kinder alles im Spiele wiederholen, was ihnen im Leben großen Eindruck gemacht hat, daß sie dabei die Stärke des Eindrucks abreagieren und sich sozusagen zu Herren der Situation machen."

Übereinstimmung besteht bei diesen AutorInnen mithin in der Auffassung, daß das Kind im Spiel seine innere Welt veräußert, seinen Interessen, Konflikten, Affekten eine äußere Gestalt gibt.

Freud (ebd.: 225) gibt ein konkretes Beispiel für ein kindliches Spiel in der Phase vor der voll entwickelten Sprachsymbolik. Er beschreibt das Spiel seines anderthalbjährigen Enkels. Dieser hatte die Angewohnheit, kleine Gegenstände weit von sich in Zimmerecken oder unter Möbel zu schleudern und entwickelte ein Spiel mit einer Holzspule an einem Band, die er immer wieder verschwinden und – erfreut – wiederkommen ließ. Freud nennt einige biografische Fakten (die Mutter verläßt regelmäßig für einige Stunden das Haus; das Kind weint nie, wenn sie geht) und interpretiert vor diesem Hintergrund das Spiel mit der Spule als Symbolisierung des Kommens und Gehens der Mutter und "der großen kulturellen Leistung des Kindes (…), das Fortgehen der Mutter ohne Sträuben zu gestatten."

Freud gibt weiter an, welche intrapsychische Funktion dieses Spiel für die Bearbeitung des schmerzlichen Konfliktes zwischen dem Wunsch nach Triebbefriedigung und kultureller Forderung nach Verzicht – im Sinne einer Abwehr von Gefühlen der Unlust – haben könnte: Das Kind war in der Ursprungsszene "passiv, wurde vom Erlebnis betroffen und bringt sich nun in eine aktive Rolle, indem es dasselbe, trotzdem es unlustvoll war, als Spiel wiederholt. (...) Man kann aber auch eine andere Deutung versuchen. Das Wegwerfen eines Gegenstandes, so daß er fort ist, könnte die Befriedigung eines im Leben unterdrückten Racheimpulses gegen die Mutter sein, weil sie vom Kinde fortgegangen ist, und dann die trotzige Bedeutung haben: 'Ja, geh' nur fort, ich brauch' dich nicht, ich schick' dich selber weg'" (ebd.: 226).

Alfred Lorenzer (1983) greift dieses Beispiel in in dem bereits zitierten Aufsatz über "Sprache, Lebenspraxis und szenisches Verstehen in der psychoanalytischen Therapie" auf und entwickelt von hier aus eine – über den klinischen Bereich hinaus reichende – Theorie zur Bildung von sprachlichen und nicht-sprachlichen Symbolen. Ich komme auf Lorenzers Ansatz noch einmal in Kapitel 2 unter der Fragestellung zurück, was dieser für den psychoanalytisch orientierten hermeneutischen Verstehensprozeß bedeutet. An dieser Stelle will ich zunächst auf seine Interpretation des Spiels mit der Spule eingehen, weil sich von hier aus möglicherweise ein erweitertes Verständnis der ontogenetischen Bildung von frühen Geschlechtsbedeutungen, die nicht an Sprache gebunden sind, ergibt.

Lorenzer sieht im "Garnrollenspiel" ein Beispiel für eine "nicht sprachliche Symbolschicht", die sich "unterhalb der sprachsymbolischen Interaktionsformen (...) auffinden läßt" (ebd.: 106) und fährt fort: "Die Bildung von Bedeutungsträgern, d.h. die Symbolisierung, beginnt nämlich schon vorsprachlich und unabhängig von der Einführung von Sprache. Sie beginnt wiederum in sinnlich unmittelbaren Spielen, wie sie Freud exemplarisch vermittelt und erschlossen hat im 'Garnrollenspiel' seines Enkels" (ebd.: 106).

Das Spiel mit der Spule steht also symbolhaft für eine konflikthafte Interaktionserfahrung des Kindes (für eine sensomotorisch-affektive Interaktionsszene). Lorenzer vergleicht die psychische Funktion dieses Spieles – die Wunscherfüllung nämlich – mit der des Traumes: "Der Träumer 'verschiebt' die Wunscherfüllung von der anstößigen Szene auf eine 'strukturell' entsprechende, aber unanstößige – so wie das Kind das Trennungs- und Rückkehrerlebnis auf das 'machbare' Garnrollenspiel verschob. Wenn auch die Gründe für das Ausweichen beide Male differieren, der Mechanismus ist derselbe: es wird dieselbe Verschiebung zwischen verwandten Engrammen in Anspruch genommen" (ebd.: 109).

Mit anderen Worten: Kindliche Spielszenen symbolisieren vergangene sensomotorisch-affektive Interaktionserfahrungen und teilen etwas mit über die damit verknüpften intrapsychischen Konflikte und über die Bearbeitung derselben.

Zusammenfassung

Ich fasse zusammen, was sich aus dem bisher Gesagten für die Zielsetzung meiner empirischen Untersuchung ergibt:

Mir geht es darum, empirisches Material zu liefern zur Frage, wie Kinder im Vorschulalter im sozialen Gefüge der Kindergruppe Geschlechtlichkeit und Differenz bearbeiten. Ich möchte zeigen,

– daß Mädchen und Jungen im Vorschulalter im freien Spiel in der Kindergruppe die hier theoretisch hergeleiteten Konfliktkonstellationen um sexuelles Begehren, Geschlechtsidentität und Geschlechterdifferenz inszenieren und bearbeiten,

– welche Bilder, Szenen und sprachlichen Zeichen für diese Konflikte stehen,
– daß Kinder sich dabei gegenseitig zu Bezugspunkten ihrer Inszenierungen wählen und diese im gemeinsamen Spiel gegenseitig verschränken,
– daß die Konflikte um die Geschlechtlichkeit immer auch die soziale Positionierung eines Kindes in der Kindergruppe berühren und gestalten,
– und daß umgekehrt die soziale Positionierung von Weiblichkeit und Männlichkeit die aus dem familialen Bereich stammenden psychosexuellen Konflikte modifiziert.

Anmerkungen

1) In seiner Theorie vom "primären Narzißmus" beschreibt Sigmund Freud die verschiedenen Stadien, welche die "libidinösen Strebungen im Einzelmenschen" durchlaufen:
– Vom "Autoerotismus": "die einzelnen Triebkomponenten arbeiten jede für sich auf Lustgewinn und finden ihre Befriedigung am eigenen Körper",
– über den "Narzißmus": "die vorher vereinzelten Sexualtriebe (haben) sich bereits zu einer Einheit zusammengesetzt und auch ein Objekt gefunden; dies Objekt ist aber kein äußeres, dem Individuum fremdes, sondern es ist das eigene, um diese Zeit konstituierte Ich",
– zum Stadium der "Objektwahl": "das Verhältnis dieses späteren Stadiums zu dem des Narzißmus beschreibt Freud so: "Der Mensch bleibt in gewissem Maße narzißtisch, auch nachdem er äußere Objekte für seine Libido gefunden hat; die Objektbesetzungen, die er vornimmt, sind gleichsam Emanationen der beim Ich verbleibenden Libido und können wieder in dieselbe zurückgezogen werden" (alle Zitate aus "Totem und Tabu", 1912/1913; 1982, Bd. IX: 377).
  J. Laplanche und J.-B. Pontalis (1991) weisen darauf hin, daß Freud später "mit dem Ausdruck 'primärer Narzißmus' einen sogar *vor* der Bildung eines Ichs gelegenen ersten Zustand des Lebens (bezeichnet), dessen Urbild das intrauterine Leben sei. Der Unterschied zwischen dem Autoerotismus und dem Narzißmus wird also aufgehoben" (Laplanche und Pontalis 1991: 321; B.H.).
  Wie dem auch sei, hier liegt einer der Ausgangspunkte der Kritik seitens der Objektbeziehungstheorie: Aus den zitierten Aussagen Freuds leitet man ab, er habe sich den Säugling vollständig objektlos vorgestellt. Ich denke allerdings, daß Freud hier nicht richtig rezipiert wurde. Es scheint nämlich, daß sich die Objektfindung und der "objektlose Zustand" anders darstellt, wenn man sowohl die Auffassung Freuds von zwei Grundtrieben (Selbsterhaltungs- und Sexualtrieb) dazunimmt als auch seine Vorstellung, daß der Hunger (also der Selbsterhaltungstrieb) das primär antreibende Motiv für den neuen Organismus ist, an das sich die Libido des Sexualtriebes zunächst anlehnt und erst sekundär als autonome Triebregung in Erscheinung tritt: "Als die anfänglichste Sexualbefriedigung noch mit der Nahrungsaufnahme verbunden war, hatte der Sexualtrieb ein Sexualobjekt außerhalb des eigenen Körpers in der Mutterbrust. Er verlor es nur später, vielleicht gerade zu der Zeit, als es dem Kinde möglich wurde, die Gesamtvorstellung der Person, welcher das ihm Befriedigung spendende Organ angehörte, zu bilden. Der Geschlechtstrieb wird dann in der Regel autoerotisch (...). Die Objektfindung ist eigentlich eine Wiederfindung" (Drei Abhandlungen zur Sexualtheorie, 1905; 1982, Bd. V: 125-126).
  Weiter heißt es: "Eine erste solche prägenitale Sexualorganisation ist die orale oder, wenn wir wollen, kannibalische. Die Sexualtätigkeit ist hier von der Nahrungsaufnahme noch nicht gesondert, (...). Das Objekt der einen Tätigkeit ist auch das der anderen (...). Als Rest dieser fiktiven uns durch die Pathologie aufgenötigten Organisationsphase kann das Lutschen angesehen werden, in dem die Sexualtätigkeit, von der Ernährungstätigkeit abgelöst, das fremde Objekt gegen eines am eigenen Körper aufgegeben hat" (ebd.: 103).
  Die Theorie des Narzißmus behandelt also nur das Schicksal der (äußeren) Objekte der vom Selbsterhaltungstrieb unabhängig gewordenen *Libido*. Die ersten Objekte *dieser* (autonomen) Libido sind keine äußeren, sondern am eigenen Körper zu suchen, so Freud. Der Selbsterhaltungstrieb aber und damit der *Hunger* haben (*gemeinsam* mit dem noch mit ihm verschmolzenen Sexualtrieb) äußere Objekte vom ersten Lebenstag an.
  Die Betonung der Möglichkeit der narzißtischen Befriedigung macht einen wesentlichen Unterschied zwischen Selbsterhaltungs- (oder Ich-)trieben und Sexualtrieb deutlich: Der Selbsterhal-

tungstrieb ist streng gebunden an seine Funktion, für die Ernährung des Organismus zu sorgen. Sein Objekt – die Nahrung – ist nicht variabel (wohl in bezug auf die Art, nicht aber in bezug auf ihre materielle Eigenschaft, eßbar zu sein). Der Sexualtrieb hingegen ist in bezug auf sein Objekt nicht gebunden an die Fortpflanzungsfunktion, der er hauptsächlich dienen soll; die Objekte der Libido sind extrem variabel und ihre Befriedigung nicht einmal an die materielle Existenz eines solchen äußeren Objekts gebunden.

Hierauf weist Freud hin, ohne damit gleichzeitig auch nur irgendwie von der unverzichtbaren Grundbedingung menschlicher Existenz und menschlicher Entwicklung des Kindes, nämlich "in Gesellschaft" zu sein und Objekte zu haben, abzusehen.

2) Im Vorwurf des "Autismus" spiegelt sich das o.g. Mißverständnis über den Charakter des Narzißmus bzw. des Autoerotismus wider, hiermit sei ein asoziales Stadium gemeint, in dem das Kind nur auf sich bezogen lebe, ohne einer Objektbeziehung zu bedürfen. Freud hat den Begriff "Autismus" zur Kennzeichnung der kindlichen Entwicklung viel weniger gebraucht, als bei der immer wieder vorgetragenen Kritik anzunehmen wäre: In Laplanches und Pontalis' "Vokabular der Psychoanalyse" taucht "Autismus" als Begriff nicht auf. Im Register der "Stichworte" findet man ihn ebenfalls nicht. In der Studienausgabe der Werke Freuds gibt es in den Stichworten ganze zwei Hinweise, zum einen auf den Text "Formulierungen über die zwei Prinzipien des psychischen Geschehens" (1911), zum zweiten auf "Massenpsychologie und Ich-Analyse" (1921). In beiden Texten führt Freud die Begriffe der "autistischen Befriedigung" bzw. der "autistischen seelischen Akte" auf ein Wort Bleulers zurück: In der Einleitung zu "Massenpsychologie und Ich-Analyse" heißt es: "Der Gegensatz zwischen sozialen und narzißtischen – Bleuler (1912) würde vielleicht sagen 'autistischen' – seelischen Akten fällt also durchaus innerhalb des Bereichs der Individualpsychologie und eignet sich nicht dazu, sie von einer Sozial- oder Massenpsychologie abzutrennen" (1921; 1982, Bd. IX: 65).

Und in einer Fußnote zum Text "Formulierungen ...", in dem Freud das Lustprinzip beschreibt als einen Vorgang, in dem sich der Organismus von der Außenwelt zurückzieht, schreibt er: "Ein schönes Beispiel eines von den Reizen der Außenwelt abgeschlossenen psychischen Systems, welches selbst seine Ernährungsbedürfnisse autistisch (nach einem Worte Bleulers – 1912 –) befriedigen kann, gibt das mit seinem Nahrungsvorrat in die Eischale eingeschlossene Vogelei, für das sich die Mutterpflege auf die Wärmezufuhr einschränkt" (1911; 1982, Bd. III: 19, Fußnote zu einer späteren Ausgabe).

Mit der Vogelei-Metapher für das Lustprinzip beschreibt Freud zum einen die von ihm angenommene Fähigkeit des Säuglings, sich autoerotisch körperliche Lust zu verschaffen: Diese ist unabhängig geworden von der Lust der Nahrungsaufnahme, vom speziellen Objekt und einer speziellen Person. Zum anderen soll diese Metapher stehen für ein psychisches System, das sich "von solchen Akten, welche Unlust erregen können" zurückziehen kann, sie nicht zur Kenntnis nimmt, stattdessen das "Gewünschte einfach halluzinatorisch (...) setzt, wie es heute noch allnächtlich mit unseren Traumgedanken geschieht" (ebd.: 18).

Natürlich kann man sagen, daß es höchst fragwürdig ist, sich einen Organismus vorzustellen, der sein psychisches System "von den Reizen der Außenwelt abschließt". Genauso fragwürdig aber ist es, sich vorzustellen, ein Organismus könne existieren ohne Reizschutz, ohne bei der Aufnahme von Reizen zu selektieren. Jede gerichtete Aufmerksamkeit ist gleichzeitig erhöhte Offenheit für bestimmte Reize und Abschluß von nicht zum Objekt der Aufmerksamkeit gehörenden Reizen (im Bereich der Psychiatrie und klinischen Psychologie wird diskutiert, inwieweit das Krankheitsbild der Schizophrenie nicht auch aufzufassen ist als ein Verlust einer funktionalen Reizabschottung, die Voraussetzung ist für jede Informationsverarbeitung, Entscheidung und kompetente Handlung; s. Lilo Süllwold 1986).

Freud selbst merkt in der oben zitierten Fußnote – bevor er zu dem Beispiel des Vogeleis kommt – noch an: "Es wird mit Recht eingewendet werden, daß eine solche Organisation, die dem Lustprinzip frönt und die Realität der Außenwelt vernachlässigt, sich nicht die kürzeste Zeit am Leben erhalten könnte, so daß sie überhaupt nicht hätte entstehen können. Die Verwendung einer derartigen *Fiktion* rechtfertigt sich aber durch die Bemerkung, daß der Säugling, *wenn* man nur die Mutterpflege *hinzunimmt*, ein solches psychisches System *nahezu* realisiert" (ebd.: 19, Hervorheb. durch B.H.). Man kann diese Formulierungen wohl auch als Relativierung verstehen, die als Bedingung für die "autistischen Seelenakte" das Eingebundensein in die soziale Objektbeziehung zur Pflegeperson nennt.

Das Beispiel mit dem Vogelei ist eine Metapher, welche die Eigenschaft, die sie verdeutlichen soll, übertreibt (dieser Vorwurf trifft in der Regel jeden Versuch, in der Zuspitzung etwas deutlich zu machen). Freud selbst benennt den Punkt, an dem der Vergleich hinkt, implizit: Das Vogelei bzw. besser: das Vogeljunge kann "selbst (im Sinne von "sogar"; Anm. von mir) seine Ernährungsbedürfnisse autistisch befriedigen", weil seine Nahrung mit ihm zusammen in der Eischale eingeschlossen ist. *Hier* beschränkt sich die Mutterpflege auf die "Wärmezufuhr". Genau dies ist beim (geborenen) Menschenjungen nicht der Fall: *Dort* ist das Ernähren eingebettet in eine soziale Beziehung und das Essen kann keine autistische Bedürfnisbefriedigung sein, weil es angewiesen ist auf das äußere Objekt der Nahrung und auf die Person, die diese zur Verfügung stellt.

Bliebe dann nicht aber der Vorwurf bestehen, Freud habe ein Konzept vom Säugling, in dem dieser unter der "Wärmezufuhr" durch die Mutter so vor sich hinreife, ohne *von sich aus* sozial tätig zu werden? Es ist schon so, daß Freud, da er keine Säuglingsbeobachtung – wie Piaget – betrieben hat, die soziale Aktivität eines Kindes im ersten Lebensjahr nicht speziell im Auge gehabt hat. Er hat diese aber weder übersehen (und konzipiert sie als Objektsuche des Selbsterhaltungstriebes), noch schließt sein Narzißmus-Konzept diese theoretisch aus.

3) Bei Freud selbst gibt es sicherlich z.T. widersprüchliche Aussagen in dieser Frage, keinesfalls aber ein eindimensionales Bild vom "Säugling, der Stimuli meidet". In seinen Ausführungen zum "Reizschutz" in "Jenseits des Lustprinzips" (1920) schrieb er: "Für den lebenden Organismus ist der Reizschutz eine *beinahe wichtigere* Aufgabe als die Reizaufnahme; er ist mit einem eigenen Energievorrat ausgestattet und muß vor allem bestrebt sein, die besonderen Formen der Energieumsetzung, die in ihm spielen, vor dem gleichmachenden, also zerstörenden Einfluß der übergroßen, draußen arbeitenden Energien zu bewahren. Die Reizaufnahme dient vor allem der Absicht, Richtung und Art der äußeren Reize zu erfahren (…). Bei den hoch entwickelten Organismen hat sich die reizaufnehmende Rindenschicht des einstigen Bläschens längst in die Tiefe des Körperinneren zurückgezogen, aber Anteile von ihr sind an der Oberfläche unmittelbar unter dem allgemeinen Reizschutz zurückgelassen. Dies sind die Sinnesorgane, die im wesentlichen Einrichtungen zur Aufnahme spezifischer Reizeinwirkungen enthalten, aber außerdem besondere Vorrichtungen zu neuerlichem Schutz gegen *übergroße* Reizmengen und zur Abhaltung *unangemessener* Reizarten" (1920; 1982, Bd. III: 237, Hervorheb. durch B.H.).

Der logische Gehalt dieser Aussage besteht in der Feststellung: Reizschutz und Reizaufnahme sind eminent wichtige Aufgaben des lebenden Organismus; Reizschutz ist "beinahe wichtiger", also eigentlich nicht wirklich wichtiger; die Wichtigkeit des Reizschutzes soll hier aber – im Gegensatz zu der ohnehin bekannten Wichtigkeit der Reizaufnahme – besonders hervorgehoben und seine Funktion für den Organismus beschrieben werden.

Sicher könnte man mehrere Freud-Zitate beibringen, die im Sinne einer Überbetonung des Reizschutzes interpretiert werden können (wenn man die hier zitierten Aussagen beiseite läßt); wahrscheinlich ist darüber hinaus die Konzeptualisierung des Reizschutzes im Rahmen eines physiologisch-energetischen Modells problematisch. Keineswegs aber läßt sich ein Bild von Freud zeichnen, er habe den Säugling als generell reizabwehrend gesehen.

Bei anderen psychoanalytischen Autoren wiederum lassen sich solche Auffassungen finden. Margaret S. Mahler, Fred Pine und Anni Bergman (1990) z.B. sprechen von einer "angeborenen Gleichgültigkeit gegenüber Außenreizen" beim Säugling in den ersten beiden Lebensmonaten, der Phase des "normalen Autismus". Dies wird dann aber wieder relativiert: "Obgleich die autistische Phase dadurch gekennzeichnet ist, daß äußere Reize relativ schwach besetzt sind, bedeutet dies nicht, daß auf sie überhaupt nicht reagiert werden könnte. Neben anderen haben Wolff (1959) und Fantz (1961) eine entsprechende Reaktionsfähigkeit des Neugeborenen eindeutig nachgewiesen, und Wolff beschreibt zusätzlich die flüchtigen Zustände 'wachsamer Untätigkeit', in denen das Auftreten solcher Reaktionen am wahrscheinlichsten ist. Es ist diese flüchtige Reaktionsbereitschaft, die die Kontinuität zwischen normalen autistischen Phase und späteren Phasen sicherstellt" (Mahler et al. 1990: 61).

Sicher muß Mahler z.T. korrigiert werden: Die Säuglingsforschung hat nachgewiesen, daß Säuglinge mit drei Wochen mit Gesicht und Händen Gesten Erwachsener unverwechselbar nachahmen können, und Joseph D. Lichtenberg (1991) spricht in diesem Zusammenhang von angeborenen Mustern für eine grundlegende soziale Reaktionsbereitschaft. Säuglinge können also mehr, als "Zustände wachsamer Untätigkeit" zu zeigen; und es scheint keineswegs "Gleichgültigkeit" angeboren zu sein, sondern Interesse am sozialen Gegenüber. In diesem Zusammenhang werden oft auch die Befunde von Beatrice Beebe und F.M. Lachmann (1988 b) über die soziale Interaktion zwischen Säugling und Mutter zitiert: Die Mikroanalyse von Videoaufnahmen zeigt diese Interaktion als eine genau aufeinander abgestimmte Folge von Handlungen und ein von beiden Partnern gemeinsam entwickeltes System von Lauten, Mimik und Gestik. Dieses zeigt den Säugling als aktiven sozialen Partner und belegt sehr schön, daß die Entfaltung dieser Fähigkeit nur eingebettet in eine Interaktion vorstellbar ist. Diese Befunde sind aber nur begrenzt zur Widerlegung der Mahlerschen Aussagen brauchbar, denn sie wurden an 3 bis 6 Monate alten Säuglingen gewonnen, Kindern also, auf die die Aussagen von Mahler über die "autistische Phase" nicht mehr zutreffen.

Lawrence M. Zelnick und Ester S. Buchholz (1991) schreiben in einem Aufsatz, in dem sie sich besonders darum bemühen, die "Widerlegung" von zentralen Annahmen der Psychoanalyse durch Befunde der neueren Säuglingsforschung herauszuarbeiten: "Im Gegensatz zu der Ansicht [der Psychoanalyse], der Säugling sei motiviert, Stimulation zu vermindern (...), vermittelt die Säuglingsforschung ein Bild vom aktiven, wahrnehmungsfähigen und vom ersten Tag an stimulationssuchenden Säugling" (1991: 828).

Andererseits zitieren die Autoren dann aber in einer Fußnote die Befunde von Beatrice Beebe, die Belege für einen aktiven Reizschutz bei Säuglingen gefunden hat: "Beatrice Beebe (1986), eine Säuglingsforscherin (...) verwendete den Ausdruck 'Protoabwehr' (protodefense), um die Coping-Fähigkeiten zu beschreiben, die Kindern, die mit aufdringlichen und überstimulierenden Handlungen ihrer Mütter zu kämpfen haben, im Alter von 4 bis 5 Monaten zur Verfügung stehen. Die frühen, aktiv selbst-schützenden Fähigkeiten von Säuglingen werden also in verschiedenen, weitgestreuten theoretischen Ansätzen erfaßt" (ebd.: 818).

Zusammenfassend kann man also sagen: Ebenso wenig wie Freud die Auffassung vertreten hat, der Säugling sei nur reizabwehrend, scheinen SäuglingsforscherInnen der Meinung zu sein, der Säugling sei nur reizsuchend. Der vom Säugling aktiv betriebene Reizschutz wird sowohl von Freud als auch hier von Beebe als ein Schutz gegen Überstimulation bzw. gegen "übergroße Reizmengen und unangemessene Reizarten" verstanden.

4) "Zuerst kommt die Scheidung des Selbst vom Anderen, erst dann ist das Empfinden einer verschmelzungsähnlichen Erfahrung möglich (Übersetzung B.H.)."

5) Gerda Pagel (1992) spricht in einem Aufsatz zu Jacques Lacan von jenem "empfindlichen Punkt der narzißtischen Selbstgewißheit des Subjekts", "den Kopernikus mit seiner Absage an das geozentrische Weltbild aufriß, der mit Darwins Rückbindung des Menschen an die Biosphäre fortgeführt und mit Freuds Nachweis, daß 'das Ich nicht Herr sei in seinem eigenen Hause', die tiefste Kränkung erfuhr" (1992: 35).

Und Louis A. Sass (1991) beschäftigt sich in einer Studie zur Geschichte des Begriffs vom "Selbst" (dessen Beziehung zu seinem Körper und organischen Funktionen) mit der jungen Geschichte des modernen Subjekts, den Differenzen der psychoanalytischen Selbst-Konzepte (von der Ich-Psychologie über das Triebkonzept Freuds bis hin zum radikalen Infragestellen des Subjekts und seines Selbst durch den Strukturalismus Lacans), arbeitet deren Wurzeln in den gegenläufigen Strömungen der Aufklärung (mechanistischer Materialismus vs. Cartesianischer Dualismus) heraus und stellt zum inneren Zusammenhang beider fest: "Allein *aufgrund* seines scharfen Kontrastes zu einer derartig deterministischen Welt konnte der 'innere' und 'subjektive' Bereich in solchem Maß unabhängig von allen natürlichen Zwängen erscheinen und folglich absolut frei, sich selbst zu bestimmen und zu kontrollieren. Überdies trug gerade die Verstehbarkeit und Vorhersagbarkeit der äußeren, durch kontingente Reizbeziehungen und Kausalgesetze charakterisierten Welt zu dem erhebenden Eindruck des Subjekts bei, daß es in seiner Macht liege, die Welt manipulativ zu beherrschen. Aus eben diesen Gründen verhält sich, wie Taylor es formuliert, 'eine entzauberte Welt (...) korrelativ zum sich selbst bestimmenden Subjekt'" (Sass 1991: 59, Hervorheb. durch Sass, der sich hier auf Taylor [1975: 21] bezieht).

6) "Das Selbst und seine Grenzen betreffen den Kern philosophischer Spekulationen über die menschliche Natur. (...) Obwohl niemand genau sagen kann, was das Selbst ist, so haben wir dennoch als Erwachsene das sehr reale Gefühl eines Selbst, das die tägliche soziale Erfahrung überdauert. Es entsteht in verschiedenen Formen. Da ist die Wahrnehmung eines Selbst, das ein ein-

zelner, abgegrenzter und integrierter Körper ist. Da ist der Repräsentant von Handlungen, der Empfinder von Gefühlen, der Architekt von Intentionen und Plänen, der Übersetzer von Erfahrung in Sprache, der Kommunikator von persönlichem Wissen. Die meisten dieser Selbst-Wahrnehmungen wohnen außerhalb des Bewußtseine wie das Atmen, aber sie können ins Bewußtsein geholt und dort gehalten werden (Übersetzung B.H.)."

7) "Wir schlagen vor, daß das Selbstkonzept die Ergebnisse erklären könnte und stellen die These auf, daß das fremde Kind deshalb nicht ängstigend wirkte, weil der Säugling bei sich die Kognition 'mir ähnlich' wachrief (Übersetzung B.H.)."

8) "Die Schlußfolgerung ist, daß Säuglinge die Fähigkeit besitzen, Erfahrungen zu verbinden und daraus einen Durchschnitts-Prototyp zu abstrahieren (Übersetzung B.H.)"

9) Piaget betrachtet im zitierten Text das kindliche Spiel allerdings nicht hauptsächlich unter dem Gesichtspunkt seiner Inhalte und affektiven Funktion, sondern vielmehr unter der Fragestellung, welches die dem Spiel zugrundeliegenden kognitiven Operationen sind und wie sich das Spiel einordnen läßt in den ontogenetischen Aufbau der Intelligenz. Darüber hinaus ist mit Helga Nitsch-Berg (1978) darauf hinzuweisen, daß Piaget – in Differenz zu einer psychoanalytischen Sichtweise – das Spiel als entwicklungsbedingte Erscheinung betrachtet hat, "die eine Kompensation für die kindliche Ohnmacht und vor allem für die Unfähigkeit zu reifem, objektiven Denken darstellt" (Nitsch-Berg 1978: 304). Weiter merkt Nitsch-Berg kritisch an, Piaget habe "das die Realität 'deformierende' Symbolspiel nur als infantile Defizienzerscheinung definiert, die beim Übergang ins Erwachsenenalter von einer adaptiv-konstruktiven intelligenten Assimilationstätigkeit abgelöst wird, welche sich mit der Akkomodationstätigkeit [Anpassung der eigenen Struktur an die Anforderung der Wirklichkeit, Anm. B.H.] im Gleichgewicht befinden soll (...)" (ebd.: 305).

Kapitel 2

Zur Methodik der Textanalyse

Um empirisches Material darüber zu gewinnen, wie Kinder im Vorschulalter in der Kindergruppe die Geschlechterdifferenz bearbeiten, habe ich Spielsequenzen mit der Videokamera gefilmt. In diesem Kapitel werde ich die theoretischen Grundlagen und Überlegungen zur Methodik dieser Untersuchung darstellen. Auf die eher praktisch-methodischen Fragen der Filmaufnahmen im Feld und auf die sich aus meinen theoretischen Überlegungen ergebenden Konsequenzen für die "Datenverarbeitung" – die Vertextung der gefilmten Spielszenen also – gehe ich in Kapital 3 ein.

Die methodischen Schritte meiner Untersuchung verlaufen über die Stationen Videoaufnahmen von nicht-strukturiertem freiem Spiel in Kindergärten (Datenherstellung) über die Vertextung des Gefilmten (Datenverarbeitung) hin zur qualitativen Textanalyse (Dateninterpretation).

Die Entscheidung, die Videokamera einzusetzen, ergibt sich aus der notwendigen "Diskursivität" des Datenmaterials. Hans-Georg Soeffner (1989: 68): "Gemeint ist schlicht die Tatsache, daß bei einer wissenschaftlichen Textinterpretation die Texte entweder schriftlich oder neuerdings auf Ton- oder Videobändern aufgezeichnet vorliegen müssen" ("Text" sollte an dieser Stelle im Sinne von "Lebensäußerung" gelesen werden; zur Differenz beider Begriffe und zum hier aufscheinenden Textbegriff weiter unten). Erst die Möglichkeit, zu einer "dokumentierten, fixierten oder rekonstruierbaren" (ebd.: 23) Lebensäußerung immer wieder zurückzukehren, und zwar in einer vom "Handlungsdruck konkreter Interaktion" entlasteten Situation (ebd.: 68), schafft die Voraussetzung für wissenschaftliche Interpretation.

Ein vor allem bei klinischen Fragestellungen gängiges Verfahren der Analyse von Interaktionen besteht darin, theoretisch begründet "symptomatisches" bzw. für die Untersuchung relevantes Verhalten sprachlich zu definieren und dieses im Videomaterial im Ratingverfahren zu identifizieren. Dieses setzt voraus, daß vorab eine klare Vorstellung von einem empirisch bekannten Verhalten besteht, das dann im Filmmaterial aufgefunden, ausgezählt oder in seinem Ablauf abgebildet werden muß.

Meine Fragestellung erfordert demgegenüber eine nicht-selektive Beobachtung: Es steht nicht im Vordergrund, ob bzw. wie oft ein Mädchen/Junge mit Puppen spielt, ob bzw. wie oft ein Mädchen/Junge einen Spielthemenwechsel im Gruppengeschehen durchsetzt etc. Gefragt ist nicht nach solcherart isolierten Daten, sondern qualitativ nach den Szenen, die von Kindern im gemeinsamen Spiel erzeugt werden, den darin sich zeigenden affektiv besetzten Themen der Geschlechterdifferenz und den dahinter liegenden intrapsychischen Konflikten. Aus diesen Gründen habe ich mich dafür entschieden, ganze Spielsequenzen zu analysieren.

Die nächste Entscheidung, die gefilmten Interaktionen zu vertexten und einer Textanalyse zu unterziehen, ergab sich aus der "Versprachlichung" als Bedingung und "Voraussetzung für die Überprüfung wissenschaftlicher Verfahren und Resultate" (ebd.: 29).

Philipp Mayring (1983) definiert Kriterien, die eine "Inhaltsanalyse als sozialwissenschaftliche Methode" (Mayring 1983: 10f.) erfüllen muß: "*Kommunikation* analysieren; *fixierte* Kommunikation analysieren; dabei *systematisch* vorgehen; d.h. *regelgeleitet* vorgehen; d.h. auch *theoriegeleitet* vorgehen; mit dem Ziel, *Rückschlüsse auf bestimmte Aspekte der Kommunikation* zu ziehen."

Im Entscheidungsprozeß um ein Auswertungsverfahren meines Materials[1] habe ich mich aus zwei Gründen mit der "Objektiven Hermeneutik" (seit Ende der 80er Jahre auch "Strukturale Hermeneutik") nach Ulrich Oevermann und Mitarbeitern (1979; 1983) auseinandergesetzt: Zum einen beeindruckt die Systematik, mit der ein Text Wort für Wort, Satz für Satz hin und her gewendet wird; zum anderen ist es eines der wenigen Verfahren, das mit einem psychoanalytischen Theoriebezug arbeitet.

Aus der strukturalistischen Orientierung der "Objektiven Hermeneutik" ergaben sich allerdings fünf Probleme, die im Prozeß der Auseinandersetzung zu einer stärkeren Orientierung meines Vorgehens an der Hermeneutik Soeffners geführt haben: Gefilmte Handlung zu vertexten und den dabei entstehenden Text zu interpretieren macht es *erstens* nötig, sich mit der Differenz zwischen Handlung und Text auseinanderzusetzen; diese kommt bei Oevermann zu kurz bzw. – richtiger – systematisch nicht vor. Die strukturtheoretische Auffassung von menschlicher Interaktion (*zweitens*) und die Konzeption eines "sozialen Unbewußten" (*drittens*) bei Oevermann sind weder kompatibel mit dem Begriff eines psychoanalytisch Unbewußten noch mit einem konstruktivistischen Konzept von Sozialisation. Beide Elemente aber liegen meinen Annahmen über die (geschlechtsspezifische) Entwicklung von Kindern zugrunde. *Viertens* habe ich es, anders als in den von Oevermann beschriebenen Verfahren, bei meinem Material vor allem auch mit nonverbaler Handlung zu tun. Der Verstehensprozeß kann sich also nicht auf die sprachliche Analyse der sprachlichen Interaktion der Kinder beschränken, sondern muß erweitert werden um ein Verständnis der Szenen, die diese in ihrem Spiel entstehen lassen. Dazu kommt, daß ich ausgehend von Alfred Lorenzers Verständnis zum Verhältnis von Interaktion und Sprache auch im sprachlichen Material die Zeichen vergangener Interaktionen aufspüren will. *Fünftens* schließlich gehe ich davon aus, daß ich als Beobachterin auch in der Szene bin, was für Beobachtungssituation und Interpretation nach zweierlei Seiten hin Fragen aufwirft, die in Oevermanns Konzept nicht behandelt werden, weder als Erkenntnishindernis, noch als Erkenntnischance: die der Übertragung und Gegenübertragung.

Probleme der "Objektiven Hermeneutik"

Zur Differenz zwischen Handeln und Text

Soeffner (1989: 83) benennt die Differenz zwischen Handeln und Text über das Handeln auf erhellende Weise: "Während das Handeln sich selbst und den es leitenden Sinn darstellt, ist der Text, der es beschreibt, eine abgeleitete Größe, die mehr oder auch weniger, in jedem Fall darüber hinaus anderes enthält als die beschriebene Handlung."

Die analysierte Handlung ist zeitlich vorüber, vergangen, wenn die Analyse der Vertextung, des Handlungsprotokolls einsetzt (ebd.: 38). In einer Fußnote formuliert Soeffner die Vertextung auch als methodisches Problem (ebd. 83): "Die ausgesprochen artifizielle Datenproduktion hat ihre eigenen Gesetze. Wer dieses Geschäft betrieben hat, weiß um die Unterschiede von Beobachtung und Beobachtungsprotokoll, von Sprechtext und Transkriptionstext, von Handlungsstruktur und Textstruktur. Um so erstaunlicher ist die – vor allem in der Textlinguistik – ihr unreflektiertes (Un-)Wesen treibende Rede von 'Text' = 'Kommunikation' (...), wobei Sprech- und Kommunikationsakte weitgehend mit den aus ihnen abgeleiteten (transkribierten) Texten gleichgesetzt werden." Soeffner resumiert (ebd. 84): "Die wissenschaftliche Textinterpretation interpretiert Leben aus zweiter Hand."

Bei Oevermann et al. (1979; 1983) klingt zwar an, daß keine restlose Identität zwischen dem wirklichen Handeln und dem Handlungsprotokoll besteht, wenn gesagt wird, es solle nicht "etwa die Existenz der universelle Bedeutung tragenden Ausdrucksbewegungen geleugnet werden, die der Form angeborener Gestenkommunikation nahekommen oder gar gleich sind" (Oevermann et al. 1983: 120f.). Im nächsten Satz wird dies allerdings wieder relativiert, indem festgestellt wird, "daß auch der bedeutungskonstituierende Charakter der außersprachlichen Ausdrucksbewegungen an die sprachliche Konstitution der der Verständigung in der menschlichen Gattung zugrundeliegenden Intersubjektivität gebunden ist. Die universelle Bedeutung, die diese Ausdrucksbewegungen innerhalb der menschlichen Gattung tragen, konstituieren sie nicht unabhängig von der prinzipiell sprachlich konstituierenden Intersubjektivität."

In einer Fußnote kritisieren Oevermann et al. (ebd.: 122) am tiefenhermeneutischen Ansatz von Thomas Leithäuser und Birgit Volmerg einen "merkwürdig verkürzten Textbegriff": "Texte werden als eigenständige Strukturen gar nicht gefaßt, sondern von vornherein immer schon auf Abbilder für außerhalb des Textes liegende Beobachtungsgehalte zurückgeschraubt."

Konsequent wird die Prozedur der Herstellung von Handlungsprotokollen nicht thematisiert; die Texte sind immer schon da, so als sei der Sozialwissenschaftler auf die von ihm analysierten Handlungen in bereits kristallisierter Form gestoßen. Tatsächlich aber handelt es sich bei den von Oevermann et al. vertexteten und interpretierten Interaktionen zunächst (also vor der Textherstellung) um Beobachtungen im lebendigen Feld. Die Differenz zwischen Wirklichkeit und Protokoll wird nicht thematisiert, interessiert systematisch nicht. Hieraus ergeben sich zwei problematische Vorgehensweisen im Forschungsprocedere:

Erstens wird durch ein ungenaues Vokabular systematisch verwischt, daß die Datenbasis der Inhaltsanalysen (fast) ausschließlich aus den Lauten und Worten der beobachteten Individuen besteht, also strenggenommen nur Aussagen über deren sprachliche Kommunikation (und zwar sogar ohne deren nonverbale Anteile!) getroffen werden dürften. Stattdessen sprechen Oevermann et al. ungebrochen von "Handlungsprotokollen", wenn es um Sprechprotokolle geht, von "Interakten", wenn es um verbale Äußerungen geht; Sprechen wird zu "interagieren"; im rein sprachlichen Material sollen "Interaktionsmuster" und "Handlungsalternativen" aufgefunden werden etc. Natürlich kann man in der Situation sein, daß nicht mehr zur Verfügung steht als die fixierte akustische Spur des Geschehens, das man begreifen will. Dann müßte dies aber als Erkenntnishindernis begriffen und benannt werden. Beides ist bei Oevermann et al. nicht der Fall.

Zweitens aber – und das ergibt sich aus der Schwierigkeit, Informationen, die man hat, weil man die reale Handlung nun einmal beobachtet hat, dann nicht zur Kenntnis zu nehmen – streuen Oevermann et al. (1979) hin und wieder Bemerkungen über Handlungen und sogar deren emotionale Färbung als "Beobachterkommentare" (BK) in die Protokolle ein und verarbeiten sie in der Interpretation, ohne dies methodisch zu reflektieren: *"BK: M.(utter) hat (das für die Kinder gesuchte Fernsehprogramm) sofort gefunden. V.(ater) etwas sauer deswegen, offensichtlich."* (Oevermann et al. 1979: 407); *"BK: V. steht jetzt auf. Studiert das Programm"* (ebd.: 409). Es werden keine Kriterien dafür angegeben, gerade diese Handlungen ausgerechnet dieser Personen zu vertexten, andere anderer Personen aber nicht; es wird nicht ausgewiesen, was den Beobachter zu seiner Annahme über den ("offensichtlichen") Gemütszustand des Vaters bewegt. Sind es im Wortsinne "offensichtliche" Qualitäten seiner Handlungen (Tonfall? Mimik? Körperhaltung? Motorik?) oder vermittelte sich der Ärger dem Beobachter mehr über dessen emphatische Fähigkeiten, sich in die Rolle des gescheiterten Vaters hineinzuversetzen? Die Beobachterkommentare erscheinen zufällig und werden in ihrem Zustandekommen nicht problematisiert.

Für mein Verfahren ergibt sich aus diesem Problemaufriß die Notwendigkeit, meine eigene Textherstellung, die Transkription der Videofilme, zu reflektieren und deren Regeln zu explizieren.

Zum Strukturbegriff

Jo Reichertz (1986: 124) zeigt in einer umfassenden Analyse "zur Entwicklungsgeschichte der Objektiven Hermeneutik", wie sowohl in der Theorie als auch in der empirisch angewandten Methode Oevermanns zwei unterschiedliche Konzepte von Familiensystemen und den darin ablaufenden sozialisatorischen Prozessen miteinander im Streit lagen:
– die strukturtheoretische Auffassung, "die Strukturen des Handlungssystems würden die Interaktionsstrategien der Handelnden ohne deren Wissen *determinieren*"; diese Auffassung sieht "die Familie als strukturiertes System, das allen Systemangehörigen seine Struktur aufdrückt", und
– die konstruktivistisch-interaktionistische Auffassung von der "Familie als Interaktionssystem, in dem sich das Subjekt selbsttätig bildet".

Reichertz zeigt weiter, daß sich die strukturtheoretische Auffassung im Konzept der "Objektiven Hermeneutik" weitgehend durchgesetzt und verdichtet hat in der Annahme latenter Sinnstrukturen bzw. von Deutungsmustern formulierten Regeln, "die das gesamte instrumentelle und kommunikative Handeln der Menschen *steuern*" (ebd.: 130). Reichertz (ebd.: 130) faßt zusammen: "Die Handlungssubjekte sind – im engen Sinn des Wortes – Träger der sozialen Deutungsmuster, und die Deutungsmuster geben sogar den Weg an, auf dem sie von den Subjekten getragen werden wollen. Diese (von mir vorgenommene) Zuspitzung der Oevermannschen Überlegung macht deutlich, daß er – wenn auch implizit – die Vorstellung vom sozialen Unbewußten teilt und gleichfalls von Strukturen mit generativem Charakter ausgeht, die außerhalb sinninterpretierter Welt existieren."

Soeffner (1989: 132f.) spricht in Hinblick auf Oevermanns Konzept kritisch von "strukturalistisch verkleidetem Idealismus" und schreibt weiter: "Korrespondierend mit der Annahme von Universalien und deren Wirksamkeit entsteht die These von der Ahistorizität, einer über alle Zeiten hinweg gültigen und in diesem Sinne 'objektiven' Deutung von letztlich ihrem Bedeutungspotential nach ebenso ahistorischen Sinnstrukturen einer – paradoxerweise konkreten, dokumentierten und fallspezifischen – Handlung."

Reichertz (1988: 207f.) stellt die Frage, ob die "Objektive Hermeneutik" Teil einer verstehenden Soziologie sei, verneint sie und sagt zum Kriterium seiner Entscheidung: "Entscheidend ist, auf welche Frage soziologische Forschung eine Antwort bringen will. Will sie lediglich beschreiben, was Menschen im Laufe eines Tages bzw. ihres Lebens tun, will sie enthüllen, wie ein ausgeklügeltes Räderwerk perfekt ineinandergreifender Strukturen das menschliche Leben vom ersten bis zum letzten Tag steuert, oder will sie rekonstruieren, wie Subjekte – hineingeboren in eine historische und soziale Welt – diese Welt immer wieder deuten und durch Handeln verändern?"

Die Alternative zu einer Sichtweise des Menschen, bei der Subjektivität auf Unwesentliches zusammenschrumpft und von determinierenden Strukturen umstellt ist, kann allerdings nicht eine sein, bei der das Subjekt ungebrochen "Herr im eigenen Hause" ist: Die Zurichtung der Individuen als dem weiblichen oder männlichen Geschlecht, einer Kultur oder Schicht zugehörig, beweist die Macht der Verhältnisse und – wenn man so will – die Strukturbestimmtheit ihrer Mitglieder. Andererseits sehe ich aber die Herausbildung einer Geschlechtsidentität als selbstkonstruierende identifikatorische und beziehungsgestaltende Tätigkeit eines Subjekts im Rahmen kultureller Anforderungen, die dem Subjekt eben nicht als "Strukturen" entgegentreten, sondern als seine Identifikations- und Liebesobjekte. Ohne Eigenaktivität ist dieser Prozeß nicht denkbar und das Ergebnis nicht ohne Konflikthaftigkeit und nicht ohne sich bildende oder sich erhaltende Freistellen mit Potentialen von Widerständigkeit und Veränderung.

Zum Begriff des Unbewußten

Reichertz weist darauf hin, daß es im Gebäude der "Objektiven Hermeneutik" einen inneren Zusammenhang gibt zwischen dem strukturtheoretischen Konzept menschlicher Beziehungen und dem des Unbewußten und belegt, daß Oevermann nach anfänglicher (1973) Ablehnung des "sozialen Unbewußten" nach Claude Lévi-Strauss dieses später (1975) im Zuge der stärker strukturtheoretischen Ausrichtung in sein Konzept integriert hat.

Das "soziale Unbewußte" ist nach Lévi-Strauss (1978, zit. n. Reichertz 1986: 223) vom "individuellen Unterbewußtsein" zu unterscheiden, es ist nicht der "unnennbare Zufluchtsort der individuellen Besonderheiten", nicht der "Aufenthaltsort einer einzigartigen Geschichte". Vielmehr ist es "den Bildern" (des individuellen Unterbewußtseins) "ebenso fremd wie der Magen den Nahrungsmitteln, die durch ihn hindurchgehen. Als Organ einer spezifischen Funktion beschränkt es sich darauf, unartikulierten Elementen, die von außen kommen – wie Antrieben, Emotionen, Vorstellungen, Erinnerungen – Strukturgesetze aufzuerlegen, die seine Realität erschöpfen. Man könnte also sagen, daß das Unterbewußtsein das individuelle Lexikon ist, in dem jeder das Vokabular seiner persönlichen Geschichte sammelt, daß aber dieses Vokabular nur insoweit Bedeutung für uns selbst und für die anderen gewinnt, als das Unbewußte es gemäß seinen Gesetzen formt und eine Rede daraus macht." Deutung und Sinngebung werden hier als eine quasi vegetative Tätigkeit oder Funktionsweise konzipiert, über die jeder Mensch als Mitglied der Gattung überhistorisch verfügt.

Das psychoanalytische Unbewußte ist dagegen – sowohl in bezug auf seinen Inhalt als auch in bezug auf seine Struktur und Funktionsweise – nur vorstellbar als das Ergebnis einer spezifischen psychischen Tätigkeit, der der Verdrängung von Bildern und Themen, die das Individuum unter den Anforderungen der Kultur nicht integrieren kann, sondern zum Zwecke der Angst- und Konfliktbewältigung abspalten muß. Hier hat das Unbewußte ein kulturelles Gepräge, eine individuelle Genese und eine spezifische Geschichte.

Ich werde weiter unten am inhaltsanalytischen Instrumentarium Oevermanns zeigen, daß das Ziel der "Objektiven Hermeneutik" eben nicht die Aufdeckung von unbewußten Konflikten und Deutungsmustern der an der beobachteten Handlung beteiligten *Subjekte* ist, sondern das Rekonstruieren generativer Strukturen, die die Handlungen und Interaktionen der Subjekte steuern und ihnen unbewußt sind.

Zum "szenischen Verstehen"

Mein "Datenmaterial" entsteht nicht in einer Interview-Situation. Beim Spiel und insbesondere beim freien Spiel von Kindern handelt sich um eine Interaktions- und Handlungsform, in der das Gespräch keineswegs immer im Vordergrund steht. Wie ich bereits in Kapitel 1 insbesondere auch unter Bezug auf Freud und Lorenzer ausgeführt habe, ist hier Raum für die (Re)Inszenierung von sensiblen sensomotorisch-affektiven Erinnerungsspuren, für die Erfindung von Symbolen und Deckbildern in unterschiedlich großem Abstand zur verdrängten Szene bzw. zum verdrängten Konflikt. Ich möchte an dieser Stelle etwas ausführlicher auf die Vorstellungen eingehen, die Lorenzer (1983) in dem bereits zitierten Aufsatz zum Verhältnis von Sprache und Interaktionserfahrungen, zur Symbolisierung beider Bereiche, zum Unbewußten und zum "szenischen Verstehen" entwickelt, um daraus abzuleiten, was dies für meine Untersuchung heißt.

Die ontogenetisch früheste Form von Bedeutungsträgern sieht Lorenzer – wie ich bereits dargestellt habe – in sozialen Erfahrungen des Kindes, die sich in "Erinnerungsspuren" niederschlagen, die nie nur mentale Ereignisse sind, sondern sich in die Körper "einzeichnen". Diese Erfahrungen sind nicht lösbar von den Szenen oder von den Personen, in/mit denen sie gemacht wurden. Lorenzer betont weiter die "lebensgeschichtliche Bestimmtheit der Sprache" (Lorenzer 1983: 101) und zeigt, wie sich beim Spracherwerb in Worten "Spuren abgelaufener Interaktionen" kristallisieren: "… entscheidend für den Praxis- und Sprachaufbau des *Kindes* ist, daß in einer konkreten Situation das Wort zur Erinnerungsspur tritt, das 'Wort', das die jeweilige Einführungssituation 'bedeutet'. Andersherum gesehen: Die 'Bedeutung' der Sprachfiguren ist die aktuell-konkrete Szene." Und: Die Bedeutung des Wortes "ist in ihrem Kern szenisch" (ebd.:102).

So wie ein Wort also für eine vergangene Szene stehen kann, so kann dies auch eine Erlebnissituation, die mit einer vergangenen "zusammengeschaltet" wird: Das Kind inszeniert die sensomotorisch-affektive Erfahrung des Kommens und Gehens der Mutter im Spiel mit der Garnrolle, die es verschwinden und erfreut wiederkommen läßt, symbolisiert die Ursprungsszene damit und bearbeitet sie.

Diese Aussagen betreffen die Frage, wie sich Bedeutungsinseln ontogenetisch entwickeln und in welchem Medium dies geschieht (sensomotorisch-affektives Spiel, Sprache). Für eine Theorie der frühkindlichen Entwicklung einer Geschlechtsidentität ist es darüber hinaus wichtig zu klären, welche Bedeutung die bei der Bildung von Bedeutungsträgern ablaufenden Symbolisierungsprozesse für das Kind bei der Bewältigung von Konflikten haben (können), die mit dem Geschlecht zu tun haben: Lorenzer sieht in der Desymbolisierung anstößiger konfliktträchtiger Themen, die schon einmal sprachlich oder sensomotorisch symbolisiert waren, die Arbeit der Verdrängung und die Entstehung des Unbewußten. Die Verdrängung arbeitet dabei auf zwei verschiedene Weisen:
– sprachlich symbolisierte Inhalte werden durch "Abtrennung" (der Erinnerungsspur) "von Sprache" (ebd.: 101) verdrängt, wobei "zu Worthülsen degenerierte Zeichen" zurückbleiben, "deren Existenz noch auf den desymbolisierten Inhalt hinweist, ohne diesen jedoch in seiner affektiven Bedeutung wirklich zu repräsentieren", wie Christa Rohde-Dachser (1991: 39) zum tiefenhermeneutischen Verfahren Lorenzers schreibt;
– die Verdrängung sensomotorisch-affektiver Szenen geschieht durch Verschiebung "auf eine 'strukturell' entsprechende, aber unanstößige (...)" (Lorenzer 1983: 109).

Jede Handlung und/oder Äußerung eines Individuums enthält so auch die Ergebnisse von Desymbolisierungsvorgängen (ebd.: 108): "Die Erinnerungsspuren, die trotz dieser Desymbolisierung ihre lebenspraktische Virulenz bewahrt haben und auf situative Reize hin anspringen, setzen sich um in unbewußtes Agieren, in leibliche Symptomatik."

Was heißt das für den psychoanalytisch-hermeneutischen Verstehensprozeß? Lorenzer vergleicht die Arbeit des Verstehens in der psychoanalytischen Therapie mit der Traumdeutung und sagt: "Die Interpretation darf sich nicht in der logischen Ordnung der 'Wortvorstellung' verlieren, sie muß sich durch Sprachzusammenhänge hindurch immerfort darauf ausrichten, wofür die Erzählfiguren stehen: auf Erinnerungsspuren, d.h. auf Szenen. (...) So wie die Abstinenz vom logischen Verstehen den Ausweg aus der Spielebene der Sprachfiguren zu deren fundamentum in re, nämlich den Formen der Lebenspraxis eröffnet, so vermeidet die Abstinenz von psychologischem Verstehen eine bloße Registrierung des Verhaltens isolierter Individuen. Das szenische Verstehen tastet sich demgegenüber zielstrebig durch die Szenen, auf die sich die Traumerzählung (als deren 'Wort' und 'Wortvorstellung') unmittelbar bezieht, hindurch zu den 'latenten', tiefer verborgenen Erinnerungsspuren bis zum 'Originalvorfall' hin (der ja sein Unwesen gleichfalls als 'Erinnerungsspur' treibt)" (Hervorheb. B.H.). Lorenzer weist darauf hin, daß das Material der Traumerzählungen dem "sinnlich unmittelbaren Symbolsystem" zugehört und insofern ein szenisches Verstehen "von selbst nahelegt". Anders bei der "Patientenmitteilung" anderen Inhalts: Hier muß sich das szenische Verstehen "unablässig gegen die vergegenständlichende Betrachtungsweise durchsetzen" (ebd.: 111).

Ich fasse zusammen, was sich hieraus für mein Vorgehen ergibt:
– Die sensomotorisch-affektiven Erzählfiguren im kindlichen Spiel stehen für (symbolisieren) vergangene und z.t. verdrängte Interaktionserfahrungen und sind gleichzeitig Mittel zur Verarbeitung (zur Assimilation) aktueller Situationen.
– Das Handeln im Symbolspiel ist zwar – anders als das Traumgeschehen – intentionales Handeln; es gehört aber dem "sinnlich unmittelbaren Symbolsystem" an und ist damit näher an den repräsentierten Erinnerungsspuren vergangener Interaktionsszenen als die sprachlichen Äußerungen.
– Die das Spiel begleitenden verbalen Äußerungen der Kinder geben Aufschluß über Selbst- und Fremddeutungen des szenischen Materials und sind ihrerseits Symbole (oder Symbole für Symbole) für vergangene Interaktionen.

Mein Ziel ist es, die von den Kindern gebildeten sensomotorisch-affektiven Erzählfiguren im szenischen Material der beobachteten Spiele auf ihre Bedeutung für die Konflikte um Geschlechtlichkeit, Geschlechtsidentität und Geschlechterdifferenz hin zu untersuchen.

Reaktivität und Deutungsroutinen; Übertragung und Gegenübertragung

Die nicht-psychoanalytische Sozialwissenschaft arbeitet nicht mit den Konzepten von Übertragung und Gegenübertragung. Beide Phänomene tauchen aber – wenn auch nicht im ganzen Umfang ihrer Bedeutung – in den Begriffen "Reaktivität" und "implizite Deutungsroutinen" (Soeffner) auf. Walter Spöhring (1989: 251) weist darauf hin, daß hier ein ungeklärter Punkt im Konzept Oevermanns ist: "Das Problem der Reaktivität des Erhebungsarrangements in den Familienstudien der Oevermann-Gruppe, die als teilnehmende Beobachter selbst in die aufgezeichneten Interaktionen einbezogen waren, wird von Küchler (1980: 383) benannt: Es finden sich 'keine Hinweise darauf, wie die soziale Interaktion der Textproduktion selbst im Interpretationsprozeß berücksichtigt werden kann.'"

Und Soeffner problematisiert – ohne dabei von einem psychoanalytischen Begriff der Gegenübertragung auszugehen – die eigenen Anteile in der Interpretationsarbeit, weist auf die Differenz zwischen der "Deutung der Akte" und den "Akten der Deutung" hin und fordert, sich über die Arbeitsweise von Deutung klar zu werden, um "implizite alltägliche Deutungsroutinen" zu kontrollieren (Soeffner 1989: 52f.). Allerdings läßt sich zeigen, wie sich bei Soeffner (trotz dieser guten Vorsätze) und bei Oevermann (der dies nicht problematisiert) in konkreten Falldarstellungen zum einen unreflektierte Deutungsroutinen in bezug auf das Geschlechterverhältnis durchsetzen[2], die patriarchal-normativ sind und mehr über die als Forscher agierenden Männer aussagen, als über die gedeuteten Frauen; zum zweiten läßt sich belegen, daß mitunter konfliktreiche Beziehungen zwischen Interpret und Interpretierten entstehen, die im Deutungsgeschäft aber nicht gedeutet und bearbeitet werden[3].

Natürlich lassen sich die Begriffe Übertragung und Gegenübertragung aus dem klinischen Bereich nur eingeschränkt auf meine Untersuchung anwenden, da meine Haltung als Beobachterin mich größtenteils "außerhalb" der unmittelbaren Spiel-Interaktionen positioniert. Das bedeutet aber eben gerade nicht, daß sich keine (untergründigen) Beziehungen zwischen den Kindern und mir entwickeln. Als teilnehmende Beobachterin bin ich auch "in der Szene" und möglicherweise – als erwachsene Frau und mit einer Kamera als Beobachtungsinstrument ausgerüstet, das den Kindern nicht zugänglich ist – ein Bild, ein Muster, das die Erinnerung an vergangene Interaktionen (mit einer mächtigen Frau) wachrufen und zu szenischen Bildungen anregen könnte, in denen die aktuelle Situation vor der Folie dieser Erfahrungen bearbeitet wird[4].

Und auch bei mir aktivieren die Spiele und Aktionen der Kinder Erinnerungsspuren, unabhängig davon, ob sie – was in der Regel nicht der Fall ist – direkt und offen auf mich bezogen sind oder nicht. Sowohl die Herstellung meines Materials als auch dessen Interpretation ist unauflösbar verknüpft mit diesem gegenseitigen Sich-in-Beziehung-setzen und mit Reaktionen meines Unbewußten auf das Spiel der Kinder.

Für meine Untersuchung ist es wichtig, beides zu reflektieren, sowohl Reaktivität und Übertragung als auch die Deutungsroutinen und Gegenübertragungen, und zwar nicht als kunstfehlerhafte und zu eliminierende Störungen des wissenschaftlichen Geschäftes, sondern als Erkenntnischance. Sofern die analysierten Szenen hierzu Material bieten, werde ich also versuchen, diese Gesichtspunkte zu behandeln. Da ich allerdings nicht über die Möglichkeit einer Supervision meiner Tätigkeit verfüge, wird mir das Aufhellen von Gegenübertragungsreaktionen nur z.T. gelingen. Ich komme auf diese Fragen in Kapitel 5 zurück.

Zur Inhaltsanalyse nach Ulrich Oevermann

Die Inhaltsanalyse Oevermanns bewegt sich über insgesamt acht Ebenen (von 0 bis 7). Ich zitiere im folgenden die inhaltlichen Definitionen ausführlich, da ich im Einzelnen überprüfen und begründen will, welche Elemente dieses Vorgehens für meine Untersuchung zu übernehmen sind und welche nicht (alle Zitate aus Oevermann et al. 1979: 395ff.):

Ebene 0: "Explikation des einem Interakt unmittelbar vorausgehenden Kontextes, gewissermaßen des Systemzustandes vor dem betreffenden Interakt, und zwar aus der virtuellen Sicht desjenigen, der faktisch als nächster interagiert. Vor allem sollen hier die nach dem vorausgehenden Interakt den übrigen Subjekten, speziell dem Adressaten eines Interakts offenstehenden 'sinnvollen', sinnhaft möglichen Handlungsalternativen zur Explikation gebracht werden. (…) Idealiter müßten die Optionen für alle beteiligten Subjekte, nicht nur für dasjenige, das als nächstes interagiert, auf diese Weise expliziert werden …"

Ebene 1: "Paraphrase der Bedeutung eines Interakts gemäß dem Wortlaut der begleitenden Verbalisierung. Kriterium für die Paraphrasierung ist das Verständnis, das die begleitende Verbalisierung beim unterstellten 'normalen' kompetenten Sprecher der deutschen Sprache auslöst. Außersprachliche Kontextbedingungen, die den real an der Interaktion beteiligten Subjekten als Dekodierungshilfe zur Verfügung stehen, werden dabei nur minimal berücksichtigt, und nur, soweit sie nach pragmatisch eingeschliffenen Regeln der sozialen Typisierung von normalen Sprechern eindeutig interpretiert werden können."

Ebene 2: "Explikation der Intention des interagierenden Subjekts. Auf dieser Ebene werden extensiv und bewußt auch spekulativ Vermutungen über die Bedeutung und die Funktion des Interakts angestellt, die das interagierende Subjekt 'bewußt' durchsetzen, realisieren und hervorrufen wollte. Natürlich kann man sich hier nur auf methodisch höchst problematische indirekte Schlüsse verlassen, die nicht direkt geprüft werden können. Wir verhalten uns hier nicht anders als jedes Handlungssubjekt in einer normalen Alltagskommunikation, das ständig vor der Aufgabe steht, 'möglichst zutreffende' Schlüsse über die Motive, Intentionen, Wünsche, Bewußtseinslagen und Interessen seiner Partner anzustellen. (…) zur Sprecherintention (darf) realiter nur das gerechnet werden (…), was ein Sprecher in der Situation, würde man ihn unmittelbar mit der Rekonstruktion seiner Intention konfrontieren, als ihn tatsächlich motivierend akzeptieren würde, wenn man ihm Wahrhaftigkeit dabei unterstellen dürfte. Dieses Textkriterium ist natürlich, selbst wenn man von seiner prinzipiellen Realisierbarkeit ausgeht, rein technisch nicht zu erfüllen, aber es liefert gleichwohl heuristisch einen brauchbaren Anhaltspunkt für unsere Arbeit. Es unterstellt die systematische Trennbarkeit von objektiven Motivierungen und subjektiv als Intentionen repäsentierten Motiven. (...) Bei der Explikation der Sprecherintention muß vom Interpreten im Unterschied zur Ebene 1 das gesamte gesicherte und indirekt erschließbare Kontextwissen, die gesamte erschließbare Situationswahrnehmung des Sprechers berücksichtigt werden."

Ebene 3: "Explikation der objektiven Motive des Interakts und seiner objektiven Konsequenzen; im Unterschied zur Explikation der Sprecherintention geht es hier um die Explikation der Veränderungen des Systemzustandes, die objektiv, und das heißt nur teilweise in Deckung mit der Intention des Sprechers, durch seinen Interakt gesetzt worden sind. (...) Die Interpretationen auf dieser Ebene gehen von der Überzeugung aus, daß verbalisierte Interakte (aber nur sie) objektiv gleichsam Träger von möglichen Sinnstrukturen oder Sinntexturen darstellen und insofern als soziale Strukturen abgelöst von der aktuellen Intention des Sprechers Sinn konstituieren, soziale Realität setzen."

Ebene 4: "Explikation der Funktion eines Interakts in der Verteilung von Interaktionsrollen. Auf dieser insgesamt weniger wichtigen Ebene wird (...) festgehalten, inwieweit ein Interakt Restriktionen für die Interaktionschancen der übrigen Beteiligten setzt, also beispielsweise Antworten oder Kommentare erzwingt, Veränderungen in der thematischen Gliederung nahelegt (...)."

Ebene 5: "Charakterisierung der sprachlichen Merkmale des Interakts. Auf dieser Ebene werden die sprachlichen Besonderheiten festgehalten (...). Ähnlich wie auf der Ebene 4 sollen hier unter anderem Merkmalausprägungen identifiziert und gesammelt werden, die für eine spätere sprachsoziologische Analyse der innerfamilialen Kommunikation nützlich sein könnten."

Ebene 6: "Rekonstruktion der objektiv latenten Sinnstruktur der Szene. Die Feinanalysen selbst werden sequentiell Interakt für Interakt durchgeführt. Sie sollen am Ende, wenn eben möglich, zur Rekonstruktion einer sog. Kommunikationsfigur führen, die als quasi-ritualisiertes und gleichsam automatisch ablaufendes Interaktionsmuster nicht nur die jeweils konkrete Szene isoliert kennzeichnen, sondern situationsübergreifend die Interaktionen der Familie relativ unabhängig vom jeweiligen konkreten Inhalt charakterisieren kann. Idealiter stellen wir uns diese Kommunikationsfiguren als generative Strukturen vor, als ständig wirksame Reproduktionsmechanismen der innerfamilialen Kommunikation, deren Gefangene die Familienmitglieder je nach dem Grad der 'Pathologie' des Familiensystems sind." (ebd.: 400)

Ebene 7: "Explikation allgemeiner Zusammenhänge. Auf dieser Ebene soll festgehalten werden, welche allgemeinen, insbesondere sozialisationstheoretisch relevanten Zusammenhänge und Strukturen sich am Beispiel der untersuchten Familie feststellen, belegen oder problematisieren lassen."

Oevermann et al. (ebd. 394) warnen davor, dieses System "als starres, systematisch begründbares Klassifikationssystem zu betrachten, oder es gar einem Meßinstrument etwa in der Art eines inhaltsanalytischen Kategoriensystems gleichzusetzen. Es ist (...) gewissermaßen eine 'check list' für den Interpreten, die ihn anhalten soll, in ausreichender Ausführlichkeit Fragen an das Material zu erstellen."

Nach Oevermann wird jeder "Interakt" einer Analyse auf diesen acht Ebenen unterzogen (zur Kritik am Begriff des "Interakts" siehe oben). Hierzu müssen zunächst im vorliegenden Protokoll (von Gesprochenem oder von Handlungen) Sinneinheiten bzw. Interaktionseinheiten identifiziert werden, das Protokoll also in aufeinanderfolgende "Interakte" (verbale Äußerung und/oder Mimik und/oder körperliche Aktion einer Person) zerlegt werden. Zum Problem der unvermeidbaren Willkürlichkeit und zum interpretativen Charakter der Identifizierung von "Interakten" einige Anmerkungen:

– Schon die Festlegung des "Beginns" einer Interaktion ist problematisch. Paul Watzlawick (1985: 57f.) hat darauf hingewiesen, daß jede "Interpunktion von Ereignisfolgen" (im Sinne eines "Jetzt fängt's an!") ein willkürlicher Akt ist. Die Vorgeschichte von "Interakt 1" hat also eine Vorgeschichte, die eine Vorgeschichte hat, die ... Ausgenommen hiervon sind Situationen, in denen sich z.b. zwei Menschen frisch – also "vorgeschichtslos" – kennenlernen, und auch dies trifft nur dann zu, wenn man unter "Vorgeschichte" ganz eng nur Interaktionen zwischen diesen beiden Menschen versteht. Nimmt man kognitiv-affektive Schemata dazu (Erwartungen, Zuschreibungsmuster, Übertragungen etc.), ohne die ein Mensch nie ist, gibt es in der Realität keine vorgeschichtslose Interaktion.

– Weiter zur Abgrenzung der aufeinanderfolgenden "Interakte": Selbst in einem Gespräch, in dem idealtypisch jeder den anderen ausreden läßt, bevor er seinerseits etwas sagt, in dem sich die verbale Ebene der Kommunikation also sauber in aufeinanderfolgende Äußerungen aufteilen ließe, stellt der Sprecher seine mimischen Äußerungen oder Körperaktionen ja nicht in dem Moment ein, in dem er seine verbale Äußerung abgeschlossen hat. So kann z.b. der Blick an die Zimmerdecke, während der andere redet – vor allem, wenn dort *keine* Spinne spazieren geht – ein relevanter Interakt sein. Ob der Blick zur Decke tatsächlich ein solcher ist, ist allerdings nicht davon abhängig, ob ich ihn als Beobachterin bemerke, sondern davon, ob der an der Interaktion Beteiligte selbst ihn bemerkt hat, ob er, *wenn* dort eine Spinne entlanggelaufen ist, auch diese bemerkt hat etc. etc.

– Gerade dieser Punkt macht deutlich, daß die Aufteilung in Interakte nicht ohne die im einzelnen Fall überhaupt nicht belegbare Annahme auskommt, daß die in die Handlung Verwickelten die Aktionen oder Äußerungen des anderen auch tatsächlich vollständig wahrnehmen. Natürlich wird das im Großen und Ganzen, wenn es sich nicht um seh- oder hörbehinderte Menschen handelt, auch so sein. Dennoch gibt es auch im Gespräch zwischen zwei Menschen Phasen des Abschaltens, des Abschweifens im inneren Film, des Versunkenseins in eine Erinnerung, in ein Phantasiebild etc., was die Aufnahmefähigkeit für die Umwelt für einen Moment stark herabsetzt, obwohl dies für den Betrachter nicht wahrzunehmen ist. Einer Annahme über die Bedeutung eines Interakts für denjenigen, der in diesem Moment nicht gehandelt hat (was es natürlich so nicht gibt, s.o.), liegt so gesehen immer eine *Spekulation* zugrunde.

– Dies verschärft sich noch, wenn die Beobachteten nicht zwei miteinander Redende sind, sondern zwei (oder mehrere) miteinander oder nebeneinander (frei) spielende Kinder.

– Darüber hinaus ist die Einteilung in Interakte schon allein deshalb bereits Interpretation, weil ohne das Verständnis der Interaktion durch die Interpretin, ohne Deutung des Gesehenen, ohne Sinngebung also, Frage und Antwort, Aktion und Reaktion, relevante Intermissionen etc. nicht identifizierbar wären.

All dies macht deutlich: Die Identifizierung von Interakten ist nicht zweifelsfrei und dieser "Mangel an Objektivität" ist durch keine methodische Raffinesse zu beheben (und hier von "Mangel" zu sprechen, ist so gesehen eigentlich unsinnig, weil das suggeriert, es sei notwendig und auch möglich, diesen zu beheben). Auch hier bleibt nur, das Zerschneiden des lebendigen Flusses von Handlung, dem auch ich mein Material unterwerfen muß, zu reflektieren.

Nun zu den acht Ebenen im einzelnen (vor allem auch im Hinblick auf die Anwendbarkeit auf die Analyse von Handlungen, auf meine Fragestellung sowie auf mein Material):

Zu Ebene 0 (vorausgehender Kontext): Im Grunde muß die Ebene 0 nur einmal, am "Anfang" der Interaktion expliziert werden, da die Analyse von Interakt 1 die Ebene 0 für Interakt 2 formuliert, Interakt 2 die Ebene 0 für Interakt 3 usw.

Zu Ebene 1 (Paraphrasierung): Hier habe ich zwei Probleme: Erstens wird diese Ebene ganz oft leerbleiben bei einem Text, der sich nicht auf die verbalen Äußerungen der TeilnehmerInnen beschränkt. Zweitens finde ich die Abgrenzung zwischen Ebene 1 ("Paraphrase der Bedeutung des Interakts") und Ebene 2 ("Intention des interagierenden Subjekts") schwierig. Ich weiß nicht, wie man eine Paraphrasierung vornehmen soll, *ohne* eine Annahme über die Intentionen der paraphrasierten SprecherInnen zu treffen. Bedeutung gewinnt für mich eine Äußerung doch u.a. dadurch, daß ich darüber eine Annahme treffe, was der andere will. Die Abgrenzung zu Ebene 2 könnte ich mir so gesehen dadurch vorstellen, daß ich auf Ebene 1 im Rahmen der Paraphrasierung expliziere, welche Intention ich in der Regel einem Subjekt unterstellen würde, das auf diese Weise spricht/handelt, ohne hier konkretes Wissen um *diese* Person heranzuziehen, während ich auf Ebene 2 dann eine Hypothese darüber aufstelle, ob diese Intention bei *diesem* Subjekt in *dieser* Situation tatsächlich auch vorliegt. Zu begründen wäre hier nur eine Hypothese, die abweichend von der normalerweise anzunehmenden Intention eine andere annimmt.

Zu Ebene 2 und 3: Die Gegenüberstellung von "subjektiv als Intentionen ("des interagierenden Subjekts") repräsentierten Motiven" (Ebene 2) und "objektiven Motivierungen" (Ebene 3) und auch der Bezug auf die Psychoanalyse läßt zunächst annehmen, Oevermann gehe es hier um die Unterscheidung von bewußten und unbewußten Intentionen und Motiven des *Subjekts.* Dies ist aber nicht der Fall: Wie ich bereits ausgeführt habe, ist Oevermann nicht am (im Sinne der Psychoanalyse) individuellen Unbewußten des Subjekts interessiert, sondern am "sozialen Unbewußten", das von den *"Strukturen"* gemacht wird und die Subjekte bestimmt.

Ein weiterer Punkt: Oevermann et al. nennen als Kriterium für die richtige Identifizierung der (bewußten) "Intentionen" des Subjekts, daß dieses – danach gefragt und Wahrhaftigkeit unterstellt – den Annahmen des Hermeneuten hierüber zustimmen würde. Wenn ich mir nun aber die konkreten Beispiele bei Oevermann (die sog. "Fernseh-Szene", ebd.: 403ff.) ansehe, bin ich sehr im Zweifel, ob seine Aussagen auf Ebene 2 zu den "Intentionen" (z.B. des Vaters) diesem Kriterium standhalten würden. Der Vater versucht, für die Kinder die gewünschte Sendung im Fernseher einzustellen, schafft dies nicht. Die Mutter "hat sofort gefunden. V.(ater) etwas sauer deswegen, offensichtlich." Vater: "Da stimmt irgendetwas nicht mit der Skala." (ebd.: 407) Die Interpretation dieser Aussage des Vaters in bezug auf dessen Intentionen lautet wie folgt (ebd.: 407): "V. will seinen Mißerfolg erklären. Er sucht dafür eine äußere Ursache, die aber unklar bleibt. (...) Berücksichtigt man, daß für V. die funktechnischen Geräte stark 'besetzt' sind und er deren Bedienung offensichtlich zum Bestandteil seiner Kompetenzansprüche macht, so wird plausibel, daß V. seine Kompetenz dadurch wiederherstellen möchte, daß er unbekannte, außerhalb ihm selbst liegende Gründe für sein Scheitern anführt. Gleichzeitig enthält diese Nennung äußerer unbekannter Gründe eine latente Anklage der Familie gegenüber (...)"

Wäre da nicht eine von Oevermann selbst unter der Überschrift "Unmittelbar vorausgehend" angeführte, dieser Interpretation diametral widersprechende Information[5], würde ich diese Interpretation für plausibel und nachvollziehbar halten. Für das, worauf es mir hier ankommt, ist diese Frage aber zweitrangig. Vorausgesetzt also, die Interpretation wäre plausibel, würde ich dennoch bestreiten, daß der Vater das ohne weiteres selbst so sieht oder bestätigen würde (Wahrhaftigkeit unterstellt), weil das voraussetzen würde, daß er seine schwierige Situation in der Familie durchschaut. Könnte er dies aber, wäre seine Situation nicht so schwierig, wie Oevermann sie rekonstruiert. Vielleicht wäre es möglich, mit dem Vater über sein "Scheitern" und die Funktion seiner "Erklärung" zu sprechen und dann – wenn die Angelegenheit nicht zu stark angstbesetzt ist – seine Zustimmung zur obigen Interpretation zu erhalten. Das wäre aber Ergebnis einer fast therapeutischen Intervention und einer Veränderung der Subjekte.

Oevermann hätte sich entscheiden müssen: Entweder der Vater ist tatsächlich das "arme Würstchen", als das er beschrieben wird, dann kann er – sage ich – seinen "Intentionen" nicht solcherart ins Auge blicken; oder er kann dies und legt damit sehr viel mehr Souveränität an den Tag, als ihm in der Textanalyse zugebilligt wird.

Für meine Untersuchung wird es wichtig sein, eine Interpretationsebene zu definieren, auf der es um die Rekonstruktion der Intentionen und Selbstdeutungen derjenigen Person geht, die gerade handelt/spricht, und zwar sowohl hinsichtlich der bewußten, abfragbaren Intentionen als auch hinsichtlich der darunter liegenden unbewußten Motive und virulenten Erinnerungsspuren.

Zu Ebene 4: Die Frage stellt sich, warum Oevermann diese Ebene für "weniger wichtig" hält. Die Antwort liegt begründet im großen Interesse an den "Strukturen" und im geringen Interesse an den Subjekten, deren Aktivitäten, Chancen oder Behinderungen. In den Begriffen, mit denen er die Ebene 3 definiert, findet sich so auch fast kein Hinweis auf die lebendigen Individuen, die den "Systemzustand" herstellen (wenn Oevermann auch in seiner konkreten Analyse der Fernsehszene natürlich nicht ohne die Nennung von Mutter und Vater als Architekten ihres Systems auskommt!). Für mein Interesse ist es gerade nicht unwichtig, danach zu fragen, was die Handlung/Äußerung des einen Subjekts für das andere in bezug auf dessen Handlungsraum und Rolle bedeutet, was die Inszenierung einer sensomotorisch-affektiven Szene im Spiel bei den anderen Kinder wachruft, was es mobilisiert an affektiven Reaktionen, Abwehr, Identifizierung etc. Gerade auf dieser Ebene würde sich der Bogen zur/m Anderen, der mit der Rekonstruktion der Selbstdeutung des handelnden Subjektes begonnen wurde, fortsetzen und (vorläufig) abschließen lassen, um die Basis zu sein für das Verständnis der folgenden Interaktion. Das szenische Verstehen zielt per definitionem auf Interaktion: Nicht nur auf die in der individuellen Psyche sedimentierten Interaktionserfahrungen, sondern auch auf den interaktiven Charakter der gegenwärtigen Szene als Ausgangspunkt der Analyse.

Zu Ebene 5: Da ich keine sprachsoziologische Untersuchung des kindlichen Sprechens durchführen will, entfällt diese Ebene für mein Projekt.

Zu Ebene 6: Auf dieser Ebene soll das Ziel der Oevermannschen Analyse realisiert werden, nämlich die "Rekonstruktion der objektiv latenten Sinnstrukturen". Ich habe die Kritik von Reichertz an diesem Konzept bereits referiert, andererseits aber auch deutlich gemacht, daß meine Annahmen zur geschlechtsspezifischen Sozialisation auch die Vorstellung der Strukturbestimmtheit des Subjekts, seiner psychosexuellen Verfaßtheit und seines Handlungsraums umfaßt. Meine Untersuchung bewegt sich also in einem Spannungsfeld zwischen der Analyse des Handelns lebendiger Subjekte einerseits und der Frage nach dem Geschlecht als Strukturkategorie und nach den über das Individuelle hinausweisenden geschlechtstypischen Konflikten andererseits. Statt der Rekonstruktion von "objektiv latenten Sinnstrukturen" ist das Ziel meiner inhaltsanalytischen Interpretation, die von kindlichen Subjekten hervorgebrachten Inszenierungen zur Geschlechterdifferenz aufzufinden

Zu Ebene 7: Diese Ebene ergibt sich aus dem Anliegen Oevermanns, zu allgemeinen sozialisationstheoretischen Aussagen zu kommen. Das entfällt für meine Untersuchung.

Aus dem bisher Dargelegten wird deutlich, daß ich das Interpretationsraster der Oevermannschen Textanalyse nicht unverändert für meine Zwecke übernehmen kann. In der Auseinandersetzung mit der "Objektiven Hermeneutik" beziehe ich mich vorwiegend auf Hans-Georg Soeffner. Ich stelle im nächsten Abschnitt die Interpretationsbewegung kurz dar, die Soeffner zu jedem "Interakt" vorschlägt, weil sich deren konsequente Orientierung an einer interaktionsbezogenen Perspektive für meine methodischen Überlegungen als fruchtbar erwiesen hat.

Das hermeneutische Verfahren nach Hans-Georg Soeffner

Soeffner (1989) beginnt auf Ebene I mit der Frage "Wie definiert sich das Subjekt und was will es?" und nennt dies die Konstruktion der "egologisch-monothetischen Perspektive der Selbstdeutung" des handelnden Subjekts (ebd.: 192), die die Interpretin aufgrund ihrer alltagshermeneutischen Kompetenz erschließen kann. Soeffner schreibt: "Diese in der Selbstdeutung des Individuums fundierte Sinneinheit ergibt sich nicht zufällig. Es existiert vielmehr ein Zwang zur Gestalt- und Sinnschließung von Handlungen, der dem unüberschreitbaren Identitätspostulat von Individuen entspringt: eins zu sein mit sich selbst, seinen Erfahrungen, Handlungen und seiner Handlungsperspektive. Dieses Deutungsregulativ fungiert vorweg immer schon sinnstiftend."

Die zweite Frage an das Material lautet: "Was bedeutet dies für die Interaktionspartner?" Die Beantwortung erbringt (auf Ebene II) die Rekonstruktion der "polythetisch-interaktionsbezogenen Perspektive" (ebd.: 199): "Das aus monothetischer Perspektive sinnkonsistente Selbstverstehen wird in polythetischer Sicht gebrochen und Interpretationsaufgabe für das Fremdverstehen: aus einer Äußerung als Repräsentation monothetisch geschlossenen Sinnes wird im Interaktionszusammenhang ein von anderen Partnern zu interpretierender Text." Ergebnis einer polythetischen Sicht auf eine Äußerung/Handlung ist "ein Angebot von" (mehreren) "Lesarten und Deutungen" (ebd.: 205).

Ebene III (Sinnschließung) ergibt sich dann aus der Notwendigkeit, zwischen diesen Lesarten auszuwählen und Sinn zu stiften (ebd.: 205): "Der interaktionsbezogene Sinn eines Textes ist auf Polythetik angelegt und auch in seinem Interaktionssinn, d.i. in seiner intersubjektiven Bedeutung nur polythetisch zu erschließen. Polythetische Bedeutungszumessung und Sinnkonstruktion ist demnach immer perspektivisch gebrochen, also ein Angebot von Lesarten und Deutungen eines Textes, das allein aus sich heraus nicht zu einer Sinneinheit zusammengeschlossen werden kann: Polythetik stiftet keine Sinneinheit, sondern verhindert sie eher."

Ich muß hier auf folgendes Problem hinweisen: Soeffner lokalisiert die polythetische Brechung eines Textes auf Ebene II und die Sinnschließung auf Ebene III, benennt allerdings nicht das Problem, daß natürlich die (Re)Konstruktion der "egologisch-monothetischen Perspektive" eines Individuums in der (alltäglichen oder wissenschaftlichen) Interpretation notwendigerweise bereits ein Fremdverstehen ist, also sowohl eine polythetische Brechung als auch eine Sinnschließung erfährt. Zur Verdeutlichung: Meine Überlegungen zu einer gefilmten und transkribierten Äußerung/Handlung durchlaufen folgende Stationen:

1. Schritt: Frage: Wie deutet sich das Subjekt selbst?
2. Schritt: Überlegung: Da ich das beobachtete Subjekt nicht selbst bin, kann ich dies nicht wissen, sondern nur erraten.
3. Schritt: Um zu einer möglichst weitgehend abgesicherten Antwort zu kommen, muß ich verschiedene mögliche Antworten (Lesarten) durchspielen. Die kognitiv-affektive Operation, die ich hierzu vornehme, wird die sein, mich im Geiste sowohl an die Stelle des beobachteten Subjekts zu setzen (um introspektiv eine Ahnung über eine mögliche Selbstdeutung zu gewinnen) als auch an die Stelle des Interaktionspartners (weil ich anders die Äußerung/Handlung des Subjekts gar nicht begreifen kann); dies ist eine mehrfach changierende und ineinander übergehende Haltung eines sich identifizierenden role taking einerseits und Objektivierens andererseits. In Soeffners Terminologie ist das Ergebnis dieser – das Verstehen quasi vorbereitenden – Operation die polythetisch-interaktionsbezogene Brechung der beobachteten Äußerung/Handlung.
4. Schritt: Entscheidung für die am meisten plausible Lesart = (Re)Konstruktion der egologisch-monothetischen Perspektive des beobachteten Individuums durch eine "Sinnschließung" (die Soeffner als wesentliches Element von Ebene III beschreibt).

Das heißt: Bereits für die Interpretation auf Ebene I muß ich alle von Soeffner beschriebenen Ebenen durchlaufen; in der Alltagshermeneutik blitzartig und weitgehend unreflektiert, in der wissenschaftlichen "vom Handlungsdruck entlastet" (Soeffner). Dies ist unvermeidlich und insofern kein "Mangel" seines Systems, sollte aber klar gesagt werden. Damit ist aber noch nicht alles zu Ebene III gesagt. Hier stellt sich nämlich die Frage, wer die Agenten der Sinnschließung eigentlich sind, die Interpretin des Textes (Protokolls) oder die an der lebendigen Interaktion (und damit an der Textherstellung) Beteiligten oder beide Seiten? (Diese Frage erhebt sich natürlich nur für die wissenschaftliche Hermeneutik). Soeffner: "Einen einheitlichen Interaktionssinn erhält ein Text nicht durch die jeweilige konkrete, subjektiv-perspektivische Sinnzumessung der einzelnen Interaktanten. Die Sinneinheit wird vielmehr gestiftet durch die alle Interaktanten in einem Interaktionszusammenhang zusammenschließende, von allen Beteiligten gemeinsam ausgehandelte Interaktionskonfiguration innerhalb eines für alle gemeinsamen Interaktionsprozesses. Die interaktionstheoretische Interpretation eines Textes (...) rekonstruiert das spezifische Handlungs- und Sinnsystem der jeweiligen Interaktionskonfiguration, so wie es sich innerhalb eines konkreten Interaktionsprozesses, einer Interaktionssequenz, äußert. Die Mitglieder dieses spezifischen Handlungs- und Sinnsystems unterstellen – und konstituieren durch diese Unterstellung – eine gemeinsame Wahrnehmungs- und Handlungssituation und ein gemeinsames Relevanz- und Bedeutungssystem" (ebd.: 205).

Auch bei Soeffner geht es also um das Entdecken eines "Handlungs- und Sinnsystems", das vom einzelnen Individuum irgendwie abgelöst sich konstituiert; dennoch sind in Soffners Text – im Gegensatz zu Oevermann – die Subjekte noch durchgängig als Akteure sichtbar: Sie handeln aus, unterstellen, konstituieren. Das System von Bedeutungen oder Sinn ist zwar kein Ergebnis subjektiver Bewertung, entsteht im Gegenteil erst durch (polythetische) Brechung der individuellen Sichtweise. Das gemeinsam ausgehandelte Sinnsystem ist aber andererseits auch keine "Struktur", die der Subjekte nicht mehr bedarf.

Überlegungen zu einem eigenen Verfahren

Ich komme in Anlehnung an Soeffner zu folgenden Interpretations-Ebenen (diese enthalten natürlich nach wie vor viele der von mir oben genannten methodischen Probleme; außerdem übernehme ich den unschönen Begriff des "Interakts", da mir dieser eine treffende Bezeichnung für die Ergebnisse des notwendigerweise künstlichen Aufgliederns einer Interaktion zu sein scheint):

Ebene 0: Beschreibung des unmittelbar vorausgegangenen Kontextes bzw. des Systemzustandes. Dies geschieht nur für den ersten Interakt, da die Analyse des ersten Interaktes die Kontextbeschreibung für den zweiten darstellt, die des zweiten die Kontextbeschreibung für den dritten etc.

Ebene 1: Paraphrasierung der verbalen Anteile des Interaktes (alle möglichen Lesarten aufnehmen).

Ebene 2: Benennung der Intentionen und Selbstdeutungen des handelnden Subjekts (eventuell mehrere Lesarten möglich; alle Schlüsse und Spekulationen, die sich begründen lassen, aufnehmen).

Ebene 3: Beschreibung der – aus der Sicht des/der Anderen – eingetretenen Veränderungen im Systemzustand: Benennung von Inkonsistenzen, Unklarheiten, Doppeldeutigkeiten des Interakts für den/die Anderen; Beschreibung der möglichen Bedeutung für den/die Anderen und Begründung; Beschreibung der Funktion des Interakts für die Neuverteilung der Interaktionsrollen (eventuell mehrere Lesarten möglich).

Ebene 4: Benennung von affektiv-sensomotorischen Handlungs- und Sprachfiguren (für Subjekte, Dinge, Situationen, soziale Rollen), die – als szenische Symbole für vergangene Interaktionsszenen – auf geschlechtsspezifische Konfliktkonstellationen hindeuten (könnten). In der Regel werden auf dieser Ebene nicht für jeden Interakt Aussagen gemacht werden können, sondern diese werden sich mehr zum Ende der Inhaltsanalyse einer Handlungssequenz hin ergeben und verdichten.

Der Prozeß der Identifizierung der signifikanten Aussagen oder Szenen in meinem Material auf Ebene 4 wird natürlich von meinen Phantasien, Gegenübertragungen und Vorstellungen darüber, was "typisch", "relevant" etc. ist, gesteuert. Diese Vorstellungen speisen sich *erstens* aus meinen explizierten theoretischen Standpunkten und Erwartungen in dieser Frage und *zweitens* aus meiner persönlichen Stellung im Geschlechterverhältnis als (heterosexuelle) Frau, Mutter (von Söhnen), Mittelklasse, Westeuropa, weiß sowie der dadurch geprägten Form von Liebesbeziehungen und spezifischen Konfliktlage; diese Bestimmungen lassen die Neigung zu einem bestimmten theoretischen Erklärungsmodell der Geschlechterfrage und die Vorliebe für bestimmte Alltagstheorien nicht unberührt. Insofern werden die Aussagen auf Ebene 4 nicht nur die handelnden und beobachteten Subjekte und deren symbolische Welt des Geschlechterverhältnisses abbilden, sondern ebenso sehr mich und die meinige. Und: Die Folie, auf der ich meine Abbildungen herstellen werde, ist nicht leer, sondern schon strukturiert von Bildern der Differenz.

Natürlich sind die Ebenen meines Analyseinstruments nicht methodisch "sauber" zu trennen und genauso wenig ist die Interpretationsbewegung eine, die ohne Vorgriffe oder Rückblicke auskommt. So werden die gewonnenen Ergebnisse einer Textanalyse bei der nächsten als Erwartungshaltung präsent sein.

Ein weiteres Problem, das sich hier auftut, wenn ich das freie (Phantasie)Spiel von Kindern analysiere: Was ist alles als "Selbstdeutung" des spielenden Kindes anzusehen? Ist das Schicksal einer Spielfigur, Puppe, eines Stofftieres etc., die das Kind führt, für die es spricht und handelt, eine "Selbstdeutung"? Ich denke, das läßt sich nicht immer eindeutig beantworten. Einerseits gehe ich, wie bereits gesagt, davon aus – und dies ist auch die Basisannahme von Spieltherapie oder diagnostischen Verfahren, die das Spiel einsetzen –, daß das Kind intrinsisch motiviert im freien Spiel seine innere Welt veräußert; daß das freie Spiel eine für das Kind notwendige Modalität der Aneignung der physischen und sozialen Welt darstellt; daß das freie Spiel wichtige Aufschlüsse über die innere Welt des Kindes geben kann, weil es in ihm seinen Konflikten, Ängsten, seiner Neugierde und seinen Aggressionen, seinen Liebesbeziehungen Gestalt geben kann, ohne dafür verantwortlich gemacht werden zu können ("ist ja nur ein Spiel"). Das Spiel ist also ein Bereich, der weniger moralisch sanktioniert ist als die sozialen Alltagsbeziehungen; da ist mehr erlaubt. Andererseits sollte man vorsichtig sein, *jedes* Element eines Spielthemas, eines Puppenschicksals etc. als psychologisch signifikant für das Seelenleben des einzelnen spielenden Kindes zu betrachten: Solche Elemente sind manchmal Teil einer unter mehreren Kindern getroffenen Verabredung ("wir sind wohl alle arm" oder "unsere Eltern sind wohl gestorben") oder gehören zu Spielprototypen ("Kaufmannsladen", "Zirkus" etc.) und stecken eher intersubjektiv den thematischen Rahmen ab, in dem nun gespielt wird. Es wird also von der konkreten Situation abhängen, inwieweit die Handlung eines Stofftieres als "Selbstdeutung" des Kindes, das dieses führt, anzusehen ist oder als Ausgestaltung einer prototypischen Rolle oder als Mischung (es ist ja auch nicht zufällig und völlig unabhängig von der Seelenlage eines Kindes, *ob* es den "bösen Wolf" überhaupt spielen will und wenn ja, *wie* es diesen dann spielt).

Umgekehrt wird hiervon abhängen, welche Bedeutung der Spielzug eines Kindes für die anderen hat: Je mehr das prototypische Element vorherrscht, desto weniger wird ein Kind sich von der Aktion eines anderen persönlich gemeint empfinden. Und selbst im völlig freien Phantasiespiel wird die Tatsache, daß es sich eben ("nur") um ein Spiel handelt und nicht um "die Realität", immer eine Ebene einziehen, auf der sich die Subjekte ein Stück weit heraushalten können. Vor diesem Hintergrund erscheint es zumindest problematisch, ganz ungebrochen von "Selbstdeutung" und "Veränderung im Systemzustand aus der Sicht der Anderen" zu sprechen. Bei den Interpretationen muß dieses Problem mitgedacht werden.

Anmerkungen

1) Ich habe mich dagegen entschieden, meine Texte einem konversationsanalytischen Verfahren zu unterziehen, obwohl es hier eine ganze Reihe empirisch erprobter Verfahren gibt, weil ich vor allem an der Vertextung und Analyse von Handlung (in der Einheit von Verbalem und Nonverbalem) interessiert bin. Es bestünde natürlich die Möglichkeit, zusätzlich zu meiner Analyse eine Konversationsanalyse durchzuführen. Dies würde allerdings den Rahmen dieser Arbeit sprengen, da dies eine völlig neue Vertextung unter Verwendung von erprobten Codierungssystemen erfordern würde und einen zweiten Interpretationsgang. Es wäre allerdings durchaus reizvoll (als einen weiteren Forschungsschritt, der eine mehr methodologische Fragestellung zum Schwerpunkt hätte), durch eine neue Vertextung und eine Konversationsanalyse meines Videomaterials sowohl meine Interpretationsergebnisse zu überprüfen als auch die Kompatibilität beider Instrumente.

2) Ich will dies an einer Textauslegung Hans-Georg Soeffners (1989: 185ff.) belegen. Analysiert wird dort folgende Aussage einer Mutter in einem freien Interview (ebd.: 193): "Ja ... ich muß sagen, ich hatte eigentlich ganz andere Vorstellungen, das sagte ich ja vorhin schon, irgendwie hatte ich ganz *ideale* Vorstellungen hier von so 'ner, hier von so einer Familie und vom Familienleben und was man alles machen kann, na und ich hab' also gedacht, die Realität sieht eben doch anders aus. Man muß selbst ja so viel zurückstecken, man ist ja, man muß sich ja ewig, ja beispielswiese schon nach Kindern muß man sich ja *immer* richten. Das *läßt* sich einfach nicht anders durchführen."

Für mich scheint dies zunächst – zugegebenermaßen ohne eingehende hermeneutische Anstrengung – das Resumée einer Frau zu sein, der die Realität des Familienlebens gezeigt hat, daß dieses und ihr Wunsch nach Selbstverwirklichung nicht so ohne weiteres zu vereinbaren sind. Sie nimmt außerdem (resignativ) Abschied von Vorstellungen, das ließe sich vielleicht doch "anders durchführen".

Soeffner kommt zu folgendem Ergebnis ("Ebene III: Sinnschließung"): "Im Klartext: Die in der Widersprüchlichkeit von Realität und Idealität erlittene Auswegslosigkeit aus der schicksalhaft zu übernehmenden 'schlechten' Faktizität erklärt sich als Leiden an der weiter bestehenden kontrafaktischen Wirksamkeit der idealen Vorstellungen, d.h. an der zwanghaften Beibehaltung dieser Vorstellungen. Dadurch wird die 'eben doch anders' aussehende Realität zwar wahr- aber nicht angenommen. Das Leiden an der Realität ist in Wahrheit das Leiden an der zwanghaften Beibehaltung der idealen Vorstellungen. So resultiert auch die Hilflosigkeit nicht aus der Übermacht der Realität, sondern aus der der Idealvorstellungen, denen die Sprecherin zwanghaft ausgeliefert ist und die sie daran hindern, die Realität zu bewältigen: Nicht die Anforderungen der Realität, sondern die der idealen Vorstellungen sind der Zwang" (ebd.: 207).

Abgesehen von der häufigen Verwendung des pathologisierenden Begriffs der Zwanghaftigkeit, die Soeffner durch nichts ausweist, ist wirklich verblüffend: Der Rat des Sozialwissenschaftlers an diese Frau, mit ihrem Konflikt umzugehen, ihr Leiden zu beenden, besteht darin, ihre Utopien endlich loszulassen und die Realität endlich so zu nehmen, wie sie nun einmal ist. Klassischer kann sich Normativität gar nicht formulieren.

3) Daß Soeffner in dem vorliegenden Beispiel aber nicht nur normativ, sondern auch gereizt und aggressiv-abwehrend auf die interviewte Frau reagiert, klingt im Text an: So spricht er vom "taktischen Ziel", das sie verfolge, davon, daß sie ihm ein therapeutisches Gespräch aufgezwungen habe, ihn "als Therapeuten mißbraucht", "Verschleierungsstrategien" angewandt, "geschickt die Abwehr des Interviewers (antizipiert)", auf diese Weise "zum Nachfragen gezwungen" habe; zum Nachfragen sah Soeffner sich gezwungen, weil er sich sonst einer "offenen 'Aussprache' entzogen hätte" (d.h. er antizipiert hier einen Vorwurf der Frau gegen ihn) etc. (ebd.: 210). Man spürt zwischen den Zeilen, daß dieses Interview eine Art Kampf gewesen sein muß.

So etwas kann passieren. Und auch in einer weniger konfliktreichen Forschungssituation muß man deshalb über die Phänomene Übertragung, Gegenübertragung und Reaktivität im Setting sprechen und über das der Gegenübertragung bei der Textauslegung (die sich z.B. in einer Schonung des/der Analysierten oder durchaus auch in aggressiven Akten gegen ihn/sie zeigen kann). Soeffner spricht dies nicht an.

4) Im Vorgriff verweise ich an dieser Stelle auf die Szene "Frauenhaus und Indianerhäuptling": Der 4jährige Max kommt in den Gruppenraum, während ich bereits filme, geht auf mich zu und erklärt, sein Vater habe sich auch eine Kamera gekauft. In Kapitel 5 stelle ich Überlegungen dazu an, was diese Szene bedeuten könnte und in welchem Zusammenhang sie möglicherweise mit dem dann folgenden Spiel von Max steht.

5) So beschreiben Oevermann et al. (1979), daß der Vater sich längere Zeit bemüht habe, "am Fernsehapparat das Sandmännchen zu finden", daß er es nicht finden konnte. Dann heißt es (ebd.: 405): "Die Mutter kommt mit dem Essen aus der Küche und überblickt die Szene. Der Vater äußert noch einmal, er habe da irgend etwas verkehrt eingestellt. Die Mutter begibt sich an den Fernsehapparat und findet sofort das Sandmännchen." Das heißt nun aber, daß der Vater vor seiner Aussage "Da stimmt irgendetwas nicht mit der Skala" offenbar mindestens zweimal durchaus erwogen hat, daß er selbst etwas verkehrt gemacht hat! Diese Tatsache aus dem Kontext wird bei der oben zitierten Interpretation überhaupt nicht mit herangezogen! Hätte die Analyse mit diesen Aussagen des Vaters als "Interakt 1" begonnen, hätte sie vielleicht einen anderen Verlauf genommen. Aber vielleicht war zu diesem Zeitpunkt das Tonband noch nicht aufgebaut?

Kapitel 3

Die Untersuchung

Die Kindergruppen

Ich habe in drei Vorschulgruppen zweier Hamburger Kindertagesstätten Film-Aufnahmen gemacht. Die Größe der Gruppen, das Alter der Kinder, die Verteilung nach Geschlecht und die Anzahl meiner Filmaufnahmen gehen aus der Übersicht 1 hervor.

Gruppe A und B gehören zu der gleichen Kindertagesstätte, Gruppe C zu einer weiteren. Beide Kindergärten sind mit 75 bzw. 70 Kindern relativ groß. Gruppe C streut, was das Alter der Kinder angeht, wesentlich stärker als die Gruppen A und B. Dies rührt daher, daß das Konzept dieser Kindertagesstätte bewußt nicht auf altershomogene Gruppen ausgerichtet ist, sondern ein pädagogischer Vorteil darin gesehen wird, eine breite Altersspanne in der Gruppe zu haben.

Beide Kindertagesstätten sind von Eltern und ErzieherInnen Mitte der 70er Jahre – in Abgrenzung zu städtischen Einrichtungen – als "alternative Kinderläden" gegründet worden. Meine Entscheidung, hier zu filmen, erklärt sich aus meinem persönlichen Zugang zu diesem Feld. Ich habe mich am Aufbau der Kindertagesstätte beteiligt, zu der die Gruppen A und B gehören, und meine beiden Söhne sind langjährig in diesem Kindergarten betreut worden[1]. Die Gründe für die damalige Eltern- und ErzieherInnen-Generation, ein selbstorganisiertes Betreuungsangebot zu schaffen, lagen in vielfältiger Kritik an den städtischen oder kirchlichen Einrichtungen (Jürgen Moysich 1990): Kritik an zu geringem Bewegungsspielraum zur Eigenaktivität für Kinder aller Altersgruppen, an zu wenig Mitspracherecht sowohl der Eltern als auch der Kinder; an der Undurchschaubarkeit sowohl der Pädagogik der ErzieherInnen für die Eltern als auch umgekehrt; an zu großen Gruppenfrequenzen; an mangelnder Bereitschaft von ErzieherInnen und Eltern herkömmlicher Einrichtungen, eigene Vorstellungen in Frage zu stellen – so z.B. über die Rechte von Kindern, über das Schlagen von Kindern, den Umgang mit Sexualität, das Miteinander

Übersicht 1 Beschreibung der Untersuchungsgruppen

Gruppe	Film-Beginn	Anzahl der Kinder		Alters-spanne (in Jahren u. Monaten	Film-Ende	Anzahl der Kinder		Alters-spanne	Anzahl der Film-aufnahmen
A	Mai 89	♀	5	2;7-3;4	Juli 91	♀	8	4;3-5;6	27
		♂	4	2;9-3;4		♂	7	4;7-5;6	
		alle	9			alle	15		
B	Juli 89	♀	6	4;1-5;5	März 91	♀	6	5;1-6;5	21
		♂	7	3;6-5;0		♂	7	5;2-6;6	
		alle	13			alle	13		
C	April 91	♀	9	3;3-6;6	Okt. 92	♀	7	3;8-6;4	26
		♂	5	3;6-5;8		♂	6	3;6-6;9	
		alle	14			alle	13		74

unterschiedlicher Nationalitäten etc.; ein wichtiger Punkt war von Anfang an auch die Debatte über Geschlechtsrollen unter Kindern und Erwachsenen, über Gewalt gegen Frauen und die Arbeitsteilung zu Hause sowie im Kindergarten. Auch wenn die GründerInnen-Zeiten lange vorbei sind, kann man wohl davon ausgehen, daß das Klientel alternativer Einrichtungen mehrheitlich immer noch wegen der anderen Ideen zur Erziehung seine Kinder dort unterbringt. Auch die Tatsache, daß in alternativen Kindertagesstätten Elterndienste (Putzen, Renovieren) und erhöhte Beitragsleistungen erwartet werden, trägt dazu bei, daß es sich bei Eltern und Kindern nicht um einen repräsentativen Querschnitt der Bevölkerung handelt.

Ich habe zur weiteren Beschreibung der beobachteten Kinder auf die Erhebung von Daten zur Schichtzugehörigkeit, zur Familiensituation, zu Einstellungen bei Eltern und ErzieherInnen, zur Entwicklung der Kinder u.ä. verzichtet. Solche Angaben wären nur relevant, wenn das Anliegen meiner Untersuchung darin bestehen würde, Aussagen über kausale Beziehungen zwischen solcherart Daten und dem beobachteten Verhalten zu treffen. Dies wäre ein methodisch grundlegend anderer Ansatz, der nicht ohne die Operationalisierung der gesuchten Verhaltensmerkmale auskommen würde und den Anforderungen an einen ökopsychologischen Ansatz genügen müßte (Bronfenbrenner 1981). Mein Interesse aber war es, zu sehen, welche szenischen Bilder Kinder für die Geschlechterdifferenz finden, welche intrapsychische Konfliktlage sich in diesen Bildern zeigt und wie sie sich – als Mädchen und Jungen – gegenseitig in Beziehung setzen.

Ein Merkmalsbereich allerdings läßt sich nicht auf diese Weise "vernachlässigen": Das "Ausländischsein" mancher der beobachteten Kinder oder ihre Hautfarbe springen beim Betrachten der Filme ins Auge und lösen Phantasien, Affekte und Zuschreibungen aus. Ich habe länger darüber nachgedacht, wie ich mit den ausländischen bzw. ausländisch-deutschen Kindern in den von mir gefilmten Gruppen umgehe. Sie stammen aus Afghanistan, Ghana, Jugoslawien, Mexiko, Togo und der Türkei. Ich habe mich dafür entschieden, in den Protokollen, die ich hier veröffentliche, die Identifizierung dieser Kinder über ihre Nationalität oder Hautfarbe zu unterlassen. Hierfür stehen zwei Gründe: *Erstens* ist es, wie oben bereits gesagt, nicht mein Ansatz, aus solchen Daten Informationen für meine Interpretationen zu ziehen; *zweitens* aber gehe ich davon aus, daß die Affekte und Zuschreibungen, die eine solche Identifizierung möglicherweise bei der/dem weißen WesteuropäerIn auslöst, selten vorurteilsfrei sind.

Ein Beispiel hierzu: In einer gefilmten Sequenz haben sich alle Kinder (3- bis 4jährig) ausgezogen, tanzen nackt herum, berühren sich, jagen sich etc. Ein schwarzes Mädchen ist besonders am Penis eines Jungen interessiert, den sie deshalb offen angeht. Sie bittet ihn, ihr seinen Penis zu zeigen und will diesen dann ablecken, worauf dieser mit Rückzug reagiert. Ich habe diese Episode im Rahmen eines Forschungskolloquiums mit anderen Frauen diskutiert. Hier wurde nun die Mutmaßung geäußert, inwieweit dieses Verhalten auch über das kulturelle Milieu erklärbar sei, aus dem das Mädchen komme. Ich habe festgestellt, wie in diesem Moment in mir die Phantasie "schwarze Rasse – sexuell potent" hochstieg, ein rassistisches Klischee, das – hätte ich es in diesem Moment nicht wahrgenommen – weiter sein Dasein im Untergrund gefristet hätte. Dieses Dilemma ist natürlich nicht mit der Anonymisierung der kulturellen Identität der Kinder erledigt: Denn *ich* kenne ja die

Daten und *ich* nehme die Interpretationen vor. Es unterstreicht noch einmal mehr die bereits oben benannte Problematik von Wahrnehmung und Interpretation, in der sich die eigene intrapsychische Konfliktlage als Folie betätigt und Projektionen und Übertragungen zeitigt und verweist auf die Notwendigkeit, diese Prozesse gegebenenfalls durch regelhafte Supervision aufzuklären[2].

Allerdings verstehe ich meine Entscheidung, eine Identifizierung der Nationalität, Hautfarbe etc. zu unterlassen, auch als einen gewissen Schutz dieser Kinder vor einer Öffentlichkeit, die ich nicht in der Hand habe und die zunehmend durchsetzt ist von subtilen und offenen sozial-kulturellen, fremdenfeindlichen und rassistischen Vorurteilen. Natürlich bedeutet das Verschweigen dieser Daten und das "Eindeutschen" der Namen der betreffenden Kinder auch ein Unsichtbarmachen ihrer Identität und Ausgrenzung derselben. Dies ist ein Dilemma, das mir weh tut, wobei ich allerdings nicht vergesse, daß der Schmerz eines Kindes, das dies in der eigenen Seele abzumachen hat, das diese Gebrochenheit in seine Identität einbinden muß, um sich in einer fremden und potentiell feindlichen Umgebung einzurichten, der eigentliche ist.

Datenerhebung (Interpretation Stufe 1)

Es lassen sich drei Datenarten bzw. -quellen unterscheiden: *Erstens* die Videoaufnahme, *zweitens* zusätzliches Protokollieren des Sprechens der Kinder und *drittens* informelles Kontextwissen aus Gesprächen mit Eltern, ErzieherInnen und Kindern.

Videoaufnahmen

Ich habe in jeder Gruppe mindestens einmal im Monat im Durchschnitt ca. eine halbe Stunde das Gruppengeschehen gefilmt. Ich verabredete die Termine jeweils mit den ErzieherInnen, da ich an Situationen interessiert war, in denen kein strukturiertes Angebot wie Basteln, Töpfern o.ä. gemacht wurde, sondern Raum war für freies Spiel. Außerdem war verabredet, daß die ErzieherInnen sich, während ich filmte, im Großen und Ganzen zurückhielten mit Interventionen, andererseits aber dort, wo sie es aus pädagogischen oder aus Sicherheitsgründen für notwendig hielten, auch eingreifen und sich nicht durch die Filmaufnahme davon abhalten lassen sollten. Ich habe mit dem Filmen etwa 15 Minuten nach meinem Eintreffen in der Gruppe begonnen. Alle Kinder, die dies gerne wollten, durften vor Filmbeginn durch die Kamera sehen, sie hin- und herschwenken, wobei ich die Kamera aber hielt oder sie auf einen Tisch stellte und daneben saß. Wenn ein Kind während der Filmaufnahme zu mir kam und "durchgucken" wollte, versuchte ich es zunächst – ohne die Aufnahme zu unterbrechen – auf "später" zu vertrösten. Ließ sich das Kind nicht hinhalten, habe ich mitunter die Aufnahme unterbrochen und das Kind durch die Kamera sehen lassen (dies kam relativ selten vor).

Während ich bei den ersten Aufnahmen noch die Kamera auf der Schulter führte, bin ich dann dazu übergegangen, sie an geeigneten Plätzen (halbhohe Regale, Raumteiler, Tisch, Stuhl, Fensterbank oder auf meinem Schoß) abzustellen. Dies war nicht nur bequemer, sondern reduzierte auch die Aufdringlichkeit des Filmens: Ich konnte auf diese Weise auf unauffälligere Weise und auch nur ab und zu (zur

Kontrolle des gefilmten Ausschnitts) in den Sucher sehen, konnte dabei (bei aus der Filmrichtung weggeklapptem Sucher) mein Gesicht von der beobachteten Szene abwenden, so daß ein Kind, das zu mir oder zur Kamera guckte, nicht gleichzeitig meinen Blick auf sich gerichtet sah.

An zwei Punkten will ich zeigen, daß die auf diese Weise auf den Videofilm gebannten Ausschnitte des Gruppenlebens zugleich weniger und mehr als die beobachtete Lebensäußerung sind:

Willkürlichkeit von Beginn und Ende der Aufnahme. Ist es schon willkürlich, im unaufhörlich dahinfließenden Kommunikationsstrom zwischen Individuen, die sich kennen und regelmäßig zusammen sind (wie z.b. Mitglieder einer Familie, Kindergartenkinder etc.), von Beginn und Ende einer Interaktion zu sprechen, so wird diese Willkürlichkeit noch potenziert dadurch, daß von diesem Strom der Ereignisse nur ein zufälliger Ausschnitt (Filmaufnahme) zur Verfügung steht und der Rest weitgehend im Dunkeln liegt. Dies ist allerdings strenggenommen kein Sonderfall, denn auch das Aufeinandertreffen einander fremder Personen ist nie voraussetzungslos.

Subjektivität der jeweiligen Kameraeinstellung. Da ich aus zwei Gründen (zu großer finanzieller und personeller Aufwand; zu starke Beeinträchtigung des Gruppengeschehens) nicht mit mehreren Kameras arbeiten konnte und wollte, bildet jede Einstellung, jeder Schwenk, jeder Zoom meine Wahrnehmung ab, die von meinen subjektiven Entscheidungen (Was ist relevant?) gesteuert wurde. Diese Entscheidungen sind mehr oder weniger bewußt, mehr oder weniger rekonstruierbar. Und mit Sicherheit sind sie u.a. strukturiert durch meine eigene Verwicklung (als heterosexuelle Frau, Mutter von Söhnen) ins Thema auf der einen Seite und meine Vorliebe für wissenschaftliche Vorabtheorien über meinen Untersuchungsgegenstand auf der anderen.

Protokollieren des Sprechens der Kinder

Neben der Abbildung des Geschehens durch die Kamera habe ich mich darum bemüht, soviel wie möglich parallel zur Filmaufnahme das Sprechen der Kinder zu protokollieren, da die Äußerungen der Kinder in der Videowiedergabe oft nicht klar zu verstehen sind. Die nicht strukturierte Situation in der Gruppe brachte es mit sich, daß ein ständiger – z.T. erheblicher – Lärmpegel von (für mich) nicht relevanten Geräuschen, Gesprächen, Raus- und Reinlaufen von Kindern und Erwachsenen, Verkehrslärm (durch das geöffnete Fenster oder auf dem Spielplatz) etc. bestand. Diese Geräuschquellen wären nicht ohne starkes Eingreifen – etwa durch die Aufforderung an die Kinder, "leise" zu sein, nicht rauszulaufen etc. – zu minimieren gewesen. Einzig an die Erwachsenen habe ich in Vorgesprächen die Bitte gerichtet, ihre Gespräche im Hintergrund möglichst leise zu führen. Dazu kommt, daß Kinder im untersuchten Alter z.T. noch recht undeutlich artikulieren, im Spiel häufig gleichzeitig reden, vor allem, wenn es sich nicht um ein regelrechtes Gespräch handelt, sondern manchmal für die eigene Spielfigur gesprochen wird, unabhängig davon, was das zweite oder dritte Kind gerade tut. Auch Versuche, nicht nur mit dem Kameramikrophon zu arbeiten, sondern mit einem stationären, das an der Decke angebracht war, brachten keine wesentlichen Verbesserungen, sondern sogar zusätzliche Schwierigkeiten, da die Kinder sich ja keineswegs immer unter dem hängenden Mikro aufhielten, sondern sich durch den Raum bewegten, was ein häufiges Umstecken der Mikrophone nötig machte mit der Folge von Toneinbußen (beim Umstecken) und Auffälligkeit meiner Aktionen. Eine entscheidende Verbesserung wäre technisch nur zu erreichen gewesen durch ein zweites externes bewegliches Mikrophon, das eine zweite Person auf den jeweiligen Standort der Kinder hätte richten müssen. Derart invasive Methoden kamen für mich nicht nur aus finanziellen Gründen nicht in Frage.

Das parallele Protokollieren hatte einen zweiten positiven Effekt: Zusätzlich zu dem bereits beschriebenen Abgewendetsein meines Gesichts durch Abstellen der Kamera und Wegklappen des Suchers war ich nun noch mit Schreiben beschäftigt, was mich noch mehr als Beobachterin undeutlich werden ließ. Das Mitschreiben ließ sich allerdings nur zeitweilig realisieren; in den Momenten, in denen ich die Kameraeinstellung kontrollierte oder durch Zoom, Schwenk sowie Ortswechsel veränderte, fiel das Protokollieren weg.

Informelles Kontextwissen

Wie bereits dargestellt, habe ich bewußt auf die Erhebung von Daten zur Einstellung der Erwachsenen, Familiensituation, Schichtzugehörigkeit etc., verzichtet, weil es mir nicht darum ging, Zusammenhänge zwischen dem beobachteten Verhalten und solchen Daten herzustellen. Ich will aber nicht leugnen, daß mir während der Interpretation der Handlungen eines Kindes oft Fragen gekommen sind, danach, wie es wohl bei ihm zu Hause aussieht, wie die emotionale Beziehung zwischen ihm und den Eltern ist, die zwischen den Eltern, die Arbeitsteilung etc. Dies macht zum einen das Bedürfnis deutlich, einer Situation nicht voraussetzungslos gegenüberzustehen, zum anderen, daß bereits vortheoretische Überzeugungen darüber bestehen, welche Art von Informationen in bezug auf ein bestimmtes Verhalten Aufklärungswert hätten. Natürlich darf dabei nicht übersehen werden, daß ich auch ohne die genannten personenspezifischen Daten oder Informationen eben nicht voraussetzungslos vor der Situation stehe: Als Mitglied der gleichen Kultur der Mehrheit der Kinder bzw. Eltern verfüge ich über genügend typisierendes Kontextwissen über die Situation, die darin agierenden Individuen etc., um mich darin sicher bewegen zu können. Darüber hinaus allerdings wußte ich – relativ unsystematisch – aus Gesprächen eben doch das eine oder andere Personenspezifische über die Lebenssituation eines Kindes, seine Position in der Gruppe o.ä., und es ist unsinnig, sich in diesem Fall künstlich dumm zu stellen. Ich benenne also in meinen Interpretationen, wo ich solches Kontextwissen hatte bzw. an welchen Stellen ich es bei der Deutung eingesetzt habe.

Vertextung (Interpretation Stufe 2)

Bei der Vertextung der gefilmten kindlichen Handlungen im Spiel stellen sich mehrere Fragen: Die nach der Auswahl der zu vertextenden Handlungsabschnitte, die nach den verschiedenen Verhaltensbestandteilen, die nach dem erlaubten Ausmaß an Deutung durch die Wortwahl bei der Vertextung und – was damit zusammenhängt – die nach der Größe der Zeiteinheit, nach der vertextet wird.

Auswahl der Handlungsabschnitte

Ist die Filmaufnahme selbst ein z.T. willkürlicher Ausschnitt aus dem Fluß kindlicher Interaktion, so stellt die Entscheidung, welche Abschnitte davon vertextet werden, noch einmal eine Datenreduktion dar, deren Kriterien benannt und ausgewiesen werden müssen:

Da die kindliche Interaktion im freien Symbolspiel mein Untersuchungsgegenstand ist, habe ich – mit einer Ausnahme – nur Handlungsabschnitte vertextet,
– in denen keine Erwachsenen als maßgebliche Spielpartner auftauchen (die bloße Anwesenheit Erwachsener oder auch die zurückhaltende Wahrnehmung von Hilfestellung – z.B. Material-, Spielzeugausgabe, Beantwortung von Fragen –, sofern sie von den Kindern eingefordert wurde, wäre kein Ausschlußgrund);
– in denen zwei oder mehrere Kinder aufeinander bezogen agieren;
– in denen eine Interaktion eine gewisse Entwicklung durchläuft, also nicht nur aus einem einmaligen Hin und Her besteht;
– die ein Thema haben, das sich in der Interaktion entwickelt (z.B. Rollenspielthema oder Konflikt um ein Spielzeug etc.);
– in denen eine gewisse Konstanz der teilnehmenden Akteure vorhanden ist;
– die also eine gewisse Zeitdauer haben (wobei diese sehr unterschiedlich sein, also z.B. eine oder 20 Minuten umfassen kann).

Die oben erwähnte Ausnahme bezieht sich auf eine Szene, die kein Spiel im Sinne eines Symbol- oder Phantasiespiels enthält, sondern in einem Streitgespräch besteht (s. Kapitel "Kampfkatzen und Jungengruppe"). Das Hineinnehmen dieser Interaktion begründe ich allerdings damit, daß zum einen die Geschlechterdifferenz der ausdrückliche Gegenstand dieses Streitgesprächs war und zum anderen parallel, quasi unterhalb des "offiziellen Textes", die Inszenierung von Dominanz und Beschwichtigung stattfand. Obwohl ich hier also kein Spiel im "sinnlich-unmittelbaren" Sinne vertextet und analysiert habe, schien mir diese Szene doch im Rahmen meiner Fragestellung von Interesse zu sein.

Was wird vertextet?

In jeder Interaktion sind mehrere Bestimmungsgrößen von Verhalten beteiligt, die der Beobachtung unterschiedlich gut oder schlecht zugänglich sind:
a. motorisches Verhalten: Grobmotorik wie gehen, laufen, sitzen etc.; Feinmotorik wie Fingerbewegungen, Mimik etc.
b. verbales Verhalten: Sprechinhalte, Tonfall, Laute etc.
c. emotionale Tönung des motorischen und verbalen Verhaltens
d. Kognitionen
e. bewußte und unbewußte Motivierung von (a) bis (d).

Die Bestimmungsgrößen a, b und c sind – Diskursivität des Datenmaterials vorausgesetzt – relativ gut zu beobachten und zu beschreiben, also zu vertexten. d und e sind dagegen Ebenen des Verhaltens, die erschlossen werden müssen, indem vom Beobachter Annahmen über die "inner states" einer anderen Person gemacht werden. Aussagen über d und e fallen also eindeutig in den Bereich der Interpretation und dürfen strenggenommen nicht in den Handlungsprotokollen, die ja erst das Material für die Interpretation abgeben sollen, erscheinen.

Eine Schwierigkeit bei der Vertextung ergab sich durch das bereits benannte Problem der schlechten Akustik und der daraus resultierenden teilweisen Unverständlichkeit der verbalen Äußerungen. Ich bin pragmatisch damit so umgegangen, daß ich in den Protokollen unverständliche Worte oder Satzteile als Auslassung vermerkt habe, wobei ich die Anzahl der Worte aufgrund von Satzmelodie, grammatischem Aufbau der verständlichen Anteile und der Länge der unverständlichen Äußerung geschätzt habe und in Klammern vermerkt habe. Ein Beispiel: "Ich gehe jetzt ... (2 unverständl. Worte)."

Zum Umfang der Deutung bei der Vertextung

Auch für die Bereiche a, b und c aber ist klar, daß sich Vertextung und Interpretation selten klar trennen lassen. Denn auch die Vertextung offener Verhaltensweisen ist ein permanenter Prozeß von Sinnherstellung durch diejenige, die sie beschreibt, also Interpretation. Selbst die schlichte Beschreibung der Grobmotorik eines Kindes, das mit einem anderen spielt, läßt sich oft nicht machen ohne sinngebende, also interpretierende Adjektive oder Adverbien. Hierzu ein Beispiel:

Text 1: "Ralf bewegt seine linke Hand, in der er seine Spielfigur hält, hoch über seinen Kopf und weit nach hinten, führt sie dann im Halbkreis, indem er die Bewegung beschleunigt, nach vorn und in Karins Richtung, an Karins Kopf vorbei und dann nach unten zum Schiff, das zwischen ihm und Karin auf dem Boden steht. Ralf macht dabei ein "Tschchchchch!!"-Geräusch." (Kindergruppe B, Szene "Gerümpelmenschen", Zählwerkposition[3]: 1.38.23)

Text 2: "Ralf holt mit seiner linken Hand, in der er seine Spielfigur hält, mit großer Geste weit über seinen Kopf und nach hinten aus und läßt seine Hand mit Figur plötzlich ohne Vorankündigung und schnell im Halbkreis nach vorn und auf Karins Kopf zu rasen, dann dicht an ihrem Kopf vorbei und nach unten auf das Schiff, das zwischen ihm und Karin auf dem Boden steht, sausen. Ralf macht dabei ein lautes "Tschchchchch!!"-Geräusch." (Kindergruppe B, Szene "Gerümpelmenschen", Zählwerkposition: 1.38.23)

Beide Texte geben dieselbe Szene wieder. Der erste Text ist neutraler formuliert, d.h. er verzichtet weitergehend als der zweite auf farbige Vokabeln wie "weit ausholen" oder "sausen" und interpretierende Worte wie "dicht" und "plötzlich". Gibt er deshalb aber die "wirkliche" Szene besser, im Sinne von objektiver, wieder, so daß ein Leser oder eine Leserin, der/die die Szene nicht gesehen (erlebt) hat, eher in die Lage versetzt wird, sich ein eigenes Bild davon zu machen, was geschehen ist? Oder erschwert Text 1 das Begreifen der Szene durch den künstlichen Verzicht auf sinnstiftende Vokabeln? Meines Erachtens verschweigt er geradezu aktiv eine Bedeutung, die man erfaßt haben muß, um die folgende Reaktion von Karin eine Sekunde später zu verstehen:

"Während Ralf den Schlag (oder Sturzflug) in Karins Richtung und dann nach unten ausführt, geht Karin in dem Moment, in dem ihr Ralfs Hand am nächsten kommt, mit dem Oberkörper leicht zurück und dreht dabei gleichzeitig schnell ihr Gesicht um ca. 90 Grad von ihm weg, hebt parallel dazu ihre Hand mit ihrer Spielfigur. Kurz bevor Ralfs Hand ganz unten am Schiff angelangt ist, fängt Karin an, ihr Gesicht dem Geschehen wieder zuzuwenden, ihre Mundwinkel sind bei geschlossenem Mund nach oben gezogen (kein Lächeln, sondern leicht verzerrter Ausdruck). Gleichzeitig streckt sie sich wieder, nimmt so die Rückwärtsbewegung des Oberkörpers zurück." (Kindergruppe B, Szene "Gerümpelmenschen", Zählwerkposition: 1.38.24)

Karins Schreckreaktion für den Bruchteil einer Sekunde zeigt, welche Bedeutung sie reflexhaft der ersten Hälfte der Handlung von Ralf zunächst beigemessen hat: Angriff. Die Merkmale von Ralfs Aktion, die diese Interpretation (nicht nur für Karin, sondern auch für die Beobachterin) nahelegen, können mit den von mir gebrauchten Worten "plötzlich", "ohne Vorankündigung", "schnell", "ausholen", "auf Karins Kopf zu" und "rasen" beschrieben werden. Lasse ich bei einer Vertextung dieser Szene solche Begriffe weg, um Darstellung und Interpretation auseinanderzuhalten, so trenne ich künstlich etwas auf, was im Wahrnehmungsakt verschmolzen ist.

Heißt dies nun, daß es in jeder Beziehung zwecklos ist, sich darum zu bemühen, Vertextung und Interpretation auseinanderzuhalten? Ich denke nein. Die spezifische Form von Interpretation der Stufe 2, die mit der Vertextung notwendigerweise einhergeht, und von der die Interpretation der Stufe 3 (die "eigentliche" Interpretation) abzugrenzen wäre, könnte folgendermaßen bestimmt werden:
– Sie darf keine Aussagen machen über Kognitionen, Intentionen oder Motive der Akteure;
– Aussagen über Gefühle dürfen nur in Form der Beschreibung der emotionalen Tönung von verbalen Äußerungen (z.b.: er sagt fröhlich) oder motorischem Verhalten (z.b.: sie winkt ärgerlich ab) gemacht werden. Außerdem müssen hierbei die Anteile des beobachtbaren Verhaltens vertextet werden, die Anhaltspunkte für die entsprechenden Gefühle liefern: z.b. Art der Mimik, Art der Körperbewegung etc.[4];
– das Abstraktionsniveau der Verhaltensbeschreibung sollte so niedrig wie möglich sein.

Erich Mittenecker (1987: 28) weist darauf hin, daß die Beschreibung von Verhalten auf unterschiedlichem Abstraktionsniveau eine verschieden hohe Bedeutungsaufladung mit sich bringt. Er gibt Beispiele für die unterschiedlich abstrakte Darstellung derselben Verhaltensweise: "'Er verhält sich aggressiv.'; 'Er schlägt ihm auf den Kopf.'; 'Die rechte Hand bewegt sich schnell von oben nach unten.'" Er schreibt dann weiter: "Während die unterste Stufe (bzw. das darunter liegende physiologische Niveau der Muskelkontraktionen) zur Beschreibung des Verhaltens im Alltag kaum verwendbar ist, sind die höheren Abstraktionsstufen in gewöhnlichem Gebrauch, da sie durch implizite Bezugnahme auf Ziele die Bedeutungen des Verhaltens vermitteln." Das heißt, je höher die Abstraktionsebene, desto mehr Interpretation fließt mit ein.

Zeiteinheiten der Vertextung

Die Zeiteinheiten, in denen ich vertexte, sind unterschiedlich groß. Deren Länge hängt davon ab, um welche Art von Handlungen es sich dreht, d.h. mit anderen Worten, für wie wichtig ich eine Handlung oder ein Handlungssegment vor dem Hintergrund meines Erkenntnisinteresses halte, und ist insofern vom Interpretieren nicht zu trennen. Ein Beispiel: Das über sieben Sekunden andauernde langsame durch-den-Raum-Gehen eines Kindes kann – weil es (mir) in der konkreten Situation bedeutungslos erscheint und weil sich auch ansonsten in diesem Moment "nichts ereignet" – mit einem Protokollvermerk ausreichend beschrieben sein, der aus fünf Worten besteht ("A. geht durch den Raum") und einen Zeitraum von eben sieben Sekunden abdeckt. Dasselbe langsame durch-den-Raum-Gehen eines Kindes kann aber unter bestimmten Umständen geradezu bedeutungsvoll sein; zum Beispiel:

– wenn es gemessen an der dabei zurückgelegten Strecke "unangemessen" lange dauert;

– wenn es gleichzeitig suchenden oder ziellosen oder traurigen Charakter hat;

– wenn gleichzeitig alle anderen Kinder dabei sind, durch den Raum zu toben etc.

Je nachdem, wie ich diese Handlung verstehe, wie ich sie also interpretiere, werde ich mehr oder weniger Worte bei der Vertextung verwenden (müssen) und die Beschreibung in kleineren oder größeren Zeitintervallen vornehmen. Aus meiner Praxis des Vertextens hat sich ergeben, daß die Zeiteinheiten relativ kurz sind: In der Regel zehn Sekunden, nicht selten aber auch nur fünf Sekunden oder – wie im Beispiel aus dem Spiel zwischen Karin und Ralf – nur den Bruchteil einer Sekunde, wobei die einzelnen Handlungsbestandteile in diesem Fall nur durch die Zeitlupe sichtbar werden.

Zum Einsatz der Zeitlupenanalyse stellt sich nun eine interessante Frage: Schaffe ich möglicherweise durch eine Vertextung (und Interpretation) auf dieser nur technikvermittelt sichtbar gemachten Ebene eine Pseudo-Realität, die für die beteiligten Individuen, die in der realen Handlung eben nicht über diese Technik verfügen, irrelevant ist? Unter Verweis auf das zitierte Beispiel aus dem Spiel zwischen Karin und Ralf könnte ich also fragen: Kann Ralf Karins Schreckreaktion, ihre Bewertung und Umwertung überhaupt wahrnehmen und interpretierend verarbeiten? Ich denke, man kann dies bejahen, wenn man sich hierunter nicht ein bewußtes und abfragbares Wahrnehmen und Verarbeiten vorstellt. Lotte Köhler (1990) referiert Befunde aus der Säuglingsforschung (Beatrice Beebe 1985; B. Beebe und F.M. Lachmann 1988b) über Kommunikationsabläufe zwischen Müttern und ihren drei bis sechs Monate alten Säuglingen, die erst durch die Zeitlupenanalyse von Filmaufnahmen "entdeckt" wurden: Die einzelnen Bestandteile und deren zeitliche Abfolge (Blickkontakt bei neutralem Gesichtsausdruck, beginnendes, sich dann vertiefendes und steigerndes Lächeln, begleitende Geräusche und Motorik, das Schwinden und Erlöschen des Affektausdrucks, Abwendung und Erschlaffen etc.) sowie das wechselseitige Abgestimtsein dieser Verhaltenssegmente in einem bestimmten "Rhythmus, der normalerweise vom Kind bestimmt wird" (Köhler 1990; 38) lagen also im Zeitablauf unterhalb der Wahrnehmungsschwelle der BeobachterInnen.

Köhler schreibt: "Erst Zeitlupenaufnahmen machen die dynamischen Handlungsmuster wahrnehmbar und analysierbar. (...) Die Organisation bei alternierendem Verhalten (wobei einer nach dem anderen wechselseitig 'dran' ist, 'an der Reihe ist' ...), ist durch eine höchst empfindliche wechselseitige Einstellung aufeinander charakterisiert. Die Untersuchungen von Verhaltenssequenzen ergaben, daß Mutter und Kind sich exakt ineinander passen, obwohl die Dauer einer 'Runde' eines Partners bis zum Beginn der 'Runde' des anderen nur eine halbe Sekunde dauert, wobei sich ihre 'Runden' nicht etwa überschnitten." (ebd: 39). Diese Befunde belegen, daß die in eine soziale Handlung verwickelten Subjekte Wahrnehmungs- und Deutungsmodalitäten aktivieren, die nicht-sprachlich sind und sich qualitativ von denen unterscheiden, die BeobachterInnen "von außen" einsetzen.

Inhaltsanalysen (Interpretation Stufe 3)

Bei der Auswahl der zu interpretierenden Spielszenen bzw. Protokolle bin ich von der Frage ausgegangen, ob sich die in Kapitel 1 theoretisch hergeleiteten geschlechtsspezifisch unterschiedlichen psychischen Konfliktkonstellationen um Geschlechtlichkeit, Differenz und den Erwerb einer Geschlechtsidentität bei Mädchen und Jungen im Vorschulalter in meinem empirischen Material finden und zeigen lassen.

Aus arbeitsökonomischen Gründen mußte ich mich auf die Dokumentation und Interpretation von sieben Kinderszenen beschränken. Anhand dieser Protokolle ist es allerdings durchaus möglich, exemplarisch zu zeigen, daß die beobachteten Kinder das Spektrum der angesprochenen Konflikte im Spiel in Szene setzen. Zweitens wird sichtbar, daß sich die Kinder gegenseitig in die Inszenierung ihrer spezifischen Konflikte einbauen und teilweise zur Projektionsfläche abgewehrter Themen machen. In allen Szenen zeigt sich drittens in unterschiedlicher Ausprägung und auch gegenläufigen Tendenzen das Thema der sozialen Positionierung: Die Entwertung von Weiblichkeit, das Amalgam von Männlichkeit/männlicher Sexualität und Dominanz/Macht/Gewalt.

Die Darstellung meiner Analysen hat folgende Struktur: Kurze Charakterisierung einer "Schlüsselszene", in der die Themen der Interaktion, die ich zeigen will, entwickelt werden; zusammenfassende Wiedergabe des davorliegenden Geschehens (soweit filmisch festgehalten); Dokumentation der "Schlüsselszene" in Form des Protokolls über diesen Zeitabschnitt; detaillierte Inhaltsanalyse jedes Interakts dieser Szene auf den in Kapitel 2 erläuterten vier Ebenen; zusammenfassende Wiedergabe des weiteren Geschehens vor der Folie der in der "Satz für Satz"-Analyse der Schlüsselszene gewonnenen Kenntnisse; (dort, wo sich dieses anbietet bzw. von mir aufzudecken war) Anmerkungen zu Übertragungs- und Gegenübertragungsreaktionen; Zusammenfassung.

Um analysierte und zitierte Textstellen in den Protokollen leicht wiederzufinden, nenne ich jeweils die entsprechende Zählwerksposition. Diese gibt in sog. "Echtzeit" die bis zu diesem Punkt auf dem Videoband bereits gefilmte Zeit in Stunden/Minuten/Sekunden an (s. Anmerkung 3).

Ich kennzeichne die interpretierten Spielszenen hier stichwortartig in der Reihenfolge, in der ich sie danach dokumentiere:

Im Spiel zwischen Karin (5 Jahre, 3 Monate) und Ralf (5 Jahre, 6 Monate) in der Welt der *"Gerümpelmenschen"* (Kapitel 4) steht die Identifikation mit dem Vater im Vordergrund. Für beide Kinder sind hiermit allerdings geschlechtsspezifisch grundverschiedene Konfliktkonstellationen gegeben: Für Karin lassen sich die aus ihrer prädödipalen Vateridentifikation stammenden narzißtisch besetzten männlichen Selbstrepräsentanzen mit dem Wunsch nach einer zärtlich-heterosexuellen Beziehung zum Vater vereinbaren. Allerdings findet sich in ihrer Definition hochgeschätzter Eigenschaften wie Wehrhaftigkeit, Springen-, Fliegenkönnen, die sie sich narzißtisch zumißt, als "männlich" und im Einsatz von Koketterie als Durchsetzungsstrategie die Abwertung von Weiblichkeit. Demgegenüber hat Ralf nicht nur die größten Schwierigkeiten damit, an den Vater sowohl seine Wünsche nach Identifikation als auch nach zärtlicher Beziehung zu richten, sondern auch damit, Ambivalenz (Liebe und Aggression/Rivalität) in der Beziehung zum Vater zu ertragen. Ralf zeichnet eine Welt von "Gerümpelmenschen", in der der kleine Junge fallen gelassen wird.

Max (4 Jahre, 1 Monat) bringt als *Indianerhäuptling* das ödipale Drama mit Margret (4 Jahre, 3 Monate) in der Rolle der Mutter auf die Bühne, inszeniert die Bemächtigung des weiblichen Bereiches, die Verschmelzung von männlicher Sexualität und Gewalt sowie die Rivalität zum Vater, während Margret im *Frauenhaus* eine präödipale Mutter-Tochter-Beziehung, das Tabu einer homoerotischen Beziehung zwischen den beiden spielt und weiter an Max die Abwehr des Vaters als Eindringling in diese Beziehung und die Abwehr der Heterosexualität in Szene setzt (Kapitel 5).

Rudi (3 Jahre, 10 Monate) und Dieter (3 Jahre, 8 Monate) üben in ihrem *Wildkatzen*-Spiel zum einen die Eindeutigkeit einer männlichen Geschlechtsidentität, inszenieren hierzu die Identifikation mit dem Vater und die Abwehr ihrer präödipalen gegengeschlechtlichen Selbstrepräsentanzen (Kapitel 6); hierzu nutzen sie Fred (3 Jahre, 11 Monate) als Projektionsfläche und veräußern damit den Konflikt um die Geschlechtsidentität. Zum zweiten geht es um die Annäherung an das, was männliche Sexualität sein könnte: Sprechfunkgeräte haben die Doppelfunktion, den Vater zu Hilfe zu rufen und andererseits (als Schußwaffen) Farbe zu verspritzen. Drittes Thema ist die Verflochtenheit von Weiblichkeit als Ziel männlicher Heterosexualität mit dem präödipalen Thema der omnipotenten Mutter: Die Wildkatzen sind aus sich heraus gefährlich, sie brauchen keinerlei Instrumente, die sie erst gefährlich machen würden; die "echten Hexen" besitzen Zauberkräfte, gegen die man(n) machtlos ist.

Kati (4 Jahre, 6 Monate) und Ina (4 Jahre 1 Monat) spielen mitten im Gruppengeschehen in fast exklusiver Weise in drei mit einem Monat Abstand aufgenommenen Szenen eine präödipale Mutter-Kind-Dyade, die geprägt ist von zärtlicher Homoerotik, von der Ambivalenz zwischen Widerständigkeit und verführerischer Passivität des Kindes einerseits, für erotisch-sadistische Bemächtigung des Kindes durch die Mutter andererseits (Kapitel 7). Kati, in der Rolle der Mutter, findet im Spiel ritualhafte Symbole für die Vernichtung des Kindes; Ina als Tochter gestaltet eine Szene, die als homosexuelle Zeugung, als Wunsch nach geschlechtlicher Omnipotenz und nach Abwehr von Heterosexualität verstanden werden kann. Drei andere Kinder der Gruppe (Dieter, 4 Jahre, 10 Monate; Jane, 4 Jahre, 8 Monate; Ingo, 5 Jahre, 2 Monate) fühlen sich offenbar durch die Beziehung von Kati und Ina dazu provoziert, diese zu beschimpfen und (als Räuber und "Bewacher") zu überfallen: Sie spüren offenbar das abgewehrte Thema der Heterosexualität und fordern diese offen ein.

Das Streitgespräch zwischen Karin (5 Jahre, 5 Monate), Claudia (5 Jahre, 3 Monate) und Norbert (5 Jahre, 1 Monat) über die Mädchensportgruppe *"Kampfkatzen"* und die *Jungengruppe* zeigt die Leichtigkeit der Mädchen und ihr aggressiv-narzißtisches Interesse daran, mit den Geschlechtergrenzen zu spielen und die Jungen damit zu provozieren, aber auch die Brisanz, die dieses Spiel und der damit verknüpfte Tabubruch in der Kindergruppe gewinnt (Kapitel 8). Diese Szene ist ein Lehrstück über das Gebot, die Geschlechterdifferenz zu beachten mit allen klassischen Elementen wie Vergehen, Täterinnen, Opfer, Schuld, Strafe, Sühne und handelt von der sozialen Positionierung entlang der Geschlechterdifferenz.

Anmerkungen

1) Natürlich bestand für mich in bezug auf die Kindergruppen A und B eine gewisse "Verwicklung" mit dem "Feld", da die Kinder beider Gruppen mich als Mutter eines Kindes ihres Kindergartens kannten (mein älterer Sohn ist schon so lange aus dem Kindergarten heraus, daß er keinem der beobachteten Kinder bekannt war). Ich konnte dieses Problem nur nach zwei Seiten hin minimieren: ich habe meine Filmaufnahmen nur zu Zeiten durchgeführt, in denen mein jüngerer Sohn in der Schule war, sich also nicht im Kindergarten aufhielt. Er hat mich so kein Mal beim Filmen angetroffen, was für die gefilmten Kinder unsere Beziehung aktuell ins Bewußtsein gerückt hätte. Weiter habe ich die gefilmten Videos nie angesehen, wenn er zu Hause war. Er hat also über die gesamte Zeit nicht erfahren, daß ich von Kindern seines Kindergartens Aufnahmen gemacht habe, geschweige denn Filme mit angesehen. Offenbar haben ihn auch die Kinder aus den gefilmten Gruppen nicht darauf angesprochen; zumindest hat er mich kein einziges Mal danach gefragt. Ob es und gegebenenfalls welche Rolle es gespielt hat, daß ich den Kindern als "Mutter von Benni" bekannt war, kann ich nicht angeben.

2) Leider standen mir solche Möglichkeiten nicht zur Verfügung. Diskussion und kritische Überprüfung meiner Interpretationen ergaben sich aber in der Betreuung durch Regina Becker-Schmidt und im Frauenforschungs-Kolloquium der Abteilung für Sexualforschung der Psychiatrischen Klinik des Universitätskrankenhauses Hamburg-Eppendorf.

3) Die in den Handlungsprotokollen gemachten Angaben über die jeweilige Zählwerkposition einer Äußerung/Handlung gibt in sog. "Echtzeit" die bis zu diesem Punkt auf dem Videoband bereits gefilmte Zeit in Stunden/Minuten/Sekunden an. Die hier zitierte Interaktion findet sich also auf dem betreffenden Videoband bei 1 Stunde/38 Minuten/23 Sekunden. Da ich auf einem dreistündigen Videoband z.T. vier oder auch fünf verschiedene Aufnahmen einer Gruppe habe, beginnt nicht jede neue Filmaufnahme bei 0.00.00.

4) Ich gebe zu, daß ich mich an dieser Stelle davor gedrückt habe, mich mit speziellen Verfahren der Codierung und Identifizierung von Gefühlen in Mimik, Gestik oder Tonfall auseinanderzusetzen oder solche einzusetzen, weil mir die zusätzliche Arbeit, die sich hieraus ergeben hätte, nicht zu bewältigen erschien. Hierzu nur soviel: Maria von Salisch (1991) referiert das "Emotion Facial Action Coding System" (EMFACS) nach P. Ekman und W.V. Friesen und zeigt, wie sie dies in ihrer empirischen Untersuchung über Kinderfreundschaften eingesetzt hat und daß dies grundsätzlich machbar ist. Allerdings handelt es sich dabei um eine standardisierte (und insofern thematisch eng begrenzte) Beobachtungssituation (gemeinsames Spiel mit einem Computerspiel), in der nach klar operationalisiert umrissenen Verhaltensweisen im verbalen und mimischen Bereich gesucht wurde. Ich weise hierauf nicht deshalb hin, weil ich denke, daß dies einen Mangel der genannten Untersuchung darstellt, sondern weil sich hieraus – im Unterschied zu meiner Arbeit – eine Begrenzung der in Frage stehenden Daten von vornherein ergibt. Darüber hinaus ist anzumerken, daß mit der Codierung des mimischen und verbalen Verhaltens noch nicht z.B. die affektive Tönung des Gesprochenen oder der Motorik erfaßt ist und genaugenommen auch dies mit einem Codierungssystem erfaßt werden müßte. Darüber hinaus müßte man sich Gedanken machen über die – entsprechend der Definition des Untersuchungsinteresses – "irrelevanten" Äußerungen, deren Bedeutung, Motivierung etc. Mein Motiv, hier auf diese Weise zu problematisieren, liegt natürlich in dem Bemühen, *meine* "Unterlassungssünden" in dieser Beziehung zu verteidigen: Ich habe mich auf meine Alltagskompetenz verlassen, die emotionale Färbung eines Verhaltens (wovon der emotionale Gesichtsausdruck nur eine Facette ist) im Zusammenhang der beobachteten Handlung und ihrer Thematik, vor dem Hintergrund der davor abgelaufenen Interaktion, validiert durch die darauf folgende Handlung etc. richtig oder besser: angemessen zu beschreiben.

Kapitel 4

Gerümpelmenschen

Thema der hier interpretierten Spielszene zwischen Karin (5 Jahre, 3 Monate) und Ralf (5 Jahre, 6 Monate) aus der Kindergruppe B ist - wie oben bereits gesagt - die unterschiedliche Ausgestaltung einer Vateridentifikation, das Ineinandergreifen von narzißtisch-identifikatorischen und sexuellen Elementen bei Karin sowie die Abwehr von Rivalität und zärtlicher Beziehung in einer ambivalenzfreien Vateridentifikation bei Ralf.

Für die detaillierte Inhaltsanalyse habe ich die 2,5 Minuten ausgesucht, in denen Ralf das Thema der "Gerümpelmenschen" entwickelt und Karin zwei Dinge erreicht: Zum einen, daß Ralf sie mitspielen läßt, zum anderen, daß er ihr Thema, eine Sohn-Vater-Beziehung, in seinem Spiel toleriert. Diese "Schlüsselszene" liegt zu Beginn des insgesamt ca. 7,5 Minuten langen Spiels zwischen den beiden Kindern.

Das Geschehen vor der Schlüsselszene

Freies Spiel am Vormittag im Gruppenraum. Ein großer Teil der Kinder ist nicht im Raum, sondern in der sog. Tobehalle. Vier Kinder sitzen am Eßtisch und sind mit einem Gesellschaftsspiel beschäftigt. In der Teppichecke sitzen Ralf und zwei weitere Kinder der Gruppe - Hanna (5 Jahre) und Norbert (4 Jahre, 11 Monate) - vor einem Playmobil-Puppenhaus (ca. 70 cm hoch) und spielen zusammen. Hanna und Norbert gehen nach einer Weile weg. Ralf spielt noch ca. eine Minute dort allein. Einmal ruft er laut, während er eine Figur (ist nicht zu erkennen, welcher Art, vermutlich eine Playmobil-Figur, etwa 8 cm groß) oben am offenen Dachboden herumlaufen läßt: "Hilfe, ich bin in eine Falle gehakt! Hilfe!!" Währenddessen kommt Karin, geht zur "Murmelbahn", einem Gerät aus Holz, in dem man eine Murmel auf schräg gestellten Bahnen laufen lassen kann, wobei diese am Ende in die jeweils darunterliegende Etage fällt, dort wieder auf einer Bahn zur anderen Seite läuft, bis sie unten über einige treppenförmig angeordnete Xylophonplättchen hüpft und dabei eine Tonleiter erklingen läßt.

Protokoll

Kindergruppe B, Gruppenraum (siehe Übersicht)
Filmbeginn: 1.32.02 (12.10 Uhr)
Analysierter Ausschnitt: 1.35.30 (12.14 Uhr) - 1.37.58 (12.16 Uhr)
Karin (5;3); Ralf (5;6)

1.35.30 (12.14 Uhr) Ralf sitzt links vor dem Haus, hat sein Gesicht Karin zugewandt, die von rechts kommend (wo sie bei mir durch die Kamera gesehen hat) sich nach der Murmelbahn bückt. Ralf hat eine Figur in der Hand, hält diese von außen an das Haus und schreit lächelnd und Karin zugewandt: "Hilfe! Hilfe! Hilfe!". Jemand im Hintergrund ruft etwas, ist wegen Mikrofehler (ich stecke das Kabel gerade wieder in den Mikroeingang, hatte es rausgenommen, als ich Karin durchgucken ließ) nicht zu verstehen. Karin hat die Murmelbahn aufgestellt, sitzt dort auf dem Boden, ca. 1,5 Meter von Ralf entfernt und läßt eine Murmel rollen. Karin ist von hinten zu sehen, Ralf von der Seite. Ralf sieht zu Karin.

1.35.40 Ralf läßt seine Figur auf der Stelle (am Haus, 1. Etage) hoch und runter hüpfen, sieht Karin (mit albernem Gesichtsausdruck: Unterkiefer nach vorn geschoben, grinst) an und fragt:

Übersicht: Die räumliche Situation

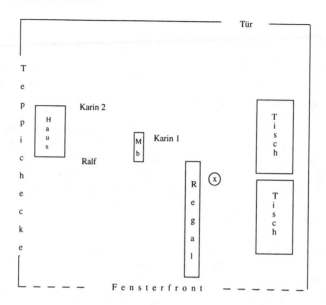

Legende: Karin 1: 1.Position von Karin. Karin 2: 2.Position von Karin. Mb: "Murmelbahn". ⊗: Kamera-position; diese ist ca. 4 Meter vom Haus entfernt. Etwa über der Murmelrutsche hängt ein Mikrophon in 2 Meter Höhe von der Decke.

"Rettest du mich?" Nicht zu erkennen, ob Karin reagiert. Karin läßt eine neue Murmel laufen. Ralf wendet sich dem Haus zu, läßt seine Figur außen am Haus auf den Stockwerksebenen und am Dach rumwandern, singt einen leisen Sing-Sang dazu.

1.35.58 Ralf reißt plötzlich seinen rechten Arm - Figur in der Hand - hoch, quietscht dabei laut und hoch: "Iiiiihhh!!", stellt seine Figur auf das Dach, schließt dann ein "Bele-bele-bele-bele!" an. Ralfs Hand mit Figur bleibt auf dem Dach, was Ralf da macht, ist nicht zu erkennen. Ralf sieht zum Dach. Karin hat nicht erkennbar reagiert, läßt wieder eine Kugel rollen.

1.36.13 Ralf läßt seine Figur weiter außen am Haus entlangwandern. Karin ist eine Kugel aus der Bahn gefallen. Die Kugel rollt rechts von Karin über den Teppich in Richtung Haus. Karin krabbelt hinterher. Ralf hat die Figur mit seiner linken Hand in das oberste Stockwerk (Dachbo-den) gestellt, dort ganz an den Rand, hängt die Figur jetzt über den Rand, sieht sie sich mit schräg gelegtem Kopf an, korrigiert noch mal (nur mit den Fingern der rechten Hand) die Position der Fi-gur in seiner Hand, so daß jetzt Daumen und Zeigefinger den Kopf halten, die Füße nach unten zeigen. Ralf wartet noch zwei Sekunden, läßt dann die Figur fallen. Sie schlägt auf dem Boden des darunter liegenden Stockwerks auf, dreht sich wieder über den Rand und fällt dann in einen vor dem Haus stehenden flachen Kasten, der voll Playmobil-Material ist. Ralf sieht währenddes-sen nicht zu Karin. Diese war parallel dazu der Kugel nachgekrabbelt, hat die weggerollte Kugel dabei in die Hand genommen. In dem Moment, in dem Ralfs Figur das erste Mal mit Gepolter aufschlägt, hebt Karin den Kopf in Ralfs Richtung, macht dabei eine kurze Rückwärtsbewegung, ändert dabei ihre Krabbelrichtung mehr auf das Haus zu, und krabbelt dann zum Haus.

1.36.22 Karin bleibt rechts vom Haus hocken, ist jetzt von der Seite zu sehen, sitzt Ralf in ei-ner Entfernung von ca. 1 Meter gegenüber. Ralf hat noch einen Moment die Fallbahn seiner Figur angesehen, seine Hand am Dachboden dabei liegengelassen. Ralf sieht jetzt Karin kurz an. Karin sagt: "Wenn du 'ne Kanonenkugel ... (ca. 4 unverständliche Worte, Kinder im Hintergrund lachen und schreien laut)." Ralf hat seine Figur aus dem Kasten genommen, steckt die Füße der Figur jetzt in seinen Mund, sieht Karin an und fragt: "Was?" Karin: "Wenn du 'ne Kanonenkugel ... (ca. 4 unverständliche Worte). Brauchst du eine?" Karin sieht Ralf an, hat ihre Murmel auf dem offenen Handteller, diesen auf den Teppich vor sich gelegt. Ralf sieht Karin an.

1.36.31 (12.15 Uhr) Ralf kaut auf seiner Figur herum und sagt: "Nee, ich hab meine Bogenschießer ... (ca. 2 unverständl. Worte)." Karin sagt: "Aber dann brauchst du auch ... (ca. 3 unverständliche Worte). Und die hast du jetzt nicht." Karin sieht zum Kasten und dann zu Ralf hoch. Sie hat noch die Murmel in der offenen Hand liegen. Ralf sieht in den Kasten und sagt: "Nee, ich hab - " (Hier 5 Sek. Tonausfall, weil ich das Mikro tiefer hänge; ich bin dabei nicht im Bild; die Kinder sehen nicht zu mir). Ralf gestikuliert während des Tonausfalls mit der Hand.

1.36.45 Ralf nimmt die Figur aus dem Mund und hebt sie wieder auf das Dach, macht dabei (leise): "Iiiiaao!". Karin sucht sich etwas aus einem vor dem Haus zwischen ihnen stehenden flachen Kasten. Karin hält Ralf eine Figur, die sie aus dem Kasten genommen hat, entgegen und fragt (leise, hohe Stimme): " ... (2 unverständl. Worte) mit dem spielen, ja?" Karin sieht Ralf dabei an. Ralf sagt: "Nee (laut), nee (leiser)", winkt mit der rechten Hand dabei zweimal ab, während er mit seiner linken noch auf dem Dach ist, sieht nach dem ersten "Nee" kurz zu den Tischen, wo Erzieher und Kinder sitzen, "die sind alle da rein geworfen (Lachen in der Stimme), weil, weil die Gerümpel sind und weil die Gerümpelleute sind."

1.37.07 Karin, die vorgebeugt in den Kasten gesehen hat, während Ralf das erklärt, setzt sich wieder zurück, sieht vor sich auf den Boden, fragt leise: "Wieso, wieso ..." Rest geht unter, weil Ralf laut weiter redet, während er seine Figur am Dachboden entlang gehen läßt: "Meine sind immer auf'm Gerümpel, weißt du, das sind Gerümpelleute!" Karin fragt (neutrale Stimme): "Warum darf ich nicht mit dem spielen?", hebt die von ihr ausgesuchte Figur hoch und sieht darauf. Ralf sagt: "Du kannst 'mit spielen. Alle, alles Menschen. Nur die sind Gerümpelmenschen!" (etwas Lachen in der Stimme, freundlich). Ralf sieht Karin an. Ralf läßt seine Figur immer noch am Dachboden entlang laufen.

1.37.22 Karin steckt ihre Hand mit der Figur in den Kasten, der voll ist mit Playmobil-Dingen, zieht ihre Hand wieder raus, hat die Figur dabei immer noch in der Hand. Karin zeigt auf eine andere Figur auf einem großen Playmobil-Schiff, das zwischen Kasten und Murmelbahn steht und von letzterer verdeckt ist (daß dort ein Schiff ist, ist erst später zu sehen; auch die Figur ist nicht zu sehen, sondern aus dem Folgenden zu erschließen), sieht Ralf an und fragt (freundlicher Tonfall): "Das ist dann der Papa von der (oder: dem), ne?", wobei sie bei dem Wort "der (dem)" mit dem Zeigefinger mehrmals auf die Figur tickt, die sie in der Hand hält.

1.37.25 Ralf sieht dorthin, zeigt auch darauf und sagt: "Nee, das ist der Chef. Ja, und, *und* der Chef." (Dies ist vom Tonfall so zu verstehen, daß Ralf zunächst verneint, seine Verneinung dann zurücknimmt, Karins Definition annimmt und seine Definition hinzufügt). Ralf weiter (ohne Pause): "Denn, denn das sind alles Gerümpelmenschen." Ralf läßt seine Figur weiter an der Kante des Dachbodens entlanglaufen, sieht zu dieser.

1.37.30 (12.16 Uhr) Karin hat ihre Figur am Kopf gefaßt und läßt sie auf dem Kastenrand in Ralfs Richtung spazieren, unterbricht Ralfs Erklärung zu den Gerümpelmenschen und sagt (hohe Stimmlage): "Papi, ... (ca. 2 unverständl. Worte), Papi?", dreht dann mit ihrer Figur kurz vor Ralfs Bein (vermutlich auf der Kastenecke) ab und geht rechtwinklig vom Haus weg in Richtung Schiff. Ralf läßt wieder seine Figur vom Dachboden fallen, greift nach ihr, läßt sie aber dort liegen, sieht zu Karins Figur, die in Richtung Schiff unterwegs ist.

1.37.35 Karin sieht auf ihre Figur, die jetzt – immer noch von Karin am Kopf geführt – am Schiff steht und wartet. Karin fragt (hohe Stimmlage): "Papi, kann ich zu dir hoch?" Ralf stutzt einen Moment, rutscht (interessiert) rüber zum Schiff, sieht auf Karins Figur. Karin sieht auch dorthin und fragt (mit hoher Stimme): "Ja, Papi?" Ralf sagt ein unverständliches Wort (weder Ja, noch Nein), greift zum Schiff (nicht zu erkennen, was er dort macht) und sagt: "Er dreht ja an einem Steuerrad.", macht lautes Quietsch-Geräusch: "Iiiihhh!", danach Motorengebrumm.

1.37.44 Karin macht irgendetwas am Schiffsdeck. Ralf sagt: "Nee, das geht jetzt wohl ohne, das geht automatisch, wenn der am Steuer dreht, so?" Karin sieht zu, läßt wie oben ihre Figur am Schiff warten.

1.37.58 (12.16 Uhr) Karin fragt (hohe Stimme): "Darf ich hoch? Darf ich zu dir rein?", sieht dabei aufs Schiff. Ralf sagt (neutrale Stimme): "Ja." Karin läßt ihre Figur ins Schiff oder zu der Papa-Figur (dies ist nicht genau zu erkennen) hüpfen und läßt sie lachen: "He he!!" Ralf sieht dabei zu.

Inhaltsanalyse

Interakt 1 / Ralf (1.35.30 - 1.35.40)

Ralf hat eine Figur in der Hand, hält diese von außen im 1. Stock an das Puppenhaus, schreit lächelnd und Karin zugewandt: "Hilfe! Hilfe! Hilfe!", läßt seine Figur auf der Stelle hoch und runter hüpfen, sieht Karin an, fragt dann (mit albernem Gesichtsausdruck): "Rettest du mich ?"

Ebene 0 (Explikation des unmittelbar vorausgehenden Kontextes/des Systemzustandes): Ralf spielt allein, nachdem zwei andere Kinder (Hanna und Norbert), die vorher mit ihm zusammen gespielt hatten, weggegangen sind, an einem Puppenhaus. Er läßt seine Spielfigur "Hilfe! Ich bin in eine Falle gehakt!" rufen. Karin ist in der Szene, spielt aber für sich mit der Murmelbahn.

Ebene 1 (Paraphrasierung der verbalen Anteile des Interakts): Die Äußerungen von Ralf haben in dieser Situation einen Doppelcharakter: einerseits sind sie die Aussagen der Spielfigur in einem Szenario von Bedrohung ("Ich bin in eine Falle gehakt!"), das in der Spielphase davor mit den beiden anderen Kindern entstanden ist. Andererseits haben sie die Funktion, Kontakt zu Karin aufzunehmen und könnten bedeuten: "Karin, komm her, spiel mein Spiel mit mir zusammen!". Diese Annahme wird gestützt durch seine Blickrichtung zu Karin und sein Lächeln während dieser Sätze.

Ebene 2 (Benennung der Intentionen und der Selbstdeutungen des handelnden Subjekts): Ralf möchte Karin dafür gewinnen, mit ihm zu spielen. Er fragt sie aber danach nicht direkt, sondern mischt sein Bedürfnis nach einem gemeinsamen Spiel in die Rufe seiner Spielfigur. Über diese Feststellung hinaus stellt sich hier die weiter oben erörterte Frage nach der Identität zwischen Schicksal der Spielfigur und Seelenleben des Regisseurs. Oder anders gefragt: läßt sich aus der von Ralf inszenierten Situation von Bedrohtsein (die Spielfigur ist "in eine Falle gehakt" und braucht Hilfe) eine Selbstdeutung Ralfs ableiten? Ich möchte das bejahen, denn dieses Spielthema ist ersichtlich keines, daß ihm im Rahmen einer verabredeten Rollenverteilung zugefallen ist, sondern eines, daß er bereits, bevor Karin auftritt, eine Weile für sich selbst gespielt hat. Wie ist dann diese "Selbstdeutung" zu fassen? Sicher nicht als einfache Identität zwischen Spielfigur und Ralf, also nur als eine Inszenierung des Bedrohtseins von Ralf. Das gegenläufige Moment sollte nicht übersehen werden: Ralf ist der Regisseur des Dramas und als solcher mächtig, er entscheidet, daß die Gefahr da ist, ob seiner Figur etwas passiert. Ich denke, es ist zurückhaltend genug, hier erst einmal festzuhalten: Ralf ist am Inszenieren von Bedrohung, Bedrohtsein, Macht und Hilfsbedürftigkeit interessiert. Er selbst verkörpert alle Elemente, nur die Rettung, die er ebenfalls thematisiert, muß von außen kommen. Das Haus wird nicht bewohnt, ist kein Ort der Geborgenheit, sondern einer der Gefahr; da sind Fallen aufgestellt. Der Ort der Inszenierung der Gefahr ist nicht im Haus oder das Haus, sondern außen am Haus. Seine Figur kommt aber vom Haus nicht los, sie tritt auf der Stelle, versucht jedenfalls, sich zu bewegen und dadurch auf sich aufmerksam zu machen.

Hier könnte die Mischung von Selbstdeutung und Spielfigur-Definition liegen: Gerade weil Ralf keine metakommunikative Frage (im Sinne von "Spielst du mit mir?") stellt, sondern sein Bedürfnis nach gemeinsamem Spiel mit Karin in die Äußerungen seiner Spielfigur mischt, schafft er eine Doppelbödigkeit, so daß die Aussagen, die er für seine Spielfigur macht ("Ich bin bedroht! Ich brauche Hilfe von dir!"), als Ich-Aussagen erscheinen können.

Eine zusätzliche Ambivalenz kommt noch dadurch dazu, daß Ralf lächelt, bzw. albern grinst, während er um "Rettung" bittet.

Die Frage, die sich hier stellt, aber noch nicht beantwortet werden kann, ist die danach, welcher Art denn die "Falle" ist, in die Ralf "gehakt ist".

Ebene 3: (Beschreibung der objektiven – also aus der Sicht der anderen eingetretenen – Veränderungen des Systemzustandes) Ralf nimmt Kontakt zu Karin auf. Er macht hierbei aber keine offene Metakommunikation, fragt sie also nicht direkt: "Spielst du mit mir?". Seine Äußerungen beziehen Karin objektiv ins Spiel mit ein. Darüberhinaus definiert er durch den Inhalt seiner Äußerungen aber auch das Spiel selbst und ihre Rolle dabei als potentielle Retterin. Das Thema "Gefahr! Hilfe! Rettest du mich?" ist objektiv eines, das Empathie einfordert und zur Hilfeleistung herausfordert (was natürlich durch den Spielcharakter der Situation relativiert wird). Unter der Annahme, daß Karin Ralfs Aktion wahrnimmt, kann gesagt werden: Karin wird von Ralf in einer Situation, in der sie ganz für sich spielt, angesprochen und muß sich zu einer Antwort herausgefordert sehen. Das Thema "Ich bin bedroht! Rettest du mich?" schafft zudem eine gewisse Dringlichkeit.

Andererseits ist sie dadurch, daß Ralf sie nicht direkt danach fragt, ob sie mitspielen will, wieder weniger stark genötigt, sich auf eine positive Kommunikation einzulassen. Einerseits wird Karin also durch Ralfs Aktionen/Äußerungen in gewisser Weise vereinnahmt, ihr Andererseits aber auch Raum dafür gelassen, so zu tun, als sei sie nicht gemeint, was bei einer direkten metakommunikativen Frage nicht möglich gewesen wäre.

Interakt 2 / Karin (1.35.30 - 1.35.40)

Karin reagiert nicht erkennbar auf Ralfs Aktionen/Äußerungen, spielt mit der Murmelbahn. Voraussetzung für die folgenden Ausführungen ist die später sich bestätigende Annahme, daß Karin Ralfs Interaktion wahrgenommen und auf sich bezogen hat.

Ebene 1: Paraphrasierung entfällt.

Ebene 2: Karin will lieber für sich spielen. Oder: sie will das von Ralf gewünschte Spiel nicht spielen. Sie will dies nicht sagen, sondern durch Ignorieren von Ralfs Interaktion die ihr entgegengebrachten Anforderungen wegschieben.

Ebene 3: In einer Interaktion "kann man nicht nicht kommunizieren" ("Erstes metakommunikatives Axiom" nach Watzlawick et al., 1985). Karins "Nichtreagieren" und ihre Beschäftigung mit etwas anderem signalisiert objektiv Desinteresse und Ablehnung der (impliziten) Aufforderung von Ralf, mit ihm zu spielen.

Dies bewirkt insofern eine Änderung des Systemzustandes, als die Erwartungsspannung bei Ralf von ihr nicht gelöst wird. Andererseits besteht für Ralf die Möglichkeit, Karins "Nichtreagieren" auch so zu deuten, daß sie ihn nicht gehört hat, bzw. nicht verstanden hat, daß sie gemeint war. Karin nimmt die ihr zugeteilte Rolle derjenigen, die als nächste handelt und ein gemeinsames Spiel strukturiert, nicht an.

Interakt 3 / Ralf (1.35.58)

Ralf reißt seinen Arm mit Figur hoch, macht dazu (laut): "Iiiiihhh!", stellt die Figur aufs Dach, macht: "Bele-bele-bele-bele!", sieht auf seine Figur, macht etwas am Dach, hat sich von Karin abgewandt.

Ebene 1: Paraphrasierung entfällt, da Lautmalerei. Oder: s. Ebene 3.

Ebene 2: Ralf will den Schwebezustand seiner Erwartung beenden. Er definiert seine Figur nicht noch einmal als hilflos; im Gegenteil erscheint sie durch das Hoch- und Auf-das-Dach-Springen oder -Fliegen mit großen körperlichen Fähigkeiten ausgestattet: Das "Iiiiihhh!" ist kein Hilferuf, sondern begleitet explosiv das Hochreißen des Arms und das Hochspringen seiner Figur.

Ebene 3: Dadurch, daß Ralf sich wieder dem Spielhaus zuwendet und mit seinem Spiel fortfährt, hat er seine Fühler wieder eingezogen und die Anforderung an Karin weitgehend aufgehoben. Andererseits könnte die Lautstärke seiner Lautmalerei und die Heftigkeit seiner Bewegungen (Hochreißen des Armes), mit der er die Aktionen seiner Spielfigur begleitet, indirekt bedeuten: "Hier, guck mal her!". Da ein solches Verhalten (mit sich selbst reden, Lautmalereien beim Spiel für sich) bei Kindern dieses Alters oft zu beobachten ist, ist es hier nicht zu entscheiden, wie stark Ralfs Spiel eine interaktive Bedeutung für Karin hat, inwieweit sich also für Karin durch Lautstärke etc. eine erneute Aufforderung, auf Ralf zu reagieren (insbesondere vor dem Hintergrund der nicht erledigten ersten Anforderung) ergibt.

Interakt 4 / Karin (1.35.58)

Karin spielt weiter für sich an der Murmelbahn.

Ebene 2: Karin will für sich spielen.

Ebene 3: Karins Verhalten zeigt weiter Desinteresse an einer Interaktion mit Ralf.

Interakt 5 / Ralf (1.36.13)

Ralf läßt seine Figur an der Kante des Dachbodens entlang wandern. Er stellt die Figur in das oberste Stockwerk (Dachboden), dort ganz an den Rand, hängt die Figur jetzt über den Rand, sieht sie sich mit schräg gelegtem Kopf an, korrigiert noch mal (nur mit den Fingern der rechten Hand) die Position der Figur in seiner Hand, so daß jetzt Daumen und Zeigefinger den Kopf halten, die Füße nach unten zeigen. Ralf wartet noch zwei Sekunden, läßt dann die Figur fallen. Sie schlägt auf dem Boden des darunter liegenden Stockwerks auf, dreht sich dabei wieder über den Rand und fällt dann in einen vor dem Haus stehenden flachen Kasten, der voll Playmobil-Material ist. Ralf sieht währenddessen nicht zu Karin.

Ebene 2: Ralf will die von Karin nicht gerettete Spielfigur fallenlassen, und zwar nicht so nebenbei oder zufällig, sondern gezielt. Dies stellt eine neue Aktualisierung des Themas Bedrohung dar, wobei diesmal der bedrohten Figur wirklich etwas zustößt: Sie stürzt in die Tiefe. Ralf inszeniert damit etwas, das – würde es einem Menschen zustoßen – für diesen einer Katastrophe gleichkäme. Daraus, daß Ralf nicht zu Karin sieht, sondern von ihr abgewandt spielt, könnte geschlossen werden, daß er ganz bei sich ist, und die Spielhandlung keine von ihm bewußt gewollte interaktive Bedeutung hat.

Wie Ralf das Fallenlassen inszeniert (Korrektur der Position der Figur, nochmal einen kurzen Moment Überprüfen, dann Fallenlassen, weiteres Ansehen der Fallinie, die die Figur genommen hat), könnte mit Vorausberechnung und empirischer Überprüfung beschrieben werden. Ralf ist Regisseur der Katastrophe und entscheidet, daß der/die Bedrohte abstürzen muß, bzw. fallengelassen wird. Er ist jetzt der mächtige Fallenlasser und läßt seine Figur ohne offene Emotionen fallen. Der/die Fallengelassene ruft nicht mehr um Hilfe, wehrt sich nicht., äußert keine Schmerzen. Die Falle im/am Haus ist zugeschnappt. Es ist eine kalte, keine aufregende Szene.

Ebene 3: Für Karin könnte Ralfs Spielhandlung, sofern sie diese wahrnimmt, die Botschaft enthalten: du hast mich nicht gerettet, deshalb falle ich ins Nichts.

Interakt 6 / Karin (1.36.13 - 1.36.22)

Karin war einer in Richtung Haus weggerollten Kugel nachgekrabbelt. In dem Moment, in dem Ralfs Figur das erste Mal mit Gepolter aufschlägt, hebt Karin den Kopf, ändert ihre Krabbelrichtung und krabbelt nun zum Haus, bietet Ralf eine "Kanonenkugel" an, Murmel auf offenem Handteller, sagt: "Wenn du 'ne Kanonenkugel ... (4).", wiederholt ihre Frage, nachdem Ralf "Was?" gefragt hat: "Wenn du 'ne Kanonenkugel ... (4), brauchst du eine?"

Ebene 1: Paraphrasierung problematisch, weil Karins Äußerung zur Hälfte nicht verständlich sind. Die Bedeutung des Verständlichen könnte sein: "Hier – ich will dir helfen. Ich weiß, was du brauchst. Du brauchst eine Kanonenkugel. Ich habe eine."

Ebene 2: Karin will sich jetzt auf Ralf einlassen. Sie kommt dabei auf seine unerledigte Bitte um Hilfe zurück, indem sie zu ihm ans Haus krabbelt und ihm eine "Kanonenkugel" anbietet. Sie reagiert also mit einem Motiv aus dem Themenbereich Bedrohung, woraus zu schließen ist, daß sie vorher verstanden hat, was er gesagt hatte. Jetzt ist sie bereit – vielleicht motiviert durch das Schicksal von Ralfs Spielfigur – auf dieses Thema einzusteigen. Karin reagiert mit Verzögerung, vielleicht, weil sie sich vorher zu sehr gedrängt fühlte und selbst den Zeitpunkt ihres Handelns bestimmen wollte. Sie bietet aber nicht der abgestürzten Spielfigur Hilfe an (statt einer Kanonenkugel wäre nach diesem Sturz eine Art Erster Hilfe angemessener gewesen), sondern sie spricht Ralf selbst an, sieht ihn an, bietet *ihm* Hilfe an und definiert ihn damit als immer noch bedroht.

Karin reagiert – verspätet – interessiert, will helfen, aber nicht als Rot-Kreuz-Schwester. Sie definiert Ralf als bedroht, die Bedrohung als eine, die weiter besteht, gegen die eine Kanonenkugel von Nutzen ist und gegen die es möglich ist, sich zu wehren. Ralfs Spiel bietet ihr die Folie für die Inszenierung narzißtischer Wünsche: Sie zeigt die narzißtische Phantasie, daß sie wehrhaft ist, über Kanonenkugeln verfügt, sie thematisiert Aggression und die Möglichkeit, anzugreifen. Dies tut sie allerdings auf eine Weise, die zurückhaltend und ebenfalls nicht aufregend ist: Sie bietet Ralf auf ihrem offenen Handteller, den sie vor ihre Knie auf den Boden gelegt hat, ihre Murmel an. Dies ist deutlich, gleichzeitig aber nicht drängend. Hätte sie ihm die Murmel zwischen Daumen und Zeigefinger hingehalten oder ihm den offenen Handteller entgegengehalten, wäre Ralf viel mehr gedrängt gewesen, ihr die Kugel abzunehmen. So legt Karin in einer offenen Geste die Kugel auf eine Weise hin, die es für ihn möglich macht, die Kugel nicht zu nehmen, ohne dabei sehr unfreundlich zu wirken.

Die Frage stellt sich, wofür die Murmel-Kanonenkugel steht, für welche Fähigkeiten, gegebenenfalls körperliche Eigenschaften, von denen Karin später (s. Interakt 8) feststellt, daß Ralf sie "nicht hat". Ich denke, es gibt hier (noch) nicht genügend Material, um diese Frage zu beantworten. Es ist auch nicht zu entscheiden, ob hier eine Phantasie zur Geschlechterdifferenz aufscheint.

Ebene 3: Ralf hat nun erreicht, daß sich Karin auf ihn einläßt. Allerdings hatte er sich bereits abgewendet, seine Fühler wieder eingezogen und sich auf sein Spiel konzentriert. Nun, nachdem seiner Figur bereits alles zugestoßen ist, erinnert Karin ihn an seine Hilfsbedürftigkeit, konfrontiert ihn mit der Möglichkeit, sich zu wehren und zeichnet von sich selbst das Bild, daß sie über diese Fähigkeiten verfügt.

Interakt 7 / Ralf (1.36.22 - 1.36.31)

Ralf sieht Karin an, steckt seine Figur in den Mund, fragt zunächst "Was ?", dann, als Karin ihre Frage wiederholt, sagt er: "Nee, ich hab' meine Bogenschießer ... (2)."

Ebene 1: Ralfs Aussage könnte bedeuten: "Ich brauch' keine Hilfe (mehr) von dir, ich bin selbst bewaffnet." Oder: "Das, was du mir als Hilfe anbietest, kann ich nicht (mehr) gebrauchen."

Ebene 2: Die Tatsache, daß Ralf seine Figur in den Mund steckt, als Karin ihn anspricht und ansieht, und erst einmal "Was ?" fragt, spricht dafür, daß er in diesem Moment auftaucht aus seinem Spiel für sich: Es geschieht gedankenlos und könnte darauf hindeuten, daß sich in Ralf ein affektiver Spannungszustand aufgebaut hatte, der jetzt abgebrochen/aufgelöst wird, entweder dadurch, daß mit dem Fall seiner Figur in den Kasten das damit verbundene Thema einen Abschluß gefunden hat, oder dadurch, daß Karin ihn mit ihrer Aktion unterbrochen hat.

Die orale Einverleibung der Spielfigur hat regressiven Charakter (für ein Kind mit fünfeinhalb Jahren ist es eigentlich nicht mehr altersentsprechend, Spielzeug in den Mund zu stecken; das frühe sensomotorische Motiv der ersten beiden Lebensjahre steht hier nicht im Vordergrund), enthüllt die Wichtigkeit des Spielgeschehens für Ralf. Hier zeigt sich Trostbedürfnis. Hier antwortet er eindeutig für sich: Er läßt nicht seine Figur sprechen, die in seinem Mund und damit aus dem Spiel ist.

Er reagiert abwehrend auf Karins Themen "offene Aggression, sich Wehren". Er scheint sich – gekränkt durch Karins Eigendefinition als wehrhaft – narzißtisch herausgefordert zu fühlen und reagiert konkurrent damit, daß er ihre Kanonenkugel mit seinen "Bogenschießern" kontert.

Ralf zeigt hier ein affektives Muster mit hoher Ambivalenz. Einerseits auf der analogen Ebene der Körpersprache: Ich brauche Hilfe, muß gerettet werden, brauche Trost. Andererseits auf der Ebene der verbalen Selbstdefinition: Ich brauche von dir keine Hilfe, kann mich selbst wehren, bin autark, bin bewaffnet, gefährlich, laß mich in Ruhe. Die Feststellung: "Ich hab' meine Bogenschießer" gekoppelt mit der Tatsache, daß er diese nicht eingesetzt hat, vermittelt die Botschaft: Ich habe etwas, womit ich mich wehren könnte, was ich aber nicht einsetzen kann/darf.

Das hierin steckende Aggressionsverbot kann Ralf aber nicht benennen, sondern nur durch faktisches Nicht-Handeln aber großsprecherisches Auftreten ("Ich hab' meine Bogenschießer!") agieren. Auf die Frage, auf wen sich ein solches Aggressionsverbot beziehen könnte, gibt die Szene zwischen mächtigem Fallenlasser und Fallengelassenem Antwort: Der Kleine darf den Großen nicht angreifen.

Ebene 3: Karin sieht sich einerseits einer spontanen Abwehr ihrer Themen gegenüber; andererseits aber auch einer Bestätigung, daß es bei diesem Spiel auch um Ralfs eigene Bedrohtheit und seine Ausstattung mit Mitteln der Abwehr geht.

Interakt 8 / Karin (1.36.31)

Karin hat die Murmel noch auf offener Hand vor sich liegen, sagt: "Aber dann brauchst du auch ... (3). Und die hast du jetzt nicht."
Ebene 1: Paraphrasierung ist problematisch, weil Karins Äußerung nur zum Teil verständlich ist. Das, was verständlich ist, könnte bedeuten: "Du hast nicht alles, was du brauchst. Ich weiß, was du brauchst, und ich hab' das, was du brauchst, womit du dich wehren kannst."
Ebene 2: Karin bleibt dabei, Ralf (sie redet mit ihm, nicht mit seiner Figur, die weiter in seinem Mund steckt) als hilfsbedürftig zu definieren. Darüberhinaus erklärt sie ihn nun auch noch ausdrücklich für defizitär: "Und die hast du jetzt nicht." und sich als diejenige, die das hat, was ihm fehlt (ich beziehe ihre Aussage – obwohl diese nicht ganz verständlich ist – hier auf die Kanonenkugel, weil sie die Murmel nach wie vor Ralf hinhält). Ihr Handeln ist geprägt von Narzißmus und unterschwelliger Aggression gegen Ralf, die sich aber nur im Inhalt ihrer Aussage zeigt und nicht in der affektiven Tönung ihrer Äußerung oder Motorik: Sie ist zurückhaltend, aber zugewandt, freundlich und bestimmt.
Die Kanonenkugel-Murmel erscheint nun deutlicher als Symbol für die Aggression gegen eine mächtige Person: Ralf hat sie nicht, weil sie ihm verboten ist; Karin aber verfügt über sie.
Ebene 3: Für Ralf ist dies eine ambivalente Situation: Einerseits agiert Karin in der beschriebenen offenen, nicht drängenden Art (und letztlich auf seinen ausdrücklichen Hilferuf), andererseits könnten Karins Definitionen von sich selbst und ihm Ärger und Verunsicherung bei ihm auslösen.

Interakt 9 / Ralf (1.36.31 - 1.36.45)

Ralf nimmt die Kugel nicht, sagt: "Nee, ich hab – " (danach Tonausfall wegen Umstecken der Mikrophone), nimmt die Figur aus dem Mund, wendet sich wieder dem Haus zu, läßt die Figur wieder am Haus entlangwandern.
Ebene 1: Paraphrasierung wegen Tonausfall nicht möglich.
Ebene 2: Ralf will nicht auf Karins Angebot und Definition eingehen. Er widerspricht wieder, inwiefern aber und ob er dies noch relativiert, ist nicht zu sagen, da hier für etwa fünf Sekunden der Ton ausfällt. Zu sehen ist aber, daß Ralf die Kanonenkugel von Karin nicht nimmt. Zu sehen ist weiter, daß seine Spielfigur ihren Sturz offenbar "überlebt" hat, und sie von Ralf wieder zum Haus geführt wird. Das Schicksal von Ralfs Spielfigur ist es, am Haus in eine Falle zu haken, aus dem Haus heraus- bzw. vom Dachboden abzustürzen und doch wieder zum Haus zurückzumüssen. Die Situation ist ausweglos.
Ebene 3: Ralfs Handlung (die Kugel nicht zu nehmen, sich dem Haus zuzuwenden) signalisiert für Karin, daß er jetzt sein Spiel für sich allein fortsetzen will. Er macht dies von der Gestik her nicht auf unfreundliche Art. Er widerspricht und wendet sich schlicht ab. Für Karin ist das ein deutliches Signal: Ich will nicht.

Interakt 10 / Karin (1.36.45)

Karin wählt eine Figur aus dem Kasten, hält sie Ralf hin und fragt (leise, hohe Stimme): "... (2) mit dem spielen, ja ?" (das "ja?" ist von der Tonlage her am höchsten, fast gepiepst), sie sieht Ralf an.

Ebene 1: Karins nur zum Teil verständliche Frage, die sich aber aus dem Folgenden (s. 1.37.07: "Warum darf ich nicht mit dem spielen?") erschließen läßt, könnte so paraphrasiert werden: "Ich möchte mit dieser Figur jetzt mitspielen. Bist du einverstanden?"

Ebene 2: Karin verfolgt nicht länger das Hilfe-Thema, ist aber entschlossen, mit Ralf zu spielen. Sie hält sich nicht mehr am Rande seiner Sphäre auf, sondern sucht sich aus dem Kasten eine Spielfigur heraus und überschreitet damit die Grenze seines Definitionsbereichs. Während Karin zunächst Ralfs Kontaktversuche ignoriert hatte, ihr Agieren dann helfend, aber auch konkurrent-überlegen und verdeckt aggressiv war, gebärdet sie sich jetzt kokett. Sie definiert die von ihr herausgesuchte Spielfigur als männlich. Karin wünscht sich, als männliche Person/mit einer männlichen Figur in Ralfs Welt mitmachen zu können, d.h. sie identifiziert die von ihr narzißtisch besetzten Fähigkeiten des Sich-Wehrens, der Verfügung über Kanonenkugeln etc. mit Männlichkeit; die aus der frühen Vateridentifikation resultierenden männlichen Selbstrepräsentanzen sind bereits kontaminiert mit den Zuschreibungen der kulturellen Zweigeschlechtlichkeit. Andererseits setzt sie mit dem kokett-kleinkindhaften Tonfall eine eher für Mädchen zugelassene Durchsetzungsstrategie ein, mit der sie Ralfs Abwendung rückgängig machen und seine Zustimmung erreichen will; dieses stellt eine Figur von Unterwerfung dar. In beiden Elementen ihres Verhaltens ist die Entwertung von Weiblichkeit enthalten (nicht ihre Frage um Erlaubnis als solche ist hier gemeint: Es ist unter Kindern in diesem Alter oft zu beobachten, daß demjenigen Kind, das mit einem Spiel begonnen hat, von denjenigen, die dazukommen, eine gewisse Definitionsmacht darüber eingeräumt wird, wer wie mitspielen darf, denn es ist ja "sein Spiel". Je länger ein solches gemeinsames Spiel dann dauert, desto mehr verliert sich dieses Privileg. Es geht mir hier um den Tonfall, in dem Karin ihre Frage vorträgt, der - sehr leise, deshalb kaum zu verstehen und in sehr hoher Tonlage, mit einem ganz kurzen gepiepstem "ja?" (kokett) am Ende - eine bittende, unterwürfige Einfärbung hat).

Ebene 3: Mit ihrer Frage ignoriert sie Ralfs Abwendung; zweitens überträgt sie ihm aber die Entscheidung, auf welche Weise (mit dieser Spielfigur?) sie mitspielen darf.

Ebene 4 (Benennung von affektiv-sensomotorischen Handlungs- und Sprachfiguren für Subjekte, Dinge, Situationen, soziale Rollen, die – als szenische Symbole für vergangene Interaktionsszenen – auf geschlechtsspezifische Konfliktkonstellationen hindeuten [könnten]): Karin möchte als männliche Person/mit einer männlichen Figur Ralfs Welt betreten. Sie ist gelockt und fasziniert von dieser Welt. Vielleicht ist auch Konkurrenz und Neid auf Ralf/seine Figur/seine/deren Fähigkeiten mit im Spiel. Hierfür spricht, daß sie sich vorher narzißtisch mit Fähigkeiten ausgestattet hat, die Ralf "nicht hat". Dennoch wählt sie eine kokette Tönung für ihre Strategie, von Ralf den Schlüssel oder die Eintrittskarte für seine Welt zu erhalten.

In beiden Elementen ist eine Entwertung des Weiblichen enthalten: 1. Die aus der frühen Vateridentifizierung resultierenden männlichen Selbstrepräsentanzen sind durch die Konventionen der kulturellen Zweigeschlechtlichkeit aufgefüllt: Karin bewertet Eigenschaften wie Wehrhaftigkeit und Angreifen-können als wünschenswert *und* männlich. Und dies trotz der Tatsache, daß gerade Ralf – als Junge – gezeigt hat, daß er sich eine Aggression, wenn es um eine mächtige Person geht, nicht erlaubt. Und 2.: Koketterie enthält immer auch Unterwerfung und Verführung durch die Erotisierung des/r Unterlegenen.

Interakt 11 / Ralf (1.36.45 - 1.37.07)

Ralf sagt: "Nee (laut)", sieht dabei kurz zu den Tischen, wo Erzieher und andere Kinder sitzen, "nee (leiser)", winkt mit der Hand zwei mal ab, "die sind alle da reingeworfen (Lachen in der Stimme), weil, weil die Gerümpel sind, und weil die Gerümpelleute sind." (Karins Stimme, während Ralf weiterredet: "Wieso, wieso ...?") "Meine sind immer auf'm Gerümpel, weißt du, das sind Gerümpelleute!".

Ebene 1: Die Paraphrasierung könnte lauten: "Nee, du kannst nicht mit der (aus dem Kasten rausgesuchten) Figur spielen, weil du etwas damit spielen wirst/willst, was nicht möglich ist. Denn: das sind Gerümpelleute."

Ebene 2: Ralf will nicht, daß Karin sich in sein Spiel mischt. Wichtig ist, wie Ralf inhaltlich begründet, daß Karin nicht mit der von ihr aus dem Kasten herausgesuchten Figur spielen soll/kann: Er hat die Spielfiguren als "Gerümpel", bzw. als "Gerümpelleute" definiert; die sind (weg-)"geworfen", denn Gerümpel wirft man weg, vielleicht ist es schon kaputt, man braucht es nicht mehr, es hat keinen Wert, man schafft es aus dem Haus bzw. aus den bewohnten Teilen des Hauses z.B. in den Keller oder auf den Dachboden. Den "Gerümpelleuten" kann nichts mehr passieren (ihnen ist schon alles passiert), weil Gerümpel nichts Lebendiges ist, das ist etwas Hartes, das kann "geworfen" (fallengelassen) werden. Andererseits aber hat Gerümpel (z.b. auf einem Dachboden oder im Keller) auch die Konnotation von etwas Aufregendem: Vielleicht findet man da etwas Uraltes, Kostbares (einen Schatz) oder etwas Unheimliches.

Ralf will offenbar Karin deshalb nicht mitspielen lassen, weil er annimmt, daß er dabei seine Definition des Spiels ("Gerümpelleute") nicht durchsetzen kann. Dies steht im Widerspruch zu seinem Versuch am Anfang, Karin zu einem gemeinsamen Spiel, bei dem sie eine Retterinnen-Rolle gehabt hätte, zu bewegen. Allerdings war am Anfang noch etwas zu retten (Ralfs Figur), jetzt aber ist nur noch Gerümpel übrig und kein Platz mehr für RetterInnen. Ralf ist seine Definition wichtig. Seine Stimme hat einen leicht theatralischen Unterton; das Lachen in seiner Stimme während seiner Erklärungen klingt eher etwas angespannt und verlegen als lustig, so, als finde er das selber etwas lächerlich. Es könnte auch sein, daß er deshalb seine Stimme beim zweiten "Nee" senkt: Die anderen sollen das nicht mitkriegen. Eine andere Erklärung für die Änderung der Lautstärke vom ersten zum zweiten "Nee": Ralf scheint seine Ablehnung selbst zu kontrollieren; das erste laute "Nee!" inklusive ablehnendes Abwinken scheint spontan und ohne Steuerung zu erfolgen, während der Blick zum Tisch, an dem Erzieher und Kinder sitzen, gekoppelt mit dem Absenken seiner Stimme darauf hinzudeuten scheint, daß Ralf seine Reaktion selbst zensiert und versucht, seine Ablehnung weniger kraß ausfallen zu lassen. Hierzu ziehe ich folgendes Vorwissen heran: Um Ralfs Rolle in der Kindergruppe gab es längere Auseinandersetzungen. Er gilt als der "Oberbestimmer", wie einige Kinder es selbst formulieren. Es gibt eine Videoaufnahme ein Vierteljahr vor dieser Aufnahme, in der u.a. Karin mit dem Argument, er wolle "sowieso immer alles bestimmen" ablehnt, Ralf mitspielen zu lassen und auch – nach einer kleinen Prügelei – durchsetzt, daß er sich zurückzieht (Ralf hatte diese Prügelei zwar begonnen, dies aber eher zaghaft; Karin dagegen hatte sofort offensiv mit beiden Armen schlagend geantwortet und ihn in kürzester Frist in die Flucht geschlagen).

Ebene 3: Dies ist jetzt bereits die dritte freundliche, aber entschiedene und begründete Ablehnung von Karins Vorstößen. Ralfs Begründung enthält die Botschaft, daß sie sich in seiner Welt nicht richtig verhalten kann bzw. wird. Für Karin erhöht sich damit die Schwelle, ihren Wunsch, mitzuspielen, dennoch umzusetzen.

Ebene 4: Ralf entwirft mit dem Gerümpelleute-Szenario eine Welt, in der der "männliche Sozialcharakter" vom Typ "einsamer Wolf" die optimale Anpassungsleistung darstellt. Die Welt ist feindlich, voller Fallen, aber auch aufregend. Die Bewohner dieser Welt sind fremdbestimmt in die Welt gesetzt ("reingeworfen"), ohne einen Sinn oder Wert zu haben, und nicht lebendig; sie können sich selbst nicht retten; sie können sich nicht wehren (diese Szene ist ein Bestätigung der Interpretation der Kanonenkugel als Symbol für das Aggressionsverbot). Gerümpelleute sind aber auch (durch inneres Ersterben und äußere Panzerung) unverwundbar, ihnen kann nichts mehr passieren.

Der unverwundbare Gerümpelmann, für den es geradezu widernatürlich ist, im Haus zu Bett oder "aufs Klo" zu müssen, ist ein Bild, das mehrere Funktionen im Sinne einer Sistierung von intrapsychischen Konflikten, die mit Sexualität und Geschlechtsidentität zusammenhängen, haben kann: In ihm kann die Angst des kleinen Jungen um seine Identität als Mann gebannt, d.h. die wütende kategorienerhaltende Abwehr seiner präödipalen weiblichen Selbstrepräsentanzen inszeniert werden (ödipale Wünsche an die Mutter werden hier nicht deutlich). Darüberhinaus ist es ein Bild, in dem die Abwehr der Wünsche des Sohnes an den Vater aufgehoben sein könnten: Homosexuell-zärtliche Wünsche; identifikatorische – mit Rivalität und Aggressionen verknüpfte – Wünsche, an der Machtposition des Vaters zu partizipieren bzw. diese einzunehmen.

Karin ist für Ralf eine (weibliche) Person, die in diese Gerümpelleute-Welt nicht paßt. Sie soll keine Spielfigur aus dem Kasten nehmen und damit spielen, weil sie damit etwas spielen wird, was man(n) mit Gerümpelleuten nicht spielen kann.

Interakt 12 / Karin (1.37.07)

Karin fragt (neutrale Stimme): "Warum darf ich nicht mit dem spielen?"
Ebene 1: Karins Frage könnte übersetzt werden mit der Aussage: "Das, was du sagst, ist doch kein Grund dafür, daß ich nicht mit dem spielen kann."
Ebene 2: Karin hat offenbar ein starkes Interesse daran, mit Haus und Figuren zu spielen, wobei nicht so klar ist, wie stark ihr Interesse sich jetzt auf das Spielen mit Ralf bezieht. Sie verbirgt ihr Interesse und vielleicht auch ihren Ärger oder ihre Enttäuschung über die dreimalige Ablehnung durch Ralf hinter einer sachlich-neutralen Stimme (sie spricht jetzt nicht mehr in hoher Tonlage), fragt wie nebenbei, sieht Ralf dabei nicht an. Karin geht nicht auf die von Ralf angesprochenen Inhalte ("Gerümpelleute") ein. Sie bezeichnet erneut ihre Figur als männlich.

Ebene 3: Karin erneuert Ralfs Kompetenz, zu entscheiden und zu bestimmen, ignoriert aber gleichzeitig hartnäckig sowohl Ralfs Ablehnung und deren Begründung als auch seine Spieldefinition.

Interakt 13 / Ralf (1.37.07)

Ralf sagt: "Du kannst 'mit spielen. Alle, alles Menschen. Nur die sind Gerümpelmenschen!" (etwas Lachen in der Stimme, fast verlegen, freundlich), sieht Karin an, läßt seine Figur am Dachboden entlanglaufen (das "mit" hört sich, weil unbetont, wie ein verkürztes "damit" an, nicht wie ein "mitspielen", bei dem die Betonung wahrscheinlich auf der Silbe "mit" gelegen hätte).

Ebene 1: "Du kannst mit der Figur spielen, aber du mußt dich daran halten, daß das Gerümpelmenschen sind."

Ebene 2: Ralf ringt sich dazu durch, Karin das Spiel mit ihrer Figur zu erlauben, besteht aber noch einmal auf seiner Definition, daß das "Gerümpelmenschen" sind. So wie er dies sagt, scheint dies eine Bedingung für die Spielerlaubnis zu sein. Er kann es nicht ertragen, wenn Karin etwas anderes ins Spiel bringt. Dem muß ein Riegel vorgeschoben werden.

Das Lachen in seiner Stimme wirkt fast etwas verlegen, aber auch freundlich-zugewandt. Die Tatsache, daß Ralf parallel zum Gespräch mit Karin seine Figur weiter am Haus entlang laufen läßt, signalisiert, daß er sein Spiel weiterspielt, daß dieses also nicht von Karins Mitspielen abhängt.

Ebene 3: Für Karin ist damit die Eintrittskarte erteilt, allerdings nicht für die Familienserie oder den Witzfilm, sondern für das Gruselgenre. Ralf macht gleichzeitig aber kein Angebot an Karin, mit ihm bzw. seiner Figur zu spielen. Es ist mehr die Erlaubnis, in seinem Bereich auch zu spielen, gebunden an die Bedingung, seine Definitionen zu beachten.

Interakt 14 / Karin (1.37.22)

Karin zeigt auf eine Figur auf dem großen Schiff vor dem Haus, sieht Ralf an, fragt (freundlicher Tonfall): "Das ist dann der Papa von der (oder: dem), ne ?" und tickt dabei mehrfach mit dem Zeigefinger auf die Figur, die sie in der Hand hält.

Ebene 2: Karin bewegt sich mit ihrer Frage an Ralf immer noch auf der metakommunikativen Ebene der Abklärung, was und womit gespielt wird und steigt noch nicht unmittelbar ins Spiel ein; sie hat ihre Figur noch nicht in Ralfs Szenario gesetzt oder dort agieren lassen. Sie nimmt ein weiteres Mal die von Ralf ausdrücklich genannte thematische Definition des Spiels nicht an bzw. ignoriert sie. Sie äußert weder Freude über Ralfs Zustimmung, noch explizit Ablehnung seiner Bedingungen. Dennoch will sie mitspielen in Ralfs Welt. Diese scheint ihr die Folie zu bieten für die Inszenierung eigener Wünsche.

Sie bringt ein familiales Thema ein, indem sie eine Figur, die Ralf oder jemand anderes (nicht gefilmt) vorher auf das vor dem Puppenhaus stehende Schiff gestellt hat, als "Papa" definiert bzw. diese Definition vorschlägt. In die Welt der "geworfenen Gerümpelmenschen" setzt sie eine Vater-Sohn-Beziehung (es ist nicht zu verstehen, ob Karin ihre Figur hier weiter als männlich oder nun als weiblich oder als Neutrum definiert. Andererseits ist die Definition bis hier zweimal männlich gewesen und ist es zunächst auch im weiteren. So gehe ich davon aus, daß Karin auch hier ihre Figur männlich und demnach als Sohn definiert). Sie will als Sohn mitspielen in dieser Welt, will aber einen "Papa" dabei haben. Warum?

Der Vater kann für die Tochter – unter den Bedingungen des sozialen Arrangements der Geschlechter – gleichzeitig sowohl präödipales Identifikationsobjekt und damit Ausgangspunkt männlicher Selbstrepräsentanzen, als auch Figur der Ablösung aus der präödipalen Mutterbindung und damit heterosexuelle Alternative zur enttäuschenden homoerotischen Beziehung zur frühen Mutter werden. Karin scheint es hier um beides zu gehen, sowohl um die Inszenierung ihrer männlichen Selbstrepräsentanzen, als auch um die zärtlich-libidinöse Seite des Verhältnisses zwischen Tochter und Vater (Tonfall und Koseform "Papa"). Für Karin ist es offenbar kein Problem, beide Elemente in ihrem Verhältnis zum Vater nebeneinander stehen zu lassen. Karin thematisiert also nicht den Bereich ihrer Mutterbeziehung. Bedeutsam hierfür erscheint mir die Tatsache, daß Karin den Vater nicht im Haus lokalisiert, sondern auf dem Schiff vor dem Haus, auf einem Fortbewegungsmittel also, das als szenisches Symbol für "wegfahren von zu Hause" stehen könnte.

Ebene 3: Karin ignoriert Ralfs Spielthema und schlägt offenbar ein ganz anderes vor. Assoziiert man mit einem "Papa" das liebevolle Sorgen des Vaters für das kleine Kind, das Beschützen, das Trösten (diese Seite eines Vaters klingt durch Koseform "Papa" und Karins freundlichen Tonfall an) etc., dann scheint dieses Thema vordergründig den krassesten Widerspruch zu Ralfs Szenario darzustellen. Untergründig aber könnte Karins Thema für ihn durchaus Sinne machen. Es wäre damit ein innerer Zusammenhang zwischen Gerümpel- und Familienwelt hergestellt (oder angeboten) und eine Lösung in Sicht: Die Ankunft eines (liebevollen) Vaters in Ralfs trostloser Gerümpelwelt könnte Rettung bedeuten: Die Ohnmächtigen würden nicht mehr fallengelassen werden; die Kleinen könnten klein sein, ohne daß ihnen etwas passiert und würden aus Fallen, in die sie gehakt sind, gerettet.

Es ist nun offen, wie es weiter geht: Ralf könnte den Vater abwehren (d.h. vermeiden, daß seine Inszenierung diesen Sinn erhält und dieser weiter ausbuchstabiert wird), er könnte identifikatorisch die Rolle des Vaters übernehmen, in dem er die Figur auf dem Schiff spielt, oder seine bisherige Spielfigur in eine verwandtschaftliche Beziehung zum Vater definieren. Für Ralf eröffnet Karins Thema die Möglichkeit, sowohl seine identifikatorischen Wünsche an den Vater (inbezug auf Größe, Macht) zu spielen, als auch die nach Geborgenheit beim Vater unterzubringen.

Ebene 4 : Karin ist an Ralfs Gerümpelwelt interessiert. Sie bietet ihr die Folie, vor der sie den Wunsch, ihre männlichen Selbstrepräsentanzen zu leben, in Szene setzen kann. Bevor sie die Welt der Gerümpelleute aber betritt, schafft sie sich bzw. ihrer Spielfigur einen liebevollen Vater. Trotz männlicher Identifizierung scheint also das Verlassen des Zuhause und das Partizipieren an der Welt draußen für das Mädchen an die Anwesenheit des Vaters, einer mächtigen männlichen Person gebunden zu sein. Das Nebeneinander von Identifikation mit dem Vater und heterosexuell-zärtlicher Beziehung zu ihm scheint für Karin möglich; der Preis hierfür aber ist Entwertung des Weiblichen und Unterwerfung.

Interakt 15 / Ralf (1.37.25)

Ralfs Antwort: "Nee, das ist der Chef. Ja, *und* der Chef." ist vom Tonfall her so zu verstehen, daß Ralf zunächst verneint, seine Verneinung dann zurücknimmt, Karins Definition annimmt und seine Definition hinzufügt. Anschließend begründet er dies dann noch: "Denn, denn das sind alles Gerümpelmenschen." Er läßt seine Figur weiter an der Kante des Dachbodens entlanglaufen und sieht zu dieser.

Ebene 1: Paraphrasierung könnte lauten: "Nein, ein Papa ist das das nicht. Das ist der Chef. Na ja gut, also das ist der Papa, aber außerdem der Chef, denn das sind Gerümpelmenschen."

Ebene 2: Interessant ist hier dreierlei: Erstens macht Ralfs spontane Ablehnung deutlich, daß für ihn die Papa-Definition einer Figur nicht in sein "Gerümpelmenschen"-Arrangement paßt. Genauso spontan kam die Alternativdefinition der Figur als "Chef". "Gerümpelleute" haben keine Papas, sondern Chefs. Zweitens könnte es sein, daß Ralf sich hier ein weiteres Mal selbst zurücknimmt im Sinne von positivem Eingehen auf andere Kinder, um sozial akzeptiert zu werden. Drittens findet Ralf (unabhängig von der Frage, ob dies im Zuge einer Selbstzensur geschieht oder einfach deshalb, weil bestimmte Assoziationen zu beiden Definitionen beim zweiten Hinsehen durchaus zusammenpassen) eine Kompromißbildung: "Papa *und* Chef". Die Konnotationen und Phantasien zu beiden Begriffen überlappen sich offenbar soweit, daß sie für Ralf kompatibel sind. Die Überlappung beider Begriffe liegt beim Macht-Thema, nicht kompatibel sind sie dagegen hinsichtlich der Konnotation Nähe-vertraut-Liebe des Papa-Begriffs. Diese Seite wehrt er für seine Gerümpelwelt ab. Mit einem liebevollen Papa können die Gerümpelleute nichts anfangen, sie wollen auch keinen (mehr). Andererseits ist Ralf die Machtseite des Papa-Bildes vertraut und attraktiv; unter diesem Aspekt kann ein Vater (als Chef) in seinem Spiel sein.

Ralfs Agieren mit seiner Figur parallel zum Gespräch mit Karin zeigt, daß er weiter außerdem mit dem Thema "Falle am Haus" beschäftigt ist: Seine Figur muß weiter an der Kante des Dachbodens entlanglaufen und auch wenig später (Interakt 17) noch einmal abstürzen. Karins Thema "Weg-vom-Haus" steht quer dazu.

Ebene 3: Für Karin bedeutet Ralfs Reaktion die Abwehr der mit dem Vater auch verknüpften Seite einer liebevollen Beziehung, aber gleichzeitig auch die Zustimmung zu ihrem Wunsch, daß ein Vater in der Gerümpelwelt anwesend sein soll.

Ebene 4: Ralfs Zustimmung zur Anwesenheit eines Vaters in seinem Spiel bestätigt die Annahme, daß eine Familienszene für ihn strukturell als szenische Deutung seiner Gerümpelwelt infrage kommt (s. Interakt 11). Es kann also der Schluß gezogen werden, daß das Konfliktfeld, aus dem sein Hilferuf stammt und auf das er sich bezog, u.a. mit seiner Beziehung zum Vater zu tun hat. Der Charakter dieses Konfliktes um den Vater ist in Ralfs ambivalenter Reaktion auf Karin näher bezeichnet: Die Konnotation Nähe-vertraut-Liebe des Papa-Begriffes ist die, auf die Ralf spontan als erstes affektiv reagiert und die er für sein -Spiel abwehrt.

Vor diesem Hintergrund erscheint die Annahme, daß Ralf hier bemüht ist, sich zurückzunehmen, um sozial akzeptiert zu werden, plausibel: Er hat offenbar ein Konzept davon, daß Chefs nicht beliebt sind, ist aber gefangen im Konflikt eines Gerümpelleute-Vaterbildes, der (eigentlich) nur Chef ist/sein kann und dem er (Ralf) gleichen will, und seinem Wunsch, (in der Kindergruppe) ge/beliebt zu sein. Spontane Abwehr, Selbstzensur und Kompromißbildung bezeichnen diesen Konflikt, wie auch – auf einer szenisch-symbolischen Ebene – das Handeln seiner Figur, die wieder in die "Falle" zurück muß.

Karins Vorschlag bestätigt Ralfs Befürchtung, daß sie mit seinen Gerümpelleuten Dinge spielen will (eine zärtliche Papa-Kind-Beziehung), die man mit ihnen eigentlich nicht spielen kann.

Interakt 16 / Karin (1.37.30)

Karin läßt ihre Figur – am Kopf geführt – auf dem Kastenrand in Ralfs Richtung spazieren, unterbricht Ralfs Erklärung und sagt (hohe Stimmlage): "Papi … (2), Papi ?", dreht dann mit ihrer Figur kurz vor Ralfs Bein (vermutlich auf der Kastenecke) ab und geht rechtwinklig vom Haus und Ralf weg in Richtung Schiff.

Ebene 1: Paraphrasierung schwierig, da zwei Worte unverständlich bleiben. Tonfall aber, die verständlichen beiden Worte "Papi" und der Weg von Karins Figur zum Papi bedeuten etwas zwischen: "Papi, ich komme zu dir!" und: "Papi, ich will zu dir!"

Ebene 2: Karin steigt jetzt – nachdem sie von Ralf die Erlaubnis zum Mitspielen erhalten hat und die Zustimmung, daß ein Papa mit von der Partie ist – das erste Mal ins Spiel ein, indem sie ihre Figur handeln und sprechen läßt. Tonlage (kokette Klein-Mädchen-Stimme) und Koseform ("Papi") ignorieren ein weiteres Mal Ralfs Gerümpelthema. Außerdem unterbricht sie seine Gerümpelerklärung und bewegt ihre Spielfigur weg vom Haus, wo Ralfs Aktionen stattfinden, in Richtung Schiff, wo der "Papi" ist. Ihre Figur wird in ihrer eigenständigen Aktion sichtbar. Die von ihr vorher als männlich definierte Figur spricht in kokettem Tonfall. Diese Kombination ist für Karin möglich.

Ebene 3: Der Systemzustand ist insofern geändert, als die Metakommunikation (das Reden über die Inhalte und Rollen in einem gemeinsamen Spiel) zunächst beendet ist, und Karin mit dem "eigentlichen" Spiel beginnt. Außerdem gibt es jetzt durch Karins Agieren ein zweites Handlungszentrum, das von Karin nicht monologisch ausgestaltet ist, sondern so, daß Ralf implizit genötigt wird "rüberzukommen", die von Karin als "Papi" definierte Figur zu übernehmen, als Papi zu agieren und zu antworten. Für Ralf entsteht eine Spielanforderung, die sein Gerümpel-Thema zugleich negiert und (was den Machtaspekt angeht) aufnimmt und ihm eine Möglichkeit bietet, den Vater nach verschiedenen Richtungen hin auszugestalten: als schützender, gleichgültiger oder bedrohender Vater kann er den Wunsch des Kindes erfüllen, ignorieren oder ablehnen. Eine weitere Möglichkeit besteht für Ralf: Er kann sich weigern, selbst die Rolle des Vaters/des Chefs zu übernehmen, und stattdessen seine Figur in eine Beziehung zum Vater/Chef definieren.

Ebene 4: Karin will oder kann das Gerümpelszenario auf der manifesten Ebene nicht mit ausgestalten, ignoriert weiter Ralfs ausdrückliche Bedingung. Sie bewegt sich/ihre Figur jetzt eigenständig durch die Welt, weg vom Gerümpelmenschen-Haus. Dieser Weg aber ist einer hin zum "Papi" und inszeniert eine Kind-Vater-Beziehung, die geprägt ist von Trennung und dem dringlichen Wunsch des Kindes nach Überwindung dieser Trennung. Das Kind ist ein Mädchen-Junge oder ein Junge-Mädchen, auf jeden Fall durch den Tonfall nicht eindeutig.

Interakt 17 / Ralf (1.37.30)

Ralf läßt wieder seine Figur von der Kante des Dachbodens in den Kasten fallen, greift nach ihr, läßt sie dann aber liegen, sieht zu Karins Figur, die in Richtung Schiff unterwegs ist.

Ebene 2: Ralf ist mit dem "Haus" noch nicht fertig. Er wiederholt das Thema "in-die-Falle-gehakt-und-abstürzen". Andererseits ist er aber dabei, sich für die Aktionen von Karins Figur zu interessieren. Und das heißt auch, daß die Szene "Auf-dem-Weg-zum-Vater" eine gewisse Anziehungskraft auf ihn ausübt.

Ebene 3: Für Karin bedeuten Ralfs Aktionen, daß er dabei ist, sich auf sie und ihr Spiel zu orientieren.

Interakt 18 / Karin (1.37.35)

Karin sieht auf ihre Figur, die jetzt – von ihr am Kopf geführt – am Schiff steht und wartet. Karin fragt (hohe Stimmlage): "Papi, kann ich zu dir hoch?"

Ebene 2: Karin schafft – was sich vorher bereits andeutete – dadurch, daß sie eine Figur auf dem Schiff anspricht, ein neues Zentrum von Handlung. Sie thematisiert außerdem wieder und deutlicher (Tonfall, Koseform und Inhalt: "zu dir hoch") den Wunsch nach Nähe (zum Vater). Sie findet dabei eine Legierung der Elemente von Vertrautheit und Nähe mit dem Machtthema des Chef-Papa, indem sie diesen aus der Position "unten" um Erlaubnis bittet, nach "oben" zu dürfen. Karin definiert sich selbst/ihre Spielfigur als abhängig von der Entscheidung des Papi, ob dieser diese Nähe will. Karin möchte ein Spiel um Beziehungssuche und -nähe und bettet dies ein in eine emotionale Spannung: Sie inszeniert einerseits Trennung (räumlich, statusbezogen) und gleichzeitig den sehnsüchtigen Wunsch des kleinen Mädchen-Jungen (Tonfall, Wortwahl), diese Trennung aufzuheben.

Karin erfüllt Ralfs Chef-Bedingung, indem sie durch ihre Frage die Entscheidung über die Wunscherfüllung in die Hände des Vaters legt (ihre Figur klettert nicht einfach auf das Schiff).

Ebene 3: Für Ralf verstärkt sich die Aufforderung, auf das Thema von Karin zu reagieren.

Ebene 4: Karin spricht ihren Wunsch an den Vater klar aus. Sie möchte zu ihm, legt aber die Wunscherfüllung in seine Hände; positioniert ihn "oben", definiert ihn aber auch als einen, an den frau um den Preis der kokettierenden Unterwerfung Wünsche richten kann/darf. Dies ist eine eindringliche szenische Symbolisierung von Idealisierung des Vaters (er ist oben, nicht ohne weiteres erreichbar), identifikatorischen Wünschen der Tochter an den Vater, ödipalem heterosexuellem Begehren der Tochter an den Vater und Erotisierung von Unterwerfung.

Interakt 19 / Ralf (1.37.35)

Ralf stutzt einen Moment und rutscht dann (interessiert) zum Schiff, sieht auf Karins Figur.

Ebene 2: Ralf verläßt das Haus, hat vorher bereits seine Figur im Gerümpelkasten liegen lassen. Karins Figur und Vaterarrangement interessieren ihn jetzt.

Ebene 3: Für Karin ist Ralfs Handeln eine Bestätigung ihrer Initiative; er kommt zu ihrem Spielgeschehen.

Interakt 20 / Karin (1.37.35)

Karin sieht ebenfalls auf ihre Figur, die sie unverändert am Kopf gefaßt am Schiff warten läßt, und fragt noch einmal: "Ja, Papi?"

Ebene 1: "Papi, sag doch, daß ich zu dir hoch darf!"

Ebene 2: Wie Interakt 18. Karin wartet darauf, daß Ralf den Papi spielt, für diesen antwortet.

Ebene 3: Wie Interakt 18.

Ebene 4: Wie Interakt 18; weiter aber: Sie akzeptiert nicht, daß sie keine Antwort kriegt, hakt nach.

Interakt 21 / Ralf (1.37.35)

Ralf greift zum Schiff (nicht zu erkennen, was er dort macht), sagt "... (1 unverständl. Wort, das aber eindeutig weder 'Ja', noch 'Nein', 'Nee' oder ähnliches ist), er dreht ja an einem Steuerrad. Iii-ihh!! (Quietschgeräusch, danach Motorengebrumm)."

Ebene 2: Ralf fängt an, den Papa in Karins Spiel auszugestalten, antwortet aber nicht für die Papa-Figur, obwohl Karin ganz offensichtlich darauf wartet. Ralf läßt Karins Frage unbeantwortet: Der Papi läßt die Frage seines Kindes, ob es zu ihm (hoch) darf, unbeantwortet. Stattdessen definiert Ralf, was der Chef-Papa macht. Dieser beschäftigt sich technisch und chefmäßig; er steuert, d.h. bestimmt, wo die Reise hingeht, wirft die Motoren an. Ralf nimmt die Rolle des sich kümmernden Papas nicht an, d.h. er reagiert hier erneut abwehrend auf das von Karin an ihn herangetragene Thema Beziehungsnähe.

Ebene 3: Ralf hat sich Karins Handlungszentrum zugewandt und insofern auf einen Teil ihrer Anforderungen positiv reagiert. Andererseits geht er auf Karins Papa-Kindchen-Thema nicht ein, sondern gestaltet den "Chef" weiter aus. Karin steht damit vor der Entscheidung, entweder ihr Thema fallen zu lassen oder erneut den Papi mit dem Wunsch des Kindes zu konfrontieren.

Ebene 4: Karins "Papi" gibt Ralf die Möglichkeit, seine Vatervorstellung zu inszenieren: Der Papa hat als Chef wichtigeres zu tun, als sich um sein kleines Kind zu kümmern. Er stellt die Steuerung ein, bereitet die Abreise vor, wirft die Motoren an. Er läßt sein Kind stehen.

Interakt 22 / Karin (1.37.44)

Karin macht irgend etwas am Schiffsdeck.

Ebene 2: Es ist nicht genau zu erkennen, was Karin macht. Klar ist aber, daß sie im Moment nicht mehr auf eine Antwort vom Papi wartet.

Ebene 3: Nachdem Karin bislang nur mit ihrer Figur agiert hat, sich mit dieser dem Schiff genähert hat, dort aber zunächst abgewartet hat, greift sie jetzt das erste Mal in Ralfs Bereich ein. D.h. Karin eignet sich Schritt für Schritt ein Mitmach- und Veränderungsrecht an.

Interakt 23 / Ralf (1.37.44)

Ralf sagt: "Nee, das geht jetzt wohl ohne, das geht automatisch, wenn der am Steuer dreht, so ?"

Ebene 1: Die Aussage von Ralf bezieht sich auf die Aktion von Karin und bedeutet: "Nee, du brauchst/sollst das nicht machen, das ist nicht nötig, was du machst. Der braucht dich nicht dazu. Das mache ich/macht 'der' schon. "

Ebene 2: Ralf paßt das nicht, was Karin macht. Er wehrt ihre Handlung ab. Seine Begründung, warum Karins Handlung unnötig ist ("das geht jetzt wohl ohne"), verteidigt die Kompetenzen und die Unabhängigkeit des Chefs: Der braucht nur am Steuer zu drehen, dann geht das automatisch. Der ist nicht auf (Karins) Hilfe angewiesen. Der hat das im Griff. Die Frage stellt sich hier, ob Ralfs Aussagen ("das geht automatisch, der braucht nur am Steuerrad zu drehen") tatsächlich einfach technisch angemessen sind. Letzteres wäre z.B. der Fall, wenn Karin außenbords das Steuerruder mit der Hand verstellt hätte, das Schiff aber so konstruiert ist, daß dies über Drehen am Steuerrad zu bewerkstelligen wäre. In diesem Fall würde möglicherweise die oben behauptete psychische Motivierung seiner Aussage fraglich sein. Obwohl nicht zu erkennen ist, was Karin genau macht, ist allerdings klar, daß sie etwas auf dem Schiffsdeck und nichts außerhalb des Schiffs macht. Vor diesem Hintergrund ist es erlaubt, Ralfs Abwehrbegründung wie oben zu interpretieren.

Ebene 3: Ralf wehrt Eingriffe von Karin in das Aktionsfeld des Chefs ab. Für sie ergeben sich hieraus mehrere Möglichkeiten: Sich zurückzuziehen und ein anderes Aktionsfeld zu suchen; oder den Konflikt mit Ralf hierüber zu suchen.

Ebene 4: Weitere Ausgestaltung des Gerümpelmenschen-Chefs: Dieser ist unabhängig, nicht auf Hilfe angewiesen, kann die Dinge auf Knopfdruck steuern und bewirken. Technik bringt Kontrolle mit sich, macht unabhängig von Hilfe, von menschlicher Beziehung.

Interakt 24 / Karin (1.37.58)

Karin fragt (hohe Stimme): "Darf ich hoch? Darf ich zu dir rein?", sieht dabei auf das Schiff.

Ebene 2: Karin erneuert die Kindchen-Definition für ihre Spielfigur: Nachdem Ralf erst diese Definition ignoriert, dann ihre selbständigen Aktionen auf dem Schiff zurückweist, wiederholt sie nun die Bitte des Kindes. Sie ergänzt dabei (ihren) den Wunsch (ihrer Spielfigur), zum Papi "hoch" zu dürfen, darum, zu ihm "rein" zu dürfen. Da es auf dem Schiff keinen geschlossenen Aufbau gibt, kann dieses "rein" entweder einfach bedeuten "ins Schiff rein" oder mehr im übertragenen Sinn "in den Bereich" des Vaters. Zumindest bezeichnet das "rein" mehr als das "oben" die erwünschte Nähe.

Ebene 3: für Ralf bedeuten Karins Fragen eine dringende Erneuerung der unerledigten Bitte des kleinen Kindes. Er soll jetzt endlich antworten.

Ebene 4: Ralfs Gerümpelmenschen-Chef bietet Karin die Möglichkeit, sich als "unten", klein und sehnsüchtig zu definieren. Sie ist aber hartnäckig im Einfordern von Wunscherfüllung.

Interakt 25 / Ralf (1.37.58)

Ralf sagt (neutrale Stimme): "Ja."

Ebene 2: Ralf antwortet nun für den Papi, nicht aber mit einer "Spielstimme" (also z.B. mit tiefer Stimmlage) und ohne dabei mit der Figur selbst zu agieren. Er scheint weder genervt noch begeistert. Es wird hier noch nicht deutlich, ob er nun den Papa spielen wird, oder einfach nur Karin/ihrer Kind-Figur die Zustimmung gibt, um diese Anforderung "vom Tisch zu kriegen". Er wählt andererseits auch nicht die Möglichkeit, hier einen bösen, ablehnenden Vater auszugestalten.

Ebene 3: Karin hat durch hartnäckiges Bohren zwei Dinge durchgesetzt: Erst, daß sie mit der von ihr gewählten Figur mitspielen kann, jetzt, daß Ralf das Vater-und-Kind-Arrangement akzeptiert und dem Kind erlaubt, zum Vater nach "oben" und "rein" zu kommen. Die durch den dringenden Wunsch des Kindes erzeugte Spannung ist erst einmal abgebaut.

Interakt 26 / Karin (1.37.58)

Karin läßt ihre Figur ins Schiff oder zu der Papi-Figur (ist nicht genau zu erkennen) hüpfen und läßt sie lachen (Spielstimme): "He he!!"

Ebene 1: "Bin ich froh!!" oder: "Da habe ich doch erreicht, was ich wollte!!"

Ebene 2: Karin ist erfreut über Ralfs Zustimmung bzw. sie spielt das Erfreutsein ihrer Spielfigur. Ob das gelachte "He he!!" Befriedigung über das Nachgeben von Ralf signalisieren soll oder Freude über die Vereinigung von Papi und Kind, ist nicht zu entscheiden.

Das weitere Geschehen

Den weiteren Spielverlauf stelle ich hier zusammengefaßt dar: Ralf versucht noch fünf mal, Karin an sein "Gerümpelmenschen"-Thema zu erinnern, was sie konsequent "überhört".

Sie ihrerseits definiert die Figuren weiter familial: zunächst spricht sie Ralfs Figur als "Brüderchen" an (1.38.03) und sagt dabei einen sowohl akustisch, als auch semantisch schwer verständlichen Satz, der mir aber bemerkenswert erscheint: "Brüderchen, *der* will, *der* will genauso springen wie ich! Nur ich ... (2) und nicht du, oder ...(4)?", danach noch einmal zu Ralf/zu Ralfs Spielfigur: "Na, Brüderchen?". Wichtig scheint mir hier, daß Karin ihre Spielfigur mit Ralfs Figur auf der Geschwisterebene dem "Papi" gegenüber identifiziert. Sie schafft damit ein "wir zusammen" und gibt ihr Motiv preis: "Der (ihre Spielfigur) will genauso springen wie ich (Karin) springen will und wie du (Ralf) es tust." – so könnte man den verständlichen Teil ihrer Äußerung paraphrasieren. Dafür spricht zumindest, daß damit eine Erklärung für das "ich" in Karins Satz gegeben wäre: Karin bzw. ihre Spielfigur sind ja noch nicht gesprungen, insofern wäre es nicht ganz logisch, zu paraphrasieren: "Der will genauso springen, wie ich gesprungen bin (oder: wie ich springe)." Die Paraphrasierung "wie du (Ralf) es tust" ist eine Ausbuchstabierung für das Wort "genauso", was sich eigentlich nur auf die bisherigen Springaktionen von Ralfs Figur beziehen kann. Mit dieser Paraphrasierung wäre ein Wunsch von Karin aufgedeckt: In der Gerümpelwelt so sein wollen wie das Brüderchen. Dies bleibt zwar etwas im Dunkeln, da Karins zweiter Satz im wesentlichen unverständlich ist, wird allerdings durch einen späteren Satz von Karin gestützt: "Aber *die* – ", sie hebt ihre Figur hoch, die sie damit jetzt weiblich definiert, " – kann auch fliegen!" (1.41.56).

Eine Minute nach der "Brüderchen"-Identifikation redet Karin Ralfs Figur als "Papa" an (1.39.38). Diese Rolle übernimmt Ralf, nennt Karins Figur ab jetzt "Kindchen" (1.39.46). Von diesem Zeitpunkt an ist das "Gerümpel"-Thema out. Es ist, als sei dieses Szenario nun nicht mehr nötig. Dieses Detail validiert die Annahme in Interakt 11 und 15, daß Ralfs Hilferuf sich auf einen Konflikt in seiner Vaterbeziehung bezieht. Nachdem dieses (für diesen Moment des Spieles) aufgedeckt, also von Ralf zugelassen ist, sind die Gerümpelleute erlöst. Die Papi-Rolle gibt Ralf nun die Möglichkeit, selbst die verschiedenen (gewünschten und gefürchteten) Seiten eines Vaters auszugestalten. Der Papi (Ralf) ruft mehrfach "Hallo Kindchen!", "Komm Kindchen!" und "So, guten Tag! Wir springen zusammen!" (1.39.57). Ralf nimmt hierzu Karin die Figur aus der Hand, läßt die beiden Figuren aneinandergedrückt hoch springen und beide zusammen in den (Gerümpel-) Kasten fallen. In diesem Bild können sowohl die abgewehrten zärtlich-homoerotischen Wünsche an den Vater aufgehoben sein, als auch die Konsequenzen für einen Bruch dieses Tabus: Gemeinsam fallen sie in das Gerümpel.

Karin nimmt sich ihre Figur wieder. Beide wühlen im Gerümpel. In dieser Spielphase können von beiden Kindern Wünsche ausgesprochen, lautstark und grandios inszeniert und gelebt werden. Selbst wenn da vielleicht auch ein Wissen ist, daß dies nur für den Moment des Spieles gilt (zumindest spricht der gemeinsame Absturz von Vater und Sohn in das Gerümpel für ein solches Wissen bei Ralf), scheint dieses Spiel für beide Kinder emotional befriedigend zu sein. Karin spricht dies an, indem sie metakommunikativ und fast therapeutisch fragt: "Macht's Spaß?" (1.40.03). Und Ralf antwortet: "Ja." Genauso kann aber ihre Frage mit einer Ich-Aussage paraphrasiert werden: "Das macht mir Spaß!" und für die Befriedigung über die Erfüllung ihrer narzißtischen Wünsche stehen, "wie das Brüderchen" agieren zu können. Papi und Kindchen toben dann durch das Haus (bewohnen es nicht), springen auf das Dach, fliegen herunter, rasen wie Raketen unter lautem Getöse durch das Haus.

Die letzten beiden Minuten des Spiels hat Ralf mit der Definition eingeleitet: "Der sucht wohl seinen Vater und sagt: "Papi, Hilfe, wo bist du?" (1.41.14). Karin, ruft: "Papi, wo bist du? Ich will hier runter!", springt dann aber selbständig (1.41.20), ruft weiter z.T. weinerlich, z.T. ärgerlich: "Papi! Papi!", jagt ab jetzt Ralfs Figur. Ralf sagt: "Der (Karins Figur, die Ralf identifikatorisch als männliche definiert!) kann lange suchen, der (gemeint ist hier der Papi) ist nämlich in der Luft!" (1.41.46) und hält dabei seine Figur hoch und so weit wie möglich von Karin weg. Dieses ist die andere Seite des Vaters: Er entzieht sich dem Sohn, ist nicht erreichbar. Karin läßt ihre Figur immer wieder Ralfs anfliegen und diese jagen (1.41.56, 1.42.02, 1.42.14). Dieses ist auch die Stelle, an der sie ihre Figur weiblich definiert und einfordert und entscheidet: "Aber die kann auch fliegen!" Sie darf den Vater jagen, angreifen und wird ihn erreichen.

Das Spiel wird durch Karin beendet, die durch ein im Hintergrund sich anbahnendes Spiel anderer Kinder angezogen wird (1.42.17) und Ralf verläßt. Dieser ruft hinter ihr her (hat dabei seine Figur wieder in den Mund gesteckt), ist ärgerlich, läuft hinter ihr her und versucht, sie festzuhalten, sie entzieht sich ihm entschlossen (1.42.52). Er entschließt sich dann, auch bei den anderen Kindern mitzuspielen.

Als weitere Schritte der Analyse des Spiels zwischen Karin und Ralf habe ich mir – über die gesamten 7,5 Minuten – die Dominanzstrukturen auf der verbalen und Handlungs-Ebene angesehen und die Abfolge der beiden Spielthemen auf ihrer manifesten Ebene (Bedrohung, Familie). Die Ergebnisse hierzu finden sich in den beiden Tabellen auf den folgenden Seiten (das Protokoll der gesamten Spielszene kann bei mir angefordert werden).

Tabelle 1   **Ergebnisse der Analyse des gesamten Spiels zwischen Karin und Ralf (7,5 Minuten)**

	Karin	Ralf
Verbales Verhalten		
geäußerte Worte (ohne Lautmalereien)	179	269
Fragen	19	6
Bejahung der Frage des anderen	1	4
Verneinung der Frage des anderen	1	5
Anzahl der unverständlichen Worte (geschätzt)	31	9
%-Anteil der unverständlichen Worte an der Gesamtzahl	17.3%	3.3%
Übergriffe		
körperlicher Übergriff auf den anderen (z.B. festhalten, etwas aus der Hand nehmen)	-	5
Übergriff auf privaten Raum des anderen (durch zu große körperliche Nähe den anderen erschrecken, stören)	1	2
symbolischer Übergriff (z.B. mit der Spielfigur nach der des anderen hacken etc.)	3	-
Definitionen		
verbale Spieldefinitionen (feststellend, z.B.: "Das ist dann der Papa")	3	16
verbale Spieldefinitionen (fragend, z.B.: "Ist das dann der Papi von dem?")	3	2
verbale Spieldefinitionen, die eine Handlung des anderen korrigieren ("Nee, das dürfen die nicht.")	-	4
Spielthemen		
verbal geäußertes Spielthema Bedrohung/Abwehr (z.B. Gerümpelmenschen, "Hilfe!", Kanonenkugel etc.)	2	14
verbal geäußertes Spielthema Familie (z.B.: "Das ist der Papa.", "Komm, Kindchen." etc.)	17	8

Tabelle 2   **Folge der verbal genannten Spielthemen über das gesamte Spiel zwischen Karin und Ralf (7,5 Minuten) und Plazierung der körperlichen/symbolischen Übergriffe**

Karin	Ralf
	BA
	BA
	BA
BA	
BA	
	BA
	BA
	BA
	BA
Fam	
	BA+Fam
	BA
Fam	
Fam	
Fam	
Fam	
	BA
Fam	
Fam	
	Ü(Dist.)
	BA
	Ü(körperl.)
	BA
	BA
	Ü(Dist.)
Fam	
	BA
	Fam
Fam	
	Ü(körperl.)
	Fam
	Fam
	Ü(körperl)
	Fam
	Ü(körperl.)
Fam	
	Fam
Ü(symb.)	
Ü(Dist.)	
	Fam
Fam	
	Fam
Fam	
Fam	
Ü(symb.)	
Fam	
Ü(symb.)	
Fam	
Fam	
Fam	
geht weg	
kommt wieder	
	Ü(körperl.)
geht weg	

Legende:

BA:	Thema Bedrohung/Abwehr (z.b. Gerümpelmenschen, Hilferuf, Kanonenkugel etc.)
Fam:	Familiales Thema (z.b.: Das ist der Papa.", "Brüderchen!", "Kindchen!" etc.)
Ü(körperl.):	Körperlicher Übergriff auf den/die andere/n (Sachen aus der Hand nehmen, festhalten etc.)
Ü(symb.):	symbolischer Übergriff (z.b. mit der eigenen Spielfigur nach der des anderen hacken, die Spielfigur des anderen jagen etc.)
Ü(Dist.):	Übergriff auf den privaten Raum des/r anderen, Verletzung der notwendigen Distanz zum/r Anderen

Es fällt dabei folgender Widerspruch ins Auge: Eindeutig ist Ralfs Dominanz hinsichtlich der geäußerten Worte, der Fragen, der Spieldefinitionen etc.; Ralf redet mehr, ist besser verständlich, fragt weniger und stellt Spieldefinitionen einfach fest. Andererseits aber – und dies zeigt die Analyse der Abfolge der genannten Spielthemen – setzt Karin trotz Ralfs Dominanz ihr Familienthema als das das Spiel bestimmende Thema durch; ihre Methoden dabei sind – auf der Oberfläche betrachtet – hartnäckiges Ignorieren von Ralfs Definition, Beharren auf der eigenen und Spielzüge, die ihn emotional "fangen" ("Papi, darf ich zu dir hoch?"). Untergründig aber spielt hier die entscheidende Rolle, daß Karin mit ihrem Thema Ralf eine Projektionsfläche zur Inszenierung seiner Konflikte bietet (so wie umgekehrt Ralfs Spiel Karin diese Möglichkeit gibt) und er aus diesen Gründen darauf einsteigt.

Zur Virulenz von Klischees

An einer Textauslegung von Soeffner (s. Fußnote 3 zu Kapitel 2) habe ich gezeigt, wie er (als Mann) aufgrund geschlechtsspezifischer Deutungsmuster zu einer Lesart der von ihm interpretierten Frauenklage kommt, welche die Reste von Utopie im Leiden dieser Frau an der (Familien-)Realität denunziert, welche weiter ihre Widerständigkeit im Klagen und damit ihre Konturen als Subjekt, das noch etwas anderes will, unsichtbar macht.

Ich will an einem eigenen Beispiel zeigen, wie spontan die Vorurteils(re)produktion geschieht und wie zähflüssig es sich gestaltet, dagegen anzuarbeiten: Ich hatte bei der Interpretation des Spiels zwischen Karin und Ralf nach Abschluß des ersten Durchgangs festgestellt, daß mir Karin in ihren Wünschen und Motiven ganz unklar geblieben war, während mir Ralf vom ersten Moment an deutlich zu sein schien und vor allem mein zärtliches Mitgefühl hatte.

Ich will meine erste Interpretation hier ein Stück weit dokumentieren, um dies deutlich zu machen. Zu Interakt 14 hatte ich auf Ebene 4 zu Karins Motiven, einen "Papa" in Ralfs Spiel einzuführen, zusammengefaßt:

"Karin spricht mit ihrem Papa-Kind-Thema den in dem Gerümpelmenschen-Thema versteckten Wunsch von Ralf aus. Sie wirkt dabei (auf fast therapeutische Art) distanziert-empathisch, dabei unabhängig-gelassen und in ihren eigenen Bedürfnissen unsichtbar zugleich. Dieser Eindruck ergibt sich vielleicht auch daraus, daß sie im Spiel bislang für sich oder ihre Spielfigur kein Bedrohtsein, keine Aufregung, kein eigenständiges Agieren oder ähnliches definiert hat, sondern daß sie bis jetzt nur auf Ralf bezogene Angebote, Fragen etc. abgesetzt hat. Inhalt des Spiels sind die Bedürfnisse des Jungen. Er inszeniert seine Sehnsucht nach einem beschützenden Vater und gleichzeitig die Abwehr dieses Wunsches. Das Mädchen spricht den versteckten Wunsch des Jungen aus, indem sie das Papa-Kind-Thema ins Spiel bringt, und deckt damit den Sinn seiner Inszenierung auf. Sie bietet dem Jungen Hilfe und Projektionsfläche für seine Not."

Diese Interpretation übersieht, daß sich Karin bis zu diesem Zeitpunkt trotz mehrfacher Abwehr durch Ralf nicht davon abhalten läßt, mitspielen zu wollen; übersieht, daß dieses und auch die Papa-Kind-Definition ein "eigenständiges Agieren" ist und kann kein Motiv für diese Handlungen angeben, das bei *Karin* liegt. Konsequent im Sinne dieser Lesart habe ich Karins Wünsche (das Gerümpel-Spiel mitzuspielen, "*der* will genauso springen wie ich", "Aber *die* hier kann auch fliegen!") übersehen und ebenso die Funktion des Vaters für *sie* und die Realisierung *ihrer* Wünsche. Durch diese Rekonstruktion hatte ich aus Karin einen *Spiegel von Ralfs Wünschen* gemacht und sie selbst als Subjekt aufgelöst.

Nachdem ich im Rahmen der Beratung zu dieser Arbeit von anderen Frauen auf dieses Problem hingewiesen worden war (ich danke hier im besonderen Regina Becker-Schmidt, Sonja Düring, Anne Fischer, Margret Hauch und Gabriele Teckentrup), habe ich dennoch lange gebraucht, die Wünsche der Mädchen in meinen Szenen zu entziffern und zu benennen. Die Gründe hierfür liegen zweifellos *nicht* in Art und Inhalt des analysierten Spiels, sondern in meinem Blick hierauf. Und dieser ist geprägt durch die Struktur meines Begehrens. Da ist zum einen ein spontanes zärtlich-libidinöses Mitgefühl mit den kleinen Männern, das sich durchaus mit Empörung über dominantes Verhalten verträgt, und zum anderen – auch hier habe ich wieder Schwierigkeiten, die richtigen Worte zu finden – so etwas wie eine taube anästhetische oder besser: anästhetisierte Stelle, an der ich keine Wünsche spüre/spüren darf, wenn es um die Mädchen geht. Karin als Spiegel der Wünsche von Ralf zu rekonstruieren ist – so gesehen – eine "gelungene" Wiederholung dieses Verbots in der Gegenübertragung. Ich komme auf diesen Punkt zurück in der Interpretation des Spiels um die Wildkatzen und dem zwischen Kati und Ina.

Zusammenfassung

Welches sind nun zusammenfassend die Unterschiede in der psychosexuellen Verfaßtheit dieser beiden 5jährigen, welches die szenischen Bilder für sich selbst und ihre Konflikte mit Sexualität und Geschlechterdifferenz, die ihre Position im Koordinatenkreuz der kulturellen Zweigeschlechtlichkeit markieren?

Ralfs unverwundbarer Gerümpelmensch ist ein Bild, das mehrere Funktionen für das psychische Innenleben des kleinen Jungen erfüllen kann. Es drückt Unsicherheit aus um die eigene Identität, Angst davor, nicht angenommen zu werden: Der Gerümpelmensch ist (weg-)geworfen, fallengelassen; er ist in eine Falle gehakt, bittet um Rettung; kann/darf sich aber nicht selbst retten oder wehren. Gleichzeitig ist in diesem Bild aber auch die Abwehr dieser Ängste aufgehoben. Der Gewinn der Gerümpelmenschenphantasie als Abwehrbild liegt für Ralf in mehreren (auch faszinierenden) Elementen: Es ist ein Bild, mit dem Ralf sein reales Klein- und Ohnmächtigsein abwehren kann. Der Gerümpelmensch ist seelisch und körperlich so verhärtet, daß ihm niemand mehr etwas tun kann; er kann springen, fallen, durch die Luft rasen, ohne daß ihm dabei etwas Bedrohliches passiert. Das macht ihm alles nichts (mehr) aus. Diese Inszenierung bietet Ralf eine weitere Abwehrmöglichkeit: Er nimmt die Stelle des mächtigen Bedrohers/Fallenlassers ein, identifiziert sich mit ihm.

Karin ist von Ralfs Welt der Gerümpelmenschen fasziniert. Diese bietet ihr die Möglichkeit, identifikatorische und Beziehungswünsche an den Vater in Szene zu setzen. Sie betritt die Gerümpelwelt zunächst als kleiner Junge mit den narzißtisch-identifikatorischen (auch neidischen) Wünschen, über Kanonenkugeln zu verfügen, wehrhaft zu sein und "genauso springen" zu können wie das "Brüderchen". Sie definiert diese hochbesetzten Fähigkeiten also als männlich und spielt dann die Gerümpel-Themen jagen, rasen, springen, fallen mit. Später besteht sie aber auch darauf: "Aber *die* kann auch fliegen!"

Ihre Beziehungswünsche an den Vater spielt Karin, indem sie einen Papa erschafft, den sie liebevoll-kokett um Erlaubnis fragt, zu ihm zu dürfen. Erst nachdem er da ist und ihr (ihrer Figur) erlaubt hat, zu ihm zu kommen, macht sie beim Gerümpelspiel mit. Seine Anwesenheit und Zustimmung sind so das Tor, durch das sie die Welt der Gerümpelmenschen betritt. Dies scheint mir ein Bild zu sein für die Ablösung eines Mädchens aus der präödipalen Mutterbeziehung und für den über die heterosexuelle Beziehung zum Vater – als Ort von Macht, Gefahr und Faszination – vermittelten und mit Unterwerfung verbundenen Weg in die äußere Welt. Karin positioniert den Vater "oben" (auf dem Schiff), definiert ihn aber auch als einen, an den sie um den Preis der kokettierenden Unterwerfung Wünsche richten darf. Dies ist eine eindringliche szenische Symbolisierung von Idealisierung des Vaters (er ist oben, nicht ohne weiteres erreichbar), identifikatorischen Wünschen der Tochter an den Vater, ödipalem heterosexuellem Begehren der Tochter an den Vater und Erotisierung von Unterwerfung. Diese Unterwerfung allerdings erscheint ambivalent: Sie ist keineswegs vollständig, sondern verträgt sich damit, daß Karin klar ihre Wünsche äußert, deren Erfüllung einfordert (Ablehnung oder Überhören nicht hinnimmt), sich selbst als wehrhaft (Kanonenkugel) phantasiert, als eine, die den Vater angreifen und jagen kann.

Karin findet ein Amalgam von männlichen Selbstrepräsentanzen und ödipaler Beziehung zum Vater. Der Preis hierfür ist die Koketterie. Hierin und in der Phantasie von den hochgeschätzten Fähigkeiten des "Brüderchens" als "männlich" liegt auch Abwertung von Weiblichkeit. Die frühen männlichen Selbstrepräsentanzen, von denen Irene Fast spricht, sind kontaminiert von Zuschreibungen und Bewertungen der kulturellen Zweigeschlechtlichkeit.

Karins Antwort auf Ralfs Gerümpelmenschenbild und seine Bitte um Rettung ist zum einen das Angebot einer Kanonenkugel, was soviel heißt wie: Du kannst/darfst dich wehren! Und: Ich habe das, womit du dich wehren kannst. Zum anderen antwortet sie mit der Erschaffung einer Vater-Sohn-Beziehung: Karins männlich-weibliche Spiel-Figur ist im Gegensatz zum Gerümpelmenschen lebendig, sie definiert diese sofort als Kind (Kleinsein zu spielen, scheint für sie kein Problem), dieses Kind geht wie "normale Sterbliche" und in menschlichem Tempo, es springt und rast (zunächst) nicht; es geht dorthin, wo es will; sein Ziel ist eine Person; es kann klar seine (zärtlich-libidinösen) Wünsche nach Nähe an den Vater äußern, auf ihnen bestehen und hartnäckig die Erfüllung einfordern.

Karin legt Ralf im Spiel zunächst nahe, den Vater zu inszenieren (sie wartet darauf, daß er auf den kokett-zärtlich vorgetragenen Wunsch des Sohnes nach liebevoller Nähe zum Vater antwortet), dann, die Rolle des Sohnes zu übernehmen (indem sie Ralfs Figur als "Brüderchen" anspricht) und zum Schluß noch einmal, den Vater zu spielen (indem sie seine Figur mit "Papa" anspricht).

Karins Spiel gibt Ralf die Möglichkeit, seine Sohn-Vater-Beziehung zu inszenieren. Der von Ralf gestaltete Vater hat zwei verschiedene Gesichter: Zum einen ist da der Chef in der Gerümpelwelt, der wichtigeres zu tun hat, als sich um sein Kind zu kümmern. Er ist mächtig, bestimmt, wo die Reise hingeht, steuert die Dinge automatisch, hat die Technik, braucht keine Hilfe, läßt sein Kind stehen. Er ist ein Papa, den sein Sohn "lange suchen kann, der ist nämlich in der Luft!" Zum zweiten aber als Papa, der zusammen mit seinem Kind durch das Haus tobt und es zärtlich "Kindchen" ruft. Von diesem Zeitpunkt an ist das Gerümpel-Thema out. Es ist, als sei dieses Szenario nun nicht mehr nötig. Nachdem der Sinn der Gerümpelwelt als szenische Darstellung eines Konfliktes mit dem Vater (für diesen Moment des Spieles) aufgedeckt, also von Ralf zugelassen ist, sind die Gerümpelleute erlöst. Der Papa springt mit seinem Kindchen zusammen und eng aneinandergedrückt vom Dach und fällt ins Gerümpel. In diesem Bild können sowohl die abgewehrten zärtlich-homoerotischen Wünsche an den Vater aufgehoben sein, als auch die Konsequenzen für einen Bruch dieses Tabus: Gemeinsam fallen sie in das Gerümpel.

Ralf kann die aggressiven Handlungsalternativen, die Karin ihm offen (Kanonenkugel; nach dem Vater hacken, diesen jagen) anbietet, für sich nicht annehmen. Der Sohn, in dem Ralf sein Bild von sich selbst Gestalt gewinnen läßt, wird zwar in seinen Wünschen und seiner Ohnmacht deutlich: "Rettest du mich?" und "Papi, Hilfe, wo bist du?" Er darf aber nicht aggressiv sein. D.h. Ralf kann in diesem Spiel mit seiner Figur nicht den sehnsüchtigen, aber auch aggressiven Sohn spielen. Hier könnte die Überzeugung eine Rolle spielen, daß Karin – als Mädchen – ihm nicht das geben kann, womit er sich wehren kann. Im Vordergrund scheint aber zu stehen, daß Ralf eine ambivalente Identifikation mit dem Vater, die sowohl Identifikation, als auch zärtliche Beziehung, als auch offene Rivalität beinhaltet, nicht ertragen kann.

Beide Kinder inszenieren Leerstellen inbezug auf andere Themen aus der prädipalen Phase: Es geht nicht um häusliches Füreinandersorgen, sich ernähren, Geborgensein, Mutterbeziehung etc.

Ralf ist in seinen Kommunikationsstrategien dominanter: lauter, weniger fragend, mehr feststellend, engt körperlich und verbal häufiger Karins Handlungsraum ein. Hier ist der Punkt, an dem der zum Zweck der Angst-Abwehr gebildete "männliche Sozialcharakter" des Gerümpelmenschen Dominanzstrukturen herstellt, in denen das männliche Subjekt mit größter Selbstverständlichkeit auf Kosten anderer, schwächerer, weiblicher profitiert. Genau an diesem Punkt aber kommt Ralf in Konflikt mit den Normen der Kindergruppe: Eine ambivalenzfreie Identifikation mit dem Vater, die diesen ungebrochen an einem personenfreien Ort von Macht und Steuerung ansiedelt und weder liebevolle Annäherung noch Angriff auf diesen zulassen kann, wird hier nicht einfach hingenommen.

Hier scheint mir die Antwort auf die Frage zu liegen, welcher Art die "Falle" ist, in die Ralf "gehakt ist". Er kann von einer bruchlosen und scheinbar ambivalenzfreien Vater-Identifikation nicht lassen, weil ihm dies zu viel Angst bereiten würde, weiß aber auch, daß es sein Schicksal dann sein wird, in doppelter Weise fallen gelassen zu werden: Ein Vater, der so ist, wie er ihn sich phantasiert, kann seinen Sohn nicht zu sich lassen und damit Hierarchie und Distanz aufgeben. Und die soziale Gruppe von Gleichaltrigen wird ihn als "Oberbestimmer" ablehnen.

Das Spiel mit Karin gibt Ralf für kurze Zeit die Möglichkeit, seine Abwehr aufzugeben: er übernimmt die Rolle des Vaters, drückt die Vater-und Sohn-Figuren eng aneinander und läßt sie gemeinsam springen, eine geradezu therapeutische Situation! Die Therapeutin fragt ihn "professionell" direkt im Anschluß nach seinen Gefühlen: "Macht's Spaß?", was er bejaht.

Kapitel 5

Frauenhaus und Indianerhäuptling

Es folgt die Analyse einer kurzen Szene im Spiel zwischen Margret (4 Jahre, 3 Monate) und Max (4 Jahre, 1 Monat) aus der Kindergruppe C zu den Themenbereichen präödipale Mutter-Tochter-Beziehung und ödipale Bemächtigung des Frauenhauses. Diese Schlüsselszene zwischen 0.12.57/10.42 Uhr und 0.13.49/10.43 Uhr ist in ein Spiel eingebettet, das insgesamt 42 Minuten (von 10.29 Uhr bis 11.11 Uhr) dauert und an dem zunächst vier, später fünf Kinder beteiligt sind. (Das Protokoll des Spiels über 24 Minuten ist wegen der Textmenge nicht abgedruckt, kann aber bei mir angefordert werden.)

Die Kinder sind an der Inszenierung der Geschlechterdifferenz unterschiedlich stark beteiligt; besonders Margret und Max wirken als Pole, um die sich die gegensätzlichen (aber jeweils nicht ambivalenzfreien) Felder der Geschlechtsidentität aufbauen: Familie, Haus, das Baby wickeln und anziehen, das Weibliche, das "Liebe" einerseits; Bedrohung, Katastrophe, Polizei, Indianer, Bewaffnung, weg-, rausfahren, jagen, das "Böse" andererseits.

Zu Max und Margrets Position in der Kindergruppe ist zu sagen: Beide gehören zu den "Kleinen" der Gruppe[1]. Die "Großen" (Sechsjährigen) sind an diesem Vormittag beim Schwimmen. Max ist der kleinste Junge in der Gruppe; er ist an diesem Tag vollständig verschnupft, nuschelt aber beim Sprechen auch sonst stark. Es gibt noch zwei jüngere Mädchen (u.a. Sigi, 3 Jahre, 5 Monate) und zwei etwa gleichaltrige (u.a. Margret). Weder Margret noch Max haben in der Gruppe der "Kleinen" eine dominante Rolle. Margret ist – obwohl nur zwei Monate älter als Max – deutlich größer als er. Ulrike (5 Jahre, 1 Monat) gehört zu den Größeren unter den "Kleinen", ist meist sehr "mädchenhaft" gekleidet (helle Rüschenkleider, Schleifen im langen Haar). Margret ist dagegen wenig "verziert", hat an diesem Vormittag einen langen Trägerrock aus dickem Jeansstoff an.

Das Geschehen vor der Schlüsselszene

Margret und Sigi waren, als ich mit der Kamera in den Gruppenraum kam, schon eine ganze Weile dabei, mit Umkleide-, Puppenkleidern, Puppen etc. im "Haus" unter dem Hochbett zu spielen. Sonst ist zunächst niemand im Raum; die anderen Kinder sind im Vorraum an den Tischen beim Basteln.

Max kommt etwas später aus dem Vorraum herein, geht zunächst auf mich zu, erzählt mir, während ich filme: "Mein Papa hat gestern eine Kamera gekauft ..."[2], wendet sich dann dem Haus zu. Sigi sortiert Sachen aus, die zu groß für sie sind: "Dafür bin ich zuuuu klein!" Max erklärt, er sei "die Polizei" und: "Wenn ein Haus brennt, dann komm ich gleich!" Margret geht ihm entgegen und fordert ihn auf: "Du machst nicht alles da drin kaputt, ok?" (0.04.20/10.33 Uhr), zeigt dabei auf das Haus. Max wird beim Versuch, ins Haus zu gehen, bzw. dort einen Gürtel an sich zu nehmen, von Sigi abgewehrt, sie nimmt ihm den Gürtel aus der Hand; dann mildert sie ihre Abwehr dadurch, daß sie ihm den Gürtel zum Verkleiden anbietet und ihm diesen um die Taille legt; Max legt ihn sich selbst um, Sigi kommentiert aber: "Paßt ja nicht, ist zu groß." und nimmt ihn Max wieder ab. Nun macht Margret den

Versuch, Max einen Gürtel anzubieten, er: "Ich glaub', etwas zu klein." (d.h.: Er ist dafür schon zu groß), legt den Gürtel weg und sagt: "Ich bau mir ein Maschinengewehr." (0.05.43/10.35 Uhr).

Von jetzt ab bemüht sich Max 7 Minuten lang (von 10.35 - 10.42 Uhr) darum, von Margret bestimmte Spieldefinitionen bestätigt zu bekommen; er macht Vorschläge: 7 mal, daß das Haus brennt; 7 mal, daß dann die Polizei kommt, er die Polizei ist; 2 mal, daß er Häuptling oder Indianer ist. Er bekommt nichts von all dem bestätigt, bis auf eine Ausnahme: Margret sagt kurz "Ja.", als Max sagt: "... wenn ein Haus brennt, dann komm ich schnell!" (0.06.17/10.35 Uhr). Als er dann aber 3 Minuten später von ihr will, daß sie diese Situation nun definieren soll (daß sie also sagen soll, daß "das Haus brennt"), damit er "schnell kommen" kann, da sagt sie: "Nee, das sage ich nicht, noch nicht." Max kann von seinem Wunsch, daß Margret mit ihm eine kleine Katastrophe spielt, erst einmal nichts realisieren.

Parallel zu Max Bemühungen wird zwischen den drei Mädchen Margret, Sigi und Ulrike, die um 10.37 Uhr (0.08.34) den Raum betreten hat, ein "Familienarrangement" verabredet: Zunächst hatte Margret Ulrikes Frage nach einem gemeinsamen Spiel und ihre Feststellung, sie sei dann die Mutter (0.09.40/10.38 Uhr), heftig verneint: "Nee! Ich spiel' mit Sigi!" (0.09.45) und noch einmal betont: "Ich spiel' nicht mir dir, ich spiel' mit Sigi." (0.10.09).

Ulrike fragt dennoch, ob sie mitspielen dürfe, woraufhin sowohl Sigi, als auch Margret verneinen. Da stellt Max fest: "Doch! Darf ich mitspielen, weil ich die Polizei bin." (kein Frageton) (0.10.09). Ulrike schlägt im Anschluß hieran für sich die Rolle des "Kindes" vor. Sigi meint daraufhin, sie würden ja ein Kind brauchen, da sie beide (Margret und sie selbst) "Eltern" seien (0.10.20/10.39 Uhr).

Ulrike fragt: "Dann bin ich das große Kind, ja?", lacht (neutral), erhält keine Antwort. Ulrike hakt nach: "Ja? Dann muß Sigi der Vater sein.", lacht in einem Tonfall, den man mit: Das wäre ja zu komisch! übersetzen könnte. Margret sagt: "Nee." Auf die Frage von Ulrike, wer dann der Vater sein solle, antwortet Margret: "Der Vater ist gestorben, ne Sigi?" (0.10.48/10.40 Uhr). Jemand sagt: "Ich bin der Vater." (es ist deutlich zu sehen, daß weder Margret, noch Ulrike dies sagen; es ist auch nicht die Stimme von Max; es muß also Sigi sein).

Ulrike stellt für sich fest, daß sie "die große Schwester" ist, während Margret sich als "Mutter" definiert. Sigi sagt dann: "Nein, ich bin lieber das Kind, ja?" (0.11.06/10.40 Uhr); dies scheint sich auf die Sigi zugeschriebene Überlegung "Ich bin der Vater" zu beziehen. Margret bestätigt dies und Ulrike konkretisiert dies: "Nee, du bist die kleine und ich bin die große Schwester."

Margret klopft noch einmal fest: "Und der Vater ist gestorben, ja?" Ulrike macht: "Mmmh." Margret wiederholt: "Und ich bin die Mutter." Ulrike bietet an: "Mmh. Und ich helf dir auch manchmal, wenn – wenn die Arbeit zu schwer ist." Margret: "Ja." und beginnt einer Puppe eine grau-blaue Strickweste ohne Ärmel überzuziehen. Max wurde nicht gefragt, ob er hierbei mitspielen will.

Ulrike schlägt wenig später vor: "Wir geh'n wohl heute zu 'ner Party?" (0.11.48/10.41 Uhr) und greift in diesem Moment in Margrets Anziehbemühungen ein: Diese hat der Puppe mittlerweile die Weste übergezogen. Ulrike sagt (laut und entschieden): "Du mußt die hüüüübsch – das – " (deutet auf die Weste) " – ist doch nicht hübsch!! Ein Kleid oder (Pause) irgendwas Schönes oder das hier oder – ", hebt dabei Kleidung hoch. Margret zieht der Puppe die Weste wieder aus; Ulrike meint: "Was Schönes (...)" und Margret greift sich ein Puppenkleid.

Parallel hierzu bemüht Max sich darum, als "Häuptling" ins Gespräch zu kommen und auf das "Dach" hinzuweisen (0.11.48; 0.12.19), setzt sich dabei auf die Schwelle des Hauses, sein aus Duplos gebautes Gewehr im Arm.

Ulrike findet im Haus auf dem Boden eine Art Stirnband, wirft es Margret mit der Bemerkung "Für dich. Für deine Puppe." zu (0.12.31). Max hockt weiter auf der Schwelle, Gewehr im Arm, und meint: "Für das Baby." (0.12.48).

Protokoll

Kindergruppe C, Gruppenraum (siehe Übersicht)
Filmbeginn: 0.03.29 (10.32 Uhr)
Analysierter Ausschnitt: 0.12.57 (10.42 Uhr) - 0.13.49 (10.43 Uhr)
Mädchen: Ulrike (5;1), Margret (4;3), Sigi (3;5)
Jungen: Max (4;1), Basti (5;3)

0.12.57 (10.42 Uhr) Max hockt seit einer halben Minute mit seinem aus Duplos gebauten Gewehr im Arm am linken Türpfosten auf der Schwelle der Tür, aber noch außerhalb des Hauses (davor

Übersicht: Die räumliche Situation

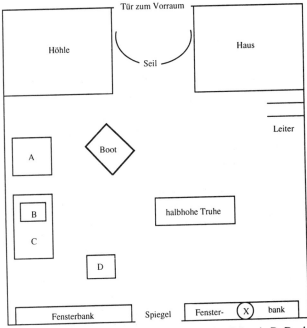

Legende: A: "Klamottenkorb"; B: "Klamottenkasten"; C: halbhoher Schrank; D: Duplokasten; (X): Kameraposition; das von Max später als "Boot" bezeichnete Spielelement ist eine Art Wippe: Ein – etwa zu einem Drittel Kreissegment gebogenes – Holzelement von ca. 60 cm Breite und 150 cm Länge, seitlich mit zwei Seilen verspannt; es kann sowohl als Brücke als auch – schalenförmig – als Wippe oder Schiff verwendet werden. Höhle, Haus und der Raum über Schaukelseil und Tür sind durch ein eingezogenes Hoch"bett" überdacht, das weiteren Spielraum bietet. Die Leiter ist der Zugang zu diesem Hoch"bett".

hat er eine halbe Minute an derselben Stelle gestanden). Margret sitzt rechts bei der Tür im Haus. Max sagt (vermutlich) zu Margret, die ihrer Puppe das langärmelige weiße Kleid angezogen hat und nun ein neues Kleid hochhält und sich ansieht: "Was soll ich sein... (2) ich ein Häuptling sein oder ein Indianer. (Pause) Hä? Sag mal!" Margret hat das Kleid wieder weggelegt, kramt zwischen den Kissen und Klamotten herum, fragt ohne Max anzusehen: "Was?" Max (neutral): "Soll ich ein Häuptling sein oder ein Indianer? (Pause) Sag!"

0.13.13 (10.42 Uhr) Margret sagt (so nebenbei): "Ein Indianer.", sieht dabei suchend auf dem Platz vor sich und neben sich herum, schließt, ohne auf die Puppe zu sehen, dieser das weiße Kleid auf der Brust, indem sie beide Seitenteile übereinander legt, mit der Hand glattstreicht; sie sieht Max nicht an. Max hockt auf der Schwelle, Gewehr im Arm: "... (2) aus Spaß ein Häuptling oder ein Indianer – ", Margret hat ein neues, weißes, vorn geschlossenes Kleid ergriffen, "...(2), lieber Häuptling." Keiner sieht zu ihm. Margret legt das Kleid über die Puppe. Max hockt auf der Schwelle wie vorher, sagt zu Margret (Spielstimme, etwas fordernd): "Ej Mutter!"

0.13.30 Margret: "Ja?", sie sieht nicht zu Max, sondern beginnt, der Puppe das Kleid über den Kopf zu ziehen. Max sieht auf sein Gewehr, dreht es etwas hin und her, sagt: "Ej, guck' mal! Aus Spaß, aus Spaß ist das meine Pistole – " (der Tonfall sinkt zum Ende hin ab, das Wort "Pistole" spricht Max ganz langsam und etwas geziert-maulig).

0.13.40 Margret sieht kurz auf und sein Gewehr an, sagt leise: "Ja." Max fährt fast ohne Pause fort: "– nein, mein Gewehr. Wenn ein Mann kommt, –", steht dabei auf, "– dann schieß' ich, ha-haa (kurzer befriedigter Lacher)." Max geht vorsichtig über Klamotten, Kissen etc. steigend ins Haus und in dessen hinteren Bereich.

0.13.49 (10.43 Uhr) Margret sagt, ohne aufzusehen (Erzählton): "Und alle, die hier wohnen, sind wohl Mädchen? Und ... (4)." Max dreht sich um, sieht zu Margret. Jemand sagt: "Ja." Max setzt sich hinter Sigi und neben Ulrike hin. Ulrike hat nicht aufgesehen.

Inhaltsanalyse:

Interakt 1 / Max (0.12.57/10.42 Uhr)

Max sagt parallel zu Sigi und wohl zu Margret, die ihrer Puppe das langärmelige weiße Kleid angezogen hat und nun ein neues Kleid hochhält und sich ansieht: "Was soll ich sein ... (2) ich ein Häuptling sein oder ein Indianer. (Pause) Hä? Sag mal!".

Ebene 0: s. obige Zusammenfassung. Eine gute Minute vor "Interakt 1" ist Max nun mit seinem Gewehr zum Haus gekommen, wartet an der Schwelle stehend eine halbe Minute, stellt währenddessen fest, daß er ein Häuptling ist, fragt dann, ob er ein Häuptling sein soll. Keine reagiert auf ihn.

Darauf setzt er sich an der Schwelle (0.12.19) und schlägt vor, daß etwas mit dem Dach sein soll. Niemand antwortet. Unmittelbar vor Interakt 1 greift Max in ein Gespräch zwischen Margret und Ulrike ein; die beiden Mädchen hatten sich darüber unterhalten, für wen das Band, das Ulrike gefunden hat, sein soll; Max macht hier seine erste familienbezogene Äußerung, indem er vorschlägt: "Für das Baby." (0.12.48). Hiermit greift er auf, was Ulrike vorher gesagt hat ("Für dich. Für deine Puppe."). Nur Sigi sieht zu Max.

Ebene 1: Die Paraphrasierung könnte – vor dem Hintergrund der bereits gelaufenen Bemühungen von Max, mit Margret ins Gespräch zu kommen – lauten: "Sag jetzt endlich mal, was ich sein soll, ein Häuptling oder ein Indianer?"

Ebene 2: Max möchte, daß Margret ihn ins Spiel einbezieht. Da Max nur von hinten zu sehen ist, kann ich nur schließen, daß er hier Margret anspricht. Hierzu gibt allerdings das bisherige Geschehen und auch die Tatsache, daß Margret dann antwortet, genügend Anlaß.

Max macht (noch) keinen Versuch, sich in das Familienspiel einzuklinken (etwa als weiteres Kind, als Vater etc.). Er möchte weiter ein Thema aus dem Bereich Katastrophe (Haus brennt), Abwehr-Rettung (Polizei kommt), Kampf-Stärke-Bewaffnung-Macht (Polizei, Häuptling, Indianer) spielen. Er kann dies aber erst, wenn sie (endlich) "Ja." dazu sagt. Dies könnte einfach dadurch erklärt werden, daß er weiß, daß ein Spiel mit anderen erst funktionieren kann, wenn mindestens zwei sich eine Phantasie teilen. Es ist allerdings schon auffällig, daß Max nicht einfach einmal versucht, sein Spiel zu inszenieren (also z.B. mit den Löscharbeiten am brennenden Dach zu beginnen oder ähnliches), sondern stattdessen bei dem Versuch der metakommunikativen Klärung stehen bleibt, beim Versuch, Margret endlich zum erlösenden Stichwort zu bewegen (sag doch endlich: "Das Dach brennt!", dann kann ich kommen). Er definiert sich selbst dadurch als abhängig von ihrer Zustimmung. Ob dem Kategorienfehler in Max Frage (Häuptling *oder* Indianer) psychologische Bedeutung beikommt, kann ich hier (noch) nicht entscheiden. Daß er mit dieser Alternative auf den Unterschied beider Definitionen hinsichtlich des Machtaspekts hinauswill, ist zu vermuten.

Max definiert sich sowohl durch seine Themenwahl, als auch durch sein auf der Schwelle abwarten als Außenstehender: Er selbst hat mit dem "inneren Geschehen" im Haus (mit der Arbeit der Mutter, dem Wickeln, dem Anziehen etc.) nichts zu tun, er kommt von außen und zwar (wenn es denn endlich bestätigt wird) in der Rolle des Retters (wenn das Dach brennt) bzw. des Häuptlings (welche Rolle Max damit inbezug auf das Haus und dessen Bewohnerinnen verbindet, enthüllt sich erst später; s. Interakt 11).

Ebene 3: Margret wird von Max als diejenige angesprochen, die entscheiden soll, ob er und als was er mitspielen soll. Dies paßt zu zwei Eigenschaften, die Margret in dieser Situation hat: Erstens diejenige zu sein, die mit Sigi den Kern des Spiels darstellt (zu dem sich Ulrike per Erlaubnis dazugesellt hat); zweitens im Spiel die Mutter zu sein, die per Rolle mit Entscheidungs- und Weisungsbefugnissen im Haus ausgestattet ist. Margret ist von Max dringend aufgefordert, sich zu äußern.

Ebene 4: Der "innere Kreis" ist weiblich definiert; "weibliche" Arbeit, Babywickeln, Kind anziehen; das männliche Element im Inneren ist eliminiert: Der Vater ist gestorben. Das männliche Element (Max) kommt von außen, als Retter. In den Bildern Indianer und Häuptling zeigt sich Max narzißtisches Motiv, eine mächtige gefährliche männliche Rolle einnehmen zu wollen. Hierin verschränken sich zwei Wünsche: Zum einen der Wunsch jedes Kindes in jeder gesellschaftlichen Konstellation, groß sein zu wollen; zum anderen der identifikatorische Wunsch des kleinen Jungen, einem großen Mann zu gleichen. In der phantastischen Identifikation mit einer mächtigen (männlichen) Figur läßt sich die kränkende Realität zeitweilig verleugnen. Gleichzeitig kann Max aber nicht einfach Polizist, Indianer oder Häuptling sein, ohne von Margret gesehen und bestätigt zu werden. Ob ihre Mutterrolle hierbei eine Funktion hat, ist (noch) nicht zu sehen.

Interakt 2 / Margret (0.12.57)

Margret hat das Kleid wieder weggelegt, kramt zwischen den Kissen und Klamotten herum, fragt ohne Max anzusehen: "Was?"

Ebene 0: Margret beschäftigt sich seit ca. 2 Minuten mit einer Puppe (sie hat sie als "Baby" definiert, 0.11.27), zieht sie an. Sie hat ihr zunächst eine grau-blaue Weste angezogen, diese nach der Intervention von Ulrike ("... das ist doch nicht hübsch!!") wieder ausgezogen, dann das langärmelige weiße Kleid herausgesucht und dies der Puppe angezogen. Margret sucht jetzt nach weiteren Kleidungsstücken.

Ebene 1: "Was hast du gesagt?" oder: "Was willst du?"

Ebene 2: Margret wirkt in bezug auf Max Frage und Handlung völlig desinteressiert. Sie ist auf das Anziehen ihres Puppenbabies konzentriert, sieht ihn nicht an. Ob sie ihn wirklich nicht verstanden hat oder mehr mechanisch reagiert, weil sie mit ihren Gedanken bei ihrer Puppe ist, oder ob ihre Nachfrage Teil einer unbewußten Abwehrstrategie ist, läßt sich nicht beweisen. Ich neige dazu, hierin die Fortsetzung ihrer Abwehr gegenüber Max zu sehen, die am Anfang ganz explizit ist ("Du machst nicht alles da drin kaputt, ok?" etc.).

Margret spielt eine exklusive Beziehung zu ihrem Puppenbaby. Dieses ist Gegenstand ihrer Anziehbedürfnisse, sie läßt das Baby nicht agieren, sprechen, weinen oder ähnliches. Das – zwar auf Ulrikes Intervention hin, dann aber von Margret selbst herausgesuchte – Puppenkleid deutet daraufhin, daß das Baby ein Mädchen ist. Den Vater hat sie auf aggressive Weise verleugnet und hält ihn durch die Definition "gestorben" aus dem Spiel (beide Eltern von Margret leben und sind nicht getrennt).

Ebene 3: Für Max müßte das Desinteresse bzw. die Abwehr Margrets spürbar sein; eine Neuauflage der Erfahrung der letzten 10 Minuten. Andererseits fordert sie ihn durch ihr "Was?" auf, seine Frage zu wiederholen.

Ebene 4: Margret spielt ihre Identifizierung mit der präödipalen Mutter, sie setzt eine Mutter-Tochter-Dyade in Szene und verleugnet den Vater auf aggressive Weise. Margret macht weder für ihre eigene Spielrolle der Mutter, noch für ihre Puppentochter die Wende zum Vater bzw. die heterosexuelle Objektwahl zum Thema ihres Spiels. Margret will offenbar die Dyade nicht verlassen, sie nimmt Ulrikes Spiel-Vorschlag, zur Party zu gehen, nicht auf. Sie scheint im Spiel mit dem Versuch beschäftigt, den ursprünglichen Zustand einer noch nicht durch den Vater gestörten Beziehung zur Mutter wiederherzustellen. In der Art, wie sie das Umsorgen der Tochter ausgestaltet (zu viel Kleidung, nicht "hübsch" anziehen, die Tochter agiert nicht), klingt das Thema Abwehr weiblicher Erotik, Einengung, Passivität und Leblosigkeit an (Ulrike spürt diesen Widerspruch zu ihrem eigenen Weiblichkeitskonzept und erteilt Margret zweimal (0.11.48, 0.16.03) Nachhilfe darin, wie frau die Tochter "hübsch" anzieht; Margret selbst hatte spontan zu einem geschlechtsunspezifischen Kleidungsstück (der grau-blauen Woll-Weste) gegriffen.) Also nicht nur Abwehr von Heterosexualität scheint Thema zu sein, sondern auch Abwehr von Homoerotik zwischen Tochter und Mutter.

Max steht offenbar mit der von ihm gewünschten mächtigen männlichen Rolle für etwas, was Margret verleugnen will. Dies könnte sich hier verquicken mit ganz konkreten Erfahrungen mit Max (oder mit "den Jungen") in der Kindergruppe: Margrets Frage "Du machst nicht alles da drin kaputt, ok?" kann eine Antizipation eines ganz konkreten störenden Verhaltens von Max beinhalten, oder/und eine Metapher für ihr präödipales Drama: Das männliche Element macht im Haus "alles (die Tochter-Mutter-Beziehung) kaputt".

Interakt 3 / Max (0.12.57)

Max sagt (neutral): "Soll ich ein Häuptling sein oder ein Indianer? (Pause) Sag!"
   Ebene 2: Max reagiert nicht offen auf das Desinteresse mit Verletzung etc. Ansonsten s. Interakt 1.
      Ebene 3: s. Interakt 1.

Interakt 4 / Margret (0.13.13)

Margret sagt (so nebenbei): "Ein Indianer.", sieht dabei (suchend) auf dem Platz vor sich und neben sich herum, schließt dabei – ohne auf die Puppe zu sehen – dieser das weiße Kleid auf der Brust, indem sie beide Seitenteile übereinander legt und mit der Hand glattstreicht; sie sieht Max nicht an.
   Ebene 2: Margret ist nach wie vor mit ihrer Puppe bzw. mit der Suche nach einem weiteren Kleidungsstück für diese beschäftigt. Ihre Entscheidung "Indianer" könnte man zweierlei interpretieren: Entweder ist ihre Antwort keine echte Antwort, keine echte Entscheidung. Ihr ist es vollkommen egal, ob Häuptling oder Indianer. Sie sagt nur ziemlich mechanisch und mit ihren Gedanken beim Ankleiden ihres Puppenkindes: "Indianer", weil ihr das als letztes im Ohr ist; sie antwortet überhaupt nur, weil sie damit eine störende Anforderung wegschieben kann. Oder: Margret reagiert hier auf das Machtelement in "Häuptling" und will das nicht, wählt quasi das "kleinere Übel".
   So oder so aber müßte Margret sich durch Max Hartnäckigkeit in ihrem Spiel gestört fühlen. Sie ist eindeutig nicht fasziniert von dem, was Max bewegt, sie ist voll in Anspruch genommen davon, den Körper ihrer Puppentochter mit Kleidung zu bedecken. Sie will seine Themen nicht, hat hier nun aber ihren Widerstand (teilweise) aufgegeben und bestätigt Max endlich. Es fällt dabei auf, daß sie keinen Ärger, keinen Protest zeigt und vollständig affektlos wirkt.
   Ebene 3: Max hat nun endlich Margrets Anerkennung erreicht, hat eine Antwort erhalten, auch wenn diese eigentlich wegen ihrer Kürze und offensichtlich desinteressierten Teilnahmslosigkeit eher unbefriedigend sein muß.

Interakt 5 / Max (0.13.13)

Max hockt auf der Schwelle, Gewehr im Arm: "... (2) aus Spaß ein Häuptling oder ein Indianer – ", Margret hat ein neues weißes vorn geschlossenes Puppenkleid ergriffen, "... (2), lieber Häuptling." Keiner sieht zu ihm.
   Ebene 1: Die Paraphrasierung des ersten Teils seiner Aussage fällt schwer wegen unverständlicher Worte. Es scheint eine Wiederholung seiner Frage zu sein, was er denn nun sein soll. Er beantwortet diese Frage dann für sich selbst, indem er sagt, daß er lieber ein "Häuptling" sein will (es entspricht der Frage nach einer Alternative (Häuptling *oder* Indianer), daß ich das Wort "lieber" nicht adjektivisch dem "Häuptling" zuordne).
   Ebene 2: Max will lieber ein Häuptling sein. Der Chefcharakter dieser Rolle ist ihm bekannt. Wahrscheinlich ist seine (fehlerhafte) Frage "Häuptling oder Indianer?" insofern auch zu fassen als "Häuptling oder einfacher Indianer?" (so würde ich, von hier aus gesehen, die Paraphrasierung von Max Frage in Interakt 1 formulieren).

Ebene 3: Die Frage an Margret war nicht so gemeint, daß sie alleine bestimmen soll, was er sein soll. Er korrigiert ihre Aussage bzw. nimmt sie für sich nicht an. Für die drei Mädchen ändert sich die Situation insofern, als da jetzt ein Chef (Häuptling) an der Tür des Hauses ist.

Ebene 4: Max besetzt nicht nur das Kriegerische der Indianerrolle narzißtisch. Dies wird noch potenziert durch eine Machtposition.

Interakt 6 / Margret (0.13.13)

Margret hat, während er sagt, daß er lieber ein Häuptling sein möchte, ein weiteres Kleid für die Puppe gewählt und legt es nun über die Puppe (um es ihr anzuziehen).

Ebene 2: Entsprechend den o.g. beiden Möglichkeiten, ihre "Indianer"-Antwort zu interpretieren, gibt es hier zwei mögliche Varianten: Entweder Margret war es egal, ob Max Häuptling oder Indianer ist; dann ist es ihr auch egal, ob Max ihre (beliebige) Antwort für sich annimmt. Für sie "läuft ein anderer Film": Sie muß ihre Puppentochter warm anziehen. Sie scheint für diesen Moment versunken in dieses Spiel, hat weder Kontakt zu den beiden Mädchen, noch zu Max. Oder es wäre ihr lieber gewesen, Max wäre ein einfacher Indianer gewesen; dann wäre ihr Schweigen (wieder) ein Verzicht auf Protest.

Ebene 3: Für Max ist wieder eine Situation der fehlenden Resonanz (oder einer stillschweigenden Zustimmung) gegeben. Margret reagiert nicht auf seinen Widerspruch. Niemand sonst beachtet ihn.

Interakt 7 / Max (0.13.13)

Max hockt auf der Schwelle wie vorher, sagt zu Margret (Spielstimme, etwas fordernd): "Ej, Mutter!"

Ebene 2: Max ist mit seiner Äußerung weg von der Metakommunikation und geht direkt ins Spiel. Dies ist Max zweite familienbezogene Äußerung: das erste mal mischt er sich ins Gespräch zwischen Margret und Ulrike darüber ein, für wen das Band sein soll, und sagt: "Für das Baby." (0.12.48). Nun spricht er Margret direkt als Mutter an. Dies erscheint objektiv die beste Methode zu sein, um ihre Beachtung zu erhalten, nachdem sie auf seine Spielvorschläge die ganze Zeit nicht oder kaum reagiert hat (ich denke, er wäre, wenn Margret "Das-Haus-brennt" mitgespielt hätte, kaum von sich aus auf die Idee gekommen, sie, auf der Schwelle hockend, mit "Ej, Mutter!" anzusprechen). Trotzdem halte ich es andererseits für unwahrscheinlich, daß sein Handeln (bewußt oder nicht-bewußt) nur instrumentell motiviert ist, daß er sich hier also in eine Beziehung zu Margret als Mutter setzt, nur um ihre Beachtung zu erringen, obwohl eine Mutterbeziehung der Landschaft seiner Gefühle, seiner (Spiel-)Motive, seiner (Spiel-)Themen nur äußerlich ist. Ihr Spiel bietet ihm die Möglichkeit, einen wichtigen Konfliktstoff zu bearbeiten. Um zu klären, wie dieser beschaffen ist, muß die Frage beantwortet werden, welche Rolle er sich hier selbst zumißt: Die eines weiteren Kindes? Dies scheint nahezuliegen. Allerdings fängt Max (und dies nun im Vorgriff auf das weitere Geschehen) ca. 2,5 Minuten später damit an, sich als Vater anzubieten (0.16.03, 0.17.01, 0.17.11, 0.17.47, 0.18.24).

Hieraus könnte man schließen, daß Max sich mit seinem "Ej, Mutter!" hier *zunächst* klar als Kind (Sohn) definiert, sich dann *später* aber entschließt, doch "lieber ein Vater" zu sein. Ich neige allerdings eher dazu, für Max Spiel bzw. seine Rolle darin, von Anfang an eine Mischung zwischen beidem anzunehmen, ein Oszillieren zwischen dem (mächtigen, großen) Häuptlings-Vater (der er werden soll) und dem (kleinen, von der Mutter abhängigen) Sohn (der er ist). Zwei Begründungen hierfür: Zum einen wäre eine ambivalenzfreie Selbstdefinition von Max als kleines Kind ein völliger Bruch mit seinen bisherigen Bemühungen, sich als Repräsentanz von männlicher Macht ins Spiel zu bringen. Zum zweiten (auch dies als Vorgriff) ist auch die spätere Vater-Rolle nicht ambivalenzfrei: Max spricht auch in der Rolle des "Vaters" Margret im weiteren als "Mutter" bzw. "Mama" an (0.18.24, 0.18.34, 0.19.40, 0.20.40 bis 0.23.28).

Auch der mögliche Einwand, das "Ej, Mutter!" lege doch Max zumindest für diesen Moment (Interakt 7) eindeutig auf eine Kinderrolle in Beziehung zu Margret fest, ist so überzeugend nicht: Es ist in unseren Familien ja nicht völlig unüblich, daß (Ehe)Männer ihre Frauen mit "Mutter" anreden. Dieser Sprachgebrauch bedeutet nichts anderes, als daß ein erwachsener Mann seine genitale Beziehung zu einer Frau mit seiner ödipalen Beziehung als kleiner Sohn zu seiner Mutter identifiziert. Nichts kann klarer den libidinösen Charakter der frühen ödipalen Beziehung zwischen Kind und Elternteil belegen und den ödipalen Wiederhall in den späteren genitalen Beziehungen des Erwachsenen. Trotz dieser grundsätzlichen Doppeltheit also sowohl der Vater- als auch der Sohnes-Rolle könnte aber natürlich im Spiel eine "eindeutige" Festlegung auf eine der beiden Seiten stattfinden. Eine solche Festlegung allerdings ist durch das "Ej, Mutter!" (noch) nicht vollzogen.

Ebene 3: Für Margret ist die Situation insofern neu, als Max sich nun – ohne explizit im Familienarrangement drin zu sein – so verhält, als habe er darin eine Rolle. Sie könnte jetzt erstaunt sein, ihn ansehen und metakommunikativ abklären, welche Rolle er eigentlich spielt, ob er überhaupt mitspielt etc. Durch Max Agieren an der Schwelle ihres Hauses, als gehöre er dazu, durch sein "Ej, Mutter!" rücken die Themen der Männerwelt, die bislang überhört, abgelehnt oder widerstrebend-desinteressiert kurz bestätigt wurden, ein Stück näher.

Ebene 4: Max gestaltet das in Interakt 1 angedeutete typische Konfliktfeld der männlichen Sozialisation unter der Bedingung des patriarchalen Arrangements der Geschlechter weiter aus. Sein "Ej, Mutter!" macht es manifest, daß er in seinen oben beschriebenen narzißtischen Wünschen (wie der mächtige, große Häuptlings-Vater – der er werden will/soll – zu sein) als kleiner von der Mutter abhängiger Sohn (der er ist) auf deren Bestätigung angewiesen ist. In der Beziehung zur Mutter schwingen beide Elemente mit – das präödipale als weiteres Kind und das ödipale als Vaterkonkurrent. Auf welche Seite Max die Betonung legen will, wird noch nicht deutlich.

Interakt 8 / Margret (0.13.30)

Margret fragt: "Ja?", sie sieht nicht zu Max, sondern beginnt, der Puppe das Kleid über den Kopf zu ziehen.

Ebene 2: Margret zeigt auch jetzt keine emotionale Reaktion (etwa Überraschung, Ärger etc.) auf Max Umschalten, sondern agiert als Mutter, die – angesprochen – zum Ausdruck bringt, daß sie gehört hat, daß Max etwas von ihr will, und bereit ist, sich dies anzuhören. Sie läßt Max und seine Männerwelt ein Stück näher rücken, läßt sich dabei aber nicht in ihren Mutteraktivitäten unterbrechen.

Ebene 3: Margret nimmt Max ins Spiel auf. Sie fordert ihn nicht auf, seine Rolle im Spiel (weiteres Kind?) zu klären.

Interakt 9 / Max (0.13.30)

Max sieht auf sein Gewehr, dreht es dabei etwas hin und her, sagt: "Ej, guck' mal! Aus Spaß, aus Spaß ist das meine Pistole – " (der Tonfall sinkt zum Ende hin ab, das Wort "Pistole" spricht Max ganz langsam und etwas geziert-maulig).

Ebene 2: Max hat sein ursprüngliches Bedürfnis, ein Thema aus dem Kreis Bedrohung-Bewaffnung etc. unterzubringen, keineswegs aufgegeben. Sein "Ej, Mutter!" erscheint im Rückblick wieder fast wie ein Trick, ihr sein Thema unterzujubeln. Aber auch hier würde die Annahme eines instrumentellen Verhaltens von Max fehlgehen und gerade den inneren Zusammenhang zwischen seinem Verhältnis (als Sohn, wie auch als Vater) zur Mutter und seiner (notwendigen) Bewaffnung verdunkeln. Seine Handlung und Aussage haben für mich etwas im sexuellen Sinne exhibitionistisches; er zeigt der Mutter etwas (er dreht es dabei narzißtisch hin und her) und er will, daß sie guckt. Dieses Ding ist seine Waffe, gleichzeitig das, was ihn ausweist, was die anderen im Haus, die Frauen nicht haben, ein Merkmal der Differenz, das, was seine Identität der Mutter und den Frauen gegenüber begründet.

Dies trägt er aber nicht stolz und fordernd vor; Max Tonfall zum Ende des Satzes hin hat etwas kleinkindhaft-trostbedürftiges, vielleicht auch lockendes, was in einem (mich zum Lachen reizenden) Widerspruch zu seiner Rolle als Häuptling und zu dem Symbol eines Mordwerkzeuges steht, das er sich da gebaut hat.

Es stellt sich die Frage, ob der Sprachgebrauch "Aus Spaß …" darauf hinweist, daß Max seine Pistole "spaßhaft" findet, oder gegenüber Margret – sich selbst ironisierend – etwas in dieser Richtung andeuten will. Ich würde dies verneinen. Nach meiner Erfahrung charakterisieren Kinder mit diesem Ausdruck das Fiktive ihres Spiels bzw. teilen sich so ihre Definitionen von Personen, Situationen oder Dingen mit, im Sinne eines "ich tue jetzt mal so, als ob …"; eine Konnotation von "spaßhaft" oder "komisch" schwingt da nicht per se mit (außer es handelt sich um eine komische Rolle, von der man jetzt so tut, als habe man sie inne).

Ebene 3: Margret muß spätestens hier merken, daß Max quasi über die Hintertür das bislang von ihr überhörte bzw. abgewehrte Thema ins Spiel bringt; und dies auf hochambivalente Weise: Der kleinkindhaft-trostbedürftige Tonfall definiert eine Mutter-Sohn-Beziehung zwischen beiden und fordert Zuwendung und Bestätigung ein, macht eine Ablehnung schwer; die Pistole andererseits steht für den großen mächtigen Mann.

Ebene 4: Zu den oben angesprochenen narzißtischen Motiven kommt ein sexuelles hinzu, das sich hier zunächst in exhibitionistischer Weise zeigt: der Häuptling (die offizielle Rolle) bzw. der kleine Sohn (kleinkindhaft-mauliger Tonfall) hat etwas, was sich die Mutter ansehen und bestätigen soll; er ist dringend darauf angewiesen, daß sie guckt und "Ja" zu ihm und seiner "Pistole" sagt. Max zeigt der Mutter seine "Pistole" als Zeichen der Macht und der Differenz; ein Bild für die Verschmelzung von Penis und Bewaffnung, für Sexualität und Gewalt, für die Mystifikation des Penis zum Phallus.

Interakt 10 / Margret (0.13.40)

Margret sieht – während sie zwischen den Klamotten um sich herum hin und her sieht – kurz auf und seine "Pistole" an, sagt leise: "Ja.", sieht gleich wieder weg.
Ebene 2: Margret bestätigt Max kurz und neutral, sieht gleich wieder weg, ist mit ihren Dingen beschäftigt. Das Hinsehen ist genau wie das Wegsehen mehr beiläufig, ohne Dramatik. Es ist ihr weder Interesse, noch Ablehnung anzumerken. Sie kann oder will ihm aber auch nicht die Anerkennung versagen.
Ebene 3: Max kann aus Margrets Reaktion eine Zustimmung zu seinem (bewaffneten) Mitspielen ableiten.

Interakt 11 / Max (0.13.40)

Max fährt fast ohne Pause fort: " – nein, mein Gewehr. Wenn ein Mann kommt, – ", Max steht dabei auf, " – dann schieß' ich, hahaa (ein kurzer befriedigter Lacher)." Max geht vorsichtig über Klamotten, Kissen etc. steigend ins Haus und in dessen hinteren Bereich.
Ebene 1: "Nein, dies ist nicht meine Pistole, sondern mein Gewehr. Ich spiele jetzt mit und ich werde schießen, wenn ein Mann kommt. Ein (anderer) Mann hat hier nichts zu suchen."
Ebene 2: Max hat seine Waffe verbal noch ein bißchen vergrößert: Keine Pistole, sondern ein Gewehr (diese Bezeichnung entspricht im übrigen auch besser der Waffe, die er da gebaut hat; sie ist ca. 40 cm lang und dürfte als Gewehr im Verhältnis zu Max Körpergröße ziemlich angemessen sein). Dies ist eine Neuauflage des Themas "groß sein", diesmal bezogen auf das Merkmal der Geschlechterdifferenz, seiner Männlichkeit: als großer Mann möchte er einen langen Penis. Außerdem hält Max den Zeitpunkt für gekommen, über die Schwelle *ins Haus* zu treten. Er sagt, was weiter passieren könnte: Es könnte "ein Mann" kommen, und dann schießt er. Das ist bemerkenswert: Max wählt nicht prototypische Feinde wie "Räuber", "Cowboys" (gegen Indianer oder umgekehrt), "Pirat" oder ähnliches, die in der Regel als männlich gedacht werden, aber natürlich auch weiblich sein könnten, sondern er spricht schlicht in der Kategorie des Geschlechts: "Ein Mann" ist der Feind, auf den er schießen will.
Was bedeutet das? So wie er (trotz anderweitiger Beschäftigung) die Rollenverteilung unter den Mädchen mitgekriegt hat (also z.B. gehört hat, daß Margret die Mutter ist), muß er gehört haben, daß "der Vater gestorben ist". Im (Frauen-)Haus ist also kein Mann. Ich denke, Max will diese Leerstelle füllen, er hat sich am Eingang als Mann ausgewiesen, will die Stelle des toten Vaters einnehmen, zieht – nachdem Margret ihn bestätigt hat (bzw. seiner Rolle als Häuptling und seiner Ausrüstung mit Pistole nicht widersprochen hat) – befriedigt (der Tonfall ist eindeutig!) als Mann ins Haus. Max gestaltet damit seine bisher unklare Position zu Margret als Mutter jetzt deutlich zur Seite des Vaters, also ihres Mannes hin aus: Er will kein weiteres Kind sein, sondern der Vater selbst. Wer aber ist der "Mann", der kommen könnte und auf den er dann schießen will? Ein geradezu klassisches Bild: Der kleine Junge in seinem ödipalen Konflikt, der die Stelle des (hier allerdings von der Mutter) beseitigten Vaters einnehmen will, indem er die Mutter verführt, sich die Mutter nimmt; der aber Angst vor der Rückkehr des Vaters und dessen Strafe hat, sich deshalb bewaffnet und schießen wird, "wenn ein Mann kommt".

Ebene 3: Für die drei Mädchen ändert sich die Situation: Max kommt ins Haus. Er war zwar bisher nicht ausdrücklich ausgeschlossen, andererseits aber auch ganz klar nicht "mit von der Partie". Er hat nicht ausdrücklich danach gefragt, ob er hereinkommen darf, durch sein langes auf der Schwelle Abwarten und faktisches Mitspielen ("Ej, Mutter!" etc.) vielleicht aber so etwas wie ein Recht dazu erworben. Besonders für Margret muß das irritierend sein: es ist jetzt ein Mann im Haus, obwohl sie doch vorher klar festgelegt hatte, daß der Vater gestorben ist. Das Frauenhaus ist keines mehr. Und es wird auch nicht mehr nur das Baby gewickelt, das Kind "hübsch" angezogen, zur Party gegangen, Bilder angesehen, sondern vielleicht auch geschossen.

Ebene 4: Das genannte sexuelle Motiv von Max geht vom phallischen Zurschaustellen von männlicher Potenz und Macht über in eins der Bemächtigung: Max dringt ein (ins Haus, in den weiblichen Bereich) und eignet sich den (leeren) Platz an der Seite der Mutter an. Margrets sich aus ihrem Tochter-Mutter-Konflikt speisende Phantasie von dem Gestorbensein des Vaters bietet Max die Möglichkeit, relativ leicht (ohne selbst den Vater beseitigen zu müssen) an seine Stelle zu treten. Dennoch hat Max seinerseits die Phantasie, daß vielleicht ein Mann kommen wird, gegen den er dieses Arrangement wird verteidigen müssen. Seine Bewaffnung steht also nicht nur für Macht und Differenz, sondern auch für seine Angst vor der Strafe dessen, dessen Platz er sich hier angeeignet hat.

Interakt 12 / Margret (0.13.49)

Margret sagt, ohne aufzusehen (Erzählton): "Und alle, die hier wohnen, sind wohl Mädchen? Und... (4)."
Ebene 1: Leider ist eine Paraphrasierung der gesamten Äußerung von Margret deshalb nicht möglich, weil ihr zweiter Satz (auch nach häufigem Überhören der Szene) unverständlich bleibt. Ihr erster Satz besagt im Umkehrschluß: "Hier wohnen wohl keine Jungen/Männer."
Ebene 2: Margret kommt darauf zurück und stellt noch einmal klar, daß (im Frauenhaus) keine männlichen Personen "wohnen". Sie will das nicht. Dies würde entweder einen indirekten Widerspruch zum Einziehen von Max als männlicher Person bzw. in einer männlich definierten Rolle bedeuten; oder die Aussage, daß Max als Junge/als Vater zwar mitspielen kann, im Haus aber nicht "wohnen" darf. Nun kann ich natürlich nicht ausschließen, daß Margrets unverständlicher zweiter Satz für Max endlich die Wende bringt, und sie ihm hier aktiv von sich aus eine von ihm gewünschte Rolle ausdrücklich zugesteht. Ich halte dies allerdings nicht für wahrscheinlich, denn Margrets Verhalten Max gegenüber im weiteren Spiel bleibt weiter abwehrend, widerstrebend; sie überhört fünfmal, daß er "der Vater ist"; er muß weitere sechs Minuten warten, bis sie ihn von sich aus anspricht und von sich aus ein Spiel mit ihm beginnt (0.19.40/10.48 Uhr: Margret zu Max: "Und du wartest auf mich, ne?").
Deshalb gehe ich davon aus, daß Margret hier einen deutlichen, und zwar einen auf das Geschlecht bezogenen Widerspruch zu Max Eintritt ins (oder Wohnen im) Haus formuliert. Andererseits wird dieser Widerspruch nur am Inhalt ihrer Aussage deutlich. Ihr Tonfall, ihr Agieren und ihre Wortwahl zu Beginn des Satzes verschleiern diesen Widerspruch geradezu: Margret sagt dies ganz unbeteiligt einfach

so in den Raum, ohne Max anzusehen oder ihn dabei direkt anzusprechen, ohne den Widerspruch am Satzanfang z.B. durch ein "*Aber* alle, die ..." deutlich zu machen. Das "Und alle, die ..." tut so, als sei das, was sie sagt, nur eine Ergänzung zu Max Eigendefinition. Sie scheint bestrebt, Max einerseits seine Selbstdefinition zu lassen, andererseits – ohne zu kraß zu werden – sagen zu wollen: "Hier bitte nicht." Vielleicht fühlt sie sich auch nicht in der Lage, scheint es ihr verboten, einen Widerspruch deutlich auf den Punkt zu bringen. Wieder fällt Margrets Affektlosigkeit auf.

Ebene 3: Für Max wiederholt sich abgemildert noch einmal das Schicksal, das bereits dem Vater zugestoßen ist: Er als Junge, als Mann, als Häuptling, als Vater hat in dem Haus eigentlich nichts zu suchen, wohnt da nicht. Er müßte dies als Widerspruch zu seiner Rolle verstehen. Da aber Tonfall, Formulierung und Handeln von Margret diesen Widerspruch nicht ausdrücken, hat Max einen gewissen Spielraum, diesen zu überhören.

Ebene 4: Margret verbannt noch einmal das männliche Element aus dem Haus, ohne aber offen dessen Existenz und seine Ausstattung mit Macht anzugreifen.

Interakt 13 / Max (0.13.49)

Max dreht sich um, sieht zu Margret. Jemand sagt: "Ja." Max setzt sich hinter Sigi und neben Ulrike hin. Ulrike hat nicht aufgesehen.

Ebene 1: Jemand bestätigt Margrets Wunsch. Da aber weder der zweite Teil ihrer Aussage (Interakt 12) verständlich ist, noch festzustellen, wer jetzt dieses "Ja." sagt, ist eine Paraphrasierung nicht möglich.

Ebene 2: Max bezieht das Haus und setzt sich zu den Kindern (den Schwestern) ganz nach hinten ins Haus.

Ebene 3: Für Margret könnte dies bedeuten, daß Max auf ihren Wunsch ("nur Mädchen") zumindest insofern eingeht, als er sich nicht einen Platz neben ihr (als Vater) sucht, sondern sich zu den Kindern setzt.

Das weitere Geschehen

Max bleibt zunächst bei den Kindern hinten im Haus, will sich auch – wie kurz vorher Ulrike gesagt hat – "Bilder von der Kinderfahrt" (ein Album mit Fotos von der Gruppenreise) ansehen. Margret zieht ihre Puppe weiter an. Max bemerkt zweimal: "Das Baby weint."

Ab 0.16.03 (10.45 Uhr) bietet Max sich gegenüber Margret als Vater an ("Aus Spaß bin ich wohl der Vater ..."), tut dies in 2,5 Minuten fünf mal, steht dabei hinten im Haus, Gewehr im Arm. Einmal sagt er: "Mutter! Aus Spaß bin ich der Vater – ehm – hab ein Gewehr un – ehm ich – die – die – schieß ich Löwen." (0.17.47). Weder Ulrike, noch Sigi, noch Margret reagieren auf Max Vaterangebote, bis auf eine Ausnahme: Auf Max Aussage: "Aus Spaß bin ich der Vater und schlaf hier ..." (0.18.24/10.47 Uhr) sagt Margret: "Ja. Aber jetzt ist noch nicht nachts, ne?" (0.18.34).

Hierauf verläßt Max das Haus und macht ein neues Thema auf: Er hat ein "Boot" (Holzwippe), will dies der "Mama" zeigen (0.19.09, 0.19.40/10.48 Uhr), die z.T. sparsam mit "Ja." reagiert. Max fragt dann Ulrike, ob sie mit ihm kommt; diese ist aber dabei sich umzuziehen, sagt geschäftig: "Nein, ich muß mit zum Fest." (0.19.40). Max: "Mein Boot geht auch zum Fest. Und ich auch." (0.19.50). Ulrike daraufhin: "Ja, aber ich muß mich erst umziehen." Max zu Ulrike: "Ich warte (auf) dich, ja?"

Dies ist der Moment, an dem Margret Max von sich aus das erste Mal anspricht und mit ihm ein Spiel beginnt. Sie sagt: "Und du wartest auf mich, ne?" (0.19.50). Max reagiert hierauf nicht erkennbar, sagt aber wenig später: "Mama! Ich hab' mir ein neues Boot gekauft. Ist das super? Mit dem können wir mal zu die Insel fahren. Und da gibt's auch –" (0.20.40). Margret, die nach wie vor im Haus sitzt und ihre Puppe anzieht, fängt metakommunikativ an, die Beziehung zwischen Mutter und Vater zu definieren: "Max! Wir haben wohl uns lange nicht mehr gesehen – du, wir haben wohl uns wohl lange nicht mehr gesehen, aus Spaß?" Max antwortet mit einem gestotterten Satz, in dem die (z.T. schwer verständlichen) Worte "ich", "nicht", "dich", "Mutter" und "Insel gesehen" vorkommen. Dann sagt er zu Margret: "Tschüß Mama! Ich geh' jetzt zu der Insel. Kommst du auch mit – mit dei'm Baby?" Sie antwortet mit "Ja." (0.21.30/10.50 Uhr). Ab jetzt drängelt Max, Gewehr im Arm auf der Schwelle bei Margret hockend, doch endlich loszufahren; das Anziehen des Babies könne sie doch im Boot machen: "Komm Mama! Jetzt geht das Boot los! ... (1) Mama komm! Das kannst du – das – Mama!! –" (vorwurfsvoll) "– du kannst doch bei dem Boot machen! Mama! Mama! Ej, komm!" Margret hat bis jetzt versucht, der Puppe über ein Gewurschtel von zwei Kleidern und Wollweste noch einen Strampelanzug zu ziehen, gibt dies jetzt auf (0.22.15/10.51 Uhr), rafft Puppe, Kleidungsstücke und rosa Plastiktopf (den sie vorher von Ulrike mit "was zu essen" ins Haus gereicht bekommen hat) zusammen und begibt sich aus dem Haus zum "Boot" (0.22.30).

Margret steigt mit Kind und Kegel zu Max ins "Boot" (einer schalenförmigen Holzwippe). Max sitzt am linken Ende der Holzwippe, Margret steigt am rechten Ende ein und setzt sich. Die Tatsache, daß sie deutlich größer und schwerer ist als Max, wirkt sich jetzt in der Form aus, daß sich die Wippe rechts ganz senkt, und Max auf Margret zuzurutschen beginnt. Dies verärgert ihn: "... ich will auch ein bißchen Platz haben!" Margret: "Ja, du hast ja soviel Platz.", sie zeigt auf das obere linke – inzwischen freie – Ende der Wippe. Max (vorwurfsvoll): "Da kann ich ja nicht so!" (0.23.00/10.52 Uhr).

Max gibt Margret sein Gewehr zu halten, weil er sich besser plazieren will; sie nimmt es entgegen, legt es auf ihr Reisegepäck. Max fordert nun Sigi auf, mit ins "Boot" zu kommen: "Komm Kind! Wenn du nicht kommst, dann komm' mal Indianer!" (0.23.55/10.53 Uhr).

Max Interesse an der gemeinsamen Bootsfahrt mit Margret erlischt in dem Moment, als er Basti (5 Jahre, 3 Monate) erblickt, der nun in den Raum gekommen ist (0.24.10). Max schiebt sein in Einzelteile zerfallenes Gewehr von der Wippe, steigt selbst aus, hockt sich neben Margret, die noch im "Boot" sitzt, und sagt zu ihr: "Ej, ich spiel' nicht mehr ... (1), geh zu dei'm Haus." und macht eine leichte wegschiebende Handbewegung in Richtung von Margrets Sachen (0.24.40). Margret rafft ihre Sachen zusammen, steigt aus und geht zum linken Fenster, setzt sich dort und sortiert dort ihre Puppenkleider weiter (0.24.50).

Max wirft seine Gewehrteile in den Duplokasten, wendet sich Basti zu und will mit diesem "Indianer" spielen (0.25.15/10.54 Uhr).

Für Margret ist das Spiel mit Max noch nicht zu Ende; sie sitzt beim Duplokasten, hält ein Puppenkleid hoch, sieht es sich an und sagt: "Die Indianer sind wohl nicht böse?" (0.25.40). Max allerdings besteht drauf, daß sie "böse" sind. Basti mischt sich ein: "Aber ich *bin* böse." Margret sagt – in Verkennung der geänderten Verhältnisse – zu Max: "Gleich komm' ich.", steht wenig später auf, geht mit Sack und Pack wieder zum "Boot" und fängt an, einzusteigen. Max sagt zu ihr: "Ejj!! Ich bin böse!!" Margret sagt: "Ach so." und steigt wieder aus, steht mit ihren Sachen unterm Arm bei Max und meint: "Jetzt sagen wir, du bist wohl jetzt zu mir lieb?" Aber Max: "Nein, ich bin böse." (0.26.15/10.55 Uhr).

Margret läßt aber nicht locker: "Aber zu *mir* bist du wohl auch lieb?" Max zieht sein "Boot" weg, sagt dabei: "Nein ... (4).". Margret steht da und sieht ihm nach (0.26.30).

Basti hat sich mittlerweile die Truhe – vorher von Sigi als "Schlafnest" genutzt – angeeignet, diese umgekippt, sitzt darin, macht Fahrgeräusche. Max zieht sein Boot längsseits. Basti definiert sich selbst zunächst als Indianer, dann als Cowboy. Max übernimmt dies für sich (0.27.15/10.56 Uhr). Beide bauen sich dann Pistolen am Duplokasten. Max macht auch Basti gegenüber mehrfach den Vorschlag, doch "zu der Insel" zu fahren. Basti geht jedoch nicht darauf ein, ist Max gegenüber eher abweisend, spielt mehr für sich.

Ich habe mir außerdem über die Gesamtdauer des gefilmten Spiels gesondert angesehen, welche Phasen Margrets Anziehaktivitäten durchlaufen und auf welche Weise Ulrike interveniert:

– zunächst zieht Margret "dem Baby" die graublaue Wollweste an (0.11.06),
– Ulrike interveniert: "Du mußt die hüüüübsch – das ist doch nicht hübsch!!" (0.11.48),
– Margret zieht dem Baby die Weste wieder aus (0.11.58),
– Margret zieht der Baby-Tochter ein langärmeliges langes weißes Kleid an (0.12.19),
– dann zieht sie der Tochter ein weiteres weißes langes Kleid über (0.13.30 - 0.15.00)
– Margret sucht ein weiteres weißes Kleid mit roten Flecken aus und beginnt, dies der Puppen-Tochter überzuziehen (0.15.50),
– Ulrike interveniert wieder und zieht der Puppe dieses dritte Kleid wieder über den Kopf aus (0.16.03),
– Margret zieht die Puppe wieder zu sich, begründet ihre Anzieherei mit "Kälte" (0.16.03),
– Ulrike greift sich die Puppe wieder und weist darauf hin, daß man da "schwitzt" (0.16.03),
– Margret nimmt sich wieder die graublaue Weste, hält sie hoch, sieht sie sich an (0.17.01), greift nach der Puppe,
– Ulrike wehrt wieder ab, verweist darauf, daß die Puppe doch "schon was an hat" (0.17.11),
– Ulrike macht aus einem Kopftuch "Pampers" und schiebt diese der Baby-Tochter unter das Kleid und zwischen die Beine, tippt dieser dann auf den Bauch, sagt laut:

"So – jetzt ist die fertig!"; sie läßt die Puppe liegen, steht auf, sagt dabei: "Komm, wir müssen uns verkleiden!" (0.17.21 - 0.17.47),
– Margret greift sofort danach nach der Puppe, hat die graublaue Weste in der Hand, sagt: "Ich, nee, ich bleib' so, ja?" (0.17.47) und: "Ich zieh' da drüber wohl 'ne ... (4)."; dann fängt sie an, der Puppe die Weste über den Kopf zu ziehen (0.18.34),
– Margret fängt an, der Puppe einen weißen Strampelanzug mit Trägern anzuziehen (0.20.40), versucht, die Träger über das Gewurschtel von zwei Kleidern und Weste zu ziehen (0.21.45), streift die Träger dann wieder herunter, läßt den Strampelanzug unten aber an (0.22.15),
– Margret zieht der Puppe die Weste aus und eine Jacke über (0.25.40).

Zusammenfassung

Auch in diesem Spiel zwischen Margret und Max ist zu beobachten, daß Geschlechterdifferenz und Sexualität zentrale Themen in diesem Alter darstellen, daß die Kinder Bilder für Weiblichkeit und Männlichkeit finden/zeigen und daß sie in einem engen Auf-einander-Bezogensein das Spiel des/r anderen zur Projektionsfläche der eigenen Konflikte mit diesem Thema machen.

Anders aber als zwischen Karin und Ralf steht im Spiel zwischen Margret und Max nicht die identifikatorische Beziehung zum Vater im Vordergrund, sondern die libidinöse Beziehung zur Mutter. Zugespitzt läßt sich sagen: Max bringt seine ödipale Verstrickung mit Margret in der Hauptrolle auf die Bühne; und Margret spielt in der Identifizierung mit der präödipalen Mutter ihre töchterlichen Wünsche an diese, gleichzeitig die Abwehr erotischer Wünsche zwischen Tochter und Mutter, ihre Kränkung durch deren Beziehung zum Vater und setzt die Abwehr des Vaters und der Heterosexualität an Max in Szene. Aber im Einzelnen zu Margret und Max:

Margret

Margret ist im Spiel mit dem Versuch beschäftigt, den ursprünglichen (präödipalen) Zustand einer noch nicht durch den Vater, durch die heterosexuelle Objektwahl, durch das ödipale Thema gestörten Mutter-Tochter-Beziehung wiederherzustellen. Dies gelingt ihr allerdings nur unter starken Abwehrmaßnahmen sowohl gegen weibliche Homoerotik, als auch gegen die ödipale Thematik, die diese Beziehung bereits verwirrt und gestört hat:
– Die Puppentochter changiert zwischen Baby (das noch seine präödipale Beziehung hat) und größerem Mädchen (das Margret bereits ist); hierfür sprechen die z.T. zwar auf Intervention durch Ulrike, aber von Margret ausgewählten Kleidungsstücke.
– Margret spielt eine Mutter, die keinen Mann hat/will, die sich selbst nicht zur Party umziehen will, sondern "so bleiben" will, die ihre Puppentochter 14 Minuten lang anzieht (zum Schutz gegen "Kälte"), bis diese völlig unförmig und unbeweglich ist.
– Margret spielt eine Tochter, die nicht agiert, keine eigenen Wünsche äußert, nicht eigenständig deutlich wird, sondern nur als Objekt der mütterlichen Körper-Verpackungs-Bedürfnisse erscheint. Dies ist sowohl ein Bild für die mütterliche Beset-

zung des Körpers der Tochter, als auch gleichzeitig für die Abwehr des Verführerischen der Tochter durch die Mutter (der Körper wird versteckt). Ein doppeltes Bild: Attraktion und Abwehr weiblicher Homosexualität.

Margret zeichnet folgendes Bild von Männlichkeit: Diese ist zerstörerisch, "böse", macht "da drin alles kaputt". Die Formulierung "da drin" bedeutet zunächst das Haus (Margret deutet darauf), das per Spieldefinition der Bereich der Mutter und der Töchter ist; dieses Haus könnte darüber hinaus metaphorisch auch für den weiblichen Körper stehen.

Margret geht auf verschiedene Weise mit der Männlichkeit im Spiel um. Zum einen hat sie es auf der Metaebene der Spieldefinition in der Hand, das Männliche aus dem Spiel zu verbannen, indem sie festlegt und (gegenüber Ulrike) darauf besteht, daß "der Vater gestorben ist"; d.h. Margret traut sich, den Vater auf dieser symbolischen Ebene aggressiv abzuwehren. Zum anderen aber ist sie konkret mit Max konfrontiert, der zwar nur ein kleiner Junge ist, aber eben doch männlich und durch seine Selbstdefinitionen männliche Macht und Gewalt verkörpert bzw. verkörpern will. Auch Max gegenüber ist sie abwehrend, ist dabei aber – bis auf die erste ausdrückliche Beschwörung ("Aber du machst nicht alles da drin kaputt, ok?") – sehr verhalten: Ihre Methoden sind ignorieren, hinhalten, überhören, wegdefinieren; sie sucht keine offene Konfrontation, schmeißt Max nicht aus dem Frauenhaus, sondern definiert freundlich den Raum einfach als einen, in dem "nur Mädchen wohnen", ohne direkt zu sagen, daß Max dort nichts zu suchen hat. Als Max dennoch vorschlägt: "Aus Spaß bin ich der Vater (…) und schlaf' hier." antwortet Margret diplomatisch: "Ja, aber jetzt ist noch nicht nachts, ne?" Es ist Margret ganz offensichtlich sehr wichtig, den Vater aus dem Spiel herauszuhalten, dabei wirkt sie affektlos und agiert, als sei es ihr verboten, offen aggressiv zu sein, ihren Widerspruch offen zu benennen.

Letztlich läßt sie es zu, daß ein Mann das Haus betritt. Genau dies ist erklärungsbedürftig: Warum akzeptiert Margret schließlich Max als Vater bzw. sucht sogar das Spiel mit ihm (gemeinsame Bootsausfahrt)? Sie tut dies in dem Moment, als der Vater Ulrike, die die "große Schwester" – also die große Tochter – ist, die sich zur Party umzieht und "hübsch" macht, gefragt hat, ob diese mit ihm kommt und mit ihm zum Fest geht. Er sagt zu ihr, daß er auf sie warten werde. Agiert sie hier als eifersüchtige Mutter, die zwar ungern mit dem Vater mitfährt, dieses aber lieber tut, als die Tochter mit dem Vater allein zum Fest fahren zu lassen? Deutlich ist auf jeden Fall, daß es Margret für die gemeinsame Unternehmung sehr wichtig ist, Max auf ein "Ungefährlichsein" (Liebsein) festzulegen, was dieser allerdings mit der Aussicht, mit Basti gemeinsam "böse" sein zu können, verweigert.

Max

Max Phantasien bieten für Margret die beste Bestätigung dafür, daß ihre Befürchtungen darüber, was Männer sind und tun, berechtigt sind: Er ist vom heißen Wunsch bestimmt, groß, mächtig, bewaffnet, böse und gefährlich zu sein. Die Realität des kleinen nuschelnden Jungen läßt sich allerdings nicht verleugnen: Er ist in seinen narzißtischen Wünschen, wie ein mächtiger Mann zu sein (der er werden will/soll) als kleiner von der Mutter abhängiger Sohn (der er ist) auf die Bestätigung durch sie angewiesen. Max Wünsche an die Mutter sind allerdings keineswegs auf deren Bestätigung seiner narzißtischen Wünsche beschränkt. Es geht auch um seine libidinösen Wünsche an sie, um Bemächtigung. Max inszeniert ein Eindringen in den weiblichen Bereich, bemächtigt sich dieses Raumes, nachdem sie seine Häuptlingsrolle und seine "Pistole" bestätigt hat.

Es ist Max ganz offensichtlich klar, daß er eine Grenze überschreitet, wenn er das Haus betritt. Er wartet mit seinem Gewehr fast anderthalb Minuten auf der Schwelle, bevor er diese überschreitet. Er wartet, bis die Mutter ihn und seine "Pistole" angesehen und bestätigt hat. Er nimmt an, daß das Überschreiten dieser Grenze Konsequenzen hat. Er rechnet damit, daß "ein Mann kommen" wird, und ist entschlossen, dann "zu schießen"; daß diese Situation für ihn affektiv brisant ist, und gleichzeitig einer seiner Wünsche in Erfüllung geht, wird daran deutlich, daß er bei dieser Aussage und während er über die Schwelle tritt, befriedigt lacht. Dies könnte darauf hindeuten, daß das (Frauen-)Haus hier über seine einfache Bedeutung, Behausung zu sein, hinaus für Max den weiblichen Körper symbolisiert; sein Eintreten stünde dann für die sexuelle Bemächtigung der Mutter; der "Mann", der "kommen" wird, für den strafenden Vater.

Margrets – aus ihrem Tochter-Mutter-Konflikt sich speisende – Phantasie von dem Gestorbensein des Vaters bietet Max die Möglichkeit, relativ leicht (ohne selbst den Vater beseitigen zu müssen) an seine Stelle treten zu können. Max zeigt der Mutter seine "Pistole" bzw. sein "Gewehr" in exhibitionistischer Weise ("Ej, guck' mal!"). Dieses Ding ist zugleich seine Waffe *und* das Merkmal der Differenz, ein Symbol für die Geschlechterdifferenz; ein Bild für die Verschmelzung von Penis und Bewaffnung, für Sexualität, Macht und Gewalt, für die Mystifikation des Penis im Phallus. Max Bewaffnung steht aber nicht nur für Macht und Differenz, sondern auch für die Angst vor der Strafe dessen, dessen Platz er sich angeeignet hat. Dennoch kann Max – anders als Ralf – seine Phantasie von der Konkurrenz und Rivalität mit dem Vater offen spielen.

Sexualität zeigt sich in Max Spiel also nicht in ihren lustvoll-sinnlichen Elementen, im Begehren nach körperlicher Berührung und Berührtwerden; es geht mehr um Symbolisierung von Sexualität in Größe, in der Besetzung von Räumen, in Positionen von Macht. Sonja Düring (1993: 20) beschreibt den Unterschied: "Sexuelle Empfindungen werden zugunsten des Schauens, des 'groß-klein' beim Jungen zurückgedrängt. Die Überwältigung durch die eigene Größe scheint verlockender zu sein als das Überwältigtsein von der Lust. Der Phallus steht für die 'machtvolle' Beherrschung der Lust, den Verzicht auf die ganze reiche polymorph-perverse, sinnesfreudige Kindersexualität. Der vermessene Phallus hat seine eigenen Kategorien. Potenz wird durch den Blick vermittelt erlebt: Härte, Länge, out-put."

Vor diesem Hintergrund stellt sich noch einmal die Frage, welche Bedeutung Max Phantasie vom brennenden Haus hat und von seiner Aufgabe, dann schnell zu kommen. Die Deutung, daß er eine Katastrophe braucht (wobei es letztlich egal ist, welcher Art diese ist), um sich als Retter (der Frauen, des Frauenhauses) ins Spiel zu bringen, könnte zu kurz gegriffen sein, das eigentliche nicht erfassen und jetzt ergänzt werden können. Könnte das Feuer nicht – ähnlich wie das "Haus" – als Körpermetaphorik verstanden werden? Der Ausbruch des Gefährlichen, des "Körpereingesperrten" (Klaus Theweleit 1980) und dessen Beherrschung; Max will ja nicht

als Feuerwehrmann kommen, der (das Unlöschbare) löscht, sondern als "Polizei".
Dies wäre dann die Inszenierung sowohl eines gefährlichen heißen Ausbruchs der
Lust, als auch ein Bild für deren Kontrolle durch die Macht des Phallus.

Ich komme zum Abschluß noch einmal zurück auf die Frage, was es bedeutet,
daß Max, als er den Gruppenraum betrat und mich filmen sah, auf mich zukam und
mir erzählte, daß sein "Papa" sich "gestern eine Kamera gekauft" habe. Dies kann
"wortlogisch" (Alfred Lorenzer) eine schlichte Information sein, die keine tieferliegende Bedeutung hat. Ich neige allerdings – vor der Folie des Spieles von Max –
dazu, hierin mehr zu sehen. Ich halte es nicht für abwegig, folgende Behauptung
aufzustellen: Für Max inszeniere ich mit der Kamera "bewaffnet" das Eindringen in
einen Raum und Kontrolle der darin Agierenden. Er spielt in seinem Spiel mit Margret wenig später das Eindringen in das Spielhaus der Mädchen, nachdem die "Mutter" (Margret) seine Häuptlingsrolle und seine Pistole gesehen und bestätigt hat.
Vor diesem Hintergrund könnte man zweierlei sagen: *Erstens* könnte die Botschaft
an mich gewesen sein: Das, was du tust, kommt einem Mann, dem Vater zu, nicht
einer Frau. *Zweitens* könnte mein Filmen dieses Thema für Max ausgelöst, virulent
gemacht haben. Dann hätte er in seiner nachfolgenden Inszenierung "die Dinge wieder gerade gerückt".

Anmerkungen

1) Wie bereits erwähnt, ist die Kindergruppe C nicht altershomogen zusammengesetzt, sondern
umfaßt altersmäßig den gesamten Vorschulbereich.

2) Diese Kontaktaufnahme von Max zu mir könnte – vom Ende der Inhaltsanalyse her betrachtet
– den Schluß nahelegen, daß sein dann folgendes Spiel als Indianerhäuptling, Vater etc. u.a. durch
mich (als erwachsene Frau mit Kamera das Geschehen beobachtend und "kontrollierend") ausgelöst oder angeregt wurde.

Kapitel 6

Wildkatzen

In einem Spiel um gefährliche "Wildkatzen", vor denen sie sich in Sicherheit bringen müssen, veräußern Rudi (3 Jahre, 10 Monate) und Dieter (3 Jahre, 8 Monate) aus der Kindergruppe A den Konflikt der Jungensozialisation um die Abwehr weiblicher Anteile. Das Schicksal von Fred (3 Jahre, 11 Monate), dem sie – gegen seinen Willen – in diesem Spiel die Wildkatzen-Rolle zuschreiben, zeigt, in welche Probleme ein Junge geraten kann, der die Gefährlichkeit des Konfliktes zwischen männlichen und weiblichen Selbstrepräsentanzen nicht wahrhaben will. Diese Konfliktfelder werden in einer Spielszene von knapp 2 Minuten (1.32.09/11.24 Uhr bis 1.33.50/11.25 Uhr) entwickelt (das Protokoll der gesamten 33 Minuten gefilmten Spiels kann bei mir angefordert werden).

Das Geschehen vor der Schlüsselszene

Spiel am Vormittag im Gruppenraum. Bei Filmbeginn um 11.23 Uhr (1.31.21) ist schon ein lautstarkes Spiel im Haus mit den beiden Bullaugenfenstern und davor im Gange. Wie und wer es begonnen hat, ist unklar. Es dreht sich dabei um "Wildkatzen". Dieter und Rudi befinden sich dabei zunächst im Haus, brüllen herum ("Hilfe! Hilfe! Wir sind bei die Wildkatzen eingesperrt!" etc.). Dieter und Rudi haben sich jeder ein Gerät aus Duplosteinen gebaut, das wie ein Sprechfunkgerät (Walkie-Talkie) aussieht: Ein rechteckiger Kasten, der hochkant steht, darauf bündig zu einer Seitenkante eine "Antenne" aus einzelnen Duplos zusammengesetzt; diese "Antenne" ist etwa doppelt so lang wie der Kasten; das Ganze ist ca. 35 cm hoch.

Jane (3 Jahre, 6 Monate) und Fred sind draußen vor dem Haus, brüllen zurück durch die runden Fenster: "Nein, ich bin keine Wildkatze!" Rudi bestätigt Jane, daß sie keine Wildkatze ist (0.31.38). Fred bekommt diesen Wunsch nicht erfüllt. Lore (3 Jahre, 5 Monate) sitzt währenddessen und bis 11.38 Uhr (1.42.39) in der Teppichecke und baut die verschiedensten Dinge mit Duplosteinen.

Am Eßtisch sitzt eine Erzieherin mit dem Vater von Fred, frühstückt und unterhält sich. Der Vater verabschiedet sich von Fred um 11.36 Uhr (1.40.51).

Protokoll

Kindergruppe A, Gruppenraum (siehe Übersicht)
Filmbeginn: 1.31.21 (11.23 Uhr)
Analysierter Ausschnitt: 1.32.09 (11.24 Uhr) - 1.33.50 (11.25 Uhr)
Mädchen: Jane (3;6), Lore (3;5)
Jungen: Carl (4;2), Fred (3;11), Rudi (3;10), Dieter (3;8)

1.32.09 (11.24 Uhr) Rudi steht noch am Regal, sieht zu, wie Fred sich umständlich aus dem Fenster schafft. Dieter kommt von den Matratzen zu Rudi, sieht dabei in die Kamera, dann zu Fred. Fred sitzt jetzt auf allen Vieren vor dem Fenster auf dem Boden, sieht zu Rudi und sagt (erzählender Tonfall): "Ich bin nur eine liebe Wild – ä-ä (im Sinne von "Nein"; schüttelt dazu den Kopf) – ich will keine Wildkatze sein!" Rudi und Dieter drehen um und laufen zur Matratze, Dieter macht dabei aufgeregte Geräusche. Rudi ruft: "Nein! ... (ca. 7 unverständl. Worte)!"

    1.32.20 Dieter und Rudi stellen sich links und rechts von Jane an die Matratzen. Jane sitzt auf den Matratzen. Alle drei sehen zum Haus, vor dem Fred noch auf allen Vieren hockt. Dieter hebt

Übersicht: Die räumliche Situation:

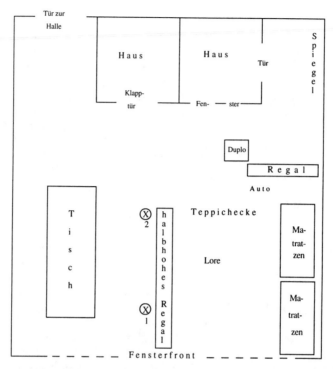

Legende: X1 und X2: Kamerapositionen. Die Position von Lore ist angegeben, da sie sich bis 11.38 Uhr dort nicht wegbewegt. Die "Matratzen" sind unterschiedlich große Polster, die rechts an der Wand aufgestapelt sind.

sein Walkie-Talkie mit beiden Händen hoch an den Mund, so daß er in den Kasten sprechen kann, ist dabei in den Knien leicht eingeknickt, Oberschenkel, vorgeschobene Hüfte und Oberkörper bilden eine gerade, leicht nach hinten gekippte Linie, der Kopf dagegen leicht nach vorn gestreckt und ruft: "Tommi! (Name seines Vaters) Kommst du schnell ?! Tommi! Tommi! Tommi! Kommst du!" In diesem Moment fällt seine "Antenne" aus Duplos ab. Rudi brüllt (aufgeregt und hektisch) in sein Walkie-Talkie: "Die Wildkatze ... (ca. 4 unverständl. Worte)!" Jane zieht ihre Füße auf die Matratze, stößt einen kleinen Quietscher aus. Dieter hat seine "Antenne" wieder klar, da fällt wieder ein Stück ab, er ruft: "Ohh – Scheiße!!"

1.32.38 Freds Stimme schreit: "Ich bin keine Wildkatze! So!!" Dieter ruft in sein Walkie-Talkie, Körperhaltung wie oben beschrieben: "Tommi! Kommst du schnell! Scheiße, Tommi! Scheiß-Tommi!", Dieter faßt an der "Antenne" an, als er das Walkie-Talkie wieder vom Mund nimmt, dabei fällt sie wieder ab. Dieter: "Ohh!" Gelächter bei ihm, Rudi und Jane, die alle drei bei den Matratzen stehen.

1.32.55 Fred (nicht im Bild) schreit: "Ich bin ja keine Wildkatze!" Schwenk zu Fred, der noch auf allen Vieren vor dem Haus hockt. Schwenk zur Gruppe an der Matratze, wo gerade wieder ein Stück von Dieters "Antenne" runterfällt. Dieter sagt: "Ohh!" Jane und Rudi sehen zu Dieter und lachen. Fred (nicht im Bild) schreit: "Ich bin keine Wildkatze!!" Rudi ruft: "Doch!" Fred: "Nee!"

1.33.16 (11.25 Uhr) Schwenk in Freds Richtung. Lore kommt ins Bild, sie steht gerade auf und sagt zu Carl, der mit einem Quader aus Duplos in der Hand durch das Bild geht: "Wir hab'n ja beide sowas!" Lore hat ebenfalls einen Duplo-Quader in den Händen. Carl bleibt stehen, sieht sie an und ihren Quader, sagt: "Ich hab' sowas.", hält ihr sein Bauwerk hin. Jetzt sieht man, daß sein Duplogebilde anders ist als Lores: nicht massiv, sondern mit freigelassenem Innenteil. Lore sagt: "Ich hab' sowas.", hält Carl ihr Gebilde hin. Beide gehen nach rechts zur Fensterbank und stellen ihre Bauwerke dort hin.

Parallel hierzu sagt Fred, der auf allen Vieren vor dem Haus hockt: "Ich habe gesagt, ich bin eine liebe Katze, hab' ich Jane gesagt!" Schwenk zur Matratze. Jane und Rudi sitzen auf den Matratzen. Dieter steht mit seinem Walkie-Talkie vor den Matratzen. Fred (nicht im Bild): "Ich bin ja auch eine liebe Katze!" Jane sieht zu Fred und nickt zweimal. Dieter sagt ins Walkie-Talkie: "Tommi, kommst du schnell! ("Antenne" fällt wieder ab). Oohh!" Rudi und Jane lachen. Dieter steckt sein Walkie-Talkie wieder zusammen. Rudi nimmt sein Walkie-Talkie an den Mund, schreit dort hinein: "Tommi, kommst du schnell!"

1.33.32 Dieter hockt vor Rudi auf dem Boden, sammelt seine "Antennen"teile auf, sieht kurz zu Rudi hoch, steht auf, bemüht sich, die Teile zusammenzustecken, sagt dabei (genervt, bedauernd): "Oh Mann, Tommi!" Jane sieht von der Matratze aus zu. Lore steht an der Fensterfront, sieht zu. Carl läuft durch das Bild. Dieter sagt: "Bei mir kommt blaue Farbe raus." (der oberste Duplostein der "Antenne" ist blau).

1.33.50 Rudi sagt: "Bei mir kommt grün. Hou!! Farbe!!", beides rausgespuckt, als seien das die Begleitgeräusche von Schüssen, unterstrichen dadurch, daß er sein Walkie-Talkie horizontal und etwas von sich weg hält. Schwenk auf Fred, der noch auf dem Boden vor dem Haus hockt, schreit: "Ich bin aber keine, ich bin aber keine Wildkatze! So!!"

Inhaltsanalyse

Interakt 1 / Fred 1.32.09 (11.24 Uhr)

Fred sitzt jetzt auf allen Vieren vor dem Fenster des Hauses auf dem Boden, sieht zu Rudi und sagt (erzählender Tonfall): "Ich bin nur eine liebe Wild – ä-ä (im Sinne von "Nein"; schüttelt dazu den Kopf) – ich will keine Wildkatze sein!"

Ebene 0: Fred wehrt sich gegen die Definition seiner Rolle als "Wildkatze" durch Rudi und Dieter; er hat bis zu diesem Zeitpunkt bereits mindestens dreimal gesagt bzw. wütend gebrüllt, daß er keine sein will, aber von den beiden anderen Jungen keine Bestätigung dazu erhalten. Rudi hat sogar durch ein leises kurzes "Doch." wenig vorher (1.31.55) Fred noch einmal als Wildkatze bezeichnet. Durch Rudis und Dieters Agieren ist der Charakter der Wildkatzen, als die Fred und auch Jane definiert worden sind, deutlich: Sie haben Rudi und Dieter eingesperrt; sie sind gefährlich, man muß sie wegsperren (0.31.21) bzw. man muß vor ihnen weglaufen; sie sind weiblich.

Die Frage stellt sich, wofür die "Wildkatzen" im Spiel von Dieter und Rudi stehen. Neun Monate vor dieser Szene habe ich Rudi (damals 3 Jahre, 1 Monat) und Dieter (damals 2 Jahre, 11 Monate) auf einer Wochenendfahrt der Kindergruppe in das Ferienhaus von Lores Eltern bei einem strukturell ganz ähnlichen Spiel gefilmt. Beide Jungen "bewaffneten" sich in der Sandkiste mit langen Schaufeln, waren "Gespenster" (was sie sich immer wieder mit unheimlichen tiefen Stimmen versicherten), schlossen dabei Carl (damals 3 Jahre, 5 Monate), der gerne mitgespielt hätte (mehrfach darauf bestand, auch ein "Gespenst" zu sein, aber nur eine kleine Schaufel hatte) aus ihrem Spiel aus. Rudi und Dieter zogen los und hinter das Haus, sagten sich gegenseitig und halb als Drohung gegen Carl gerichtet, sie gingen zu ihren Vätern (Dieter: "Dann geh' ich zu Tommi!"; Rudi: "Und ich geh' zu Papa-Gert!"; der Vater von Dieter kommt in Interakt 3 der hier analysierten Szene ebenfalls ins Spiel). Rudi und Dieter hatten dann vor, die um das Haus herumstreunende

Katze von Lore zu jagen und zu hauen, liefen hinter ihr her, schlugen mit den Schaufeln auf das Gebüsch, bis Lore (damals 2 Jahre, 8 Monate) wütend schreiend einschritt, sich vor die beiden stellte und ihnen verbot, ihre Katze zu schlagen. Dieter schwenkte dann um und ermahnte Rudi, der gern weiter die Katze gejagt hätte, dieses nun zu lassen.

Die Ähnlichkeit der beiden Szenen unterstreicht, daß es sich hierbei um ein faszinierendes Thema handelt, daß von beiden Jungen seit längerer Zeit gemeinsam bearbeitet wird. Es findet sich kein Material zum ödipalen Konflikt; aber es geht um Triangulierung und damit um Ausschluß eines Dritten. Es geht für die beiden Jungen darum, im Spiel auszuprobieren, was sie sind und was sie nicht sind; es geht darum, sich – gemeinsam mit dem Freund (ohne Vater) – allein durchzuschlagen und Gefahren zu bestehen; es geht um Identität, um männliche und weibliche Identifikationen, um die Ausgestaltung der männlichen *und* um die Abwehr der (und um das Einschlagen auf die) weiblichen. Fred erhält – als Dritter – die Aufgabe zugewiesen, die für eine eindeutige Männlichkeit als gefährlich definierten weiblichen Anteile zu verkörpern und wird so zur Projektionsfläche für die fälligen Abwehrmaßnahmen.

Hierfür spricht zum einen, daß Rudi Jane von ihrer Wildkatzenrolle entbindet, Fred dieses aber nicht zugesteht: Jane ist als Mädchen weniger geeignet für die Inszenierung des aufregenden Konflikts um die Geschlechterdifferenz in der eigenen Person. Zum zweiten mutieren die Walkie-Talkies, die die Verbindung zum Vater von Dieter herstellen sollen, wenig später zu Schußwaffen, aus denen Flüssigkeit ("Farbe") verspritzt werden kann. Zum dritten ist bzw. wird in diesem Spiel das Thema "gefährliche Frauen" virulent; ein Beleg hierfür findet sich ganz am Ende dieser Szene (2.02.08): Dieter unterhält sich mit Jane über ihre Hörspielkassette "Die kleine Hexe". Er hat wohl dazu gesagt (dies ist nicht genau zu verstehen), daß er vor Hexen Angst habe. Jane beruhigt ihn, er brauche "keine Angst haben". Dieter stellt dann fest: "Aber echte Hexen verzaubern uns immer! Die *echten*!" Daß er dies als Tatsache für sein reales Leben formuliert, wird an dem Begriff der "echten" Hexe deutlich, die er als Gegensatz zu der gespielten Hexe auf der Kassette setzt. Jane versteht dies genau und antwortet deshalb: "Aber nicht die – die lacht immer." Hier klingt über die Problematik der präödipalen weiblichen Selbstrepräsentanzen hinaus die Phantasie der gefährlichen frühen Mutter an, die über alle Zauberkünste verfügt.

Ebene 1: "Ich möchte nur eine liebe Katze sein, ich möchte nicht eine wilde böse Katze sein!"

Ebene 2: Fred ist es wichtig, keine *Wild*katze zu sein; mit seiner Aussage "nur eine liebe" gibt er einen Grund dafür an: Das Aggressive und Bedrohliche der Wildkatze, wie sie von Dieter und Rudi inszeniert wird, möchte er nicht verkörpern. Das Weibliche an dieser Rolle stört ihn offenbar nicht, solange es harmlos ist.

Aus anderen Spielszenen ist bekannt, daß Fred sich durchaus in ähnlicher Weise an Prototypen von Männlichkeit als narzißtischer Folie abarbeitet wie Rudi und Dieter. So hat er z.B. seit längerem ein Zorro-Kostüm, mit dem er bereits mehrfach kostümiert zur Kindergruppe gekommen ist. Außerdem schlägt er in der hier dokumentierten Spielszene zum Ende hin mehrfach vor, "Batman" zu spielen (1.54.11 f.). Diese Inszenierungen von – hinsichtlich der Geschlechterdifferenz – stereotyper ambivalenzfreier und aggressiver Männlichkeit sind für ihn auch durchaus attraktive Identifikationsangebote. Andererseits zeigt seine Bereitschaft, die weibliche Katzenrolle zu spielen, daß er das Weibliche für sich selbst nicht mit der gleichen Vehemenz ablehnen (als gefährlich imaginieren) muß wie offenbar Rudi und Dieter in dieser Situation. Er definiert sich selbst später im Spiel (gegenüber Carl) in einer weiblichen Rolle als "wilde Königin" (1.51.08).

Hier ist Fred allerdings damit konfrontiert, daß Rudi und Dieter den Konflikt der Jungensozialisation um die Geschlechtsidentität veräußern und ihm zumuten, die abzuwehrende Seite, deren Gefährlichkeit bzw. die Gefährlichkeit dieses Konfliktes darzustellen. Dies trennt ihn von den Beiden; in einer weiblichen Rolle gehört er nicht dazu; als Wildkatze ist er das Andere und gibt quasi nur die Folie ab, vor der Rudi und Dieter ihr Spiel entwickeln und sich untereinander identifizieren können.

Fred ist emotional vollständig abhängig davon, daß die Wildkatzendefinition von Rudi zurückgenommen wird. Immer wieder (18 Mal in 7 Minuten) spricht er diesen an bzw. schreit seine Forderung in dessen Richtung. Es reicht Fred nicht, sich selbst zu definieren. Seine spätere schreiende Aussage Rudi gegenüber (0.36.00): "Wenn ich keine Wildkatze sein will, dann bin ich auch keine Wildkatze! So!!" widerlegt er durch sein eigenes Verhalten: Solange Rudi ihm die Bestätigung verweigert, ist er eine Wildkatze. Er kann zunächst nicht einfach das Feld verlassen, sondern sitzt 2 Minuten wie gelähmt auf allen Vieren als Katze auf dem Boden und argumentiert nur.

Freds wütende Verletztheit, Abhängigkeit und Gelähmtheit lassen darauf schließen, daß mit der Wildkatzendefinition einerseits der Wunsch, seine weiblichen Identifikationen nicht aufzugeben, bei ihm angerührt worden ist, andererseits ihm mit dem Spiel von Rudi und Dieter die Unvereinbarkeit dieses Wunsches mit dem Bedürfnis nach einer identifikatorischen Freundschafts-Beziehung zu Rudi, nach einem Spiel mit ihm, nach seiner Anerkennung deutlich geworden ist. Dies würde auch erklären, warum Fred in diesem Konflikt nicht eine eindeutig "männliche" Rolle für sich selbst vorschlagen kann, um ein identifikatorisches Spiel mit Dieter und Rudi möglich zu machen. Er sitzt in der Falle und ist in diesem Moment außerstande, sich für eine der beiden Seiten zu entscheiden. So versucht er nervenzerrend die beiden Jungen dazuzubekommen, mit ihm als "liebe Katze" zu spielen: Veräußerung der Geschlechterdifferenz ja, aber in friedlicher Koexistenz beider Seiten und unter Abwehr der Gefährlichkeit dieses Konfliktes.

Die Frage stellt sich, welche Rolle es für Fred spielt, daß sein Vater, der ihn wie fast jeden Tag zur Kindergruppe gebracht hat, hier eine Zeit lang anwesend ist. Hierzu läßt sich nur feststellen, daß Fred sich offenbar durch dessen Anwesenheit nicht gehindert fühlt, die Rolle einer "lieben Katze" zu spielen, gleichzeitig (verbal und körperlich) aggressiv gegen die Wildkatzenrolle zu protestieren, und sich dieses auch damit verträgt, an anderen Tagen vom Vater in Zorro Outfit in die Kindergruppe gebracht zu werden. Auch die zärtliche Verabschiedung des Vaters von Fred (1.40.51) in der Öffentlichkeit der Kindergruppe deutet auf das Zugelassensein einer großen Bandbreite von Selbstdefinitionen hin.

Ebene 3: Für Rudi und Dieter realisiert gerade die wütende und aggressive Reaktion von Fred, der zudem wie eine Katze auf allen Vieren am Boden hockt, einen Teil der phantasierten Wildkatzen-Stimmung.

Ebene 4: Rudi und Dieter setzen unter dem Postulat einer eindeutigen Männlichkeit die Abwehr ihrer weiblichen Identifikationen an Fred in Szene. Fred reagiert wütend-verletzt auf die Zumutung, die Veräußerung dieses Konflikts der Jungensozialisation dadurch darzustellen, daß er die abzuwehrende Seite bzw. deren Gefährlichkeit verkörpern soll.

Interakt 2 / Rudi und Dieter (1.32.09 - 1.32.20/11.24 Uhr)

Rudi und Dieter drehen sich um, beide haben selbstgebaute Walkie-Talkies in der Hand und laufen zur Matratze, Dieter macht dabei aufgeregte Geräusche. Rudi ruft: "Nein! ... (ca. 7 unverständl. Worte)!" Dieter und Rudi stellen sich links und rechts von Jane an die Matratzen. Jane sitzt auf den Matratzen. Alle drei sehen zum Haus, vor dem Fred noch auf allen Vieren hockt.

Ebene 1: Paraphrasierung nicht möglich, da nur ein Wort verständlich ist.

Ebene 2: Rudi verweigert erneut durch seine Aktion (Weglaufen) und sein "Nein!" Fred die erwünschte Erlösung und aktualisiert darüber hinaus die Definition der Wildkatze als gefährlich. Dieter tut dies parallel durch sein Weglaufen und die aufgeregten Geräusche. Rudi und Dieter genießen das aufregende Szenario, sie identifizieren sich in ihren Aktionen, laufen gemeinsam in der gleichen Richtung (zu den Matratzen, dann zurück zum Haus, dann wieder zu den Matratzen etc.), rufen bzw. sagen hintereinander das Gleiche bzw. Ähnliches, haben die gleiche Ausrüstung (daß es sich hierbei um Sprechfunkgeräte handelt, wird dadurch deutlich, daß Dieter wenig später hineinspricht, s. Interakt 3). Unterschiede bestehen in zwei Punkten: Dieter ist nicht derjenige, der die Rollen verteilt; und er ist daran interessiert (auch im Folgenden), die Gefährlichkeit der Situation für sich nicht zu groß werden zu lassen und korrigiert Rudi mehrfach in dieser Richtung. Während z.B. Rudi kurz vorher sagt: "Hilfe, ich wer' zu die Wildkatzen gebracht!", sagt Dieter: "Aber ich wer' nicht an die Wildkatzen gebracht!" (0.31.21).

Ebene 3: Fred sieht sich durch das Agieren von Rudi und Dieter erneut als Wildkatze definiert. In seiner Selbstdefinition als liebe Katze kommt er gar nicht in Betracht, ist er gar nicht anwesend.

Interakt 3 / Dieter (1.32.20)

Dieter hebt sein Walkie-Talkie mit beiden Händen hoch an den Mund, so daß er in den Kasten sprechen kann, ist dabei in den Knien leicht eingeknickt, Oberschenkel, vorgeschobene Hüfte und Oberkörper bilden eine gerade, leicht nach hinten gekippte Linie, der Kopf dagegen leicht nach vorn gestreckt und ruft: "Tommi! (Name seines Vaters) Kommst du schnell ?! Tommi! Tommi! Tommi! Kommst du!" In diesem Moment fällt seine "Antenne" aus Duplos ab.

Ebene 1: "Papa! Kommst du schnell und hilfst mir/uns?!"

Ebene 2: Hier wird die Funktion der von Dieter und Rudi aus Duplo-Bausteinen gebauten Geräte als Sprechfunkgeräte deutlich. Sie sind für Dieter die Verbindung zu seinem Vater. Damit wird dieser gleichzeitig als abwesend, aber auch als thematisch anwesend definiert. Er ist der (potentielle) Retter vor der/den Wildkatze/n, vor der gefährlichen Weiblichkeit. Dieters Körperhaltung erinnert an einen Westernhelden.

Ebene 3: Für Fred verstärkt sich der Konflikt: Er ist etwas, gegen das ein erwachsener Mann zu Hilfe gerufen werden muß. Dies verstärkt sein Ausgeschlossensein.

Ebene 4: Es geht um die Identifizierung mit dem Vater: Er kann die kleinen Jungen retten aus der Doppeldeutigkeit der Geschlechtsidentität. Es geht Dieter aber auch um die lustvolle Inszenierung der Abwesenheit des Vaters: Das erhöht die Gefahr. Sie müssen sich alleine durchschlagen.

Interakt 4 / Rudi (1.32.20)

Rudi brüllt (aufgeregt und hektisch) in sein Walkie-Talkie: "Die Wildkatze ... (ca. 4 unverständl. Worte)!"

Ebene 2: Auch Rudi wendet sich jetzt über sein Walkie-Talkie an jemand außerhalb der Szene; wer dies hier ist, ist nicht klar; wenig später (1.33.16) ruft er ebenfalls Dieters Vater an. Lautstärke und Tonfall signalisieren die Aufregung bzw. Gefahr, die von der Wildkatze ausgeht.

Ebene 3: s. Interakt 3.

Interakt 5 / Jane (1.32.20)

Jane zieht ihre Füße auf die Matratze, stößt einen kleinen Quietscher aus.

Ebene 2: Jane baut mit am Szenario der Bedrohung durch die Wildkatze und an der Definition von Fred als eben diese Wildkatze; sie bringt ihre Füße in Sicherheit.

Ebene 3: Für Fred bedeutet dies eine Steigerung der unerwünschten Situation: Jetzt sind es bereits drei Kinder, die ihn als Wildkatze behandeln.

Interakt 6 / Dieter (1.32.20)

Dieter hat seine Antenne wieder klar, da fällt wieder ein Stück ab, er ruft: "Ohh – Scheiße!!"

Ebene 1: "So ein Mist, daß die "Antenne" (wieder) abgebrochen/abgefallen ist!"

Ebene 2: Das Abfallen bzw. das Auseinanderfallen der "Antenne" und das "wieder-ganz-machen" ist ein Motiv, das Dieter, später auch Rudi die nächsten Minuten immer wieder beschäftigt und Ärger, Wut und z.T. Weinerlichkeit auslöst. Es führt aber nicht dazu, daß sich Dieter ein neues Material oder Objekt als Sprechfunkgerät sucht, das seine Funktion, eine Verbindung zu dem Gerufenen herzustellen, auch erfüllt. Er inszeniert auch nicht, daß sich sein Vater auch nur einmal meldet.

Interakt 7 / Fred (1.32.38)

Freds Stimme schreit: "Ich bin keine Wildkatze! So!!"

Ebene 2: s. Interakt 1.
Ebene 3: s. Interakt 1.

Interakt 8 / Dieter (1.32.38)

Dieter ruft in sein Walkie-Talkie, Körperhaltung wie oben beschrieben: "Tommi! Kommst du schnell! Scheiße, Tommi! Scheiß-Tommi!" Dieter faßt an der "Antenne" an, als er das Walkie-Talkie wieder vom Mund nimmt, dabei fällt sie wieder ab. Dieter: "Ohh!"

Ebene 2: Dieter ignoriert erneut Freds dringenden Wunsch, von der Wildkatzen-Rolle entbunden zu werden, ruft stattdessen wieder seinen Vater an. Interessant ist, daß ihm das "Scheiße, Tommi!" als Ausruf der Enttäuschung über das Abfallen der

"Antenne" zu einem "Scheiß-Tommi!" gerät, so als sei dieser Schuld daran. Dieter ist ganz offensichtlich ärgerlich-enttäuscht, daß die "Antenne" nun wieder abfällt. In diesem Fall liegt dieses Mißgeschick aber nicht in erster Linie an der Wackeligkeit der Duplo-Elemente, sondern Dieter selbst ist ganz sichtbar (aber vermutlich nicht intentional) Autor dieses Abfallens: Er faßt an der "Antenne" an, was bei dem Charakter dieser Spielelemente, der Dieter ja bekannt ist, unweigerlich zum Auseinanderfallen führen muß. Aus diesem und den bereits oben genannten Gründen (s. Interakt 6) ist es wohl zulässig, in dem Auseinanderfallen der "Antenne" und der sich hieran anknüpfenden Enttäuschung an die Adresse des Vaters ein psychologisch signifikantes Motiv zu sehen. Daß in der Antenne ein Symbol für den Phallus gesehen werden kann, wird in Interakt 22 deutlicher.

Ebene 3: s. Interakt 3.

Ebene 4: Der Vater erscheint hier wieder als potentieller Retter, zu dem aber die Verbindung nicht hergestellt werden kann, der also nicht kommt. So ist er zwar ersehnt, aber auch Objekt von Enttäuschung und Aggression.

Interakt 9 / Dieter, Rudi, Jane (1.32.38)

Dieter, Rudi und Jane, die alle drei bei den Matratzen stehen, lachen.

Ebene 2: Über die Motive des Lachens kann nur spekuliert werden: Spaß am Wortspiel "Scheiße, Tommi! – Scheiß-Tommi!", Belustigung über das erneute Abfallen der Antenne, nach den theatralischen (Körperhaltung) Hilferufen durch Dieter etc. Vielleicht ist es auch bei Dieter eher ein Mitlachen beim Ausgelachtwerden durch Jane und Rudi. Auf jeden Fall ist es gemeinsames Agieren der Drei, bei dem Fred nicht mittun kann.

Ebene 3: Für Fred unterstreicht das gemeinsame Lachen der Drei sein Ausgeschlossensein.

Interakt 10 bis 15

In der Sequenz von Interakt 10 (Fred, 1.32.55: "Ich bin ja keine Wildkatze!") bis 15 (Fred, 1.32.55: "Ich bin keine Wildkatze!") wiederholen sich die bisher bereits benannten Motive: Streit um die Wildkatzen-Definition, das Abfallen der "Antenne", das gemeinsame Lachen von Dieter, Rudi und Jane. Danach ereignet sich eine kurze Interaktion zwischen Lore und Carl (1.33.16), die ich hier nicht ausbuchstabieren will, weil sie keine sichtbare Auswirkung auf das Spiel der drei Jungen hat. Dennoch scheint sie aber mit der Wildkatzen-Thematik untergründig zusammenzuhängen. Es geht auch hier um Identität, um Differenz sowie um das Zeigen von Merkmalen, die beides begründen: Lore und Carl haben jede/r für sich kleine Quader- oder Haus-ähnliche Objekte aus Duplos gebaut; in einer kurzen Begegnung – als nämlich Carl mit seinem Bauwerk durch den Raum geht und bei ihr vorbeikommt –, stellt sie ihm gegenüber fest: "Wir hab'n ja beide sowas!" Er besieht sich ihren Quader, meint dann: "Ich hab' sowas.", hält ihr sein Bauwerk hin und markiert hiermit die Differenz (zwischen beiden Bauwerken), woraufhin Lore wiederholt: "Ich hab' sowas." und Carl ihr Gebilde zeigt.

Interakt 16 bis 21

Von Interakt 16 (Fred, 1.33.16) bis 21 (Dieter, 1.33.32) wiederholen sich erneut die Themen "liebe Katze", "Tommi, kommst du schnell?!", das Abfallen der "Antenne", der Vorwurf an den Vater ("Oh Mann, Tommi!", 1.33.32). Ab Interakt 22 entwickelt sich ein neues Thema.

Interakt 22 / Dieter (1.33.32 / 11.25 Uhr)

Dieter sagt: "Bei mir kommt blaue Farbe raus." (der oberste Duplostein der "Antenne" ist blau).

Ebene 1: "Aus der Antenne meines Sprechfunkgerätes kommt blaue Farbe raus." Die Formulierung "Bei mir ..." macht das Herauskommen von Farbe streng genommen zu einer Eigenschaft von Dieter selbst bzw. seines Körpers. Andererseits habe ich diese Redewendung unter Kindern oft gehört, die damit die Definition eines von ihnen hergestellten Bauwerkes, einer Zeichnung, einer Spielsituation etc. für sich näher festlegen. Insofern müßte eine Paraphrasierung im Sinne einer Körperaussage durch weitere Argumente gestützt werden.

Ebene 2: Das Sprechfunkgerät verändert jetzt durch diese Aussage von Dieter seine Bedeutung, seine Funktion bzw. zeigt eine neue Seite. Die "Antenne", das Verbindungsstück zum Vater, gewinnt/hat die Eigenschaft, daß da etwas Flüssiges (Farbe) herauskommt, etwas also, mit dem Spuren hinterlassen, Markierungen gesetzt werden können. Dieter wendet sich mit dieser Aussage an Rudi und modifiziert das von ihnen beiden definierte Spiel, indem er für sich ("bei mir") eine neue Definition zu den bisherigen Bestimmungsstücken (Wildkatze, Sprechfunkgeräte, Vater-rufen etc.) hinzufügt.

Ich neige dazu, Dieters Formulierung "Bei mir kommt ..." im o.g. Sinne als Aussage über sich/seinen Körper zu verstehen. Das Inszenieren des Auseinanderfallens der "Antenne" in harte Einzelteile, Dieters immer nur kurz gelingende Reparaturen, sein fortwährendes Bemühen um Instandsetzung und sein Ärger, die Enttäuschung, der Ärger und fast Verzweiflung (1.34.47, 1.36.10, 1.37.07, 1.38.22 etc.) über sein Scheitern werden nur dann in ihrer psychologischen Signifikanz verständlich, wenn darin ein Bild für Körpergeschehen gelesen wird. Es geht um die Symbolisierung der Geschlechterdifferenz, und es könnte sich hier um ein Bild für den in seinen Erektionen nicht zu kontrollierenden Penis handeln, um die Symbolisierung der mit dieser Erfahrung möglicherweise verknüpften Gefühle von Fragmentierung und Desintegration. Auch die Verbindung zum Vater gewinnt so einen neuen Sinn, der dem Abfallen von Antennenteilen eine weitere Bedeutung hinzufügen würde: Die "Antenne" ist das Verbindungsstück zum Vater, der Penis der Körperteil, über den Identifizierung verläuft, der aber gleichzeitig hinsichtlich seiner Größe und Funktion das reale Kleinsein von Dieter diesem immer wieder schmerzhaft und enttäuschend ins Gedächtnis ruft. Die szenische Bedeutung des Abfallens und Neuaufbauens der "Antenne" sehe ich insofern nicht in einer ödipalen Kastrationsproblematik, sondern im Konflikt zwischen narzißtischem Wunsch (der Penis soll groß/lang sein, da soll etwas rauskommen) und kränkender Realität.

Weiter liegt die Verwandlung des Walkie-Talkie neben der Assoziation zu einem Penis die zu einer Schußwaffe nahe, was Rudi in seiner Reaktion auf Dieter gleich nonverbal aufgreift (s. Interakt 23), später von Carl ausdrücklich formuliert wird ("Unsere Gewehre", 1.50.34), von Rudi und Dieter (1.50.34, 1.50.52) und schließlich von Lore bestätigt wird (1.53.52).

Ebene 3: Für Rudi schafft Dieters Aussage eine Verschiebung des Themas, zu dem er sich bei dem stark identifikatorisch angelegten Spiel mit Dieter verhalten müßte. Für Fred bedeutet Dieters Aussage zweierlei: Erstens ein weiteres Übergehen seines Protestes; zweitens gewinnt das Sprechfunkgerät neben der Funktion, Hilfe gegen ihn als Wildkatze zu rufen, die Bedeutung einer Waffe.

Ebene 4: Das Sprechfunkgerät wird zu einem Symbol, in dem sowohl der Konflikt zwischen Dieters narzißtischer Vateridentifikation und der kränkenden Realität des kleinen Jungen aufgehoben ist, als auch sein Problem mit der Weiblichkeit; hierbei geht es zum einen um die Abwehr der eigenen verpönten weiblichen Anteile, zum anderen um das (hetero)sexuelle Motiv des Inbesitznehmens einer gefährlichen Frau. Das Gerät, aus dem "Farbe rauskommt" ist ein Bild für die Verwandlung des Penis als Teil eines warmen weichen Körpers zum Phallus, der für Bemächtigung und Gewalt steht, aber auch bedroht ist von Fragmentierung, in seiner Verbindung zum warmen Körper brüchig ist. Ejakulation erhält die Bedeutung von Kennzeichnen (Farbe) und Verletzen/Töten (Projektil).

Interakt 23 / Rudi (1.33.50)

Rudi sagt: "Bei mir kommt grün. Hou!! Farbe!!", beides rausgespuckt, als seien das die Begleitgeräusche von Schüssen, unterstrichen dadurch, daß er sein Walkie-Talkie horizontal und etwas von sich weg hält.

Ebene 2: Dieters Neudefinition des Sprechfunkgerätes paßt gut in Rudis Seelenlandschaft. Er gestaltet durch Tonfall und Körperhaltung den Waffencharakter des Gerätes aus: Er spricht nicht mehr hinein, sondern hält es wie eine Maschinenpistole. Allerdings bleibt er insofern im Bild, das Dieter gewählt hat, als er das, was da "rauskommt" nicht als Projektile definiert, sondern als grüne Farbe.

Ebene 3: Bedeutung für Fred: s. Interakt 22. Für Dieter zeigt Rudis Reaktion, daß er verstanden wurde: Der aggressive Aspekt seines Themas wird von Rudi aufgegriffen und explizit gemacht.

Ebene 4: Dieters und Rudis Sprechfunkgeräte, deren Schicksal und Wandlungen können möglicherweise auch aufklären über die Gründe für die libidinöse Bedeutung und affektive Besetzung von technischen Geräten.

Interakt 24 / Fred (1.33.50)

Schwenk auf Fred, der noch auf dem Boden vor dem Haus hockt, schreit: "Ich bin aber keine, ich bin aber keine Wildkatze! So!!"

Ebene 2: Fred bleibt verzweifelt und hilflos bei seiner folgenlosen Selbstdefinition, so wie er fast wie gelähmt immer noch als Katze auf dem Boden hockt. Janes nonverbale Unterstützung durch ihr Fred bestätigendes Nicken (1.33.16) zählt für ihn nicht als Erlösung.

Das weitere Geschehen

Rudi baut den Waffencharakter seines Sprechfunkgerätes weiter aus und schießt: "Sob! Sob! Sob! Farbe!", steht dabei breitbeinig, hält das Gerät wie eine Maschinenpistole quer zum Bauch, so als schieße er (1.33.56, 11.26 Uhr). Dieter widerspricht nicht. Fred steht nun endlich auf und geht zum Tisch, wo sein Vater noch mit der Erzieherin sitzt, klagt dort sein Leid; man hört von ihm die Worte "liebe Katze"; was und ob die Erwachsenen antworten, ist nicht zu hören. Dieter und Rudi bauen an ihren Geräten.

Fred sucht dann erneut die Auseinandersetzung um seine Wildkatzenrolle, obwohl weder Rudi noch Dieter ihn nochmal als solche bezeichnet haben; er droht Rudi Schläge an (1.35.26), schreit ihm schließlich aus nächster Nähe verzweifelt-wütend ins Gesicht, worauf Rudi ihm auf den Arm haut und ihn anbrüllt: "Schrei mich nicht so an!", allerdings wieder nichts zu Freds Anliegen sagt (1.35.45). Es folgt eine weitere Dreiviertel Minute (1.35.45 -1.36.30), in der Fred viermal darauf besteht, keine Wildkatze zu sein, die körperliche Auseinandersetzung mit Rudi sucht. Rudi schlägt einmal zurück, ignoriert Fred aber sonst. Dieter kümmert sich ebenfalls nicht um Fred, bringt ein neues Thema auf: Nun ist es "Feuer", vor dem sie sich in Sicherheit bringen müssen und was wieder Anlaß ist, Dieters Vater Tommi zu Hilfe zu rufen (1.36.00).

Fred erklärt hilflos und wütend, er würde dann eben nicht mehr mit Rudi, sondern nur noch mit Jane spielen und weggehen, was Rudi und auch Dieter weiter ignorieren (1.36.30). Sie spielen ihr "Feuer-kommt!"– und "Tommi rufen"-Spiel weiter. Es gibt eine kleine Auseinandersetzung zwischen den beiden darüber, welchen Charakter die Walkie-Talkies haben. Dieter möchte "nur reinsprechen" (1.37.42), Rudi "auch Farbe, Farbe machen", hält das Gerät dabei wie eine Maschinenpistole (1.37.50/11.30 Uhr). Sie einigen sich darauf, daß man das beides machen kann. Parallel spielt das (ärgerliche) Abfallen und Reparieren der "Antenne" weiter eine Rolle.

Dieter und Rudi verschwinden längere Zeit im Haus mit den beiden Fenstern. Für einen Zeitraum von etwas mehr als 3 Minuten (zwischen 11.30 und 11.34 Uhr) hatte ich daraufhin die Kamera abgeschaltet, und als Grund für diese Handlung protokolliert, daß ich das Spiel der beiden Jungen nicht länger beobachten könne (auf eine mögliche Bedeutung dieser Handlung gehe ich weiter unten ein). Auch nach diesen 3 Minuten ist das Wildkatzenthema für Fred noch aktuell; er sucht wieder die Auseinandersetzung mit Rudi (1.38.39/11.34 Uhr), wird weiter ignoriert. Fred fängt einen kleinen Streit mit Carl an, tritt mehrfach gegen das große Auto, mit dem Carl spielt; dieser reagiert "mit gebremstem Schaum" nur durch Körperhaltung und ärgerliche Laute protestierend (1.39.37 - 1.40.04).

Der Vater von Fred verabschiedet sich von diesem mit Streicheln und Kuß und geht (1.40.51). Parallel ruft Dieter seinen Vater Tommi im Haus wegen "Feuer" zu Hilfe. Dieter und Rudi bauen sich nebeneinander mit ihren Geräten vor dem großen Spiegel in der Ecke neben dem Haus auf, betrachten sich, Dieter sagt: "Wir sind schon groß! Wir sind schon groß!" (1.41.29).

Ab hier entwickelt sich ein gemeinsames Spiel der Beiden mit Carl; die Drei ziehen gemeinsam in das Haus mit der Klapptür. Dieter gibt im Haus zwei Stichworte, die das Spiel fast bis zum Schluß thematisch prägen: "Ohh, der Fernseh'n! Oh ich, oh ich will Hemänner sehen!" (1.41.46/11.37 Uhr).

Fred sitzt wieder auf allen Vieren und macht zu Jane gewendet: "Mah! Mah! Geh da weg! Mah! Will weggehen, Katze! Ähh! Mah! Ich geh jetzt los!" Jane wedelt in seiner Richtung mit der Hand. Lore kommt auch auf alle Viere, sagt: "Ich auch. Auch eine Katze!" Fred krabbelt los, macht: "Hee!" Lore macht auch: "Hee!" (1.42.00).

Das Heman-Thema wird von Rudi sofort aufgegriffen. Er und Dieter ziehen durch den Raum, versichern sich gegenseitig, z.t. mit tiefer Stimme, Heman zu sein, bzw. rufen Heman über die Walkie-Talkies, begegnen dabei kurz Fred, der als Katze auf allen Vieren hockt, zu ihnen aufsieht. Rudi und Dieter gehen zusammen mit Carl in das Haus mit der Klapptür. Dieter wird die Sache schließlich – wohl ähnlich wie vorher mit dem Waffencharakter der Sprechfunkgeräte – "zu heiß" und schlägt mit etwas jammernder Stimme vor, jetzt "nicht mehr Heman" zu sein (1.43.20) und: "Nee, nee, heute hat Heman zu!" (1.43.41/11.39 Uhr, 1.44.01).

Carl greift das Fernseher-Thema auf, bezeichnet einen im Haus liegenden Polsterwürfel als Fernseher, den er gekauft habe (1.41.46). Dieter erklärt, als er vom Heman-Thema wegwill, die anderen beiden Jungen aber weiter "Heman" rufen, den Fernseher für "kaputt" (1.44.49/11.40 Uhr). Hieran schließt sich eine lange Phase des Gerempels und Gelächters im Haus an, der Polsterwürfel wird hingeworfen, aus dem Haus geworfen, dabei immer wieder festgestellt, der Fernseher sei kaputt, es müsse ein neuer gekauft werden (1.45.47/11.41 Uhr)

Um 11.38 Uhr ist ein etwa 1 1/2järiges Kleinkind zusammen mit der Praktikantin der benachbarten Babygruppe in den Gruppenraum gekommen und läuft in den Matratzenbereich, setzt sich dort. Die Praktikantin hat sich an den Tisch gesetzt, unterhält sich dort mit der Gruppenerzieherin. Um 11.39 Uhr (1.44.01) bietet sich bei den Matratzen folgendes Bild: Lore, Fred und Jane sitzen mit dem Kleinkind so gruppiert, daß sie mit diesem einen Kreis bilden. Sie sprechen abwechselnd auf das Kind ein. Jane wird schließlich etwas lauter (und verständlich): "Geh sofort in deine Gruppe!" Als das Kind nicht reagiert, gehen Lore und Jane zur Praktikantin, erkundigen sich nach dem Namen des Kindes (1.44.49/11.40 Uhr). Diese erklärt, daß es Angelika heiße und zur Babygruppe gehöre. Lore oder Jane erkundigen sich danach, wie die Praktikantin heißt.

Parallel hierzu laufen die drei Jungen kurz in die Halle, ausgelöst dadurch, daß Carl Dieter die Mütze vom Kopf reißt, damit flüchtet und Dieter ihm schreiend und heulend folgt. Auch Rudi rennt in die Halle.

An dieser Stelle (1.45.34) schaltete ich erneut die Kamera (für ca. 30 Sekunden) ab, da die drei Jungen nach draußen gerannt waren. In diesem Zeitraum war das Kleinkind in das Haus mit der Klapptür gelaufen. Dort finden es die drei Jungen vor, als sie wieder aus der Halle zurückkommen. Es wird von Carl mit dem Kommentar: "Rausgehen!" so unsanft hinausbugsiert, daß es hinfällt und zu schreien beginnt. Die Praktikantin nimmt das Kind auf den Arm, sagt dabei lachend und tröstend: "Ohh, das kommt davon, wenn man kleine Babies bei Heman unterbringt." Die drei Jungen stehen im Haus und sehen dabei zu. Jane steht vor dem Haus sieht ebenfalls zu, geht dann – als die Praktikantin mit dem Kind zum Tisch gegangen ist – zur Klapptür, beugt sich kurz über die Tür und schreit (mit ärgerlicher Stimme):

"Hast du, hast du … gemacht!!" Wen sie dabei ansieht, ist nicht zu sehen. Sie dreht sich dann um und geht weg. Die drei Jungen sehen kurz zu ihr, antworten aber nichts.

Dieter, Rudi und Carl ziehen dann gemeinsam ab 1.46.11 zur Matratzenecke, rufen, daß sie keinen Fernseher mehr haben, daß sie einen neuen kaufen wollen. Rudi erklärt die Matratzenecke zu einem Laden; Carl greift sich eine Matratze, diese ist nun ein Fernseher; alle Drei gehen damit zum Haus zurück (1.46.25/11.42 Uhr). In den nächsten 4 Minuten werden unter Gelächter, Gegröhle, Gerempel und Gerufe, der Fernseher sei "wieder kaputt!", nach und nach alle Matratzen in das Haus mit der Klapptür geschafft.

Während dieser Aktion liegt Fred ab 11.40 Uhr (1.44.49) auf einer Matratze beim Duplo-Kasten, also mitten im Weg für den Transport der Matratzen aus der Teppichecke zum Eingang des Hauses, sieht zum Haus. Die anderen Jungen müssen mehrfach über ihn rübersteigen, die Matratzen über seine Beine zerren; er rührt sich nicht vom Fleck.

Jane, die eine Weile bei Fred gehockt und zugesehen hatte, fragt um 11.44 Uhr (1.48.36): "Darf ich auch mitspielen? Darf ich auch mitspielen?". Carl sagt: "Ja." Dieter: "Wir sind aber Hemänner!" Jane darauf: "Ich bin die Heman-Frau von Heman, du-u, ich bin die Heman-Frau.", was Dieter mit einem "Ja, bist du." bestätigt. Jane beteiligt sich ab jetzt beim Matratzen-wuchten (1.48.47). Lore, die sich das Matratzenspiel schon eine Weile angesehen hat, beteiligt sich parallel mit Jane daran, ohne vorher eine spezielle "Erlaubnis" einzuholen. Sie erhält von Carl dann die Bestätigung: "Ej, du auch ein Heman!", wobei er auf sie zeigt (1.49.00/11.45 Uhr).

Fred sagt schließlich um 11.45 Uhr (1.49.51) beleidigt-wütend: "Nie mehr darf ich mitspielen!" Rudi kommt zu Fred gelaufen, bückt sich nach einer neben Fred liegenden Matratze, faßt sie mit beiden Händen, hockt sich dann aber dort halb auf die Matratze und redet mit Fred. Hiervon sind wegen des Gegröhles im Hintergrund nur Wortfetzen zu verstehen: Rudi: "Willst du … mit mir auch streiten, dann müssen wir auch …(ca. 8 unverständl. Worte).", schüttelt dabei den Kopf hin und her, Tonfall freundlich. Fred: "Aber ich bin keine …" (der Rest geht im Gegröhle unter). Rudi schafft darauf die Matratze ins Haus, kommt zurück, um nun die zu holen, auf der Fred die ganze Zeit gelegen hat. Fred hält diese fest. Rudi redet länger mit Fred (wegen Gegröhle unverständlich), endet mit einem freundlichen "Ja? Wir brauchen die Kissen." (1.50.08/11.46 Uhr). Beide sitzen noch eine Weile beieinander.

Carl ruft währenddessen vom Haus her, in dem mittlerweile ein hoher Matratzenberg liegt, nuschelig: "Unse Gewean!!" (= unsere Gewehre); dies bezieht sich auf die beiden Walkie-Talkies, die Rudi und Dieter vorher im Haus abgelegt hatten und die nun unter den Matratzen liegen. Rudi läuft zum Haus, steigt hinein, ruft auch, deutlicher: "Unse Gewehrn!" (1.50.34).

Nun rappelt sich Fred auf, schleppt seine Matratze zum Haus, wirft sie hinein. Gleichzeitig kommen die Walkie-Talkie-Gewehre in Bruchstücken herausgepurzelt; Rudi – von den Matratzen verdeckt – befördert sie nach draußen (1.50.46). Dieter (etwas langgezogen bis weinerlich) zu Rudi, der sich aus dem Haus herausarbeitet: "Rudi, dann gehen wir eben ohne Gewehre." Er und Rudi gehen zusammen vom Haus zur Duplokiste. Rudi (theatralischer Tonfall): "Oh, hol'n wir uns neue." (1.50.52/11.47 Uhr).

Fred sitzt zusammen mit Jane und Carl im Haus auf dem Matratzenberg und sagt: "Ich bin eine wilde Königin!" (1.51.08). Jane wirft ein: "Weg – weg-zaubern – weg." Beide versichern sich gegenseitig, sie seien "eine Königin", die zaubern könne, laufen im Raum herum, sprechen Zauberformeln ("Simsalabim", "dreimal schwarzer Kater", "Du bist ein Schwein", "Du bist weg", "Du bist eine Königin" etc. 1.51.25 - 1.52.48/11.48 Uhr) und deuten dabei auf einzelne Personen (auf Carl, auf mich, 1.52.40) oder auf die am Duplokasten sitzende Kindergruppe.

Parallel dazu sitzen Rudi, Dieter und auch Lore am Duplokasten und bauen. Freds und Janes Zauberköniginnen werden nicht sichtbar beachtet. Dieter sagt: "Da kommt viel, viel Farbe raus, viel, viel, viel!" Rudi antwortet: "Bei mir kommt auch viel Farbe raus." (1.51.45). Rudi baut sich etwas Pistolenähnliches, während Dieter sich einen Kasten baut, den er wie sein altes Walkie-Talkie benutzt, der aber nicht mehr so "echt" wirkt, der z.B. keine lange "Antenne" mehr hat, sondern insgesamt eher ein ca. 40 cm langer kompakter Turm ist (1.52.40).

Ab hier werden die Unterschiede zwischen Rudi und Dieter deutlicher: Rudi weist Dieter daraufhin, daß sein Gerät für einen Zweck, den er nennt, was aber akustisch nicht verständlich ist, "besser" sei. Dieter aber sagt, während er sein Gerät hochhält: "Nee, ich will sowas lieber." (1.53.00/111.49 Uhr). Dieter ruft danach noch einmal über sein Sprechfunkgerät seinen Vater, während Rudi dies nicht mehr tut. Carl versucht, Rudi und Dieter wieder ins Haus zu bugsieren, drückt sie auf den Matratzenberg, versucht, hinter ihnen die Tür zu schließen. Lore geht vom Duplokasten, wo sie gebaut hat, zum Haus, bleibt davor stehen, sagt zu den Dreien: "Ich hab' auch eine Pistole." Und dann: "Ich geh' da auch rein!". Zeitgleich hierzu sagt Carl zu Lore, hält dabei die Klapptür auf: "Geh mal rein!" (1.53.52/11.50 Uhr). Lore klettert ins Haus.

Fred oder jemand anderes wirft das Stichwort "Batman!" in die Runde, woraufhin Fred zweimal Jane fragt (zweimal ist nur seine Stimme zu hören, also nicht mit Sicherheit zu sagen, ob er diese Frage nur an sie richtet): "Woll'n wir Batman spielen?" (1.54.25, 1.54.40). Jane bejaht dies, verbindet dies aber mit einer Bedingung, die nicht verständlich ist. Dieter knüpft für Jane das Betreten des Hauses mit der Klapptür an die Bedingung, daß sie sich ein Gerät baut, das wie seines aussieht. Rudi daraufhin zu Dieter: "Aber auch, wenn sie *sowas* baut, dann darf sie auch in … (2 unverständl. Worte)." und hebt dabei seine "Pistole" in die Höhe (1.55.10).

Einige Szenen nur noch stichwortartig: Rudi fragt Jane: "Soll ich dir sowas bauen?", hält seine "Pistole" hoch. Jane (etwas weinerlich): "Ja." (1.55.28/11.51 Uhr). Dieter zu Jane: "Dann mußt du aber Heman sein!" Jane hat den Daumen im Mund. Rudi zu Jane: "Dann bau ich dir eine kleine, ok?" Jane zu Rudi: "Weil ich ja klein bin." (1.56.00).

Fred sagt zu Rudi, hält dabei etwas aus Duplos von ihm Gebautes in der Hand: "So sieht eine Pistole aus!" (1.58.58). Rudi schüttelt den Kopf, zeigt auf Freds 'Pistole', sagt: "Nicht so." Lore hält etwas von ihr Gebautes hoch, sagt: "Aber so sieht eine Pistole aus, ne?" Rudi: "Nee, so.", hält seine 'Pistole' hoch. Lore: "Mach' ich auch.", baut an ihrer weiter. Rudi fragt Lore: "Soll ich dir sowas bauen?" Lore sagt sofort: "Ja." und gibt Rudi ihre Duploteile (1.59.04).

Zwei Minuten später entwickelt sich das bereits erwähnte Gespräch zwischen Jane und Dieter über ihre Kassette von der "Kleinen Hexe", die sie von zu Haus mitgebracht hat und jetzt anhören will. Sie findet den Rekorder nicht. Dieter hat das mit der Kassette mitgekriegt und wohl irgendwie geäußert, daß er vor Hexen Angst hat. Jane zu Dieter: "... brauchst du keine Angst haben." Dieter sagt: "Aber echte Hexen verzaubern uns immer! Die *echten*!" Jane: "Aber nicht die – die lacht immer." und tickt dabei mit dem Zeigefinger auf die Kassette, die sie in der Hand hält (2.02.08/11.58 Uhr). Knapp zwei Minuten später laufen Dieter, Rudi, Lore, Jane und Fred unter lautem "Batman!"-Gerufe aus dem Gruppenraum heraus in die Halle (2.03.43/12.00 Uhr).

Gegenübertragung

Anhand zweier Beispiele zu dieser Szene komme ich noch einmal zurück auf das oben bereits angeschnittene Thema meiner unbewußten Reaktionen auf das Spiel der Kinder, der Gegenübertragung also.

Das erste Beispiel: Wie ich bereits gesagt habe, hatte ich die Kamera zu zwei Zeitpunkten während dieser Szene abgeschaltet. Beide Male handelte es sich dabei um Situationen, in denen Dieter und Rudi für mich nicht mehr sichtbar waren: Einmal verschwanden sie im Spielhaus, das zweite Mal liefen sie zusammen mit Carl kurz aus dem Raum in die Halle. Als Gründe für das Abschalten der Kamera hatte ich protokolliert, daß ich das Spiel *der Jungen* nicht mehr beobachten konnte, solange sich diese im Haus bzw. draußen befanden. Dies heißt natürlich umgekehrt, daß mein Interesse in diesem Moment *nicht* Fred oder Jane galt, die ja durchaus noch zu sehen waren und zu filmen gewesen wären.

Das zweite Beispiel: Nach dieser Aufnahme aber vor der Interpretationsarbeit habe ich mit den Erzieherinnen über diese Szene gesprochen und ihnen von der Episode mit dem Kleinkind, die diese nicht beobachtet hatten, berichtet und davon, wie Jane, Fred und Lore mit dem Kind im Kreis gesessen und versucht haben, diesem klarzumachen, daß es in seinen Gruppenraum zurückgehen solle. Bei diesem Bericht nun habe ich mich versprochen und die bei dem Kleinkind sitzende Dreiergruppe als "die drei Mädchen" bezeichnet.

Beide Beispiele belegen, daß der Focus meiner Aufmerksamkeit auch während dieser Aufnahme auf die Jungen oder besser gesagt: auf Männlichkeit gerichtet war. Fred habe ich zweimal – erstens durch das Abschalten der Kamera, obwohl *er* noch zu sehen gewesen war, zweitens durch meinen Versprecher – den Mädchen zugeschlagen. Der Grund hierfür kann darin liegen, daß ich in der Gegenübertragung unbewußt auf die abgewehrten Motive von *Dieter und Rudi* reagiert und deren Projektion von Weiblichkeit auf Fred verdoppelt habe. So gesehen wäre in Abschalten und Fehlleistung eine Bestätigung meiner Annahme über die Bedeutung des Spiels von Rudi und Dieter zu sehen. Hierfür spricht auch die in einem wichtigen Punkt strukturelle Ähnlichkeit zwischen meinem Agieren und dem von Dieter und Rudi: Das Abschalten der Kamera wiederholt das Ignorieren der Wildkatze.

Ich bin damit Teil der Inszenierung und zwar an einer Stelle, an der sich gleich mehrere Personen – ausgelöst durch die 1 1/2jährige Angelika – an der Konstruktion der Zweigeschlechtlichkeit und der hiermit verknüpften Arbeitsteilung beteiligen:

– Carl inszeniert aggressiv, daß kleine Kinder bei Heman nichts zu suchen haben.
Sie könnten ihn an sein früheres und aktuelles Kleinsein erinnern.

– Dieter und Rudi sehen zu, widersprechen nicht.

– Die Praktikantin bestätigt Carls Handlung explizit: "Das kommt davon, wenn man
kleine Babies bei Heman unterbringt." Heman hat kein kleines Kind, das ist völlig
undenkbar. Es ist klar, weder zu kritisieren, noch anders zu erwarten, daß ein Kind,
das sich zu Heman verirrt hat, weggedrängt wird.

– Und ich konstruiere Subjekte als weiblich, die ein kleines Kind in ihren Kreis aufnehmen. Zwar sind "die drei Mädchen" (Jane, Fred und Lore) ebenfalls bestrebt, die
kleine Angelika loszuwerden, weil diese stört; sie behandeln diese aber wie ein
Subjekt, das im Kreis ist, einen Namen (Jane und Lore erkundigen sich danach) und
einen Ort hat.

– Das Abschalten der Kamera inszeniert darüber hinaus, daß es nur lohnt, die Handlungen der Männer zu dokumentieren.

Jane ist die einzige, die in dieser Szene protestiert.

Zusammenfassung

Ich fasse zusammen, auf welche intrapsychischen Konflikte, Selbst- und Fremddeutungen zum Thema der männlichen Geschlechtsidentität diese Szene hindeutet. Ich
beschränke mich dabei auf die am Wildkatzen-Motiv hauptsächlich beteiligten Kinder Dieter, Rudi, Fred.

Rudi und Dieter

Beide Jungen üben in diesem Spiel die Eindeutigkeit einer männlichen Geschlechtsidentität, inszenieren hierzu die Identifikation mit dem Vater und die Abwehr ihrer
gegengeschlechtlichen Selbstrepräsentanzen; hierzu nutzen sie Fred als Projektons-
fläche und veräußern damit ihren Konflikt um die Geschlechtsidentität. Das Sprech-
funkgerät/die Schußwaffe symbolisiert die Identität mit dem Vater, den Wunsch
nach Kontakt zu ihm, das Nicht-Zustandekommen dieses Kontaktes, sowie das Zeichen der Geschlechterdifferenz.

Zum zweiten geht es um die Auseinandersetzung mit der präödipalen Mutter,
hierbei aber nicht so sehr um die mit ihr verknüpften Autonomiekonflikte als Themen der früher Phase der Individuation, sondern um ihre Funktion als Liebesobjekt,
die sie beim Übergang in die ödipale Phase beibehält. Es geht für Rudi und Dieter
um die Annäherung an das, was Weiblichkeit als Ziel männlicher Heterosexualität
sein könnte. Hieraus entwickelt sich ihnen unter der Hand ein Bild von männlicher
Sexualität mit folgenden Bestimmungsstücken: Der Penis wird zum Phallus, wird
als Instrument imaginiert, als von einem warmen weichen Körper Losgetrenntes, als
Gerät mit der Fähigkeit zu markieren und zu beflecken (Farbe) sowie zu verletzen
und zu töten (Schußwaffe); das Abfallen der Antenne der Sprechfunk-Schußwaffe
symbolisiert, daß dieses Gerät nicht nur bedrohlich, sondern seinerseits brüchig und
dauernd von Fragmentierung bedroht ist. Für beide Jungen ist dieses Spiel span-
nend, befriedigend ("Wir sind schon groß!" Dieter) und emotional aufwühlend: Das
Zusammenbrechen der Antennen löst mehrfach Weinerlichkeit aus.

Komplementär zum Bild des Phallus ist das von Weiblichkeit, das im Spiel von Rudi und Dieter entsteht: Die Wildkatzen sind aus sich heraus – von Natur aus – gefährlich, verfügen über und brauchen keinerlei Instrumente, die sie erst gefährlich machen würden. Die "echten Hexen" sind omnipotent, besitzen Zauberkräfte, gegen die man(n) machtlos ist. Ähnlich wie im Spiel von Max das Feuer, das auch im Spiel von Dieter und Rudi schließlich ausbricht, könnten die Wildkatzen auch ein Bild für die Lust sein, die unter die Kontrolle des Phallus gebracht werden muß, damit man(n) "nicht an die Wildkatzen gebracht" (Dieter) wird.

Dieter thematisiert stärker als Rudi den Konflikt zwischen seinen narzißtischen Wünschen (groß zu sein, über einen großen Penis zu verfügen, aus dem etwas "rauskommt") und der – gemessen hieran – enttäuschenden Realität des kleinen Jungen. Letztere ist ihm so nahe und/oder bewußt, daß er sein Sprechfunkgerät eher dazu nutzen will, den Vater zu rufen, als dieses Gerät vollständig in eine Schußwaffe umzudefinieren. Dieter macht seine Ambivalenz gegenüber dem ödipalen Thema von heterosexueller Bemächtigung deutlicher: Einerseits ist er es, der im Spiel hierzu die Stichworte gibt ("Bei mir kommt Farbe raus", "Wir sind schon groß", "Ich will Hemänner sehen"); andererseits benennt er auch offener als Rudi seine Angst (vor den Wildkatzen, vor den echten Hexen) und versucht mehrfach, das Spiel wieder zurückzudrehen und in eine Richtung zu drängen, in der die aggressiv-ambivalenzfreien Elemente nicht so sehr im Vordergrund stehen: "Heute hat Heman zu", "Der Fernseher ist kaputt", "Nee, da kann man nur reinsprechen", "Dann geh'n wir eben ohne Gewehre" etc. Rudis Spiel scheint eher dadurch motiviert, die Seite des Kleinseins, der Hilfsbedürftigkeit etc. stark abzuwehren, er spricht dieses Thema in seinem Spiel kaum an (wenn er jemand zu Hilfe ruft, dann den Vater Dieters und nicht seinen eigenen), betont eher das Aggressive und Ambivalenzfreie.

Fred

Fred ist (möglicherweise ähnlich wie Dieter) nicht so stark wie Rudi mit der Einschränkung seiner Selbstdefinitionen auf die männliche Variante beschäftigt. Seine Reaktion auf die Wildkatzendefinition (wütende Verletztheit, Abhängigkeit und Gelähmtheit) lassen darauf schließen, daß hiermit einerseits ein Wunsch (seine weiblichen Identifikationen nicht aufzugeben) angerührt worden ist, daß ihm andererseits aber durch das Spiel von Rudi und Dieter die Unvereinbarkeit dieses Wunsches mit seinem tiefen Bedürfnis nach einer Freundschafts- bzw. Liebes-Beziehung zu Rudi, nach gemeinsamem Spiel mit diesem und dessen Anerkennung deutlich geworden ist. Er sitzt in der Falle und ist außerstande, sich in diesem Moment für eine der beiden Seiten zu entscheiden. So versucht er nervenzerrend die beiden Jungen dazuzubekommen, mit ihm als "liebe Katze" zu spielen: Veräußerung der Geschlechterdifferenz ja, aber in friedlicher Koexistenz beider Seiten und unter Abwehr der Gefährlichkeit dieses Konfliktes.

Fred führt in beklemmender Weise vor, wie sehr die Selbstdefinition einer Bestätigung der Liebesobjekte (wie Rudi für ihn eines ist) bedarf, um überhaupt real zu werden. Die Bestätigung, die ihm Jane bringt, zählt da nichts. Er bearbeitet während des Spiels intensiv die verschiedenen Möglichkeiten, mit seinem Dilemma umzugehen: Zunächst – in der Phase der Lähmung – wendet er sich immer wieder, z.T.

auch körperlich aggressiv mit der Forderung an Rudi, zu bestätigen, daß er keine Wildkatze ist, sieht hinter ihm und Dieter her. Dann macht Fred wütend den Versuch, sich aus seinem Wunsch nach einem Spiel mit den Jungen zu lösen, indem er in Rudis Richtung haut und dabei erklärt, dann eben als "liebe Katze" nur noch mit Jane zu spielen. Er schafft dies aber nicht: Statt sich tatsächlich an Jane zu wenden, fängt er stattdessen einen Streit mit Carl an.

Nach der Verabschiedung durch seinen Vater sitzt Fred mit Lore und Jane zusammen und macht eine kurze Spielaktion, in der er selbst eine Wildkatze zu sein und gleichzeitig eine solche zu verscheuchen scheint: Fred sitzt wieder auf allen Vieren und macht zu Jane gewendet: "Mah! Mah! Geh da weg! Mah! Will weggehen, Katze! Ähh! Mah! Ich geh jetzt los!" Jane wedelt in seiner Richtung mit der Hand. Lore kommt auch auf alle Viere, sagt: "Ich auch. Auch eine Katze!" Fred krabbelt los, macht: "Hee!" Lore macht auch: "Hee!"

Jetzt kommt es zu einer direkten ernsten Konfrontation zwischen der Wildkatze Fred und den Hemännern Rudi und Dieter: Sie stehen vor Fred, dieser hockt am Boden vor ihnen, sie sehen sich an, Dieter ruft in sein Sprechfunkgerät nach Heman, Dieter und Rudi versichern sich gegenseitig mit tiefer Stimme, Heman zu sein, wenden sich dann von Fred ab und dem Haus zu.

Nach dem Intermezzo mit dem nicht zur Gruppe gehörenden Kleinkind liegt Fred minutenlang den Matratzentransporten im Weg und "zwischen den Welten", wirkt einsam und deprimiert, bis es zu einer Aussprache zwischen ihm und Rudi kommt. Es ist akustisch nicht zu verstehen, was Inhalt und Ergebnis dieser Aussprache war, inwieweit Fred seine Position, keine Wildkatze zu sein, durchgesetzt hat oder zugesagt hat, diese Rolle nun zu übernehmen. Zu beobachten ist auf jeden Fall, daß sich Fred nach diesem Gespräch mit Rudi aus seinem Daliegen löst und kurz identifikatorisch mitspielt (ebenfalls eine Matratze ins Haus schleppt).

Wenig später wechselt Fred wieder das Fach und übernimmt von sich aus die Rolle der "wilden Königin", setzt nun also mit einiger Verzögerung und gemeinsam mit Jane, die dann noch Zauberkräfte ins Spiel bringt, eine mächtige wilde Frau in Szene und damit abgewandelt aber deutlicher das von Rudi und Dieter fasziniert beschworene und abgewehrte Thema. Diese Rolle bringt ihm allerdings auch nicht das gemeinsame Spiel mit Rudi und Dieter ein; diese beachten die "wilden Königinnen" nicht. Zum Ende der Spielszene hin wechselt Fred wieder zum identifikatorischen Spiel mit Dieter und Rudi: Er macht den Vorschlag, "Batman" zu spielen und baut sich wenig später auch eine Pistole. Diese wird allerdings von Rudi verworfen: So sehe eine Pistole nicht aus. Zum Schluß kommt es schließlich zu einem gemeinsamen Batman-Spiel.

Diese Spielsequenz scheint für Fred wie eine Lektion mit dem Lernziel, sich für eine eindeutige männliche Rolle zu entscheiden, wenn er zur Jungenwelt dazugehören will.

Kapitel 7

Kati und Ina und die blöden Bewacher

In der Kindergruppe A hatte ich die Gelegenheit, in drei mit jeweils einem Monat Abstand aufeinanderfolgenden Filmaufnahmen (Szene I, II, III) das mitten im Gruppengeschehen fast exklusiv stattfindende homoerotische Spiel von zwei 4jährigen Mädchen festzuhalten. Bevor ich zu den einzelnen Szenen komme, möchte ich auf die bereits erwähnte "taube Stelle" meines Blicks auf die Mädchen zurückkommen. Ich hatte diese Aufnahmen von Ina und Kati trotz kurzen Protokollnotizen nach dem Filmen fast vollständig "vergessen". Bei der willentlichen Suche Monate später nach Szenen, in denen Mädchen miteinander spielen, kam mir diffus ins Bewußtsein, daß "da etwas war". Ich erinnerte mich dunkel daran, wie ein Mädchen ein anderes für längere Zeit vollständig zudeckt und an ihr hantiert (Szene III); mir waren aber sowohl ihre Namen, als auch der Zeitpunkt der Aufnahme entfallen. Ich habe viel Zeit darauf verwenden müssen, diesen Ausschnitt wiederzufinden, und mir ist erst, nachdem ich ihn gefunden hatte, deutlich geworden, daß ich bereits zwei Aufnahmen davor (Szene I und II) das Spiel dieser beiden Mädchen in konzentrierter Form auf dem Film festgehalten hatte! Dazu kommt, daß ich die Kamera in Szene II für einen kurzen Moment von Kati und Ina wegschwenke, nachdem diese (mir) ein intensives erotisches Spiel gezeigt hatten. Diese meine unbewußten Reaktionen machen deutlich, daß das Spiel der beiden Mädchen Verbote und Tabus bei mir angerührt hat. Ich komme hierauf zurück.

Im folgenden gebe ich kurz den Inhalt der drei Szenen in der Reihenfolge II, III, I wieder. Diese Folge ist sinnvoll, weil in der zweiten und dritten Szene die Selbstdeutungen von Kati und Ina und die von ihnen inszenierten Konfliktbereiche entwickelt werden, während in der ersten Szene so etwas wie eine Spiegelung der (bereits vor meiner "ersten Szene" bestehenden) spezifischen Beziehung zwischen Kati und Ina durch die Gruppe bzw. drei andere Kinder der Gruppe stattzufinden scheint.

Szene II: Kati (4 Jahre, 7 Monate) und Ina (4 Jahre, 2 Monate) spielen eine prädipale Mutter-Kind/Tochter-Symbiose mit engstem Körperkontakt, den Themen Wegkrabbeln und Festhalten; Passivität und Widerständigkeit des Kindes; Übergriffe auf das Kind durch die Mutter, zärtlicher Homoerotik, die hier anders als in Margrets Spiel nicht in ihrer Abwehr aufscheint, sondern gelebt wird, in der Platz ist für eine Ambivalenz zwischen Widerständigkeit und verführerischer Passivität des Kindes einerseits und für Symbole für Einengung, für aggressive und sadistische Akte der Mutter gegen das Kind andererseits. In einer Schlüsselszene entsteht das Bild einer weiblichen Sexualität, zu der (homosexuelle) Zeugung, Omnipotenz also, Geburt, aggressiv-erotische Bemächtigung des Kinderkörpers seitens der Mutter ebenso gehören wie Verführung der Mutter sowie die Erotisierung von Passivität seitens der Tochter.

Szene III: Kati (4 Jahre, 8 Monate) definiert Ina (4 Jahre, 3 Monate) als krank, sie ist "beim Arzt, nein im Krankenhaus". Es entsteht ein intensives Bild von Bemächtigung des wehrlosen Kindes, das sich – mit abgedecktem Gesicht – den instrumentellen Manipulationen des Arztes unterzieht. In einer Schlüsselszene von etwa einer Minute wird deutlich, daß es wieder um die Inszenierung der frühen Mutter-Kind-Dyade geht, um Katis projektive Phantasien über die vernichtenden Eigenschaften der Mutter, die sie dadurch bannt, daß sie sich im Spiel an ihre Stelle setzt und an Ina in ritueller Weise die Vernichtung des Kindes in Szene setzt. Die Arzt-rolle erscheint so als Deckbild, hinter dem sich das eigentliche Drama mit einer Frau verbirgt.

Szene I: Dieter (4 Jahre, 10 Monate), Jane (4 Jahre, 8 Monate) und Ingo (5 Jah-re, 2 Monate) scheinen sich durch die exklusive und offen homoerotische Bezie-hung zwischen Kati (4 Jahre, 6 Monate) und Ina (4 Jahre, 1 Monat) dazu provoziert zu fühlen, diese anzugreifen sowie lauthals – und aus der konkreten Situation her-aus nicht sichtbar motiviert – die Heterosexualität zu beschwören.

Nach dieser kurzen inhaltlichen Charakterisierung der drei Szenen folgt – eben-falls in der Reihenfolge II, III, I – die ausführliche Darstellung und Interpretation je-der einzelnen Szene nach der bekannten Struktur.

Szene II

Diese Filmaufnahme vom Spiel zwischen Ina und Kati zeigt ein intensives Mutter-und-Kind-Spiel über fast acht Minuten (1.31.15/10.15 Uhr bis 1.39.00/10.23 Uhr). Ich werde hiervon eine Minute – von 1.35.28 (10.19 Uhr) bis 1.36.30 (10.20 Uhr) – einer Inhaltsanalyse unterziehen. In dieser "Schlüsselszene" werden die mit ihrem Geschlecht zusammenhängenden Wünsche und Konflikte der beiden Mädchen deutlich.

Das Geschehen vor der Schlüsselszene

Kati (4 Jahre, 7 Monate) und Gitta (5 Jahre, 0 Monate) spielen ab 10.08 Uhr mit viel Gelache mit einem großen roten Gummiball im großen Raum vor dem Fenster. Ina (4 Jahre, 2 Monate) liegt auf der Bank links seitlich vor dem Fenster, sieht zu, bellt zwischendurch auf allen Vieren wie ein Hund. Kati geht zu ihr, streichelt sie. Nachdem Carl (5 Jahre, 6 Monate) mit Phillip (4 Jahre, 6 Monate) Streit angefangen hat, sagt Kati: "Nee, jetzt, wir spielen mal lieber hier." und rennt mit Ball zur Hoch-bettecke. Gitta folgt ihr. Ina steht ebenfalls auf und läuft hinterher. Gitta und Kati sitzen vor dem Haus eng beieinander, haben den Ball zwischen sich. Carl kommt, greift sich den Ball, rennt damit weg. Die beiden Mädchen sehen hinterher, ohne et-was zu unternehmen. Carl bolzt mit dem Ball ganz in der Nähe der Mädchen he-rum, wartet offensichtlich, daß sie mit ihm spielen; läßt den Ball schließlich in ihrer Nähe liegen und trollt sich.

Gitta und Kati fangen an, auf der Sprossenwand vor dem Haus zu turnen. Jetzt ist Ina wieder zu sehen: Diese krabbelt auf das Hochbett zu (10.13 Uhr). Kati steigt von den Stangen herunter zu Ina, umarmt sie. Beide krabbeln hintereinander her, halten sich aneinander fest. Gitta geht zum großen Raum zurück und aus dem Bild. Im folgenden Verlauf dieses Filmausschnittes bleiben Ina und Kati an der in der Skizze zur räumlichen Situation bezeichneten Stelle rechts vor dem Haus.

Kati fragt Ina, was sie im gemeinsamen Spiel sein wolle. Ina mit langgezogen ho-her Stimme: "Eiiin – klein' – Igel?" Kati: "Ok." Ina krabbelt los, Kati hinterher, hält sie fest. Ina warnt: "Der ist aber stachelig" (1.30.32/10.15 Uhr), worauf Kati aber sagt, die würden ihr nicht wehtun (1.30.48). Kati zerrt an Ina herum, schlägt vor, sie solle ein "Baby-Igel" sein. Ina: "Und du die Mama-Igel?", was Kati mit "Nein, ich bin ein Mensch" ablehnt. Kati zieht Ina zu sich und legt sie sich quer bäuchlings über den Schoß, umfaßt Ina an Oberschenkel und Taille, tätschelt Inas Po, der auf ihrem Schoß liegt, schaukelt dann mit Vorwärts- und Rückwärtsbewegungen ihrer Hüfte Ina hin und her. Ina protestiert mehrfach: "Laß das!", worauf Kati meint: "Du kannst nicht reden durch dein' Mund." (1.31.50/10.16 Uhr) und weiterschaukelt. Ina beginnt etwas zu strampeln und sich gegen Kati zu stemmen. Kati: "Du kannst das noch nicht." Dies wiederholt sich. Ina: "Doch, das kann ich." (1.32.30). Die beiden lösen sich schließlich voneinander, Ina liegt bäuchlings auf dem Boden. Kati legt Inas Arme um und sagt zu Ina: "Du kannst das nicht zurückmachen." (1.34.20/10.18 Uhr). Ina legt die Arme aber wieder anders hin, worauf Kati sie wieder korrigiert (s. auch Zusammenfassung im Rahmen der Inhaltsanalyse zu Interakt 1 auf Ebene 0).

Unmittelbar vor der "Schlüsselszene" spielt sich noch folgendes ab: Kati liegt auf dem Rücken, Beine aufgestellt. Ina ist gerade dabei, sich zwischen Katis Beinen auf deren Bauch zu legen, kommt noch einmal hoch. Kati legt ihre Beine gerade und gespreizt auf den Boden, sagt zu Ina: "So, jetzt – ", zieht diese zu sich herunter, so daß sie nun bäuchlings zwischen Katis Beinen liegt. Inas Kopf liegt auf Katis Brust. Ina kommt noch einmal mit dem Kopf hoch, Kati streichelt ihr über die Haare, sie sehen sich an. Ina legt ihren Kopf auf Katis Brust seitlich ab. Kati hält sie in ihren Armen (1.35.10/10.19 Uhr). Kati sieht zur Kamera.

Protokoll

Kindergruppe A, Gruppenraum (siehe Übersicht)
Filmbeginn 1.24.21 (10.08 Uhr)
Analysierter Ausschnitt: 1.35.28 (10.19 Uhr) - 1.36.30 (10.20 Uhr)
Kati (4;7), Ina (4;2)

1.35.28 (10.19 Uhr) Ina rollt sich von Kati herunter. Sie sagt im Herunterrollen: "Du bist gerade im Krankenhaus, ne?" Kati: "Mmmh." Beide liegen auf der Seite sich gegenüber. Ina: "Und kriegst gerade ein Baby, ein Baby, ein Baby." (Tonfall: Babysprache). Sie liegt auf dem Rücken, räkelt sich dabei, Beine angezogen, Arme neben den Kopf gelegt. Kati kommt hoch, hockt sich auf untergeschlagenen Beinen neben Ina, beugt sich über sie, legt ihren Arm um sie, sieht sie von oben an.

1.35.40 (10.20 Uhr) Kati (zärtlicher Tonfall): "Ich hab' doch schon gekriegt, ne?" Sie hockt über Ina, spielt mit deren Haaren. Lautes Gerede und Krach aus dem großen Raum. Ina faßt an ihre Wange, wo Katis Hand ist, sieht so aus, als schiebe sie Katis Hand weg, legt ihre eigene Hand an ihre Wange, wendet den Kopf ab, sieht an Kati vorbei.

1.35.50 Kati hockt wie vorher neben Ina, hat sie umfaßt, sieht wie vorher auf sie herunter, ist ihr ganz nahe, sagt: "Ich krieg' wohl noch eins. (Pause) Und aus Spaß bist du das ... (4), ne? Du bist das große Baby." Kati hat ihren Arm lose auf Inas Unterarm liegen. Krach aus dem großen Raum. Ina liegt auf dem Rücken, läßt sich von Kati, die sie um die Taille gefaßt hat, schlaff heranzerren.

1.36.00 (10.20 Uhr) Kati nimmt Ina wieder fester in den Arm, zerrt sie dazu um die Taille gefaßt ein bißchen zu sich heran, so daß Ina auf die Seite zu liegen kommt. Kati: "Aber erst mal bist du das – das einzige, ne?" (tröstender Tonfall) und zieht Ina enger an sich.

1.36.05 Ina liegt halb seitlich in Katis Armen, Kopf seitlich zum Hochbett gedreht, ist also fast von hinten zu sehen. Kati liegt halb auf dem Bauch über ihr, hat sie eng umfaßt. Ina hat Kati mit ihren Armen umschlungen. Kati hält den Kopf hoch, sieht an der Kamera vorbei zum Fenster. Beide verharren so 15 Sekunden ganz still. Dann kratzt sich Kati kurz an der Nase, umfaßt Ina aber gleich wieder, sieht weiter zum Fenster. Ina bewegt daraufhin kurz den Kopf, läßt dann ihren

Übersicht: Die räumliche Situation:

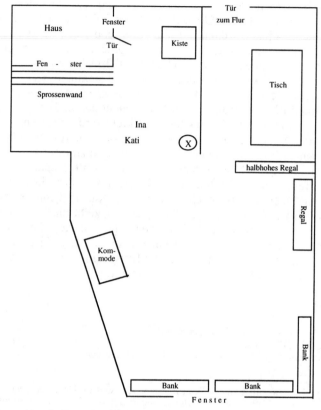

Legende: (X) Kameraposition; der Raum über dem Haus und der Kiste ist durch ein Hoch"bett" überbaut, das über eine breite Sprossenwand an der Vorderfront des Hauses zu erreichen ist.

Arm von Katis Rücken, wo sie sie gehalten hat, rutschen und im Ellenbogen abgewinkelt schlaff von sich weg hängen. Kati sieht auf Inas Hand, die jetzt unter ihrem Gesicht hängt, hält aber Ina weiter wie bisher. Insgesamt liegen die beiden so verschlungen 24 Sekunden.

    1.36.30 (10.20 Uhr) Kati löst sich von Ina, hockt sich neben sie, sieht auf sie herunter, sagt: "Aus Spaß bist du wohl in mein' Bauch.", sieht Ina an. Diese liegt auf dem Rücken, legt die Arme hoch und neben den Kopf, nickt einmal, sieht Kati an, liegt still.

Inhaltsanalyse

Interakt 1 / Ina 1.35.28 (10.19 Uhr)[1]

Ina rollt sich von Kati herunter. Sie sagt im Herunterrollen: "Du bist gerade im Krankenhaus, ne?" (...) "Und kriegst gerade ein Baby, ein Baby, ein Baby." (Tonfall: Babysprache). Sie liegt auf dem Rücken neben Kati, räkelt sich dabei, Beine angezogen, Arme neben den Kopf gelegt.

Ebene 0: Ina und Kati haben bis zu diesem Zeitpunkt ca. fünf Minuten intensives Körperspiel hinter sich. Ina hat sich anfangs die Rolle des kleinen Igels gegeben. Kati hat das in "Baby-Igel" abgewandelt. Sie selbst hat vom szenischen Geschehen her die Rolle der Mutter, auch wenn sie hier auf die Frage von Ina: "Und du die Mama-Igel?" (1.31.15) mit "Nein, ich bin ein Mensch" geantwortet hat. In diesem "Nein" und dem Hinweis "ich bin ein Mensch" sehe ich eher die Verneinung einer Igel-Existenz als die Ablehnung der Mutterrolle (oder gar die Gegenüberstellung Mensch/Mutter!). Sie definiert sich in allen drei Szenen (I, II, III) früher oder später als Mutter von Ina.

Bis hier ist das Spiel von der Inszenierung prääödipaler Autonomiekonflikte mit der Ambivalenz von erotischer Zärtlichkeit und (mehr oder weniger verdeckter) Aggressivität zwischen Mutter und Kind bestimmt:
– Der kleine Igel will wegkrabbeln, wird aber von der Mutter festgehalten (1.30.32, 10.15 Uhr);
– der kleine Igel hat Stacheln; die Mutter sagt aber, daß ihr die Stacheln nichts ausmachen ("nicht wehtun") (1.30.32);
– das Festhalten und Festgehaltenwerden geht über in verführerisches wehrloses Sich-Räkeln des Kindes (1.31.15);
– das Kind wendet das Gezerrtwerden durch die Mutter in Aggressivität gegen diese: Ina legt sich mit ihrem ganzen Gewicht gegen den Brustkorb von Kati und drückt sie damit fast zu Boden (1.31.15);
– das Kind gehorcht aber der Aufforderung, sich wieder zurückzuwälzen. Hieran schließt sich an, daß die Mutter in erotisch-aggressiver Weise dem Kind den Po tätschelt/versohlt, was sich das Kind passiv gefallen läßt (1.31.10);
– die Mutter schaukelt das Kind in einer sexualisierten Weise, wogegen das Kind verbal protestiert ("Laß das!"), was es aber körperlich passiv zuläßt (1.31.43);
– die Mutter macht das protestierende Kind zu einem sprachlosen Wesen "Du kannst nicht reden – reden durch dein' Mund." (1.31.50);
– das Kind protestiert jetzt nonverbal; quietscht, strampelt, stemmt sich (1.32.30);
– die Mutter definiert: Das, was das Kind da macht, kann es (noch) gar nicht (1.32.30);
– die Mutter korrigiert die Körperhaltung (Armhaltung) des platt und passiv auf dem Bauch liegenden Kindes und erklärt gleich: "Du kannst das nicht zurückmachen." (1.34.20);
– das Kind zeigt Widerständigkeit und bewegt trotz des Gebots der Mutter die Arme, tut dies auch nach erneuter Korrektur durch die Mutter noch einmal, wendet den Kopf von ihr ab, bleibt aber in ihrem Zugriff liegen (1.34.20);
– die Mutter spielt zärtlich mit einer Haarsträhne des Kindes, was dieses zuläßt (1.34.20).

Unmittelbar nach dieser Vorgeschichte kommt es zu der am deutlichsten sexuellen Szene. Das Kind besetzt den ganzen Körper der Mutter. Die Mutter öffnet ihm ihren Genitalbereich durch Spreizen der Beine. Leider kann ich keine Aussage darüber treffen, wer von den beiden Mädchen mit dieser Aktion begonnen hat, weil sie genau in dem Moment, in dem ich mit der Kamera zur Kommode herüberschwenkte, (unbeobachtet) damit begonnen haben, diese Szene zu gestalten. Dieser Zusammenhang ist natürlich interessant: Ich hatte – wie die Szenen selbst – dieses

Wegschwenken ebenfalls "vergessen". Beim Ansehen der Filmaufnahmen fiel mir dann auf, wie häufig – im Vergleich zu anderen Kinderszenen – Kati zur Kamera sah (1.31.43, 1.33.00, 1.33.20, 1.34.03, 1.34.40, also fast zwei mal pro Minute). Bei mir stellte sich weiter das Gefühl ein, *Kati* sei es unangenehm gewesen, mich filmen zu sehen. Ich rekonstruierte, dieses sei der Grund für mich gewesen, die Kamera bzw. meinen Blick abzuwenden. Aus der Gesamtsicht des Spiels zwischen Kati und Ina und auch aus meinem "Vergessen" der Szenen schließe ich jedoch, daß es sich hier eher um eine Gegenübertragung und Projektion meinerseits handelt: *Ich habe die beobachteten Szenen als anstößig, die Beobachtung als verboten empfunden*, was bei mir das Gefühl des Unbehagens hervorgerufen hat, welches ich dann bei Kati untergebracht habe.

Im Nachhinein ist anhand des Protokolls festzustellen, daß Kati wenigstens zweimal beim Zur-Kamera-Sehen lächelte (1.31.43, 1.34.03), was möglicherweise dafür spricht, daß sie das Setting, daß mich zur Voyeurin und sie und Ina zu Exhibitionistinnen machte, auch ein Stück weit reizvoll fand und es offenbar einen Wunsch befriedigte. Die Szenen zwischen ihr und Ina wären denn eine Inszenierung in der (Re)Inszenierung: Mir als erwachsener Frau (in der Gegenwart) werden die Dinge gezeigt (die sich auf eine vergangene Interaktionserfahrung mit einer erwachsenen Frau beziehen); es geht im Spiel der beiden um weibliche Beziehungen, um weibliches Begehren in der Mutter-Tochter-Beziehung (und bei meinem Wegsehen um die Abwehr desselben, um das Inzest-Tabu und um das der Homosexualität). Inwieweit nun aber die Annahme, Kati (und Ina) wollen, daß ich "gucke", auch auf die diskutierte Umarmungsszene zutrifft, kann ich nicht beantworten, da ich nicht dokumentieren konnte, ob die beiden in dieser halben Minute, in der ich die Szene zwischen Carl und Gitta an der Kommode filmte, mein Wegschwenken bemerkt haben, also wußten, daß sie unbeobachtet waren, oder nicht. Insofern ist es nicht möglich, zu sagen, daß sie *diese* Szene gezeigt haben, *weil ich dabei zusah*, oder gerade, *weil sie sich unbeobachtet fühlten*[2].

Ebene 1: "Ich möchte gern spielen, daß du jetzt gerade im Krankenhaus bist und ein Baby kriegst. Und das Baby möchte ich spielen."

Ebene 2: Ina möchte (wie bisher im Spiel faktisch schon realisiert) jetzt ausdrücklich ein frühkindliches Mutter-Kind-Arrangement und sich selbst als (sehr kleines) Baby definieren. Letzteres sagt sie nicht ausdrücklich, spielt dies aber nonverbal: Baby-Tonfall, Geräkel und das hilflose Alle-Viere-von-sich-Strecken auf Säuglings-Art (Beine und Arme angewinkelt, Arme neben den Kopf gelegt). Die Formulierung "gerade" könnte – als zeitliche Bestimmung genommen – bedeuten, daß Ina das Babykriegen, die Geburt also spielen möchte. Dies zusammengenommen mit ihrem Säuglingsverhalten zeigt den Wunsch, daß sie spielen möchte, daß sie – von Kati als Mutter – geboren wird. Diese Szene kann für die narzißtische Frage nach dem Geheimnis der eigenen Herkunft und Existenz, nach dem von Zeugung und Geburt stehen[3].

Welche Rolle aber spielt in dieser Szene das Geschlecht? Es gibt aus dem Material keinen Anhaltspunkt dafür, ob das Baby/Kind von Kati und Ina als männlich oder weiblich gedacht wird. Das männliche Element taucht im Spiel der beiden Mädchen auf der Ebene der verbalen Definitionen nicht auf: Es gibt keinen Mann, keinen Sohn, keinen Vater, keinen Bruder. Es gibt aber auch keine Tochter oder Schwester.

Wie soll ich also interpretieren? Inszenieren die beiden eine Mutter-Tochter- oder eine Mutter-Sohn-Dyade? Geht es um die Darstellung homosexuellen oder heterosexuellen Begehrens?

Es liegt nahe, aus dem Zusammenhang zwischen Inas Äußerung ("Du bist gerade im Krankenhaus ... und kriegst gerade ein Baby") mit der unmittelbar davorliegenden Umarmungsszene die Interpretation abzuleiten, daß es sich dabei um die Inszenierung des heterosexuellen Geschlechtsaktes handelt, dessen Konsequenz hier das Schwangerwerden der Frau und die Geburt eines Kindes ist. Diese Lesart würde bedeuten, daß Ina hier in die Rolle des Mannes, des potentiellen Vaters geschlüpft ist, und damit einen Wunsch nach männlicher Zeugungsfähigkeit darstellt. Gestützt werden könnte diese Sichtweise zwar nicht durch eine explizite Selbstdeutung des Kindes, wohl aber durch den faktischen Zusammenhang von heterosexueller Zeugung und Geburt (von dem die Kinder in diesem Alter und in diesem Kindergarten bewußt wissen).

Dennoch halte ich es für problematisch, die Besetzung von Katis Körper durch Ina primär als Symbolisierung eines Wunsches nach "männlicher Zeugungsfähigkeit" zu verstehen und ihre Aktion als Darstellung "heterosexuellen" Begehrens zu interpretieren; dies würde auch auf eine stereotypisierende Zuschreibung hinauslaufen, die in der Besetzung eines Frauenkörpers, wenn sie denn auf die Art und Weise wie inszeniert stattfindet, immer eine heterosexuelle sieht. Vielmehr ist das Spiel zwischen Ina und Kati, der Umgang mit dem Körper der anderen geprägt von einem intensiven homoerotischen Interesse aneinander. Liegt da nicht näher, in Inas Spiel die Symbolisierung einer homosexuellen Zeugung zu sehen oder – vielleicht besser – den Wunsch nach einer Unabhängigkeit vom anderen Geschlecht, den Wunsch nach Omnipotenz des eigenen Geschlechts? Nach Irene Fast könnten hierin Reste einer Phase der geschlechtlichen Undifferenziertheit gesehen werden. Ich finde es eher plausibel, in Inas Handlung sowohl die Reste einer frühen Vateridentifikation zu sehen, als auch die Symbolisierung der Abwehr von Heterosexualität als ein die Mutter-Tochter-Dyade sprengendes Prinzip.

Im unmittelbaren Wechsel der Rollen, die Ina sich zuschreibt – die der sexuellen Partnerin/des sexuellen Partners, dann die Rolle des Säuglings – zeigt sich die dialektische Identität beider Funktionen: Die Beziehung der Mutter zum Säugling ist eine erotische Liebesbeziehung, beide werden sich gegenseitig zu sexuellen Partnern. Da aber Ina schon lange kein Säugling mehr ist, lange die präödipale Phase hinter sich gelassen hat, muß von einer Überformung der präödipalen Beziehung durch die ödipalen Themen der Heterosexualität und der Konkurrenz mit dem Vater ausgegangen werden. Manifeste ödipale Themen tauchen hier nicht auf, aber Triangulierung im Modus des Ausschlusses des Dritten. Vor dieser Folie gewinnt das zur-Kamera-sehen und Lächeln von Kati noch eine neue Bedeutung: Ich (die erwachsene Frau) bin (aus der Szene) ausgeschlossen. Vielleicht liegt hier eine Befriedigungsmöglichkeit für Kati, die den Gewinn erklärt, den sie daraus zieht, mir diese Szenen zu zeigen: Das von einer Frau Erlittene wird im Rollenwechsel einer Frau (wieder) angetan.

Zurück zu Ina: Wenn das Kind über die geschlechtlichen Fähigkeiten beider Geschlechter verfügt, dann braucht die Mutter keine Liebesbeziehung zu einer Person des männlichen Geschlechts, dann kann die Gefahr des Verlustes der exklusiven

Beziehung zur Mutter abgewendet werden. Einem solchen Wunsch würde eine Festlegung der Rolle Inas auf männlich oder weiblich, Sohn oder Tochter widersprechen (hier werden die Grenzen einer dualistischen Sprache deutlich, mit der es fast unmöglich ist, Selbstdefinitionen begrifflich zu fassen, die die Geschlechterdifferenz transzendieren). Die geschlechtliche Neutralisierung (im übrigen über die – akustisch verständlichen – verbalen Anteile aller drei Szenen hinweg!) des Babies/Kindes könnte so als Abwehr der – die eigenen Fähigkeiten, die eigene Identität einschränkenden – Zweigeschlechtlichkeit verstanden werden. Andererseits geht es natürlich *real* um die homoerotische Bindung zwischen Ina und Kati. Und es geht *real* um die Wünsche Inas, die eine Tochter ist. Deshalb werde ich im weiteren nicht mehr – wie ich es bis hier getan habe – "neutral" von "Kind" oder "Baby", sondern ab hier von "Tochter" sprechen.

Ebene 3: Für Kati könnte Inas Äußerung die Deutung der Umarmung als Zeugungsszene bedeuten. Die Anforderung, eine (werdende) Mutter zu spielen, ist unbezweifelbar. Der nonverbale Teil von Inas Agieren signalisiert ihr sowohl die Rolle, die Ina jetzt übernehmen will, als auch – durch ihr Agieren als hilfloser Säugling – eine konkrete Handlungs-Aufforderung, die man etwa so übersetzen könnte: "Tu etwas mit mir."

Ebene 4: Ina zeichnet das Bild einer Tochter in der Ambivalenz zwischen präödipalen Autonomiekonflikten und homosexuellem Verlangen nach der Mutter:
– Sie will weg von der Mutter, sich wehren, sich weigern, sich dem Zugriff, der Kontrolle entziehen, sie will die Mutter auf Distanz halten, der Mutter weh tun können (der kleine Igel hat Stacheln);
– gleichzeitig aber bleibt sie im Zugriff der Mutter/Katis liegen, definiert ihre Bedeutung für die Mutter/für Kati in der Rolle der hilflosen Säuglings-Tochter, räkelt sich verführerisch, signalisiert Kati, daß sie (auf-, hoch-)genommen werden will; sie sexualisiert die Pose von Abhängigkeit, Passivität und Unterwerfung;
– in der Inszenierung des (aktiven) töchterlichen Begehrens nach der Mutter ist bereits das Wissen um die Bedrohung dieser Beziehung durch die Heterosexualität, der Wunsch nach geschlechtlicher Omnipotenz, d.h. die Abwehr der Zweigeschlechtlichkeit aufgehoben.

Interakt 2 / Kati (1.35.28 -1.35.40 / 10.19 - 10.20 Uhr)

Kati kommt aus der Seitenlage, in der sie Ina gegenüber gelegen hat, hoch, hockt sich auf untergeschlagenen Beinen neben Ina, beugt sich über sie, legt ihren Arm fest um sie, sieht sie von oben an. Sie sagt (zärtlicher Tonfall): "Ich hab' doch schon gekriegt, ne?" Sie hockt über Ina, spielt mit deren Haaren.
Ebene 1: "Aber ich habe doch schon ein Baby gekriegt, ok?" Oder: "Aber ich habe doch dich schon gekriegt, ok?"
Ebene 2: Kati übernimmt die Mutterrolle bzw. spielt diese weiter, realisiert hier deren zärtliche Anteile. Allerdings enthält ihre Aussage auch einen Widerspruch zu Inas Definition. Dieser scheint sich auf die zeitliche Bestimmung "gerade" in Inas Äußerung zu beziehen: Wenn sie ein Baby oder Ina "schon gekriegt" hat und das Baby/Ina schon da ist, wird die Geburt nicht mehr gespielt. Dies kann als Widerspruch zu Inas Deutung der Umarmung als Zeugungsszene gelesen werden.

Ebene 3: Für Ina bedeuten Katis Handlungen sowohl Zustimmung zum Thema Mutter-und-Kind, als auch Widerspruch zum Thema Geburt, zur Deutung der Umarmung als Zeugungsszene.

Ebene 4: Kati spielt eine Mutter, die ihre Tochter festhält, sich ihrer zärtlich, aber auch aggressiv-erotisch bemächtigt, die deren Widerstand nicht duldet, der die Tochter nichts tun kann (die Stacheln des Igels tun ihr "nicht weh"), die sich aber auch von der Tochter sexuell verführen und besitzen läßt. Umgekehrt zeichnet sie damit ein Bild von einer Tochter, die in ihrem Widerstand begehrenswert ist.

Interakt 3 / Ina 1.35.40 (10.20 Uhr)

Ina faßt an ihre Wange, wo Katis Hand ist, es sieht so aus, als schiebe sie Katis Hand weg, legt ihre eigene Hand an ihre Wange, wendet den Kopf ab, sieht an Kati vorbei.
Ebene 1: Entfällt.
Ebene 2: Ina scheint mit Katis Reaktion nicht zufrieden oder enttäuscht darüber zu sein. Allerdings ist das Handeln von Ina nicht abrupt, sondern eher langsam, verhalten und damit nicht sehr deutlich. Es ist auch kein offenes Schmollen. Das passive Daliegen von Ina, das Faktum, daß sie nicht antwortet und den Kopf abwendet, erneuert die Aufforderung: "Tu etwas mit mir."
Ebene 3: Für Kati könnte auf der nonverbalen Ebene spürbar sein, daß Ina unzufrieden, vielleicht enttäuscht ist. Auf der verbalen Ebene erhält sie von Ina keine Antwort auf ihren Vorschlag.

Interakt 4 / Kati (1.35.50)

Kati hockt wie vorher neben Ina, hat sie umfaßt, sieht wie vorher auf sie herunter, ist ihr ganz nahe, sagt: "Ich krieg' wohl noch eins. (Pause) Und aus Spaß bist du das ... (4), ne? Du bist das große Baby." Kati hat ihren Arm lose auf Inas Unterarm liegen.
Ebene 1: "Ich kriege wohl noch ein Kind. Und du spielst dann das ... Du spielst das große Baby."
Ebene 2: Kati scheint hier auf Inas Enttäuschung zu reagieren: Sie erfüllt Inas Wunsch, Geburt zu spielen; dabei will sie aber eine Mutter sein, die bereits ein Kind hat. Ina soll dieses ältere Kind spielen. Dieses Kind ist zwar noch ein Baby, aber kein kleines, sondern ein "großes". Kati ist offenbar daran interessiert, den Konflikt um Geschwisterrivalität mit Ina in der Rolle der vom Verlust der exklusiven Mutterbeziehung bedrohten Tochter zu spielen (Kati hat eine etwa 10 Jahre ältere Schwester, keine jüngeren Geschwister; Ina ist Einzelkind). Kati variiert damit das Thema der Bedrohung der exklusiven Mutter-Tochter-Beziehung: So wie diese durch die heterosexuelle Beziehung der Mutter zum Vater verloren gehen kann, so kann dies durch das Geborenwerden bzw. das Vorhandensein eines Geschwisterkindes geschehen. Die im Spiel bis zu diesem Punkt mitschwingende Ambivalenz zwischen Zärtlichkeit und Aggression wird um eine neue Facette bereichert: Kati mutet Ina die bedrohte Rolle zu, bearbeitet das Thema für sich selbst von der sicheren Position der Mutter aus und sucht gleichzeitig die intensivste körperliche Nähe.
Ebene 3: Für Ina ist mit Katis Äußerung der eine Teil ihres Wunsches erfüllt (Geburt spielen), der andere (sie selbst will geboren werden und ein Säugling sein) allerdings nicht. Kati bringt zudem Ina in die Lage eines Kindes, dessen exklusive Beziehung zur Mutter durch einen Neuankömmling verändert, bedroht wird.

Ebene 4: Kati gestaltet die Macht der Mutter weiter aus: Die Mutter setzt die bedrohliche Situation für die Tochter (Verlust der exklusiven Mutter-Kind-Beziehung) und nimmt sie im nächsten Moment – aber auch nur für eine gewisse Frist – zurück (die Mutter kontrolliert Nähe und Exklusivität der Beziehung).

Interakt 5 / Ina (1.35.50)

Ina liegt auf dem Rücken, läßt sich von Kati, die sie um die Taille gefaßt hat, schlaff heranzerren.
Ebene 1: Entfällt.
Ebene 2: Ina definiert sich in diesem Moment als handlungsunfähig: Sie läßt es sich gefallen, daß die Mutter sie heranholt, wehrt sich nicht, hilft aber auch nicht mit. Sie widerspricht verbal nicht Katis Definition.
Ebene 3: Für Kati ist Inas Verhalten keine Zustimmung zu ihrer Spieldefinition. Es signalisiert zwar auch keine offene Ablehnung, dadurch aber, daß Ina nicht als "großes Baby" agiert, sondern immer noch wie ein Neugeborenes daliegt, wird schon klar, daß Ina mit Katis Setzungen nicht zufrieden ist.

Interakt 6 / Kati (1.36.00 / 10.20 Uhr)

Kati nimmt Ina wieder fester in den Arm, zerrt sie dazu um die Taille gefaßt ein bißchen zu sich heran, so daß Ina auf die Seite zu liegen kommt. Kati: "Aber erst mal bist du das – das einzige, ne?" (zärtlich-tröstender Tonfall) und zieht Ina enger an sich.
Ebene 1: "Aber bevor ich noch ein Baby bekomme, bist du mein einziges Kind, ok?"
Ebene 2: Kati geht hier auf Inas Wunsch nach der Inszenierung einer exklusiven Beziehung der Mutter zu ihrem einzigen Kind ein. Sie sagt das in zärtlich-tröstendem Tonfall. Dies spricht zum einen dafür, daß ihr eine solche ungestörte Symbiose selbst affektiv naheliegt. Zum zweiten zeigt dies, daß sie ein Verständnis davon hat, daß das Versprechen auf Exklusivität Trost für das Kind bedeutet, was wiederum andererseits deutlich macht, daß sie einen Begriff von der Kränkung hat, die die Neuankunft eines Geschwisterkindes für das Erstgeborene bedeuten kann.
Ebene 3: Für Ina erfüllt sich der Wunsch nach der Inszenierung einer ungestörten Symbiose mit der Mutter. Allerdings hat die Mutter gesagt, daß das Glück zu zweit zeitlich befristet ("erst mal") ist.

Interakt 7 / Ina und Kati (1.36.05)[4]

Ina liegt halb seitlich in Katis Armen, Kopf seitlich zum Hochbett gedreht, ist also fast von hinten zu sehen. Kati liegt halb auf dem Bauch über ihr, hat sie eng umfaßt. Ina hat Kati mit ihren Armen umschlungen. Kati hält den Kopf hoch, sieht an der Kamera vorbei zum Fenster. Beide verharren so 15 Sekunden ganz still. Dann kratzt sich Kati kurz an der Nase, umfaßt Ina aber gleich wieder, sieht weiter zum Fenster. Ina bewegt darauf hin kurz den Kopf, läßt dann ihren Arm von Katis Rücken, wo sie sie gehalten hat, rutschen und im Ellenbogen abgewinkelt schlaff von sich weg hängen. Kati sieht auf Inas Hand, die jetzt unter ihrem Gesicht hängt, hält aber Ina weiter wie bisher. Insgesamt liegen die beiden so verschlungen 24 Sekunden.
Ebene 1: Entfällt.
Ebene 2 und *Ebene 3:* Kati und Ina inszenieren gemeinsam eine exklusive Mutter-Baby-Einheit, eine weitere Umarmung. Ina bringt noch einmal durch das Abrutschen und das schlaff in Baby-Stellung Hängen ihres Armes die Definition ihrer

Rolle als Säugling und dessen Passivität "zur Sprache": Sie kann nicht festhalten, sie muß gehalten werden.

Interakt 8 / Kati (1.36.30)

Kati löst sich von Ina, hockt sich neben sie, sieht auf sie herunter, sagt: "Aus Spaß bist du wohl in mein' Bauch", sieht Ina an.

Ebene 1: "Wir spielen, daß du in meinem Bauch bist."

Ebene 2: Kati scheint hier jetzt selbst die Phantasie von einer homosexuellen Zeugung zu entwickeln: Die Folge der Umarmung mit Ina ist, daß Kati schwanger ist/wird. Gleichzeitig erscheint hier noch einmal das Motiv der Identität zwischen Sexualpartnerin und Kind. Andererseits aber legt Kati die Betonung hier auf einen anderen Aspekt als Ina in "Interakt 1": Während Ina im Anschluß an die "Zeugungsszene" das Herauskommen/ Geborenwerden des Kindes betont ("Und kriegst gerade ein Baby") und dann den herausgekommenen Säugling darstellt, ist es Kati wichtig, zunächst einmal festzustellen, daß Ina jetzt – im Anschluß an die Umarmung – in ihrem Bauch sei. So gesehen erscheint die Umarmung weniger Zeugung zu sein, als so etwas wie eine (Wieder-)Einverleibung des Kindes durch die Mutter als konsequente Vollendung der Bemächtigung, die bereits vorher von beiden Mädchen immer wieder spielerisch thematisiert wurde.

Ebene 3: Für Ina erfüllt sich zwar einerseits der Wunsch danach, der Mutter ein Kind machen zu können, andererseits aber ist sie mit einer Umdeutung ihres Wunsches bzw. mit einer Art von Wuscherfüllung durch Kati konfrontiert, die letztlich die Aufhebung ihrer (Inas) Existenz als von der Mutter getrenntes Subjekt bedeutet: Die Umarmung der Mutter bedeutet, von ihr einverleibt zu werden. Diese Situation könnte bei Ina hoch-ambivalente Gefühle auslösen: Protest/Haß und/oder Verzicht auf Widerstand als Preis für die erreichte zärtliche Nähe zur Mutter und/oder lustvolle Einwilligung in die symbolische Vernichtung der eigenen Subjekthaftigkeit als höchste Steigerung der Erotisierung von Unterwerfung.

Ebene 4: Kati zeichnet die Mutter in einer neuen Qualität von Bemächtigung; es geht nicht nur um die Behinderung der Unabhängigkeit des Kindes, sondern darüber hinaus um die phantasierte Aufhebung der Existenz des Kindes als von der Mutter getrenntes Subjekt, um Phantasien über dessen Inkorporation im wörtlichen Sinne (als Wieder-Einführung in den mütterlichen Körper). Diese Szene ist ein Symbol für die Legierung von (möglicherweise oraler) Einverleibung und libidinöser Bemächtigung.

Mit *Interakt 9 (1.36.30:* "Ina liegt auf dem Rücken, legt die Arme hoch und neben den Kopf, nickt einmal, sieht Kati an, liegt still") zeigt Ina nonverbal (Nicken, Geschehenlassen) ein Einverständnis mit Katis Interpretation, dem die damit verknüpfte Gefühlsqualität nicht anzumerken ist.

Das weitere Geschehen

Kati sagt eine knappe Minute später zu Ina: "Aus Spaß bist du rausgekommen" (1.37.20/10.21 Uhr) und ordnet dann zwei mal an: "Jetzt weinst du einmal", woraufhin Ina quietscht. Danach versucht Kati Ina hochzuzerren, diese macht sich aber schlaff, woraufhin Kati sagt: "Jetzt mußt du dich einmal hinstellen." Ina weigert sich und sagt: "Das Baby kann sich noch nicht hinstellen." Kati (etwas unwillig-er-klärend): "Aber du mußt das einmal." Die beiden spielen bis 1.39.00 weiter Mutter und Kind. Danach habe ich Rudi und Carl gefilmt, die an der Schreibmaschine bei der Kommode sitzen und spielen, sie würden Bilderbücher beschriften. Um 1.44.00 (10.29 Uhr) Schwenk zum Haus in der Hochbettecke: Kati und Ina sind dort dabei, sich mit Kissen zu bewerfen.

Szene III

In dieser Filmaufnahme entwickelt sich über neun Minuten (1.47.40/10.35 Uhr bis 1.56.45/10.44 Uhr) ein Spiel zwischen Kati und Ina, in dem Ina "krank" und "im Krankenhaus" ist und Kati als Arzt (nicht ausdrücklich verbal so definiert) agiert. In einer "Schlüsselszene", die etwa eine Minute lang ist (1.51.49/10.39 Uhr bis 1.52.54/10.40 Uhr) und die ich einer Inhaltsanalyse unterziehe, intensiviert sich das Bild der homoerotischen Beziehung zwischen den beiden Mädchen und der komplementären Verflechtung von Bemächtigung und Unterwerfung.

Das Geschehen vor der Schlüsselszene

Kati und Ina sind in der Teppichecke vor dem Fenster; beide Mädchen haben kurze Röcke und dieselbe Sorte von Lackschuhen an. Kati unterhält sich mit Phillip, der dort mit Papier hantiert und an einer Schreibmaschine für sich spielt. Sie sagt: "Ich bin ein bißchen größer als Ina", faßt dieser dabei zärtlich ins Haar. Am Tisch sitzen Ingo und Rudi und sehen sich gemeinsam Bilderbücher an. Kati und Ina stehen sich gegenüber, Kati umfaßt Ina bei der Taille, diese läßt sich Kati in die Arme fallen, knickt dabei mit den Knien ein, hängt ihr in den Armen, kniet dabei auf dem Boden (1.46.51/10.35 Uhr). Danach entwickelt sich ein Hüpfspiel: Beide fassen sich an den Händen, hüpfen gemeinsam auf und ab. Ina setzt sich auf den Boden, legt sich dann auf den Rücken, zieht Kati dabei zu sich herab und auf sich. Hieraus entwickelt sich das "Krankenhaus"-Spiel: Kati definiert Ina als "krank"; sie sei "beim Arzt, nein, im Krankenhaus" (1.47.40); sie sieht in Ina ein Kind, dessen Mutter (Kati selbst) später kommt und es aus dem Krankenhaus holt (1.56.45); bis dahin agiert Kati als "Arzt" (sie sagt dies aber nicht ausdrücklich von sich selbst); sie hantiert fast 10 Minuten an der (ab 1.47.40) passiv auf dem Rücken liegenden Ina herum, traktiert sie untersuchend mit einem Plastikschraubenschlüssel und einem Holzklotz, den sie ihr des längeren in den Mund steckt, deckt sie zu, zieht ihr die Decke dann auch über das Gesicht, sagt dabei, Ina würde dies nicht merken, da sie "ganz fest schlafe" (1.50.50).

Protokoll

Kindergruppe A, Gruppenraum (siehe Übersicht)
Filmbeginn: 1.46.11 (10.34 Uhr)
Analysierter Ausschnitt: 1.51.49 (10.39 Uhr) - 1.52.54 (10.40 Uhr)
Mädchen: Kati (4;8), Ina (4;3)
Jungen: Ingo (5;4), Rudi (5;1), Dieter (5;0), Phillip (4;7).

Übersicht: Räumliche Situation:

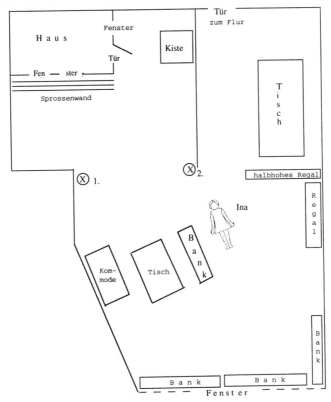

Legende: (X)1 und (X)2 Kamerapositionen; die Kameraposition für den hier wiedergegebenen Ausschnitt ist bei (X)2.

1.51.49 (10.39 Uhr) Kati ist aufgestanden, hat einen roten Gummiball (Gymnastikball, Durchmesser ca. 30 cm) geholt, geht zu Inas Kopfende, steht dort über deren Kopf, hebt den Ball mit beiden Händen bis in eigene Kopfhöhe hoch, tippt damit in einer langsamen Bewegung, die sie – sich bückend – über Inas Gesicht noch mehr verlangsamt, kurz und vorsichtig auf deren zugedecktes Gesicht, und zwar nicht auf die Stirn, sondern auf den unteren Teil des Gesichtes, also auf den Nasen-Mund-Bereich und die linke Wange (Ina hat ihren Kopf weiter auf der rechten Seite liegen). Danach legt sie den Ball mit einem kleinen Bums oberhalb von Inas Kopf auf dem Boden ab.

1.51.54 (10.39 Uhr) Ina rührt sich daraufhin leicht, räkelt sich, bleibt aber unter der Decke liegen, zieht ihre rechte Hand, die bei dem Über-das-Gesicht-Ziehen der Decke wieder freigelegt worden war, unter die Decke. Kati holt sich währenddessen von dem zwischen Kommode und Bank stehenden kleinen Tisch ein kleines Büchlein (es ist nicht zu erkennen, um was für eines es sich handelt), sieht dabei kurz zur Kamera, stellt sich – das Büchlein aufblätternd und in beiden Händen etwa in Brusthöhe haltend und mit gesenktem Kopf in das Büchlein blickend – rechts neben Inas vollständig zugedeckten Körper. Sie hält dann im Durchblättern an einer Stelle inne, hält das Büchlein an dieser Stelle mit beiden Händen aufgeschlagen, sieht weiter hinein und bewegt das Büchlein (bekräftigend) eine kleine Strecke von oben nach unten (wie ein winziger leichter

Schlag durch die Luft), sagt dabei: "Aahh!! (Tonfall: zufrieden, leicht affektiert) Dieses hier ... (4) ..." (lautes Gespräch im Hintergrund), dreht sich dann zum Gehen, geht (tänzelnd oder stolpernd, ist nicht genau auseinanderzuhalten; der Durchgang zwischen Inas Körper und der Bank ist schmal) oben um Inas Kopf herum auf deren linke Seite, hockt sich dort links von ihr neben ihren Kopf auf den Boden,

1.52.05 (10.40 Uhr) zieht Ina die Decke mit einer schnellen Bewegung vom Gesicht, beugt sich zu Inas Kopf, flüstert ihr etwas ins Ohr. Ina dreht Kati das Gesicht nach links zu.

1.52.10 Kati zeigt ihr die aufgeschlagenen Buchseiten, erzählt Ina ganz leise etwas dazu, ist ihr ganz nahe, zeigt auf die Bilder, streicht Ina zwei mal den Pony aus der Stirn. Ina bewegt sich leicht, sieht sich wohl die Bilder an, ob sie etwas sagt, ist nicht festzustellen. Währenddessen am Tisch neben der Tür lautes Reden und Brüllen von "Arbeitern" und "der Vulkan explodiert!".

1.52.20 Kati legt das Büchlein weg, sagt, indem sie sich zu Ina vorbeugt: "Schlaf weiter ... (3)." Ina dreht den Kopf wieder in die Mitte.

1.52.30 (10.40 Uhr) Kati zieht Ina die Decke wieder über das Gesicht, streicht ihr mit beiden Händen langsam (sorgsam) über das zugedeckte Gesicht, steht auf, geht zum Tisch, holt sich ein größeres Buch. Ina hat sich zurechtgeräkelt, liegt dann still.

1.52.45 (10.40 Uhr) Kati stellt sich mit dem größeren Buch wieder an die rechte Seite Inas; diese liegt weiterhin still und vollkommen zugedeckt. Kati hat das Buch aufgeschlagen, sieht wie vorher kurz hinein, während sie dort steht.

1.52.54 Kati geht wie vorher dann herüber auf die andere Seite, hockt sich dort in Kopfhöhe von Ina hin, zieht dieser mit einer schnellen Bewegung die Decke vom Gesicht, zeigt ihr in dem Buch etwas, erzählt ihr ganz leise etwas.

Inhaltsanalyse

Interakt 1 / Kati (1.51.49 / 10.39 Uhr)

Kati ist aufgestanden, hat einen roten Gummiball geholt, geht zu Inas Kopfende, steht dort über deren Kopf, hebt den Ball mit beiden Händen bis in eigene Kopfhöhe hoch, tippt damit in einer langsamen Bewegung, die sie – sich bückend – über Inas Gesicht noch mehr verlangsamt, kurz und vorsichtig auf deren zugedecktes Gesicht, und zwar nicht auf die Stirn, sondern auf den unteren Teil des Gesichtes, also auf den Nasen-Mund-Bereich und die linke Wange (Ina hat ihren Kopf auf die rechte Seite gelegt). Danach legt sie den Ball mit einem kleinen Bums oberhalb von Inas Kopf auf dem Boden ab.

Ebene 0: Siehe Zusammenfassung unter "Das Geschehen vor der Schlüsselszene"

Ebene 1: entfällt.

Ebene 2: In Szene II war für Kati die Darstellung der frühen Mutter mit ihren zärtlich-erotischen und aggressiven Anteilen ein attraktives Spielthema. Was stellt sie in dieser Szene dar? Drei Fragen stellen sich hier: Wofür steht das Zudecken von Inas Gesicht? Wofür steht die große rote Kugel (der Ball), die Kati auf Inas zugedecktes Gesicht senkt? Und was bedeutet das Agieren von Kati als Arzt?

Zum Zudecken von Inas Gesicht: Es kann sich hierbei um eine Reinszenierung eines frühen prototypischen Spieles handeln: Ein Säugling ist von einem bestimmten Stadium der kognitiv-affektiven Entwicklung an in der Lage, mit zugedecktem Gesicht erwartungsvoll und aufgeregt-lustvoll das Wiederaufgedecktwerden und Wiederauftauchen des Gesichtes der Bezugsperson zu antizipieren und eine Weile darauf zu warten. Das sich hierum entwickelnde und vom Säugling mitgestaltete Spiel (nach Donald W. Winnicott ein "Übergangsphänomen") dreht sich um das Verschwinden, Wegsein und Wiederdasein von Personen, ein Thema, das Affekte freisetzt, die in ihrer ängstigenden Seite sofort deutlich werden, wenn das Zugedecktsein, das Nichtsehenkönnen und Wegsein (das eigene und das der/s anderen) eine Spur zu lange dauert. Zwar gestaltet der Säugling dieses Spiel mit (liegt z.B. still unter der Decke oder zappelt, begrüßt durch spezifische Mimik, Motorik und Geräusche das Abgedecktwerden); Akteur des Zudeckens aber ist die Bezugsperson; bei ihr liegt die Macht; von ihrer Seite her ist es ein Spiel mit Bemächtigung und Verschwindenlassen, ein heikles verführerisches Spiel mit der Integrität, der Grenze der/s anderen. Auf der Seite des Säuglings ist es ein Spiel um die eigene Unterwerfung, ein Spiel mit dem Begehren, überwältigt und im nächsten Augenblick wieder freigegeben zu werden und nur dann faszinierend und lustvoll-erregend, wenn es eingebettet ist in die Erfahrung und das Vertrauen, daß die/der andere seine Grenzen kennt.

Zurück zu Kati: Sie bemächtigt sich Inas durch dieses Spiel auf besondere Weise, sie macht Ina gesichtslos, diese kann nicht mehr sehen, was Kati mit ihr tut. Kati sagt zudem, Ina schlafe so tief, daß sie das Zugedecktwerden nicht merke. Sie möchte also spielen, daß sie Ina ohne deren bewußte Zustimmung zudeckt. Gleichzeitig – denke ich – symbolisiert eben dieses Abdecken des Gesichtes den tiefen Schlaf selbst. Im Zusammenhang mit dem Krankenhaussetting könnte dieser Schlaf – als Folge von schwerer Krankheit oder ärztlich applizierter Narkose – Bewußtlosigkeit oder auch Tod bedeuten.

Zur roten Kugel, die Kati auf Inas zugedecktes Gesicht senkt: Welche frühe sensomotorisch-affektive Szene könnte für Kati hiermit symbolisiert sein? Die gegenständliche Struktur der Szene (ein rundes Objekt, das liegende Kind, der Kontakt zwischen Objekt und Mund-Nasen-Bereich) und deren Eingebettetsein in das intensive (in allen drei Szenen sich ausdrückende) Interesse von Kati, eine frühe Mutter zu spielen, bietet es an, hier an die Symbolisierung des oralen Themas der stillenden Brust, des sich Darbietens und sich wieder Entziehens der Brust zu denken. Marina Gambaroff (1984, 1993: 85) spricht unter Bezug auf Sarlin (1963) von der Stillsituation als einer – im Vergleich zur phallischen Urszene – "psychisch früheren und basaleren Urszene auf der oralen Ebene" und schreibt dann weiter: "Das ist die Zeit, in der der Säugling an der Brust der Mutter ein aktiver Teilnehmer in einer offen erotischen Beziehung ist und nicht nur ein Beobachter von außen."

Hier ist ein Motiv für die Reinszenierung der frühen Stillszene angesprochen, das ich bereits für Katis Spiel in Szene II angenommen habe: Es läge im Trost, nicht "Beobachterin von außen" zu sein.

Diese Szene hat allerdings – für mich – etwas unheimliches und ritualhaftes, das von der Affektseite her schlecht zu Zärtlichkeit, Geborgensein und personaler Nähe als Aspekte der Stillsituation paßt. Dieses Gefühl des Unheimlichen stellte sich bei mir ein trotz der freundlichen Tönung vieler Details der Szene: Kati bewegt sich leicht, manchmal tänzelnd, sie sieht in Röckchen, Lackschuhen und langem Haar hübsch und reizend aus, die Sonne scheint in den Raum.

Melanie Klein hat gegen alle Idealisierung der Stillsituation deren Ambivalenz betont. Nach ihr ist die Spaltung des mütterlichen Objektes in ein "gutes" und ein "böses Objekt", in eine "gute" und eine "böse Brust" Folge von "Projektionen libidinöser und aggressiver Triebe, die im Subjekt des Begehrens liegen", wie Becker-Schmidt (1991: 78) schreibt. Weiter sagt sie: Diese Spaltung "ist eine Abwehrmaßnahme, die das Kind vornimmt, um sich vor einer Überflutung durch Angst zu erwehren: Es könnte ein ambivalentes Objekt, das zugleich in höchstem Maße zuwendend und zutiefst zerstörerisch wäre, nicht ertragen." Und: "Die primitivste, früheste Identifikation hängt eng mit der oralen Einverleibung zusammen. Hier impliziert der Wunsch, 'gleich wie' zu sein, die unbewußte Phantasie, sich an die Stelle des primären Objektes zu setzen" (ebd.: 72).

Alle hier genannten Bestimmungstücke können in Katis Szene wiedergefunden werden[5]:

– Der Ball könnte die Brust als von der Person der Mutter losgetrenntes Partialobjekt symbolisieren.

– Die Brust könnte böse sein: Katis Aktion mit dem Ball ordnet sich ein in die anderen sadistischen Handlungen (mit Holzklotz und Schraubenschlüssel), die sie an Inas Körper vornimmt, die allerdings – als Handlungen des Arztes definiert – kanalisiert sind und die gefährlichen Triebe in zugelassener Form repräsentieren. Eine Deutung des Balles und der kurzen Berührung von Inas Gesicht hiermit als "heilend" wäre kein Widerspruch zur sadistischen Deutung, sondern nur die andere Seite der Ambivalenz unter Verleugnung der aggressiven Anteile.

– Das Kind (Ina symbolisiert für Kati die eigene frühe Erfahrung) ist wehrlos und ausgeliefert: Das Zudecken von Inas Gesicht ist ein eindringliches Bild hierfür; es kann für Bewußtlosigkeit oder Tod stehen.

– Das Kind/die Tochter (Kati) hat sich an die Stelle der Mutter gesetzt und inszeniert wie ein magisches Ritual die imaginierte eigene Vernichtung durch die aggressive zerstörerische Brust/Mutter und gewinnt durch die Identifizierung mit der bösen Mutter die Initiative zurück.

Dieses Sich-an-die-Stelle-Setzen ist nicht ohne Beseitigung der bösen Mutter vorstellbar. Becker-Schmidt weist auf die aggressiven Anteile der frühen Identifikationen hin: "Wenn wir annehmen, daß die Mutter das Objekt der primären Identifizierung ist und daß diese in ihrem oralen Modus von Vernichtungsphantasien begleitet ist, so ginge im Unbewußten der Muttermord dem Vatermord voraus" (ebd.: 72).

Sicher ließen sich noch viele Argumente für und gegen eine Interpretation dieser Szene als Reinszenierung der Stillszene ins Feld führen. Ich will noch zwei nennen und dann diese Frage verlassen: *Gegen* eine zu enge Orientierung an dieser Interpretation spricht ein gegenständliches Detail: Kati hebt den Ball in Kopfhöhe, bevor sie ihn auf Inas Gesicht senkt. Dieses könnte eher an das Hantieren mit einem ärztlichen Gerät (Beleuchtungskörper etc.) erinnern. *Dafür* spricht die Tatsache, daß Ina den roten Ball in Szene I als Trostobjekt mit beiden Armen umfaßt und sich dabei an ihn schmiegt, während sie schmollend auf der Bank sitzt, nachdem andere Kinder sie und Kati aus dem Spielhaus vertrieben hatten. Dies würde bedeuten, daß Ina diese Phantasie mit Kati teilt. Wie dem auch sei: Die Deutung dieser Szene mit dem Ball, wenn nicht im engeren Sinne als Stillszene, so doch als Symbolisierung von Identifizierung auf einer frühen oral-sadistischen Stufe erscheint insbesondere auch deshalb plausibel, weil hierin ein Motiv auftaucht, daß Kati bereits in Szene II (s. Interakt 8) gezeigt hat: Die Phantasie der Inkorporation des Kindes durch die Mutter.

Die (männliche) Arztrolle erscheint vor dieser Folie wie ein Deckbild, hinter dem sich das eigentliche Drama (mit einer Frau) verbirgt. Die für Kinder mit ärztlichen

Untersuchungen und Eingriffen verbundenen prototypischen Erfahrungen von Bedrohung und Verletzung eignen sich strukturell wohl auch gut für die Symbolisierung der frühen Phantasien und realen Erfahrungen von aggressiven bzw. als aggressiv gedeuteten Übergriffen auf die eigene körperliche Integrität durch die Mutter.

Ebene 3: Ina muß sich in einem sensomotorisch-affektiven Spannungszustand befinden: Sie sieht nicht, was passiert, hat die Aktivität ganz in Katis Hände gelegt, weiß, daß diese mit ihr etwas tun wird, aber nicht, was dies sein wird. Sie hat nun Katis Aktion mit dem Ball nicht gesehen. Allerdings muß sie die Berührung mit dem Ball gespürt und ebenso das Ablegen des Balles unmittelbar über ihrem Kopf gehört/gespürt haben. Dieses könnte den genannten Spannungszustand erhöhen (die Frage stellt sich natürlich: Was war das?) und zu irgendeiner Reaktion führen. Andererseits war die Berührung (zielgehemmt) nicht heftig und das charakteristische Geräusch des Balles beim Ablegen dürfte Ina die Identifizierung dieses Objektes, das sie da berührt hat, leicht gemacht haben. Die Erhöhung der Spannung kann also insofern nicht dramatisch ausfallen und deshalb – ohne größere Reaktion – aushaltbar sein.

Ebene 4: Katis Spiel könnte – wie in einem magischen Ritual – die Vernichtung des Kindes durch die "böse Brust" und die Aneignung der zerstörerischen Fähigkeiten dieser Brust bzw. der bösen Mutter durch die Tochter symbolisieren. Von der Mutter ist nur die Brust übriggeblieben, über diese Brust und deren Fähigkeiten verfügt nun die Tochter und diese senkt die rote Kugel auf das wehrlose Kind. In diesem Ritual wäre sowohl die identifikatorische Beseitigung der Mutter als auch die der Tochter szenisch verarbeitet. Gleichzeitig ist in diesem Ritual auch die Gewißheit aufgehoben, daß das Objekt nicht zerstört wird, sondern als anderes Subjekt die Aggressionen überlebt (Jessica Benjamin 1990).

Auch wenn man diesem Bild nicht folgen will, ergibt sich: Kati kehrt die Verhältnisse ihrer frühen Erfahrungen um und spielt identifikatorisch die mächtige Bezugsperson, die überwältigt, manipuliert, die die Überwältigung des Kindes begehrt und ritualhaft in Szene setzt.

Interakt 2 / Ina (1.51.54/10.39 Uhr)

Ina rührt sich daraufhin leicht, räkelt sich, bleibt aber unter der Decke liegen, zieht ihre rechte Hand, die bei dem Über-das-Gesicht-Ziehen der Decke wieder freigelegt worden ist, unter die Decke.

Ebene 1: Entfällt.

Ebene 2: Ina hat nicht gesehen, daß Kati mit dem Ball hantiert und was sie mit diesem gemacht hat. Sie hat lediglich gespürt, daß Kati sie im Gesichtsbereich kurz berührt, und gehört, wie sie einen Ball über ihrem Kopf abgelegt hat. Daß Ina daraufhin ihre Hand unter die Decke zieht, kann als Hinweis dafür gewertet werden, daß sie den letzten sich "draußen" befindlichen Körperteil quasi "in Sicherheit" bringen will. Damit ist das "draußen" als "gefährlich" gedeutet. Daß Ina dennoch unter der Decke bleibt, obwohl sie nichts sieht, Katis Aktionen damit ausgeliefert ist und nicht weiß, was da als nächstes kommt, spricht einerseits dafür, daß Ina Kati gegenüber darauf vertraut, daß diese ihre Grenzen kennt; andererseits ist dieses Verhalten aber auch ein Indiz dafür, daß sie den mit dieser Situation des körperlichen Ausgeliefertseins notwendig verknüpften affektiven Spannungszustand lust-voll erlebt. Dies ist eine weitere Variante des Spieles, das Ina bereits in Szene II ge-zeigt hat: Sie agiert als passives Kind, das sich ganz in die Hand der Mutter/des Arztes/Katis gibt; dieses Motiv ist hier noch gesteigert, indem sie es zuläßt, daß Ka-ti ihr das Gesicht zudeckt; sie macht sich damit – stärker noch als in "Szene II" – zum manipulierbaren Objekt.

Ebene 3: Kati hat Inas Reaktionen (sich räkeln, Hand hereinziehen) nicht wahr-nehmen können, da sie sich sich bereits zum Gehen dreht und ein Büchlein vom Tisch holt (s. Interakt 3). Andererseits aber hat Ina – für Kati wahrnehmbar – nicht protestiert, liegt noch genauso wie vorher, als sie sich ihr wieder zu wendet. Inso-fern ist Inas "Nichtreagieren" so etwas wie eine Zustimmung für Kati, daß sie in ih-rem Spiel fortfahren darf.

Ebene 4: Ina bietet, indem sie sich von Kati vollständig zudecken läßt, dieser die Folie für ein Spiel von Bemächtigung. Sie ist dabei aber nicht etwa einseitig mani-pulierbares Objekt, sondern hat aktiv und lustvoll-begehrend dieses Setting herge-stellt: Sie hat Kati dazu verführt, indem sie sich in deren Arme hat fallen lassen (1.46.51) und dann – sich auf den Boden setzend und auf den Rücken legend – Kati zu sich herab und auf sich zog (1.47.35). Ina bearbeitet im homoerotischem Spiel mit Kati die Ambivalenz von Lust und Gefährlichkeit der frühen Identifikation. Sie inszeniert Identifikation und homoerotische Objektbeziehung als libidinös-aggressi-ves Besetzen und Besetztwerden, Überwältigen und Überwältigtwerden.

Interakt 3 / Kati (1.51.54 bis 1.52.05)

Kati holt sich währenddessen von dem zwischen Kommode und Bank stehenden kleinen Tisch ein kleines Büchlein (es ist nicht zu erkennen, um was für eines es sich handelt), sieht dabei kurz zur Kamera, stellt sich – das Büchlein aufblätternd und in beiden Händen etwa in Brusthöhe hal-tend und mit gesenktem Kopf in das Büchlein blickend – rechts neben Inas vollständig zugedeck-ten Körper. Sie hält dann im Durchblättern an einer Stelle inne, hält das Büchlein an dieser Stelle mit beiden Händen aufgeschlagen, sieht weiter hinein und bewegt das Büchlein (bekräftigend) ei-ne kleine Strecke von oben nach unten (wie ein winziger leichter Schlag durch die Luft), sagt da-bei: "Aahh!! (Tonfall: zufrieden, leicht affektiert) Dieses hier … (4) …" (lautes Gespräch im Hin-tergrund), dreht sich dann zum Gehen, geht (tänzelnd oder stolpernd, ist nicht genau auseinander-zuhalten; der Durchgang zwischen Inas Körper und der Bank ist schmal) oben um Inas Kopf he-rum auf deren linke Seite, hockt sich dort links von ihr neben ihren Kopf auf den Boden, zieht Ina die Decke mit einer schnellen Bewegung vom Gesicht, beugt sich zu Inas Kopf, flüstert ihr etwas ins Ohr.

Ebene 1: Entfällt, weil fast alles Gesprochene unverständlich bleibt.

Ebene 2: Diese Szene zerfällt in zwei Teile: Erstens ein weiteres Ritual am zuge-deckten Körper von Ina; zweitens ein interaktives Agieren, bei dem Kati Inas Ge-sicht wieder freideckt und mit ihr spricht.

Zu erstens: Diese nur ca. zwei Sekunden dauernde flüchtige Szene rief bei mir die Assoziation hervor: Kati steht an Inas Leiche und spricht ein Gebet. Die Frage stellt sich natürlich: Kennt Kati die (für unseren Kulturkreis) typische szenische Ausgestaltung eines solchen Anlasses? Ich kann dies nicht beweisen, nehme dies aber aufgrund von Erfahrungen mit meinen eigenen Kindern an. Einen Widerspruch zu dieser Assoziation scheint allerdings der Tonfall in Katis Stimme und die Ge-fühlstönung ihrer Bewegungen zu bilden: Nichts ist getragen, verhalten, traurig oder feierlich. Andererseits könnte sich die Zufriedenheit im Tonfall auf die Vollendung und Erfüllung ihres aggressiven Beseitigungswunsches beziehen, und die gewisse Affektiertheit in einer leichten Unsicherheit oder Verlegenheit darüber motiviert sein, daß sie dies alles in Szene setzt (hierbei könnte insbesondere eine Rolle spielen, daß sie unmittelbar vorher zur Kamera gesehen hat, im übrigen das einzige Mal in dieser Filmaufnahme). Wie dem auch sei: Für die Annahme, daß ihr diese Szene wichtig ist und als Mittelstück zwischen Zudecken und Aufdecken von Ina eine besondere Rolle spielt, spricht jedenfalls die Tatsache, daß sie sie eine knappe Minute später exakt in der gleichen Weise noch einmal wiederholt (1.52.45). *Zu zweitens:* Kati löst die Situation schnell auf, indem sie zu Ina geht und diese wieder "zum Leben erweckt".

Es scheint mir, als ob es sich hier um eine zweifache "Wiedergutmachungsaktion" (s. auch Interakt 5) handelt. Zum ersten könnte das Ritual am aufgebahrten Körper als Beschwichtigung der "Toten", als Abwehr von Rache verstanden werden. Zum zweiten aber – und weniger spekulativ – ist das Wiedererwecken faktisch wie eine Erlösung, wie ein Ungeschehenmachen des früheren Verschwindenlassens, des "Wegmachens"; aus der instrumentellen manipulativen Beziehung zu einem Objekt wird wieder eine personale zwischen zwei Subjekten. Beides hätte in einem Gefühl der Schuld und der Bearbeitung desselben seine Wurzel. Beseitigungsphantasien gegen ein geliebtes Objekt lösen Schuldgefühle und Angst vor Rache aus. Diese Szene validiert für mich die Deutung der Aktion mit dem Ball als Symbol für Aggression und Beseitigung.

Ebene 3: Auch hier ist für Ina nur ein Teil von Katis Aktionen wahrnehmbar. Das Abdecken des Gesichtes und die Tatsache, daß Kati sie anspricht, bedeuten den Abschluß der Phase, in der sie passiv unter der Decke lag.

Interakt 4 / Ina (1.52.05)

Ina dreht Kati das Gesicht nach links zu.
Ebene 1: Entfällt.
Ebene 2: Ina "gehorcht" Katis Definition, daß sie nun wieder wach (lebendig) ist, indem sie Kati das Gesicht zuwendet. Hierauf allerdings beschränkt sich ihre Aktivität. Sie ergreift keine weitere Initiative, das Spiel zu gestalten.
Ebene 3: Für Kati paßt Inas Reaktion in ihr Spiel: Diese tut nicht weniger, aber auch nicht mehr, als auf Katis Definitionen angemessen zu reagieren.

Interakt 5 / Kati (1.52.10)

Kati zeigt ihr die aufgeschlagenen Buchseiten, erzählt Ina ganz leise etwas dazu, ist ihr ganz nahe, zeigt auf die Bilder, streicht ihr zwei mal den Pony aus der Stirn.
Ebene 1: Nicht möglich, da verbale Anteile unverständlich.
Ebene 2: Kati schließt an das "Erwecken" eine Phase an, in der sie sich Ina zärtlich widmet. Sie zeigt ihr das Buch, in das sie vorher – an ihrem zugedeckten Körper stehend – hineingeschaut hat und erzählt ihr dazu etwas. Da ihr Reden völlig unverständlich ist, ist es schwer, hier mehr zu sagen, als daß die Szene strukturell quasi das "Kontrastprogramm" zu Katis Agieren an Inas zugedecktem Körper darstellt: Ging es vorher um ein instrumentell vermitteltes Manipulieren an der zum Objekt gewordenen Ina, geht es nun hier um personale Nähe und um Kommunikation zwischen zwei Subjekten.

Ebene 3: Für Ina ist dies eine Phase der zärtlichen Objektbeziehung, die Elemente von begehrend-aggressiver Identifikation sind verschwunden.

Interakt 6 / Ina (1.52.10)

Ina bewegt sich leicht, sieht sich wohl die Bilder an; ob sie etwas sagt, ist nicht festzustellen.
Ebene 1: Entfällt.
Ebene 2: S. Interakt 4.
Ebene 3: S. Interakt 4.

Interakt 7 / Kati (1.52.20 bis 1.52.30)

Kati legt das Büchlein weg, sagt, indem sie sich zu Ina vorbeugt: "Schlaf weiter ... (3)."
Ebene 1: "Schlaf weiter ..."
Ebene 2: Kati gibt Ina die Anweisung, daß jetzt wieder eine Phase des tiefen Schlafes folgt (hierbei greife ich auf das Geschehen ab Interakt 9 ff. vor). Sie will die Szene noch einmal von vorne spielen.
Ebene 3: Für Ina ist dies die Aufforderung, sich wieder zudecken, passiv und gesichtslos machen zu lassen. Eine neue Runde im Spiel mit dem Thema Bemächtigung beginnt.

Interakt 8 / Ina (1.52.20)

Ina dreht den Kopf in die Mitte.
Ebene 1: Entfällt.
Ebene 2: Ina "gehorcht", indem sie sich entsprechend hinlegt. Interessant ist hierbei, daß sie ihren Kopf nicht wie vorher auf die rechte Seite legt, sondern den Kopf auf den Hinterkopf dreht, so daß sie geradeaus sieht. Ich neige dazu, dies für einen Hinweis dafür zu halten, daß Ina verstanden hat, daß es nicht um das Spielen eines "normalen" Schlafes handelt.
Ebene 3: Für Kati ist Inas Verhalten eine Bestätigung dafür, daß sie in ihrem Spiel fortfahren kann, daß Ina damit einverstanden ist, in eine neue Runde der Inszenierung identifikatorischer Vereinnahmung zu gehen.

Interakt 9 bis 12 (1.52.30-1.52.54)

Ab hier wiederholt sich Katis Aktion am zugedeckten Körper von Ina: Kati zieht Ina die Decke wieder über das Gesicht, streicht ihr mit beiden Händen langsam (sorgsam) über das zugedeckte Gesicht, steht auf, geht zum Tisch, holt sich ein größeres Buch (*Interakt 9 / Kati 1.52.30*). Ina hat sich zurecht geräkelt, liegt dann still (*Interakt 10 / Ina 1.52.30*). Kati stellt sich mit dem größeren Buch wieder an die rechte Seite Inas; diese liegt weiterhin still und vollkommen zugedeckt. Kati hat das Buch aufgeschlagen, sieht wie vorher kurz hinein, während sie dort steht (*Interakt 11 / Kati 1.52.45/10.40 Uhr*). Kati geht wie vorher dann herüber auf die andere Seite, hockt sich dort in Kopfhöhe von Ina hin, zieht dieser mit einer schnellen Bewegung die Decke vom Gesicht, zeigt ihr in dem Buch etwas, erzählt ihr ganz leise etwas (*Interakt 12 / Kati 1.52.54/10.40 Uhr*).

Das weitere Geschehen

Kati zieht Ina die Decke wieder über das Gesicht, hantiert dann mit Holzklotz und Schraubenschlüssel: Sie klopft relativ kräftig an Inas Fuß herum. Diese kommt hoch und beschwert sich leise: "Das sollst du nicht." Kati rechtfertigt sich (nur zum Teil verständlich), schüttelt dann – übersprungartig – die Decke auf, hält inne, sieht Ina an und fragt: "Spielst du noch?" (1.54.10/10.42 Uhr). An dieser Stelle wird einmal mehr deutlich, daß die beiden Mädchen keineswegs vollständig gefangen sind in ihrer komplementären Rollenbestimmung: Ina kann ihre Grenzen deutlich machen bzw. Kati gegenüber ihre Wünsche artikulieren, wenn diese etwas tut, was Ina nicht behagt, ihr weh tut etc. Und Kati versucht sofort auf einer Metaebene zu klären, ob Ina weiter mitmachen will, weiter "spielen" will. Das "Spiel" erscheint so auch nicht als getrieben, sondern als ein freiwilliges, immer neu zu definierendes und wieder zu verlassendes Medium der Interaktion.

Ina legt sich daraufhin wieder hin. Kati macht sich wenig später wieder mit dem Schraubenschlüssel an Inas Gesicht zu schaffen, spricht dann (unverständlich) leise zu Ina, zieht ihr die Decke wieder über das Gesicht (1.55.40/10.43 Uhr), legt ihr nach vorheriger Ankündigung ein Kopfkissen unter den Kopf. Darauf folgt eine in wesentlichen Teilen unverständliche Unterhaltung, bis Kati sagt: "Jetzt ist Deine Mutter da.", woraufhin Ina ein hohes Gepiepse macht (1.56.45/10.44 Uhr). Kati tätschelt Ina zart die Wangen. Ina wendet Kati ihr Gesicht zu, sieht sie an. Kati streckt ihr die Hände entgegen, Ina lächelt, wendet das Gesicht ins Kissen (als sei sie verlegen und wolle sich verstecken) kommt dann hoch, dreht sich dabei, so daß sie auf allen Vieren ist und damit neben Kati hockt. Kati umfaßt Ina von hinten, hält sie einen Moment so. Ina hält still.

Kati geht schließlich zur Bank am Fenster. Ina krabbelt auf allen Vieren hinter ihr her (1.57.33). Ina will sich mit Rücken zu Kati auf deren Schoß setzen. Kati dreht sie an den Schultern zu sich herum, sagt: "Nein, so rum." Ina klettert auf Katis Schoß, sitzt dann dort Gesicht zu Gesicht, Bauch an Bauch, sitzt dabei nicht mit untergeschlagenen Beinen, sondern spreizt diese mit gestreckten Knien weit auseinander (die Bank ist relativ schmal). Es findet ein leises Gespräch statt. Kati hält Ina mit beiden Händen am Rücken umfaßt. Kati sagt: "Geh mal wieder runter." Ina schafft sich von Katis Schoß, setzt sich rechts von ihr auf die Bank. Kati sagt: "Du kannst nur krabbeln", sieht Ina an. Diese antwortet nicht, läßt sich auf alle Viere auf den Boden. Kati sagt: "Ich muß laufen" (1.58.15/10.46 Uhr). Beide bewegen sich in Richtung Hochbettecke, Ina krabbelt, Kati geht nebenher, tippt Ina zwischendurch auf den Kopf. In der Hochbettecke verschwinden die beiden hinter der neben dem Haus stehenden Kiste, hinter der sie ca. drei Minuten lang versteckt bleiben.

Szene I

Ich gebe im folgenden in einer frei interpretierenden Zusammenfassung das Geschehen in Szene I wieder. Als Folie meiner Interpretation dienen mir die Ergebnisse der Textanalyse von Szene II und III. Weiterhin treffe ich die Annahme, daß die spezifische Beziehung zwischen Ina und Kati nicht eine ist, die sich erst in diesen Szenen gebildet oder gezeigt hat, sondern sowohl vorher schon bestand (beide Mädchen sind zu diesem Zeitpunkt bereits seit vier Monaten gemeinsam in dieser Gruppe), als auch vorher bereits in der Kindergruppe deutlich war. Dieses wiederum gründet auf der Überzeugung, daß Menschen in sozialen Beziehungen nicht der wissenschaftlichen Textanalyse bedürfen, um zu "verstehen", welches die Konfliktlage der/s anderen ist, und um hierauf zu reagieren: Laplanche & Pontalis (1991:165) sprechen in der Definition des Terminus der "Gegenübertragung" von der "Resonanz 'von Unbewußt zu Unbewußt'" und zitieren Sigmund Freud mit der Aussage, daß "jeder Mensch in seinem eigenen Unbewußten ein Instrument besitzt, mit dem er die Äußerungen des Unbewußten beim anderen zu deuten vermag" (Freud 1913; 1982 Bd. VII: 112). Mein Augenmerk bei der folgenden Interpretation des Geschehens richtet sich also auf die Deutung der Beziehung zwischen Kati und Ina durch die in dieser Szene anwesenden drei anderen Kinder Jane (4 Jahre, 8 Monate), Dieter (4 Jahre, 10 Monate) und Ingo (5 Jahre, 2 Monate).

Kati (4 Jahre, 6 Monate) und Ina (4 Jahre, 1 Monat) spielen für sich allein im Haus unter dem Hochbett. Das Thema ihres Spieles ist nicht zu beobachten, das Gespräch ist nur z.T. verständlich ("wir verstecken uns"; Kati geht aus dem Haus; Ina bittet, sie solle dableiben; Kati sagt, sie wolle nur eine Decke holen etc.). Jane, Dieter und Ingo kommen zum Haus (1.03.45), öffnen die Tür, sehen hinein.

Hiermit beginnt die Konfrontation: Kati erklärt sofort: "Hier spielen *wir*!" (1.04.00/10.39 Uhr). Diese kann mit "Ihr sollt uns nicht stören! Wir wollen alleine – ohne euch – spielen!" paraphrasiert werden. Auf die dann folgende (möglicherweise einladend gemeinte) Frage von Kati oder Ina: " … wollt ihr mitspielen?" reagieren Dieter, dann Ingo und danach Jane mit der Eigendefinition: "Wir sind Räuber!!" (1.04.11, 1.04.18). Dies ist ein Bild, in dem Angriff, Eindringen, Enteignen und (kulturelle) Männlichkeit in der Legierung von Geschlecht, Macht und Dominanz aufgehoben sind.

Die Reaktionen der Mädchen im Haus sind prompt und eindeutig: Kati: "Räubers dürfen ja sowieso nicht mitspielen!"; Ina: "Wir spielen ohne Räuber!"; eine von beiden: "Verboten! Leider verboten!" (1.04.25). Die beiden lehnen für ihr Spiel das männliche Element ab, ein Eindringen von Männern ist verboten. Hierbei sind sie selbstbewußt und fröhlich. Das im Wörtchen "leider" liegende Bedauern ist ironisch-provokativ. Dieter sagt daraufhin: "Dann sind wir eben Bewacher!"; aus dem Haus ist wieder zu hören: "Räuber verboten!", woraufhin Jane sagt: "Ja, die blöden Bewacher." (1.04.36)

Daraufhin werden Kati und Ina beschimpft: Ingo sagt "Alte Säufer!", dann "Alter Säufer!" (1.04.42/10.40 Uhr); Dieter öffnet die Tür, sagt ins Haus: "Alter besoffener Mann."; Ingo: "Ihr alten Säuferinnen!" (1.04.50/10.40 Uhr). Die beiden Jungen haben offenbar Phantasien von Kati und Ina, zu denen sowohl das Element des Asozialen, als auch das der exzessiven (oralen) Triebbefriedigung gehört.

Von hieraus könnte sich ein Sinn für die von Dieter wenig vorher vorgeschlagene Eigendefinition "Bewacher" ergeben: Asoziale (Frauen) müssen bewacht werden, weil sie in ihrer Hemmungslosigkeit für das soziale Gefüge gefährlich sind. Jane hat offenbar hierzu eine ambivalente Position: Einerseits hat sie sich identifikatorisch ebenfalls als "Räuber" eingeführt, andererseits sagt sie hier – unmittelbar im Anschluß an die Parole aus dem Haus "Räuber verboten!" – "Ja, die blöden Bewacher." Ich gebe zu, daß ich mich über diesen Satz (ein Versprecher?) von Jane ganz parteiisch gefreut habe und in ihm eine unbewußte Solidarisierung von Jane mit den beiden Mädchen sehe (sehen möchte). Allerdings bleibt festzuhalten, daß Jane sich beim folgenden Überfall auf das Haus durchaus beteiligt.

Ingo bringt dann "Sex machen" ins Spiel (1.05.10), was von Jane und Dieter aufgegriffen wird und dann von Dieter konkretisiert wird: "Und ihr könnt mit euern Mann dann Pimmel in die Muschi machen" (1.05.20); Ingo: "Und bumsen."; Jane: "Ja, ihr könnt mit eurem Mann bumsen" (1.05.30/10.41 Uhr). Das Thema Triebbefriedigung wird von der Oralität auf die Genitalität und zwar in seiner heterosexuellen Ausprägung verschoben. Es wird klar und eindeutig ausgesprochen, daß es um einen Konflikt um Sexualität geht. Die Botschaft lautet: "Wenn die Räuber da sind, dann (erst) könnt ihr bumsen." Dies beinhaltet gleichzeitig die Phantasie von einer Lücke (wenn der Mann nicht da ist), von einer Unvollständigkeit der beiden sich selbst genügenden Mädchen. Hiermit wird die Leerstelle in der Beziehung von Kati und Ina, das Fehlen bzw. das Abgewehrtsein von Heterosexualität benannt. Diese Leerstelle scheint für die drei Kinder provozierend und beunruhigend zugleich zu sein.

Aus dem Haus ist parallel zu diesen "Vorschlägen" mehrfach ein die Drei veralberndes lautes "Bä bä bä!" (das erste "Bä" ist von der Tonlage am höchsten, die anderen jeweils einen Ton tiefer). Die drei AngreiferInnen belagern/besetzen danach das Haus: So klettern sie auf das Hochbett, das quasi das Dach des Hauses darstellt. Ingo fragt leise (Tonfall ganz ernsthaft): "Soll ich zaubern, daß die da weg sind? Mit einem Zauberwort?" Nach einer Pause (es ist nicht zu hören, ob Dieter oder Jane antworten): "Also, wir müssen uns verstecken." Jane hüpft zu einer dort oben liegenden großen Matratze, sagt: "Hier!" Alle drei kriechen unter die Matratze (1.05.40). In Ingos Bedürfnis, "die da weg" zu machen, drückt sich ein weiteres Mal seine Phantasie von der Gefährlichkeit der beiden Mädchen bzw. der durch sie repräsentierten Erotik aus und sein Wunsch nach Beseitigung. Dies ist nichts, worüber man sprechen könnte, hier muß gezaubert, gebannt werden. Alle drei verstecken sich unter der Matratze, als müßten sie sich schützen und identifikatorisch ihre Kräfte bündeln, um den Zauber stark genug zu machen.

Parallel zu dem Geschehen auf dem "Dach" hört man aus dem Haus Gequietsche und: "Oder wir beiden schmeißen das raus, ja?"; "Nein, jetzt versteck' ich mich."; (...) "Nee, wir verstecken uns jetzt beide, ja?"; "Ja!!"; Quietschen; "Bis wir verschwunden sind."

Auf dem Hochbett liegen die Drei dicht beieinander unter der Matratze, es sind nur die Köpfe am vorderen Rand des Daches zu sehen; Ingo erzählt leise etwas, das unverständlich bleibt (1.06.10). Schließlich inszenieren die Drei einen Überfall auf das Haus: Sie klettern leise die Leiter herunter; aus dem Haus ist in diesem Moment zu hören: "Uns beide."; die Drei machen dann ein lautes unartikuliertes Gebrüll in die Fenster: "Bah! Baaahhh!! Baaahhh!!", toben vor dem Haus herum (1.06.30/10.42 Uhr).

Dieser Überfall führt in der Konsequenz dazu, daß Kati und Ina das Haus verlassen und sich in den großen Raum zurückziehen. Dort setzt sich Kati neben Ina auf eine Bank vor dem Fenster. Ina sitzt schmollend da, hat den großen roten Gummiball auf dem Schoß, beugt sich über ihn, schmiegt sich an ihn und hat beide Arme um ihn gelegt[6]. Ina benutzt hier den Ball eindeutig als Trostobjekt.

Kati sagt: "Komm, wir spielen was anderes" (1.07.30/10.43 Uhr). Ina macht den Vorschlag: "Du bist das Fohlen und ich die Mutter von dir, ja?". Kati: "Erst mal messen, wie groß ich bin und du, ja?", steht auf, Ina ebenfalls, die beiden stehen sich nahe gegenüber (ihre Gesichter berühren sich fast), Ina legt ihre Hände auf Katis Schultern, Kati hebt die Arme; hierzu muß Ina ihre Hände von Katis Schultern lösen, legt sie ihr um die Taille, umfaßt ihren Rücken. Kati streicht Ina über den Kopf, nimmt mit ihrem flachen Handteller von Scheitel zu Scheitel "Maß", sagt dann (1.08.05): "Du bist das Fohlen und ich die Mutter, weil ich ein bißchen größer bin, ja?" Die beiden Mädchen sind wieder bei ihrem Thema. Kati behagt die Vorstellung nicht, in die Kinderrolle zu schlüpfen, während für Ina der Rollentausch attraktiv ist. Ina schmollt, zieht die Mundwinkel etwas herab, sagt: "Ich will auch mal das Mama-Pferd sein." Kati: "Immer abwechselnd." Ina: "Ok." Die beiden ziehen dann die nächsten Minuten auf allen Vieren durch den Raum vor dem Fenster. Inwieweit sie einen Rollenwechsel spielen, ist nicht festzustellen, da die beiden zu weit von der Kamera entfernt spielen.

Zusammenfassung der Ergebnisse aus Szene I bis III

Ausgangspunkt und Untergrund des Spieles zwischen Ina und Kati ist zunächst die "primäre Identifikation". Für beide Mädchen ist das Objekt dieser frühen Identifikation eine Frau. Beide Mädchen können den libidinös-aggressiven Charakter dieser psychischen Operation offen in Szene setzen. Jede zeigt ein homosexuelles Begehren nach der anderen in komplementärer Verteilung der Elemente Besetzen und Besetztwerden, Überwältigen und Überwältigtwerden, Beseitigen und Beseitigtwerden, sadistische-erotische Manipulation und masochistisch-passive Hingabe, aber auch Verführung der Aggressorin und grenzsetzender Widerstand. Die Herkunft dieser Themen aus der frühen Kind-Mutter-Dyade, in der orale Triebbefriedigung und narzißtische Identifikation im Vordergrund standen, wird deutlich. Beide bearbeiten im homoerotischem Spiel die Ambivalenz von Lust und Gefährlichkeit der frühen Identifikation. In der Verarbeitung der bedrohlich-vernichtenden, aber auch lustvollen Seite dieser ersten Liebesbeziehung unterscheiden sich Ina und Kati. Sie verkörpern jeweils die andere Seite dieses Verhältnisses und sind sich auf diese Weise ideale Partnerinnen:
– Für *Ina* ist offenbar das Wiedererleben dieser frühen Erfahrung aus der Sicht des Kindes emotional zentral und lustvoll: Sie bietet Kati, indem sie sich festhalten, zerren, manipulieren, vollständig zudecken läßt, die Folie für ein Spiel von Bemächtigung. Sie ist dabei aber nicht etwa einseitig manipulierbares Objekt. Zum einen stellt sie aktiv und lustvoll-begehrend dieses Setting her: Sie verführt Kati dazu, indem sie sich "passiv-hilflos" nach Säuglingsart räkelt, sich hängen läßt, sich in Katis Arme fallen läßt, Kati dann – sich auf den Boden setzend und auf den Rücken legend – zu sich herab und auf sich zieht etc. Zum anderen inszeniert sie immer auch Widerstand: Sie krabbelt weg, definiert sich als potentiell verletzend (hat Stacheln), protestiert verbal und stemmt sich körperlich widerständig gegen bestimmte Handlungen Katis etc., wobei hier sowohl verführerischer Widerstand, der mehr der Erhöhung der erotischen Spannung dient, als auch realer Protest zu finden ist (auf den Kati sofort metakommunikativ reagiert).

– *Kati* liegt eher eine Verarbeitung im Modus der verleugnenden Identifikation mit der Aggressorin (der Mutter-Figur): Sie findet eindrückliche Symbole für ihre projektiven Phantasien von den allmächtigen (Stacheln machen ihr nichts aus), vernichtenden (Zudecken, Verschwindenlassen), verschlingenden (Inkorporation) und sich der exklusiven Beziehung entziehenden (Geschwisterrivalität) Eigenschaften der Mutter. Sie eignet sich diese Fähigkeiten an und inszeniert an Ina die Umkehr der Verhältnisse. In Katis Spiel tritt die Legierung von Bemächtigung und Lust offen zutage: Sie tätschelt/versohlt Ina in erotisch-aggressiver Weise das Hinterteil, nachdem diese versucht hatte, sie zu Boden zu dücken; sie schaukelt Ina in erotischer Weise Schoß an Schoß mit rhythmischen Bewegungen ihrer Hüften, obwohl diese protestiert; sie legt Inas Arme – wie bei einer leblosen Puppe – so zurecht, wie sie dieses als Schöpferin ihres Objektes haben will, ordnet an, daß Ina dies "nicht zurückmachen kann" und spielt zärtlich mit einer Haarsträhne Inas; sie läßt Ina wie einen Hund krabbeln, während sie neben hergeht und Ina dabei auf den Kopf tippt. Aber auch ihr Spiel hat nicht nur diese Seite: Sie läßt sich von der Tochter auch sexuell besitzen.

Nun darf aber nicht vergessen werden, daß für beide Mädchen die von ihnen symbolisierte Phase lange zurückliegt; erstens ist diese altersentsprechend längst von Objektbeziehungen überlagert und modifiziert (wenn auch der Modus der Identifizierung weiter als psychische Operation sozialer Bindung erhalten bleibt); zweitens sind beide Mädchen nicht von Heterosexualität und ödipalen Konflikten unberührt geblieben.

Zu erstens: So ist die Symbolisierung der primären Identifizierung eingelagert in eine zärtliche Objektbeziehung zwischen den beiden Mädchen, die der immer wieder neuen Aushandlung des Settings und der Rollenverteilung unter Anerkennung der Bedürfnisse der anderen bedarf (Kati fragt Ina: "Spielst du noch?"). Diese Beziehung erhält allerdings ihre Spannung durch die wohl für jede Liebesbeziehung mehr oder weniger typische Reinszenierung libidinös-aggressiver Inbesitznahme und durch das damit verbundene Spiel mit der Vernichtung des/r anderen.

Zu zweitens: Anders als in Margrets Spiel (s. Szene "Frauenhaus und Indianerhäuptling") wird in Katis und Inas Szenen die Homoerotik der Mutter-Tochter-Beziehung thematisiert und die der beiden Mädchen zueinander offen gelebt. Ödipale Konflikte und heterosexuelle Themen spielen auf der manifesten Ebene keine Rolle. Was ist nun mit der Geschlechterdifferenz? Sie taucht in der Verleugnung der narzißtischen Kränkung durch die (biologische) Zweigeschlechtlichkeit auf: Das von Kati und Ina inszenierte Kind hat konsequent kein Geschlecht im Sinne eines "entweder – oder". Oder "es" verfügt über die Fähigkeiten beider Geschlechter: "Es" ist (faktisch) eine Tochter; diese kann die Mutter sexuell besitzen, die in der Konsequenz schwanger wird und durch die Geburt die symbiotische Beziehung wieder neu erschafft. Hierzu ist ein Mann nicht erforderlich. Die ödipale Konstellation wird als Bedrohung der homoerotischen Mutter-Tochter-Beziehung abgewehrt. So entsteht die Phantasie einer autarken weiblichen Sexualität, die über die omnipotente Fähigkeit zur homosexuellen Zeugung verfügt.

Die Beziehung dieser beiden Mädchen zueinander und die von ihnen im Spiel in Szene gesetzten Phantasien sind für Dieter, Jane und Ingo ganz offensichtlich beunruhigend. Sie fühlen sich wohl zunächst provoziert davon, daß sie aus dem Spiel der beiden Mädchen ausgeschlossen werden. Dieses ist aber vermutlich nicht der einzige Grund für ihr feindseliges Handeln. Sie haben offenbar die Phantasie von einer Unvollständigkeit von Frauen (wenn kein Mann da ist). Sie spüren die Abwehr der Heterosexualität und fordern diese ein. Mir scheint darüber hinaus, daß sie ein Konzept davon haben, daß die exklusive homoerotische Dyade das auf der kulturellen Leistung des Triebverzichtes aufgebaute soziale Gefüge bedroht. Aus der Beschimpfung Katis und Inas als "Säuferinnen" könnte geschlossen werden, daß die drei Kinder hiermit unbewußt auf das Thema der frühen oralen Identifikation reagieren, das die beiden Mädchen u.a. bearbeiten. Der von Dieter, Jane und Ingo inszenierte Überfall auf die beiden exekutiert die Forderung nach Gesellschaftlichkeit und Heterosexualität. Die Machtposition, von der aus dies eingefordert wird, ist eine männliche und eine öffentliche, keine private: Die Funktion von "Bewachern" basiert auf einer Arbeitsteilung hinsichtlich öffentlicher Macht und gründet sich auf einen gesellschaftlichen Konsens – entweder im Rahmen einer Gruppe oder eines Staates. Jane hat, obwohl sie auf der "Räuber"-Seite mitspielt, hierzu eine ambivalente Position: "Ja, die blöden Bewacher."

Anmerkungen

1) Ich habe hier zwei Aussagen von Ina zu einem "Interakt" zusammengezogen, obwohl genaugenommen Katis zustimmendes "Mmmh." als Interakt 2 und Inas Äußerung "Und kriegst gerade ..." als Interakt 3 definiert werden müßte. Ich halte es dennoch für sinnvoll, anders zu verfahren, da sich erst aus Inas zweiter Äußerung der Sinn des Krankenhausaufenthaltes erschließen läßt und insofern eine Interpretation nur des ersten Satzes unsinnig wäre.

2) Dies alles soll allerdings nicht heißen, daß das Spiel der beiden Mädchen thematisch primär durch mein "Zugucken" motiviert gewesen wäre. So hat Szene III im wesentlichen das gleiche Thema; allerdings ist dort kein häufiges Zur-Kamera-Sehen festzustellen (meine Position war dort auch weniger auffällig).

3) Ich erinnere mich an eine lange Phase, in der mein älterer Sohn im Alter von drei bis vier Jahren immer wieder das Bedürfnis hatte, mit mir seine Geburt zu spielen, dabei zugedeckt zu werden und dann unter der Decke wieder hervorzukommen.

4) Ich habe mich hier dafür entschieden, dieses Geschehen in einem "Interakt" (besser wäre hier der Begriff der "Szene") für beide Kinder gemeinsam zusammenzufassen, da ich es nicht für sinnvoll gehalten habe, diese eng ineinander verwobene Inszenierung in einzelne kleine Aktionen auseinanderzureißen, obwohl dies auf der Ebene der Beobachtung und Beschreibung von motorischen Details möglich wäre. Dies weist auf das in Kapitel 2 angesprochene Problem der Identifizierung von "Interakten" hin.

5) Wichtig ist es mir an dieser Stelle zu sagen, daß ich hier keine biographischen Aussagen über das konkrete Verhalten von Katis Mutter treffen will und kann. Becker-Schmidt weist im zitierten Text daraufhin, daß "bei M. Klein der Mutter die Qualitäten 'gut' und 'böse' nicht wegen ihrer gratifizierenden oder versagenden Eigenschaften zugeschrieben (werden)" (Becker-Schmidt 1991: 78), sondern daß es sich dabei um Projektionen des Kindes handelt. Daß diese Projektionen wahrscheinlich verschieden ausfallen, modifiziert werden etc., je nachdem wie das konkrete Subjekt handelt, wie das konkrete Verhältnis sich gestaltet, ist dabei nicht Thema. Meine Untersuchung beschränkt sich darauf abzubilden, zu welchen Deutungen das Kind kommt, welche Konflikte darin aufgehoben sind. Sie kann nicht deren konkrete Konstitutionsgeschichte rekonstruieren.

6) Die Autorin eines guten Theaterstückes könnte die Plazierung bedeutungsvoller Requisiten nicht sinnvoller und eindrücklicher vornehmen, als die Architektinnen dieser Szenen!

Kapitel 8

Kampfkatzen und Jungengruppe

In der Kindergruppe B hatte ich die Gelegenheit, ein kurzes Streitgespräch zwischen Karin (5 Jahre, 5 Monate) und Norbert (5 Jahre, 1 Monat) zu filmen, dessen Thema wie ein roter Faden die Interaktion der ganzen Gruppe über ca. 12,5 Minuten bestimmt und strukturiert. Es geht bei diesem Streit einerseits um die "Kampfkatzen", eine Mädchen(kampfsport)-Gruppe, zu der die Mädchen der Gruppe zum Zeitpunkt der Filmaufnahme seit ca. sechs Wochen mit ihrer Erzieherin Annette gingen und auf die sie sehr stolz waren; andererseits um die parallel dazu angebotene "Jungengruppe", zu deren ersten Treffen die Jungen Waffen mitbringen durften und mit ihrem Erzieher (Spitzname: Notsche) einen Videofilm von sich aufnahmen. Es geht in der gefilmten Szene um diese geschlechtsbezogene Strukturierung der Kindergruppe, um Wertschätzung der eigenen Gruppe und Eifersucht auf die des anderen Geschlechts, um das spielerische Infragestellen der Geschlechterdifferenz bzw. der Exklusivität der Jungengruppe durch Mädchen, um die Unsicherheit und den Ärger eines Jungen hierüber, um das parallel und verdeckt ablaufende Dominanzverhalten dieses Jungen und die komplementären Bestätigungsrituale ihm gegenüber von weiblicher Seite. In dieser Szene wird besonders die soziale Positionierung zum Thema: In seinem Bestreben Eindeutigkeit zu inszenieren und die Mädchen abzustrafen, nimmt sich Norbert als Kontrolleur (der Buntstifte) einen übergeordneten Platz (auf dem Tisch).

Einige Anmerkungen vorweg zu den Überlegungen von Eltern und ErzieherInnen, die zum Angebot von Kampfkatzen und Jungengruppe für die Kinder geführt hatten: Speziell den Mädchen sollte die Möglichkeit gegeben werden, ungestört durch männliche Konkurrenz und Dominanz ihre Körper und dessen Kräfte kennenzulernen und einzusetzen im Rangeln, Toben und Miteinanderkämpfen. Der Gedanke, eine Jungengruppe anzubieten, war eher sekundär, entstand quasi erst aus der Frage heraus, was mit den Jungen geschieht, während die Mädchen bei den Kampfkatzen sind, speiste sich aber auch aus der Überlegung, an den Bedürfnissen von Jungen zu arbeiten, die u.a. auch Hintergrund von dominant-aggressivem "Macker"-Verhalten sind.

Mit diesem geschlechtsgetrennten Angebot wurde die Geschlechterpolarität in der Kindergruppe ausdrücklich zum Thema gemacht, wurde sie *offen* zum Strukturelement, wo sie sich sonst untergründig realisiert. In der Bewertung der beiden Seiten der Polarität ist dieser Ansatz für jede der beiden Seiten ambivalent: Einerseits beruht das Angebot der Kampfkatzen auf einer ausdrücklichen Kritik am z.T. störenden, den Bewegungsraum der Mädchen einschränkenden Verhalten vieler Jungen, auf der ausdrücklichen Betonung des Rechts der Mädchen, sich dagegen abzusetzen, für sich etwas zu machen etc. Es wird aber wohl mit diesem Angebot umgekehrt auch die Botschaft vom "Defizit" mitgesendet (und empfangen), die gleichzeitige Abwertung der Mädchen, die "das nicht können", das erst noch lernen müssen, einen Schutzraum brauchen, um ihre "Defizite" zu beheben, z.B. kämpfen zu lernen. Der Kontrapunkt gegen das geschlechtsstereotype Mädchen-Bild (sanft-zurückhaltend-schwach-verbal), der mit einem Angebot wie dem der Kampfkatzen gesetzt wird, ist im Rahmen männlich-definierter öffentlicher Räume, in denen es sich zu bewähren gilt, wohl zunächst einmal unweigerlich verknüpft mit dem Lernziel der männlichen Norm[1]. Auch die Jungengruppe ist mit Ambivalenz befrachtet: Einerseits haben die Jungen dort einen Raum, wo sie unter sich sind, den männlichen Erzieher für sich haben etc. Andrerseits kennen die Jungen genau die Kritik an Dominanzverhalten, dies war oft Gegenstand der Diskussion in der Gruppe und auch Ausgangspunkt für das Angebot der Kampfkatzen an die Mädchen.

Das Geschehen vor der Schlüsselszene

Neu im Gruppenraum ist eine große Hängematte, die in der Teppichecke hängt und die, als ich zum Filmen in die Gruppe komme, die gesamte Zeit der Filmaufnahme in Benutzung ist. Ich hatte den Kindern – bevor ich anfing zu filmen – versprochen, hinterher den Film mit ihnen anzusehen (sie hatten darum gebeten). Vor der hier protokollierten Sequenz sind alle Mädchen in der Teppichecke, schaukeln (meist zu zweit), geben sich gegenseitig "Anschwung"; Geplänkel, wer nun dran kommt etc. Die Jungen sind bis auf Christian (mit 4 Jahren und 2 Monaten der Jüngste in der Gruppe und innerhalb der Jungengruppe eher am Rande), der herumläuft, ohne mit jemand längerfristig etwas anzufangen, draußen auf dem Flur vor der Gruppenraum. Joachim (5 Jahre, 5 Monate) sitzt kurz am Tisch, hat sich Apfelsaft geholt und schlabbert diesen nach Katzenart aus einem Schüsselchen. Danach kommt er in die Teppichecke, legt sich dort auf eine Matratze. Er hat keinen sichtbaren Kontakt zu den Mädchen.

So gegen 11.09 Uhr haben sich alle Mädchen bis auf Kora um den Tisch versammelt und zeichnen mit Farbstiften. Kora (4 Jahre, 9 Monate) schaukelt allein. Joachim liegt noch auf seiner Matratze. Christian steht kurze Zeit am Tisch. Benno (5 Jahre, 6 Monate) und Norbert sind nicht im Raum. Bei den Mädchen am Tisch sitzt noch die Praktikantin Claire und zeichnet auch. Am Tisch (nicht im Bild, da die Kamera auf die schaukelnde Kora gerichtet ist) entwickelt sich ein Gespräch über die "Kampfkatzen" und die "Jungengruppe". Stimmen vom Tisch her: "… Kampfkatzen.", "Heute ist Jungensgruppe.", "Heute ist Kampfkatzen." Joachim liegt noch auf seiner Matratze auf dem Rücken, hat einen Zollstock in der Hand, steht jetzt auf.

Mädchenstimmen (es ist z.T. unklar, wer redet) vom Tisch her: "Zweimal Kampfkatzen und einmal Jungensgruppe." Karins Stimme: "Nee, dreimal Kampfkatzen und nur einmal Jungensgruppe." Mädchen: "Nee, sechsmal…" "Nee, Tausendmal…" Claudias (5 Jahre, 3 Monate) Stimme: "Nein, siebenmal Kampfkatzen und einmal Jungensgruppe!" Gelächter. (0.24.13)

Norberts Stimme: "Ihr spinnt, ne? Die spinnen! (lacht) Einmal, einmal Kampfkatzen und einmal Jungensgruppe jetzt, heute, doch!" (0.24.27) Er sagt dann laut zur Erzieherin: "Ej, Annette (lacht), die spinnen voll!! Ehm (lacht), tausendmal oder so Kampfkatzen und einmal Jungensgruppe!! Die spinnen voll!" Kamera schwenkt zum Tisch, so daß Norbert bei den letzten Worten im Bild ist. Er steht am Tisch, an dem die Mädchen sitzen und zeichnen, und ist der Erzieherin zugewandt, die gerade kommt und sich an den Nebentisch setzt, um dort Äpfel zu schälen (0.24.38). Jule (5 Jahre, 1 Monat) wendet ihren Kopf auch Annette zu und sagt: "Aber die gucken, aber die gucken sich unseren Film, wo wir alle drauf sind, nicht alleine!" (dies bezieht sich wahrscheinlich auf den Film, den ich gerade aufnehme). Hanna (5 Jahre, 2 Monate), Karin und Claudia sehen zu Jule (0.24.55/11.11 Uhr).

Protokoll

Kindergruppe B, Gruppenraum (siehe Übersicht)
Filmbeginn: 0.00.00 (10.47 Uhr)
Analysierter Ausschnitt: 0.25.20 (11.12 Uhr) - 0.26.23 (11.13 Uhr)
Mädchen: Karin (5;5), Claudia (5;3), Hanna (5;2), Jule (5;1), Kora (4;9)
Jungen: Benno (5;6), Joachim (5;5), Norbert (5;1), Christian (4;2)

0.25.20 (11.12 Uhr) Norbert hat sich mittlerweile umgedreht, ist dabei sich hinzusetzen, legt die
Unterarme auf die Tischplatte, sieht zur Tischmitte und sagt (etwas maulig): "Aber wenn ihr, ihr,
ihr, ihr so oft, oft – ehm – Kampfkatzen macht?! – ", Karin und Claudia sehen auf ihr Blatt, " –
dann gucken wir eben den Film, wo wir geknallt haben, nochmal. Hä hä, den hat Notschi nämlich." (Tonfall: Ätsch). Norbert hat den Kopf auf seine Arme gelegt, die Arme auf den Tisch, sieht
kurz zur Kamera, sagt weiter: "Da sind nämlich nur die Jungens drauf."
    0.25.26 Schwenk zur Gruppenraumtür, die offen steht. Draußen im Flur geht die Erzieherin
Annette mit Joachim und Benno gerade nach rechts weg. Karins Stimme, sie ist nicht im Bild
(ernsthafter Tonfall, fast etwas betulich): "Ja, das weiß ich, aber ich bin da auch drauf, weil ich
Joachim bin!" Schwenk zum Tisch, Norbert kommt ins Bild, sieht auf Karins Bild, hängt mit den
Unterarmen auf dem Tisch, sagt (neutral-sachlich): "Gar nicht. Du bist doch nicht Joachim." Karin malt, sieht auf ihr Blatt, und sagt leise (Sing-sang): "Do-och."
    0.25.34 Norbert sagt (kurz und nachdrücklich): "Quatsch." Er sieht auf Karins Blatt. Karin hat
den Kopf auf ihr Bild gesenkt, sagt wieder (Sing-sang): "Do-och.", sieht danach zu Claudias Bild.
Norbert sagt (deutlich): "Ej, du Quatschkuh!", schnappt sich die Saftflasche, richtet sich auf, um
vom Tisch wegzugehen. Christian kommt und stellt sich zwischen Norbert und Karin. Karin sieht
auf ihre Zeichnung und sagt leise, setzt dabei den Stift neu an: "Der wohnt hier wohl." Während-

Übersicht: Die räumliche Situation:

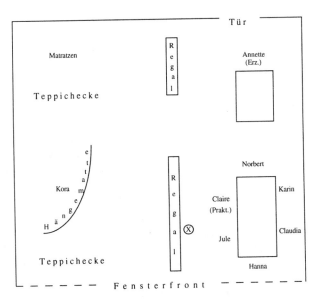

Legende: (X) Kameraposition. Um den Tisch herum sind die Personen vermerkt, die im wesentlichen die Interaktion
tragen und/oder sich während dieser Zeit kaum von ihren Plätzen weg bewegen.

dessen geht Norbert vom Tisch weg, Richtung Teppichecke. Ein Mädchen (wahrscheinlich Jule; auf jeden Fall nicht Karin oder Claudia) sagt in Sing-Sang-Ton so vor sich hin: "Selber Quatschkuh!"

0.25.47 Jule sieht in Richtung Karin und sagt (sehr betont): "Meine... (ca. 1 unverständliches Wort, könnte "Freundin" sein))... Karin. Die Karin ist keine Quatschkuh." Norberts Stimme: "Doch, wenn sie sagt, sie ist Joachim." Jule (neutral, feststellend): "Sie *ist* ja auch Joachim" (Betonung auf "ist"). Karin malt und sagt (neutral, aber klar und deutlich, lauter als die Do-ochs): "Man kann doch das sagen, was man will." Claudia malt, sieht kurz zu Norbert. Christian steht noch auf Norberts Platz, trinkt Saftreste aus dem Schüsselchen und von dem kleinen Teller, die Joachim dort hat stehen lassen.

0.26.00 (11.12 Uhr) Norberts Stimme: "Du kannst ja ruhig Joachim sein, aber, –" (jetzt ist Norbert wieder an seinen Platz gekommen und im Bild, stützt sich wieder mit den Unterarmen auf den Tisch, beugt sich weit herüber zu Karin, sieht sie an. Karin sieht auf und ihn an) " – du bist da nicht drauf, oder, ich hab da nämlich keine Karin –" Karin sieht ihn an und fängt an zu lächeln "– gesehen dabei." Karin lacht laut glucksend los. Hanna sieht auf und Karin an und lacht auch los. Karin sagt lachend und heftig mit dem Kopf nickend, wobei sie Hanna ansieht: "Doch, ich bin ja Joachim und darum hast du mich ge-gesehen", sieht dann wieder auf ihr Blatt und malt.

0.26.17 Norbert stützt sich auf seine Unterarme, beugt sich weit nach vorne, hängt dabei mit dem Bauch auf dem Tisch, sieht herüber zu Karin und sagt (ruhig): "Dann hab ich eben Joachim nicht gesehen" (bei "gesehen" ein kleines Lächeln in der Stimme). Christian steht zwischen Karin und Norbert und leckt den kleinen Teller ab. Claudia malt. Karin sieht Norbert an, lacht und sagt: "Genau, dann hast du eben Karin nicht gesehen."

0.26.23 (11.13 Uhr) Norbert: "Dann hab ich Karin nicht gesehen, genau." Er sieht zu Karin. Karin: "Aber ich bin ja Joachim –" sie sieht Norbert an, lächelt, sieht wieder auf ihr Blatt, "– und darum hast du mich auch gesehen." Claudia malt.

Inhaltsanalyse

Interakt 1 / Norbert (0.25.20)

Norbert legt seine Unterarme auf den Tisch, sieht zur Tischmitte, sagt (etwas maulig): "Aber wenn ihr, ihr, ihr, ihr so oft, oft – ehm – Kampfkatzen macht?! Dann gucken wir eben den Film, wo wir geknallt haben, noch einmal. Hä, hä, den hat Notschi nämlich." (Tonfall: Ätsch!). Er hat den Kopf auf die Arme gelegt, sieht kurz zur Kamera, sagt weiter: "Da sind nämlich nur die Jungens drauf."

Ebene 0: Seit etwa anderthalb Minuten (ab ca. 0.24.00) läuft zwischen den Kindern ein Gespräch über die "Kampfkatzen" und die "Jungengruppe". In diesem Gespräch beginnt ein oder mehrere Mädchen damit, zu behaupten, sie würden häufiger zu den Kampfkatzen gehen, als die Jungen ihre Jungengruppe hätten. Ob davor eine "Provokation" (im Sinne einer Verächtlichmachung der Kampfkatzen o.ä.) von Norbert, dem einzigen Jungen am Tisch, oder was überhaupt gelaufen ist, ist nicht dokumentiert, da ich Kora und Joachim an der Hängematte gefilmt habe.

Direkt vor Interakt 1 hatte Norbert zu der Erzieherin Annette gesagt, daß "die (Mädchen) voll spinnen" mit ihrer Behauptung "tausendmal Kampfkatzen und nur einmal Jungensgruppe". Von einer Reaktion der Erzieherin ist nichts zu hören, sie ist auch nicht im Bild. Daraufhin hatte sich Jule auch an die Erzieherin gewandt und gesagt: "Aber die gucken sich unseren Film, wo wir alle drauf sind, nicht alleine!" Dies muß sich auf den Film beziehen, den ich gerade von den Kindern aufnehme (ich hatte, nachdem ich von einigen Kindern darum gebeten worden war, versprochen, daß wir uns den Film im Anschluß an die Aufnahme ansehen würden). Wieso Jule von diesem Film spricht, ob Norbert oder jemand anderes vorher vom Film der

Jungengruppe gesprochen hat, ist nicht festzustellen. Die Äußerung von Norbert wähle ich als Interakt 1, weil sie sich nicht an die Erzieherin wendet und eine längere Auseinandersetzung nur zwischen den am Tisch sitzenden Kindern einleitet.

Ebene 1: "Wenn ihr so gemein seid, häufiger Kampfkatzen zu machen, als wir Jungengruppe, dann gucken wir eben...". Das Zur-Kamera-(also zu mir)-Sehen von Norbert vor seiner Aussage "Da sind nämlich nur die Jungen drauf." könnte darauf hindeuten, daß er *mir* dies kurz erläutern will; andererseits wendet er sich dabei nicht deutlich mir zu, hängt mehr auf dem Tisch herum und sieht mehr wie zufällig kurz zur Kamera.

Ebene 2: Norbert antwortet als Vertreter "der Jungen" "den Mädchen". Er führt den Diskurs als einen zwischen den Geschlechtern. Er scheint verärgert und verletzt, obwohl er weiß (und die Mädchen auch), daß die Behauptungen der Mädchen ("tausendmal Kampfkatzen") in den Bereich der Fiktion gehören. Norberts Verärgerung über die Behauptungen der Mädchen zeigt eine Art Wertschätzung für oder Eifersucht auf das Kampfkatzen-Unternehmen: Wenn die Mädchen von etwas, was ihn völlig kalt läßt, behauptet hätten, tausendmal mehr davon zu haben als er oder die Jungen, hätte er vielleicht nur mit einem abfälligen "Na und?" reagiert. Bei Norbert löst die Behauptung der Mädchen, sie würden häufiger zu den Kampfkatzen gehen, offenbar die Befürchtung aus, es könnte tatsächlich so sein, daß die Mädchen da "mehr" oder "besseres" geboten bekommen. Norbert ist es deshalb wichtig, sich bzw. "den Jungen" einen "Punktgewinn" zu verschaffen, in dem er etwas ins Feld führt, was einen Vorteil für die Jungen bedeutet: Von ihnen ist ein Film gemacht worden, von den Mädchen nicht; sie haben da "geknallt" und die Mädchen nicht. Das "hä hä" hat einen hämischen Tonfall und signalisiert Genugtuung.

Außerdem will Norbert sich dadurch, daß er diesen Vorteil für die Jungen gegenüber dem behaupteten Vorteil der Mädchen benennt, auch trösten. Dies zeigen Signale auf der analogen Ebene: Die maulige Stimme und die Körperbewegungen von Norbert; er legt seine Arme auf den Tisch und seinen Kopf auf die Arme. Tonfall und Koseform des Erziehernamens sprechen für ein zärtliches Verhältnis von Norbert zu diesem Mann. Norbert hat, nachdem "die Jungen" (und damit er als einziger Vertreter "der Jungen" am Tisch) von den Mädchen mit der Behauptung "zweimal", "dreimal", "sechsmal", "tausendmal Kampfkatzen und nur einmal Jungengruppe" provoziert worden sind, nun "zurückgeschlagen".

Ebene 3: Die Mädchen sind mit der Ambivalenz von Norberts "Zurückschlagen" konfrontiert: Einerseits aggressiv-hämisch (aber selbst das mit "gebremstem Schaum", nur verbal, ohne erhobene Stimme oder aggressive Körperbewegungen), andererseits verletzt-trostbedürftig. Als besonderes Kenn- und Qualitätszeichen der Jungengruppe steht deren Exklusivität und das Schießen im Raum.

Ebene 4: Das Feld ist entlang der Geschlechtertrennung polarisiert. Die Angebote Kampfkatzen und Jungengruppe sind Kristallisationspunkte dieser Polarität. Sie sind von beiden Seiten hochbesetzt als eigener Bereich. Es ist aber auch Konkurrenz – also der eifersüchtige Blick auf den anderen Bereich – mit im Spiel. Als besonderes und hochgeschätztes Merkmal der Differenz hebt Norbert hervor, daß die Jungen unter sich sind und "geknallt", also mit ihren Pistolen geschossen haben.

Interakt 2 / Karin (0.25.26)

Karin sagt (sie ist nicht im Bild) mit ernsthafter, fast etwas betulicher Stimme: "Ja, das weiß ich, aber ich bin da auch drauf, weil ich Joachim bin!"
  Ebene 1: "Daß da nur Jungen auf dem Film sind, stimmt schon. Aber ich bin da auch drauf, weil ich Joachim bin."
  Ebene 2: Karin will sich über Norbert bzw. über "die Jungen" lustig machen. Sie geht nicht auf die Ebene der Realität, auf der Norbert argumentiert, sondern bleibt auf der Ebene der Fiktion. Sie bestreitet Norberts Aussage nicht, sondern bestätigt sie ("Ja, das weiß ich"), führt sie aber ad absurdum, indem sie sich selbst zu Joachim erklärt. Wenn sie aber Joachim ist, dann ist der von Norbert genannte Vorteil ("Da sind nämlich nur die Jungens drauf", also die Mädchen nicht) hinfällig. Der Tonfall ist eine winzige Nuance betulich, ein kleines bißchen zu ernsthaft: Dies macht deutlich, daß sie Norbert auf den Arm nimmt. Sie tut das aber auf eine verdeckte Art, daß ihr kaum der Vorwurf gemacht werden kann, sie habe sich offen über ihn lustig gemacht. Karin spielt hier mit zwei Identitäten, mit der der Subjekte (Karin und Joachim) und mit deren Geschlechtszugehörigkeit. Ihre Aussage, sie sei Joachim, hat das Ziel, ihre Teilnahme an der Jungengruppe zu behaupten. Für die Zugehörigkeit zur Jungengruppe ist das Geschlecht maßgeblich; es geht ihr zwar auch um Joachim als Person, besonders aber um dessen Männlichkeit .
  Was bedeutet es aber – über die Intention, Norbert zu provozieren hinaus –, daß Karin behauptet, Joachim zu sein? Aus der Analyse ihres Spiels mit Ralf zwei Monate vor dieser Aufnahme ist bekannt, daß sie ihre mit Lust besetzten männlichen Selbstrepräsentanzen im Spiel offen und ohne Bruch zu ihrem Mädchensein in Szene setzen kann. Da sind Wünsche, so zu sein "wie das Brüderchen". Dies spricht dafür, daß es Karin hier nicht nur um eine Blödelei geht, sondern eine gewisse Eifersucht mitschwingt auf die Jungengruppe, eine Verletztheit über das Ausgeschlossensein aus diesem männlich definierten Bereich.
  Das einleitende Auftrumpfen der Mädchen ("tausendmal Kampfkatzen und einmal Jungengruppe") kann – im Sinne der bereits erwähnten Ambivalenz des Kampfkatzen-Unternehmens für die Mädchen – doppeldeutig als Ausdruck eines gewissen Stolzes auf den eigenen Bereich gelesen werden, aber auch als Formel für eine Ahnung, die sich so ausbuchstabiert: "Einmal Kampfkatzen" gegen "einmal Jungengruppe" reicht nicht aus, um ein Gleichgewicht herzustellen.
  Es könnte also sein, daß sich bei Karin hier verschiedene Dinge verschränken: Eifersucht auf ein höheres Prestige der Jungengruppe, Konkurrenz, Wut über den mächtigeren Ort, Schmerz über die mit der Geschlechtertrennung verbundene Abspaltung der "männlichen" Eigenschaften, Tätigkeiten etc. Deutlich ist hier (und vor allem im folgenden Verlauf) auf jeden Fall Karins aggressiver Wunsch, Norbert bloß zu stellen und zu verlachen. Sie reagiert auf die aggressive Seite seiner Ambivalenz und hat den Wunsch, die Exklusivität der Jungengruppe auszuhebeln. Seine subtilen Signale von Verletztsein ignoriert sie. Sie scheint dabei locker, überlegen und distanziert, sie läßt sich weder Ärger noch ähnliches anmerken.
  Ebene 3: Norberts Gegenangriff ist abgewehrt, die Exklusivität der Jungengruppe auf der Ebene des Diskurses zerstört; er sieht sich auf den Arm genommen. Jetzt hat er das Problem, in einer Angelegenheit, die ihn emotional berührt und verletzt, locker-ironisch und auf der Ebene der Fiktion reagieren zu müssen, um Karin gegenüber nicht ins Hintertreffen zu geraten.

Ebene 4: Karin spielt mit ihrer Identität, ebenso mit Joachims und mit der Eindeutigkeit der Geschlechtszugehörigkeit. Karin weiß, daß die Geschlechtsidentität ein heikler Punkt ist, ein Punkt, mit dem sie Norbert unsicher machen kann. Sie nimmt auf der Ebene des Diskurses der Jungengruppe die Exklusivität. Sie bringt die Geschlechtertrennung durcheinander. Hier zeigt sich sowohl eine Wertschätzung ihrer eigenen männlichen Selbstrepräsentanzen als auch eine gewisse Eifersucht auf die Jungengruppe als dem für Mädchen nicht zugelassenen Ort von Männlichkeit.

Interakt 3 / Norbert (0.25.26)

Norbert hängt mit den Unterarmen auf dem Tisch, sieht auf Karins Bild, sagt (neutral-sachlich): "Gar nicht. Du bist doch nicht Joachim."
    Ebene 2: Norbert will Karins Argument entkräften. Norbert bleibt dabei auf der Ebene der Realität. Er argumentiert, als müsse er eine fehlerhafte Auffassung von Karin ernsthaft richtig stellen. Damit ist er hilflos, denn einer offensichtlich absurden und vom Gegenüber im Bewußtsein dieser Absurdität gemachten Aussage kann man nicht *ernsthaft* widersprechen, ohne den Eindruck zu erwecken, daß man den Spaß, den die andere mit einem treibt, nicht verstanden hat.
    Ebene 3: Norbert weist Karins Spiel mit Identität und Geschlechtszugehörigkeit zurück. Auch im affektiven Bereich antwortet er nicht auf ihrer Ebene.
    Ebene 4: Norbert kann Karins Spiel mit der Geschlechteridentität nicht mitmachen.

Interakt 4 / Karin (0.25.26)

Karin sieht auf ihr Blatt, malt, sagt leise (Sing-sang): "Do-och."
    Ebene 2: Karin setzt die Fakten der Geschlechtszugehörigkeit neu: Sie kann Joachim sein, wenn sie will. Sie will Norbert damit weiter herausfordern. Sie definiert sich als überlegen, indem sie die Auseinandersetzung mit Norbert quasi nebenbei abhandelt. Sie bleibt dezent, leichthin und distanziert bei ihrer Behauptung und dabei, sich über Norbert lustig zu machen. Dies steigert die "Ungeheuerlichkeit" ihrer Behauptung.
    Ebene 3: Karin erneuert für Norbert die unangenehme Situation, sich auf den Arm genommen zu sehen. Er hat das Problem, daß er sie dafür ernsthaft kaum zur Rechenschaft ziehen kann, ohne sich dabei lächerlich zu machen. Es muß für Norbert klar sein, daß er ihr nicht dadurch beikommt, daß er sich auf Fakten beruft.

Interakt 5 / Norbert (0.25.34)

Norbert sieht auf Karins Blatt, sagt kurz und nachdrücklich: "Quatsch."
    Ebene 1: "Was du redest, ist Quatsch."
    Ebene 2: Norbert will durch eine Abwertung von Karins Aussage das Gespräch beenden. Er ist immer noch hilflos und wirkt etwas nachdenklich, so als überlege er, was er wohl zu Karin sagen könne, und dann fällt ihm nur das kurze abwertende "Quatsch" ein. Den von ihr angeschlagenen leichten Ton und die Fiktions-Ebene kann er nicht übernehmen. Er ist deshalb trotz der Abwertung weiter in der Defensive.

Ebene 3: Norbert widerspricht nicht nur, sondern signalisiert Karin, daß er es nicht witzig finden kann, was sie da mit ihm macht. Für sie signalisiert dies eine leichte Verschärfung des Gesprächs in Richtung Streit.

Interakt 6 / Karin (0.25.34)

Karin sagt noch einmal: "Do-och." (Sing-sang), sieht dann zu Claudias Bild.

Ebene 2: Karin will Norbert weiter herausfordern. Ihr Blick auf Claudias Blatt könnte bedeuten, daß sie Claudia in das Scharmützel miteinbeziehen will. Auf jeden Fall unterstreicht dieser noch einmal das Nebenbei ihres Gesprächs mit Norbert, die "Unwichtigkeit" seiner Argumente. Dieses "Spiel" Karins ist keineswegs harmlos: Ihre wohldosierten wie nebenbei hingetupften Provokationen gegen Norbert und die Jungengruppe zielen weiter darauf, ihn in Wut zu bringen.

Ebene 3: Für Claudia könnte durch Karins Blick auf ihr Bild ein Signal gegeben sein, mit einzusteigen in die Auseinandersetzung mit Norbert. Für Norbert zeigt Karins Äußerung, daß sie trotz Verschärfung durch ihn weiter bei ihrer Provokation bleibt.

Ebene 4 : Das "Spiel" ist auch für Karin keineswegs harmlos: In ihren Provokationen werden ihre Aggressionen gegen Norbert und die Jungengruppe deutlicher.

Interakt 7 / Norbert (0.25.34)

Norbert sagt: "Ej, du Quatschkuh!", schnappt sich die Saftflasche und stellt sich am Tisch aufrecht hin und fängt an, sich zum Weggehen wegzudrehen.

Ebene 1: "Mit dir rede ich nicht mehr, du bist mir zu blöd!"

Ebene 2: Norbert will das Gespräch mit einer Beleidigung Karins beenden. Er geht damit von einer Abwertung der Aussage Karins zu einer Abwertung ihrer Person als Quatschkuh über. Er wird dabei zwar nicht laut und zeigt nicht offen, daß er sich ärgert. Aus der Beschimpfung Karins und seinem darauffolgenden Weggehen ist aber auf Verärgerung zu schließen. Die Flasche wird als Trost mitgenommen. Jetzt muß er sich "erst mal einen genehmigen".

Ebene 3: Karin muß sich mit der Beleidigung gegen sie und der dadurch gezeigten Verärgerung/Verletzung Norberts auseinandersetzen.

Ebene 4: Norbert beschimpft Karin geschlechtsspezifisch als "Kuh".

Interakt 8 / Karin (0.25.34)

Karin sieht auf ihre Zeichnung und sagt leise, setzt dabei den Stift neu an: "Der wohnt hier wohl."

Ebene 2: Es gibt hier drei Deutungsmöglichkeiten: *Entweder* Karin ist jetzt tatsächlich völlig desinteressiert an Norberts Aktion, akzeptiert die Beendigung der Auseinandersetzung durch sein Weggehen und wendet sich mit voller Aufmerksamkeit ihrem Bild zu. *Oder* sie ist (vielleicht durch seine Beschimpfung) betroffen, hat ein schlechtes Gewissen darüber, daß Norbert offenbar verletzt ist. Dann hätte der Kommentar zu ihrem Bild so etwas wie die Funktion (die anderen) von ihrem Agieren abzulenken, ein anderes Thema anzuschneiden etc. *Oder* sie fährt damit fort, Norbert nicht ernst zu nehmen, indem sie so tut, als bemerke oder interessiere sie Norberts Weggehen überhaupt nicht, als pralle seine Beleidigung an ihr völlig ab. Dadurch, daß sie weder zu Norbert hinsieht, noch etwas antwortet, sich z.B. gegen die Beschimpfung wehrt, signalisiert sie, wie nebensächlich die Auseinandersetzung mit Norbert für sie ist/war. Vielleicht ist es eine Mischung der zweiten und dritten Variante. Für unwahrscheinlich halte ich, daß Karin jetzt plötzlich nur noch mit ihrem Bild beschäftigt ist.

Ihre Zeichnung besteht bis zu diesem Zeitpunkt aus einem von der Form her regenbogenartigen Halbkreis, der sich vom unteren Blattrand erhebt, bis in die Mitte des Blattes hochwölbt und wieder zum unteren Rand zurückkehrt. Diese Formation ist in der Mitte noch freigelassen, wird später mit starken Farben gefüllt. Karin hat keine Person gezeichnet, setzt hierzu auch nicht an. Sowohl Hanna, als auch Jule sind mit demselben Motiv beschäftigt; was Claudia zeichnet, ist nicht zu erkennen. Es gibt keinen Beweis dafür, daß die Zeichnung etwas mit Norbert zu tun hat oder mit ihrem Konflikt mit ihm. Festzuhalten ist allerdings, daß sie weder in Zeichnung noch ihrer Äußerung das Thema Weggehen, Vertreiben, Trennung o.ä. anreißt, was dem aktuellen Geschehen um Norbert einen Ausdruck verleihen würde, sondern die Zugehörigkeit einer männlichen Person zu dem Ort, den sie zeichnet: "Der wohnt hier wohl"; "der" hat einen Platz. Es geht vielleicht um den Wunsch danach, die Trennung des männlichen vom weiblichen Geschlecht aufzuheben.

Ebene 3: Für Norbert signalisiert Karin auf der "offiziellen" Ebene Desinteresse: Was er macht, ob er geht oder wiederkommt, ist egal. Karins Kommentar zu ihrer Zeichnung bringt aber ein quer liegendes "warmes" Thema in die Auseinandersetzung.

Interakt 9 / Norbert (0.25.34)

Norbert dreht sich vom Tisch weg und geht mit der Flasche aus dem Bild.
Ebene 1: Norbert fühlt sich Karin nicht gewachsen; es ist kein Abzug, weil es ihm egal wäre, was sich am Tisch abspielt; er räumt das Feld.
Ebene 3: Norberts Weggehen überläßt Karin das Feld, wertet aber durch die Beleidigung Karins diesen Rückzug um in eine Angriffshandlung (oder versucht dies zumindest).

Interakt 10 / ein Mädchen (weder Karin noch Claudia, wahrscheinlich Jule) (0.25.34)

Ein Mädchen sagt im Sing-Sang-Ton so vor sich hin: "Selber Quatschkuh!"
Ebene 2: Das Mädchen will sich mit Karin solidarisieren.
Ebene 3: Karin wird verteidigt, indem ein Mädchen Norberts Beschimpfung gegen Norbert wendet. Sie schlägt dabei den gleichen Sing-Sang-Ton wie Karin an. Daß Norbert dies hört, ist anzunehmen, da er sich nicht weit vom Tisch entfernt befindet (obwohl er nicht mehr im Bild ist).
Ebene 4: Es ist hier nicht zu entscheiden, ob sich das Mädchen als Mädchen solidarisiert oder einfach Partei ergreift für jemand, der/die angegriffen wird.

Interakt 11 / Jule (0.25.47)

Jule sieht in Karins Richtung und sagt (sehr betont): "Meine ... (ein unverständliches Wort) Karin. Die Karin ist keine Quatschkuh."
  Ebene 2: Jule will Norbert gegenüber deutlich die Beschimpfung Karins zurückweisen. Sie ergreift Partei in einem Streit, der als einer zwischen "den Mädchen" und "den Jungen" begonnen hat, die Geschlechterpolarität zum Thema hat und stellt sich auf die Seite Karins.
  Ebene 3: Die Solidarisierung des Feldes zugunsten Karins wird deutlicher – entweder dadurch, daß jetzt ein weiteres Mädchen Partei ergriffen hat (in dem Fall, daß Interakt 9 nicht Jule war), oder dadurch, daß die Beschimpfung jetzt von Jule explizit zurückgewiesen wird und verknüpft wird mit einem impliziten Kompliment an Karin. Wie sich aus dem Folgenden ergibt, befindet sich Norbert weiterhin in der Nähe des Tisches, so daß davon auszugehen ist, daß Jule ihre Aussage auch zu ihm sagt und nicht nur so in die Mädchenrunde (zu der sich auch kurz Christian gesellt) am Tisch. Norbert ist damit zurechtgewiesen und müßte sich zu einer Rechtfertigung herausgefordert fühlen.
  Ebene 4: Ein Mädchen verteidigt Karin: Diese ist keine "Quatschkuh", auch dann nicht, wenn sie behauptet, Joachim zu sein.

Interakt 12 / Norbert (0.25.47)

Norbert sagt (er ist nicht im Bild): "Doch, wenn sie sagt, sie ist Joachim."
  Ebene 1: "Es ist berechtigt, Karin eine 'Quatschkuh' zu nennen, wenn sie einfach sagt, daß sie Joachim ist."
  Ebene 2: Norbert will sich verteidigen, indem er seine Aussage zu Karin begründet. Er ist ernst dabei und zeigt damit, daß es ihn geärgert hat, daß Karin einfach erklärt, sie sei Joachim, um die Exklusivität der Jungengruppe und des Videofilms von den Jungen mit ihren Waffen zu leugnen.
  Ebene 3: Norbert erneuert die Benennung Karins als Quatschkuh und begründet dies. Wer sich auf Karins Seite stellen will, muß sich mit seiner Begründung auseinandersetzen. Reaktionen hierauf könnten unterschiedlich aussehen: Seine Aussage ignorieren; bestreiten, daß Karins Spiel die Benennung als "Quatschkuh" legitimiert; Karins Spiel bagatellisieren im Sinne eines "War doch nicht ernst gemeint"; Norbert beschimpfen.
  Ebene 4: Norbert weist noch einmal Karins Spiel mit ihrer und Joachims Identität und Geschlechtszugehörigkeit zurück und vertritt die Meinung, daß es legitim ist, jemand für eine solche Spielerei (verbal) zu bestrafen.

Interakt 13 / Jule (0.25.47)

Jule sagt (neutral feststellend): "Sie *ist* ja auch Joachim." (Betonung auf "ist")
  Ebene 1: Es bieten sich hier zwei unterschiedliche Paraphrasierungen an, die aber nicht weit auseinander liegen. Das "auch" in Jules Aussage kann im Sinne einer Bestätigung gelesen werden: "Sie ist ja schließlich Joachim." Oder es kann im Sinne von "zusätzlich" verstanden werden. Dann würde Jules Satz bedeuten, daß sie Karin die Möglichkeit zubilligt, zusätzlich (zu ihrer eigenen Identität) "auch Joachim" zu sein.

Ebene 2: Jule will ihre Verteidigung Karins fortsetzen. Sie wählt statt einer der o.g. eher naheliegenden Antwortmöglichkeiten (s. Ebene 3 von Interakt 12) den Weg, Karins Provokation neu aufzulegen. Sie tut dies vielleicht deshalb, weil ihr dies die beste Methode zu sein scheint, den Vorwurf der "Quatschkuh" vom Tisch zu kriegen: Wenn Karin nämlich tatsächlich (auch) Joachim ist, dann ist sie keine Quatschkuh, wenn sie sagt, daß sie Joachim ist. Jule verteidigt also Karin nicht mehr nur gegen eine Beschimpfung, sondern stellt sich aktiv auf ihre Seite gegen Norbert. Auf einer tieferen Ebene bestätigt Jule aber hier die Berechtigung von Karins Wunsch, "wie das Brüderchen" sein zu wollen, damit zu spielen und Exklusivität der Jungengruppe in Frage zu stellen. Im "auch" kann die Botschaft stecken: Beides geht! Vielleicht ist Karin für sie eine Vertreterin eigener Wünsche.

Ebene 3: Norbert kommt nicht darum herum, sich etwas einfallen zu lassen, wie er auf dieser Ebene den Mädchen beikommen will.

Ebene 4: Karins spielerische Identifikation mit einem Jungen wird von einem weiteren Mädchen aktiv gegen Norbert verteidigt.

Interakt 14 / Karin (0.25.47)

Karin malt und sagt (neutral, dabei klar und deutlich und nicht so leise, wie die Do-ochs): "Man kann doch das sagen, was man will."

Ebene 1 und 2: Es gibt wohl mehrere Möglichkeiten der Paraphrasierung und damit mehrere Annahmen über die Intentionen von Karin, die sich aber nicht gegenseitig ausschließen müssen: *Entweder:* "Du kannst mir nicht vorschreiben, was ich *will*"; damit würde diese Aussage etwas über ihre Wünsche deutlich machen und die Botschaft enthalten, daß sie sich dagegen verwahrt, daß Norbert in ihre Wünsche hineinregiert und ihr verwehrt, sich (auch) als männlich zu definieren. *Oder:* "Du kannst mir nicht vorschreiben, was ich *sage*"; d.h. Karin verteidigt die Freiheit des Diskurses in dieser Frage. *Oder:* "Nimm's doch *nicht so wichtig*, was ich gesagt habe"; dies würde in gewisser Weise einer Abwertung der eigenen Aktion/der eigenen Wünsche gleichkommen und als Signal verstanden werden können, daß sie einlenken will. Norbert könnte aber auch die Botschaft heraushören: "Meine Güte, daß der Typ das so ernst nimmt!" und sich weiter bloßgestellt fühlen.

Daß Karin auf Jules Eingreifen nicht eingeht (sie könnte sich ja offen darüber freuen, lachen etc.), macht zumindest deutlich, daß sie im Moment den Konflikt mit Norbert nicht offen verschärfen will. Sie nutzt Jules Hilfestellung nicht für eine offensive Neuauflage der Provokation Norberts.

Ebene 3: Norbert ist mit einer doppeldeutigen Situation konfrontiert: Es steht durch Jules Aussage wieder die für ihn nicht gut erträgliche Behauptung im Raum (Karin ist Joachim) und gleichzeitig die Bewertung, daß das Ganze entweder nicht seine Angelegenheit ist (denn Karin kann wollen bzw. sagen, was sie will), oder "unwichtig", was seinen Ärger darüber ebenfalls als unwichtig, überflüssig oder lächerlich einstuft, was ihn eigentlich noch einmal ärgern müßte.

Ebene 4: Karin verteidigt zwar ihren Wunsch bzw. ihr Recht darauf, sich geschlechtlich nicht eindeutig festzulegen, sich als "beides" zu definieren, mit diesen Definitionen zu spielen, macht dies aber hier nicht offensiv, sondern bietet Norbert an, diesen Wunsch mit der Konnotation "unwichtig" (gleich ungefährlich) zu versehen.

Interakt 15 / Norbert (0.26.00)

Norbert sagt: "Du kannst ja ruhig Joachim sein, aber –", jetzt ist er wieder an seinen Platz am Tisch gekommen, stützt sich wieder mit den Unterarmen auf den Tisch, beugt sich weit herüber zu Karin, sieht sie an. Karin sieht auf und ihn an. Norbert fährt fort: "– du bist da nicht drauf, oder, ich hab da nämlich keine Karin –", Karin sieht ihn an und fängt an zu lächeln, "– gesehen dabei."

Ebene 1: "Du kannst ja gerne so tun, als seist du Joachim. Aber auf dem Film bist du nicht zu sehen, und das ist es, worauf es ankommt!"

Ebene 2: Norbert will den Clinch mit Karin weiterführen. Er läßt sich jetzt auf die Fiktionsebene ein und gesteht Karin zu, *so zu tun*, als sei sie Joachim. Dann aber kommt er wieder zum Film zurück und betont wieder, da sei *sie* nicht zu sehen gewesen. Eine Verwandlung kann also nicht stattfinden; sie war also nicht bei der Jungengruppe. Norberts körperliche Aktion ist wohl so zu verstehen, daß er durchsetzen will, daß Karin ihn ansieht.

Ebene 3: Für Karin hat Norbert das Streitgespräch wieder eröffnet und zwar zum Teil auf der von ihr gewählten Ebene der Fiktion. Er hat das Feld wieder besetzt und geht wieder zum Gegenangriff über.

Ebene 4: Norbert hat sich dazu durchgerungen, auf der Ebene der *verbalen* Definition Karins Aussage ("Ich bin Joachim") nicht mehr anzugreifen. Klargestellt werden muß aber: Sie kann niemals auch Joachim (ein Junge also) *sein* und damit an der Jungengruppe teilnehmen.

Interakt 16 / Karin (0.26.00)

Karin lacht los (Hanna sieht auf und Karin an, lacht auch los; strenggenommen müßte man für Hanna einen extra "Interakt" ansetzen) und sagt lachend, Hanna ansehend und heftig mit dem Kopf nickend: "Doch, ich bin ja Joachim und darum hast du mich ge-gesehen!", sieht dann wieder auf ihr Blatt und malt weiter.

Ebene 1: "Doch, du hast mich gesehen, denn ich bin ja Joachim und den hast du im Film gesehen. Und deshalb – weil ich ja Joachim bin – hast du mich natürlich auch gesehen!"

Ebene 2: Aus Karin platzt das Lachen nur so heraus: Entweder bricht hier eine für längere Zeit unterdrückte Belustigung über Norbert aus Karin heraus oder Norberts Argumentation reizt sie derart zum Lachen. Letzteres ist absolut nachzuempfinden, denn: Norbert ist zwar schließlich nach langem Hin und Her und humorloser Hilflosigkeit "auf den Trichter gekommen", Karins "So-tun-als-ob" mal mitzumachen, dabei stellt er sich aber gleich wieder selbst ein Bein. Denn, was er dann sagt, springt wieder auf die Ebene der Realität und ist damit völlig ungeeignet, Karin argumentativ zu schlagen: Wenn sie nämlich Joachim ist (was er ihr jetzt zugestanden hat), muß er sie – eben als Joachim – auch gesehen haben. Und: Daß Karin im Film nicht zu sehen ist, ist insofern logisch und kein Gegenargument, sondern geradezu eine Bestätigung ihrer Aussage. Auch das heftige mit dem Kopf Nicken unterstreicht die Veralberung, die sie mit Norbert betreibt.

Ebene 3: Norberts Versuch, auf Karins Ebene einzusteigen und sich seinerseits lustig über sie zu machen, in dem er gnädig-abfällig ihr das Vertauschspiel zugesteht, aber bei seiner Position bleibt (sie ist auf dem Video von den Jungen nicht zu sehen), hat nicht funktioniert. Im Gegenteil: Jetzt wird er laut ausgelacht. Noch ein zusätzlicher Reiz besteht in der Nebensächlichkeit der Auseinandersetzung mit Norbert für Karin, die sie dadurch wieder unterstreicht, daß sie sich gleich wieder ihrem Blatt zuwendet und weitermalt.

Ebene 4: Dadurch, daß Hanna mit Karin mitlacht, sind es mittlerweile zwei Mädchen, die Karins Partei bezogen haben. Karin besteht fröhlich-schadenfroh auf dem Recht ihrer Verwandlung.

Interakt 17 / Norbert (0.26.17)

Norbert stützt sich auf seine Unterarme, beugt sich weit nach vorne, hängt dabei mit dem Bauch auf dem Tisch, sieht zu Karin herüber und sagt (ruhig): "Dann hab ich eben Joachim nicht gesehen" (ein bißchen Lachen in der Stimme bei "gesehen").

Ebene 2: Norbert will Karin nichts schuldig bleiben. Er wirkt sehr beherrscht, kriegt kein Lächeln hin. Die Frage ist, was das Sich-auf-den-Tisch-Lümmeln bedeutet. Der Tisch ist in diesem Teil des Raumes das Zentrum des sozialen Geschehens. Er hat so etwas den Charakter einer Bühne: Der Streitdialog wird von den drei am Tisch zeichnenden Mädchen, der Praktikantin Claire (ebenfalls über Zeichnung gebeugt) und dem hin und wieder sich an den Tisch stellenden Christian verfolgt (und natürlich auch von mir mit der Kamera). Jede Zeichnerin beansprucht einen für den Vorgang des Zeichnens typischen Teil des Tisches: Den für das Blatt Papier, für die Ablage von Stiften, für die auf den Tisch gelegten Unterarme. In der Mitte des Tisches ist noch Platz für einen Stiftkasten, die individuellen Räume der sich gegenüber sitzenden Zeichnerinnen stoßen also nicht direkt aneinander, weil der Tisch relativ breit ist.

Norbert und seine Handlungen sind nicht aufgeteilt wie bei Karin in Zeichnen und Unterhaltung/Streitgespräch, sondern konzentriert auf seine Auseinandersetzung mit Karin. Er besetzt den Teil des Tisches direkt vor ihm nicht durch eine Tätigkeit, sondern mit seinem Körper. Er verletzt zunächst dabei nicht direkt den Arbeitsraum von Karin oder Claire, die Karin gegenüber und rechts von Norbert sitzt; dennoch nutzt er "seinen" Teil des Tisches auf eine massivere Art und Weise als die anderen Personen. Dies könnte bedeuten: Ich muß mich breitmachen, um gesehen zu werden, oder schlicht ein entspanntes Sich-Lümmeln sein. Für die erste Möglichkeit spricht, daß Norbert auch in Interakt 15 sich weit zu Karin herübergebeugt und den Blickkontakt zu ihr gesucht hat, und daß er außerdem wohl eher angespannt-verärgert ist (Mauligkeit, Häme, Beschimpfung).

Inhaltlich geht er noch einen Schritt weiter auf Karins Argumentation ein und versucht sich selbst jetzt auf der Fiktions-Ebene: wenn sie auch Joachim *ist*, dann hat er eben Joachim nicht gesehen, auf jeden Fall ist *sie* (dann eben als Joachim) nicht auf dem Video. "Ätsch, 1 zu O für mich!", könnte man inhaltlich dazu setzen, obwohl der Tonfall dies so nicht hergibt.

Ebene 3: Karin hat bis hierhin durchgesetzt, daß Norbert ihre Identität mit Joachim akzeptiert, nicht allerdings, daß sie aufgrund dieser Identität auch an der Jungengruppe teilgenommen hat bzw. auf dem Video der Jungen zu sehen ist.

Ebene 4: Die Exklusivität der Jungengruppe ist wieder hergestellt, allerdings auf Kosten eines ihrer Mitglieder, nämlich Joachims, der aufgrund seiner Identität mit Karin nicht mehr mit dabei sein kann. Geschlechtliche Zweideutigkeit ist nicht zugelassen.

Interakt 18 / Karin (0.26.17)

Karin sieht Norbert an, lacht und sagt: "Genau, dann hast du eben Karin nicht gesehen."

Ebene 2: Karin geht auf Norberts neuen Schlenker (Joachim ist auch nicht auf dem Video), der auf jeden Fall sicherstellen soll, daß Karin auf dem Video nicht zu sehen ist, nicht ein. Damit scheint sie – was die Logik des Geplänkels angeht – jetzt aus dem Tritt. Mit dem "genau" unterstreicht sie nur noch einmal die von Norbert inzwischen zugestandene Identität von sich und Joachim, betont mit ihrer Aussage noch einmal, daß sie Joachim ist, und weil sie Joachim ist (und nur Jungen auf dem Video sind) hat Norbert "eben Karin nicht gesehen". Sie erreicht damit aber nicht mehr Norberts neue Version, daß sie eben (als Joachim) nicht bei der Jungengruppe war (und damit auch nicht auf dem Video ist), weil Norbert Joachim "nicht gesehen hat". Karin scheint jetzt wortlogisch in der Defensive, zumindest könnte Norbert jetzt einhaken. Eine andere Möglichkeit ist, daß Karin die Stringenz ihrer Argumente gar nicht (mehr) interessiert und jetzt unbekümmert lachend nur noch Blödsinn angesagt ist.

Ebene 3: Für Norbert ist damit eins durchgesetzt, worauf er hinauswollte: Karin war nicht bei der Jungengruppe, ergo auf dem Film davon auch nicht zu sehen.

Interakt 19 / Norbert (0.26.23/11.13 Uhr)

Norbert sagt: "Dann hab ich Karin nicht gesehen, genau." Er sieht zu Karin.

Ebene 1: "Genau das meinte ich: Karin war nicht zu sehen auf dem Film."

Ebene 2: Karins Aussage macht es für Norbert möglich, sein Hauptanliegen noch einmal zu unterstreichen, nämlich festzuhalten, daß Karin nicht auf dem Video zu sehen ist, daß da "nur die Jungens drauf" sind. Sie wollte noch einmal ihre Identität mit Joachim betonen. Norbert aber wertet jetzt ihre Aussage ("Du hast Karin nicht gesehen") um, macht aus ihr eine Aussage über die Realität und ist damit beim Ausgangspunkt ihres Streits.

Ebene 3: Für Karin bedeutet Norberts Resümée, daß er die Situation so definiert, daß er jetzt da ist, wo er hinwollte. Er zieht für sich die Bilanz, in diesem Streitgespräch obsiegt zu haben.

Interakt 20 / Karin (0.26.23)

Karin sieht Norbert an, lächelt, sieht dann wieder auf ihr Blatt, sagt: "Aber ich bin ja Joachim und darum hast mich auch gesehen."

Ebene 2: Karin legt das Programm noch einmal von vorne auf, erinnert Norbert allerdings implizit daran, daß die Prämissen für das Geplänkel mittlerweile andere sind: Sie ist (von Norbert inzwischen nicht mehr bestritten) Joachim etc. Karin wirkt nicht verärgert, sondern ehrlich belustigt; ihr macht das ganze Spaß und sie fängt noch einmal von vorne an.

Ebene 3: Norbert hat sich umsonst Mühe gegeben, wenn die Belohnung sein sollte, Karin verlegen oder ärgerlich zu machen.

Das weitere Geschehen

Ich fasse das Geschehen der nächsten 5 Minuten zusammen: Karin sagt dann, sie habe auch Mirko (einen Jungen aus der Gruppe) gesehen. Hier greift jetzt Claudia ein (0.26.52), bestimmt für ca. 2 Minuten das Streitgespräch mit Norbert, später auch mit Joachim (bis 0.28.55). Sie bringt die Variante auf, sie habe Mirko (einen weiteren Jungen aus der Gruppe, der aber nicht anwesend ist) bei den Kampfkatzen gesehen; Karin und Hanna bestätigen das, nicken, lachen, sagen: "Ja! Ja! Ja!" Claudia: Sie habe auch Norbert gesehen, was dieser natürlich bestreitet. Karin und Claudia bestehen lächelnd darauf. Norbert sagt dann (0.27.40) wie nebenbei, ironisch, Claudia müsse sich irren. Karin: "Nein, ne? Da muß sich Claudia nicht irren!", sieht Claudia strahlend an dabei. Norbert wieder bedauernd, nebenbei: "Doch leider." (0.27.55).

Ab hier eskaliert Claudia das "Spiel", schlägt mit beiden Fäusten auf den Tisch etc. (0.28.02), ruft laut "Ach duuu! Duuu bist leider!!" Karin lacht aus vollem Hals. Dann folgt ein Hin und Her zwischen Norbert und Claudia, wer nun "leider" sei, Claudia schreit dabei, ihre Stimme überschlägt sich, sie steht auf, reißt den Arm hoch, lächelt nicht mehr. Norbert macht ein Wortspiel, sagt mehrfach "Du bist Leila!" zu Claudia (es gibt zwei Mädchen in anderen Gruppen mit dem Namen Leila), lächelt dabei. Joachim kommt zum Tisch (war seit ca. 0.25.26 nicht im Gruppenraum). Claudia zu Norbert: "Du bist Kacke!" (0.28.16).

Norbert und Joachim verlassen den Tisch, gehen zu den Matratzen, Norbert schmeißt einen Stift aus dem Stiftbündel, das er in seiner Hand hält (diese – für die Gruppe gerade neu angeschafften – Stifte hatte er sich parallel zum Streit – halb auf dem Tisch liegend – aus dem Stiftkasten herausgesucht), mit voller Wucht gegen die Wand. Joachim protestiert: "Nein!! Das sind unsere neuen!!" Norbert legt sich auf die Matratze auf den Bauch, zum Tisch gewendet, sieht zu den Mädchen.

Jetzt (0.28.34) fängt Claudia eine neue Runde an, in dem sie Norbert und Joachim "verwechselt", sie beim Namen ruft und dabei immer auf den falschen zeigt: "Joachim! Nein, ich meine den anderen Joachim da!" Karin und Hanna lachen. Karin beteiligt sich am Rufen. Claudia und Karin rufen dann in einem Sing-Sang: "Norbert und Joachim! Norbert und Joachim!" Gelächter am Tisch.

Jetzt (0.28.55) wird es Jule zu bunt, sie schwenkt um, verläßt die Mädchensolidarität und droht: "Oh Mann, wenn du's noch einmal sagst, dann kann ich dir eine hauen." Ab hier strukturiert sich das Feld neu: Jule, Benno, Norbert, Joachim zählen auf, welche Truppen sie gegen Karin und Claudia mobilisieren werden. Während Karin wenig beeindruckt scheint, schaltet Claudia schnell um: Sie versucht zunächst Norbert gegenüber eifrig-freundlich und etwas unangemessen gemeinsame Urlaubserinnerungen aufzufrischen und gleichzeitig Karin durch liebevolles Hochstreichen der Haare für den Versuch, das Bündnis mit ihr aufzukündigen, um sich selbst aus der Schußlinie zu bringen, zu trösten (0.29.43 - 0.30.05). Als Norbert nicht darauf eingeht, sondern trotzdem weiter Leute auf seiner Seite aufzählt und Claudia fragt, ob sie "bei Karin" sei (0.30.16), Jule dazu dann klarstellt: "Ja, dann isse aber nicht bei uns", da stellt Claudia erregt und heftig Kaugummi kauend immer wieder fest: "Könnt Ihr allein machen." Und: "Ich mach' nicht mit!" (0.30.26, 0.30.34, 0.30.49, 0.31.05, 0.31.11).

Parallel stößt Norbert Drohungen aus: "Dietmar haut Euch eine rein, daß es nur so knallt!" (Dietmar ist ein Praktikant) (0.30.34) Und: "Genau! Der (dies ist auf einen "Markus" bezogen) reißt Euch den Kopf – genau, der reißt denen den Kopf ab!" (0.30.34 - 0.30.49).

Karin sagt schließlich wie Claudia, allerdings nicht engagiert oder ärgerlich, eher affektiert und lächelt dabei: "Ja, ich mach' nicht mit." (0.30.52). Norbert zieht daraufhin erst Karin, dann Claudia zur Rechenschaft: "Karin, du hast ja angefangen." (0.30.54) und: "Du – ", deutet dabei auf Claudia, "machst sowieso mit (...) Doch, wenn du eben uns verwechselt hast!? Wenn du uns das extra gemacht – du hast doch gesagt, ich – ", zeigt mit dem Stift auf sich, " – wär Joachim und er – ", zeigt mit dem Stift über seine Schulter auf Joachim, der hinter ihm steht, " – wär' Jo – äh Norbert, ne?" (0.31.11). Claudia sagt noch einmal: "Trotzdem mach' ich nicht mit!", Karin ebenso: "Trotzdem mach' ich gar nicht mit" (0.31.27).

Norbert sitzt mitten auf dem Tisch

Ich möchte nun die gesamten ca. 12,5 Minuten unter dem Blickwinkel aufrollen, wie Norbert (insbesondere grobmotorisch) agiert und wie die Mädchen damit umgehen. Hier läßt sich zeigen, wie Norbert nach dem Kippen des Feldes zu seinen Gunsten sich auf dem Tisch über den Zeichnerinnen etabliert, wie er – vorher bereits – die "neuen Buntstifte" nach und nach monopolisiert und deren Benutzung schließlich kontrolliert, wie die Mädchen (bzw. weiblichen Personen) nach einigen Widerstandsaktionen von Karin und Claudia seine dominante Rolle aktiv mit definieren und bestätigen (zunächst Claire, dann Jule, wieder Claire, schließlich auch Karin und Hanna).

Der Ablauf des Geschehens läßt sich – vereinfachend – in folgende vier Phasen einteilen:

1. Phase (von 0.23.57-0.26.52, also ca. 3 Min.): Es entsteht das Streitgespräch "tausendmal Kampfkatzen und einmal Jungengruppe ..." etc. Danach wird Norbert von Karin hochgenommen; Hanna lacht mit Karin mit; Jule verteidigt Karin; er ist in der Defensive.

2. Phase (von 0.26.52-0.28.55., also ca. 2 Min.): Claudia übernimmt, zieht Norbert auf; behauptet Mirko und Norbert wären auch bei den Kampfkatzen gewesen; Karin sekundiert; Hanna lacht mit; Claudia bleibt nicht bei der Ironie, sondern wird laut und wütend. Claudia veräppelt danach (laut und schrill) Norbert und Joachim; Karin sekundiert; Hanna lacht mit; beide Jungen haben sich zurückgezogen.

3. Phase (von 0.28.55-0.31.27, also ca. 2,5 Min.): Jule kippt das Feld durch die Androhung von Schlägen gegenüber Karin/Claudia für den Fall, daß diese mit ihren Provokationen fortfahren; danach werden die "Truppen gezählt" und Norbert stößt Drohungen gegen Karin/Claudia aus; Claudia und Karin sind in der Defensive: Claudia reagiert einerseits mit dem Versuch einer Anbiederung, andererseits mit dem Versuch, sich rauszuziehen ("Ich mach' nicht mit"); das Ende dieser Phase ist damit markiert, daß beide Mädchen erklärt haben, sie "machten nicht mit", und ab hier keiner der Jungen noch einmal auf den Streit zurückkommt.

4. Phase (von 0.31.27-0.36.32, also ca. 5 Min.): Norbert etabliert seine Position auf dem Tisch; parallel zu und nach ein paar Widerstandsaktionen von Karin und Claudia (0.31.31, 0.31.43, 0.32.40) laufen "Norbert-Bestätigungsrituale" durch Claire, Jule, Karin, Hanna (0.31.27, 0.31.56, 0.32.27, 0.32.40, 0.33.02, 0.34.38, 0.36.06, 0.36.19).
Aber im Einzelnen (um die Aktionen von Mädchen und Jungen im folgenden optisch besser auseinander halten zu können, setze ich die Aktionen der Mädchen/Frauen kursiv):

1. Phase

– Zunächst liegt Norbert halb auf dem Tisch, Kopf auf seine Unterarme gebettet (Beschreibung s. Interpretation von Interakt 1).
– Dann zieht er sich mit der Flasche zurück (s. Interakt 7).
– Er kommt wieder, stützt sich wieder auf den Tisch, beugt sich weit zu Karin herüber bzw. hängt mit dem Bauch auf dem Tisch, sieht sie an (Interakt 15 und 17).
– Er schiebt sich auf den Tisch, liegt in der Mitte des Tisches, hat sich dabei quer über ein Papier mit einer Zeichnung gelegt, jemand beschwert sich: "Ej!", Norbert verändert seine Position nicht, greift in den Stiftekasten (0.26.30).

2. Phase

– Er sucht sich Stifte aus dem Kasten, liegt dabei mitten auf dem Tisch (0.27.00).
– Er liegt immer noch mitten auf dem Tisch, kramt im Kasten (0.27.40).
– Er liegt immer noch mitten auf dem Tisch, kramt im Kasten (0.27.55).
– Er hat ein ganzes Bündel Stifte in der Hand, schiebt sich langsam zurück, stellt sich an seinem alten Platz wieder hin (0.28.05).
– Er deutet mit dem Stiftbündel auf Claudia, als er sagt: "Du bist Leila!", schlägt dann symbolisch damit in ihre Richtung, setzt sich dann (0.28.16).
– Er geht weg vom Tisch zur Teppichecke, hat das Stiftbündel in der Hand, schmeißt einen Stift mit voller Wucht gegen die Wand (0.28.22).
– Er legt sich auf den Bauch auf eine Matratze, sieht zum Tisch, Stifte in der Hand (0.28.34 - 0.29.06).

3. Phase

– *Hier greift jetzt Jule ein und droht Karin und/oder Claudia Schläge an, wenn sie nicht aufhören (0.28.55 und 0.29.16).*
– Norbert kommt zum Tisch zurück, baut sich am Tisch wieder auf (0.29.30).
– Er stößt die Stifte senkrecht auf den Tisch, das Bündel mit beiden Händen umfaßt, um sie auf eine Länge zu bringen (0.29.43).
– *Claudia versucht, Norbert eifrig-freundlich an gemeinsame Urlaubserlebnisse zu erinnern und gleichzeitig Karin durch liebevolles Hochstreichen der Haare für den Versuch, das Bündnis mit ihr aufzukündigen, um sich selbst aus der Schußlinie zu bringen, zu trösten (0.29.43 - 0.30.05).*

– Norbert steht im folgenden auf seinem alten Platz am Tisch, während er seine Drohungen (eine reinhauen, Kopfabreißen) ausstößt und aufzählt, wem er noch "Bescheid sagen" will, um Karin und Claudia zur Rechenschaft zu ziehen, hat die Stifte z.T. vor sich abgelegt, z.T. in der Hand, benutzt einen Stift, um auf Claudia, Joachim oder sich zu deuten (bis 0.31.11).

– *Praktikantin Claire konstruiert bzw. bestätigt die Rolle, die sich Norbert durch sein Agieren angeeignet hat, der Halter der "neuen Stifte" zu sein: Sie steckt einen Stift, mit dem sie gemalt hat in das Stiftbündel, das Norbert wieder in der Hand hält.* Er bedankt sich und sagt dann zu ihr: "Kannst dir einen rausziehen." (0.31.27).

– *An dieser Stelle sagt Karin: "Trotzdem mach' ich gar nicht mit!" (0.31.27)*

4. Phase

– Norbert antwortet ihr (als Halter der "neuen Stifte"): "Dann kriegt ihr eben keine Stifte!" (0.31.27).

– *Karin sagt freundlich, leise, deutlich: "Macht nix, dann hole ich mir einfach welche daraus.", deutet auf Norberts Stiftbündel, stützt den Kopf in die Hand, sieht ihn lächelnd an (0.31.31).*

– Norbert geht kurz vom Tisch weg, kommt wieder, schiebt sich wieder auf den Tisch, geht mit den Knien auf den Tisch, krabbelt, Stiftbündel in der Hand, auf allen Vieren zum Stiftekasten .

– *Claudia hebt den Kasten hoch und schwenkt ihn von Norbert weg.*

– *Karin versucht Norbert mit einer schnellen Handbewegung zu stoppen.*

– Norbert richtet sich auf, sitzt jetzt auf seinen Unterschenkeln mitten auf dem Tisch, sieht dabei Karin ins Gesicht (0.31.43).

– Er kommt hoch, kniet jetzt hoch aufgerichtet auf dem Tisch, schwenkt den Arm mit den Stiften über seinem Kopf, sieht von dort auf Karin runter (diese duckt sich ein wenig, hat den Arm wie zum Schutz kurz hochgezogen), er wedelt mit den Stiften, sagt: "Hier sind se doch! Hier sind se doch!" (0.31.48).

– *Jule bestätigt Norbert jetzt in seiner Rolle, in dem sie sagt: "Ich geb' den auch gleich.", sieht zu ihm auf, hält einen Stummel Wachskreide dabei hoch. (0.31.51)*

– Norbert: "Aber – den will ich gar nicht haben" (0.31.56).

– *Jule: "Der malt aber toll. Guck!"*

– Norbert: "Egal – ich will doch gar nicht malen", sparsames Lächeln, leicht verächtlicher Tonfall (0.31.56).

– Norbert findet einen Stempel auf dem Tisch, nimmt ihn sich, fängt an auf Claires Bild herumzustempeln, sagt dabei: "Auf Claires Bild", lächelt Claire an.

– *Claire bestätigt ihm das Recht, ohne daß er danach ausdrücklich gefragt hat, auf ihr Bild zu stempeln, indem sie sich zurücklehnt, ihm den Raum damit freigibt und unbewegt dabei zusieht (0.32.08)[2].*

– Norbert stempelt weiter mit großen Bewegungen, Claire sieht dabei zu (0.32.27).

– *Claudia kommt währenddessen noch einmal auf den Streit zurück (hat den Kasten auf ihrem Schoß in Sicherheit gebracht) und sagt zu Norbert: "Und jetzt soll kein Streit... wieder anfangen... Norbert!! Gerade morgen(s) soll kein Streit anfangen, sonst bin ich böse auf dich!" (0.32.22 und 0.32.27). Norbert reagiert nicht,*

stempelt. Claudia stellt Kasten wieder auf den Tisch, sagt: "Und du klaust keine Stifte mehr daraus!!?"
– Norbert sieht zu Claudia, sagt: "Nee, ich hab' da ja welche hier stehen – ehm – liegen", zeigt auf die vor seinen Knien liegenden Stifte aus dem Bündel (0.32.40).
– Norbert sitzt weiter auf dem Tisch, nimmt sich jetzt einen Stift, sieht Claire an und fängt an, auf Claires Bild zu malen.
– *Karin nimmt sich einen der Stifte, sieht zu ihm hoch, sagt "Und ich brauch' dies"* (0.32.40).
– Norbert sitzt weiter auf dem Tisch, sagt zu Karin: "Ej, hast du jetzt ein' weggenommen? – Ja, ne? – Gibste mir aber gleich wieder. (In die Runde:) Wenn jemand was braucht, dann muß er mir den gleich wiedergeben" (0.32.52 und 0.33.02).
– *Karin bestätigt Norberts Verfügungsrecht über "seine" Stifte, indem sie sagt: "Ja, ich will nur noch diese... (2)" (0.33.02).*
– Norbert sitzt nach wie vor auf dem Tisch, relativiert selbst ein wenig seine Boß-Rolle, konkretisiert sie aber auch wieder (freundlich-erklärend): "Ja – ist doch gar nicht meins. Ich brauch', ich hol' die nur raus, damit, damit ihr die nicht, die neuen nicht vertüddelt." Er kramt wieder im Kasten.

Abschließend will ich noch einmal an drei Details zeigen, wie Karin und Hanna Norberts Agieren subtil bestätigen:
– Norbert sitzt mitten auf dem Tisch, hat "seine" Stifte in Reih und Glied nebeneinander auf den Tisch vor sich gelegt. *Karin richtet sich bei Hinzulegen und Wegnehmen eines Stiftes exakt nach seinen Wünschen (zieht ihre Hände zurück, wartet auf sein "Los!", mit dem er ihr signalisiert, wann sie sich einen nehmen darf; zieht vorsichtig einen Stift aus seiner Formation, um diese nicht zu verändern) (0.34.38).*
– *Karin will sich wieder zwei Stifte aus der Formation nehmen. Bevor sie die Stifte aber richtig hochgenommen hat,* greift Norbert sich beide. *Karin zieht die Hand zurück. Sie greift aber gleich nochmal mit beiden Händen zu.* Norbert macht eine schnelle Bewegung zu ihren Händen, bzw. zu den Stiften, die sie fassen wollte, *sie zieht ihre Hände zurück.* Norbert sagt (freundlich, so als wolle er die Hilfe bei einer schweren unangenehmen Arbeit dankend abwehren) : "Mach' ich schon allein" (0.36.06).
– Norbert sitzt nach wie vor auf dem Tisch, sucht einen Stift, sagt: "Irgendeiner hat mir den grünen weggenommen." *Claudia sieht sich nach dem Stift um. Hanna findet im Kasten einen, hält ihn hoch: "Dieses Grün? Hier Norbert!"* Norbert nimmt ihn entgegen (danach löst sich die Runde wegen des Angebots geschälter Äpfel am Nebentisch auf) (0.36.19).

Wenn man sich den Ablauf von Norberts Handlungen in bezug auf den Ort, wo diese stattfinden, ansieht, so fällt ins Auge, daß es eine Parallelität gibt zwischen dem "Sieg" über Karin und Claudia und seiner unangefochtenen Position mitten auf dem Tisch über allen an der Interaktion irgendwie beteiligten Mädchen/Frauen. Weiter wird deutlich, daß Norbert bereits in den ersten beiden "Phasen", in denen er sich am meisten verlacht fühlen muß, den Platz in der Mitte des Tisches (zeitweilig) belegt und damit beginnt, sich die Stifte herauszusuchen, die später die Grundlage seiner Position (diese zu verwalten und die Benutzung zu kontrollieren) abgeben.

Zusammenfassung

Das geschlechtsgetrennte Angebot von Kampfkatzen und Jungengruppe in dieser Kindergruppe bietet jeder Seite einen eigenen Ort, der lustvoll besetzt und hoch geschätzt wird. Der Blick, der von hier aus auf das jeweils andere Geschlecht gerichtet wird, und die sich dabei einstellenden Affekte zeigen die Brisanz der Geschlechterdifferenz und die Unterschiedlichkeit der Konflikte hiermit bei den in diese Szene verwickelten Mädchen und Jungen.

Zunächst zu den *Mädchen:* Karin hat Lust dazu, die Exklusivität der Jungengruppe in Frage zu stellen und Norbert damit zu provozieren; sie genießt es, spielerisch die Geschlechtertrennung zu verwirren und sich selbst in eine Jungenidentität hineinzudenken. Hier zeigt sich zunächst eine Wertschätzung ihrer eigenen männlichen Selbstrepräsentanzen und der von ihr als männlich definierten Eigenschaften. Alle vier Mädchen am Tisch beteiligen sich lustvoll und schadenfroh am provozierenden Spiel der Vertauschung von Identität und Geschlecht (wenn auch unterschiedlich aktiv). Um Karins Agieren kristallisiert sich eine Mädchen-Solidarität. Karin ist hier möglicherweise so etwas wie eine Stellvertreterin für die eigenen Wünsche.

Nicht nur die Vorstellung, daß ein Mädchen an der Jungengruppe teilgenommen hat, löst Belustigung bei den Mädchen aus, auch der Behauptung (von Claudia), Mirko und Norbert seien bei den Kampfkatzen gewesen, stimmen Karin und Hanna lachend zu. Das "Spiel" ist für die Mädchen aber keineswegs nur harmlos-fröhlich: In Karins wohldosierten wie nebenbei hingetupften Provokationen gegen Norbert und die Jungengruppe verstecken sich nur schlecht Aggressionen und eine gewisse Eifersucht auf die Jungengruppe. Claudia geht nach anfänglichem Versuch, das Aufziehen von Norbert witzig zu gestalten, zu offener Wut und Beschimpfung über. Sie verschiebt den Schwerpunkt der Provokation von der Verwirrung der Geschlechterpolarität auf die Verwirrung der Subjektidentität (von Norbert und Joachim). Dieses ist getragen von dem Wunsch, die beiden zu verletzen.

Schon das anfängliche Auftrumpfen der Mädchen ("Tausendmal Kampfkatzen …") ist ambivalent: Einerseits vom selbstbewußt vorgetragenen Stolz auf das eigene Unternehmen motiviert könnte es gleichzeitig gelesen werden als Ahnung, die auf die Formel gebracht werden kann: "Einmal Kampfkatzen und einmal Jungengruppe" reicht nicht aus, um ein Gleichgewicht herzustellen. Darüber hinaus scheint mir (bei Karin) ein Schmerz über die mit der Geschlechtertrennung in Kampfkatzen und Jungengruppe verbundene Abspaltung männlicher Eigenschaften/Tätigkeiten eine Rolle zu spielen als Gefühlselement, das den Wunsch speist, die Jungen zu verletzen. Dieses Motiv hat nicht so sehr mit der sozialen Positionierung der Kinder in der Gruppe zu tun, sondern mehr mit der eigenen geschlechtlichen Sozialisation und könnte als Widerstand verstanden werden gegen einen für Mädchen nicht zugelassenen Ort von Männlichkeit.

Die gemeinsame Lust der Mädchen am Überschreiten der Geschlechtergrenze und an der gezielten Provokation hiermit schlägt um in Mitleid mit Norbert und auch Joachim (bei Jule), in Aggression gegen Karin und Claudia (ebenfalls bei Jule), in Angst vor Konsequenzen (bei Claudia), in Befriedungsaktionen gegenüber Norbert (bei Claudia, Jule, schließlich Hanna und Karin). Die gemeinsame Aktion der Mädchen zerbricht an der Frage, wie es Norbert damit geht, und am Bewußtsein, hier ein Verbot übertreten zu haben.

Zu den *Jungen:* Norbert reagiert verunsichert, verletzt, verärgert, eifersüchtig auf klare Trennung bedacht. Er greift nicht – was er als Gegenmittel ja hätte tun können – zur umgekehrten Behauptung, daß er ein Mädchen sei und ergo an den Kampfkatzen teilgenommen habe; entsprechend lehnt er auch Claudias Behauptung ab, sie habe Mirko und ihn bei den Kampfkatzen gesehen. Die "Abweichung" des männlichen Individuums ins Weibliche hinein ist massiver sanktioniert, mehr mit Angst besetzt, die eigenen weiblichen Selbstrepräsentanzen müssen stärker abgewehrt werden (als beim Mädchen die männlichen), bedrohen den Kern der Männlichkeit (nicht-Nicht-Mann zu sein). Die Mädchen können leichter mit solchen Verwandlungen spielen.

Keiner der beteiligten Jungen macht das Spiel der Geschlechterverwirrung auch nur eine Sekunde lang von sich aus mit. Norberts Zugeständnis, Karin könne ja ruhig Joachim sein, werte ich nicht als Widerspruch hierzu, denn erstens ist diese Aussage quasi "aus der Not geboren", die Exklusivität der Jungengruppe anders nicht retten und Karin rhetorisch anders nicht beikommen zu können; zum zweiten ist eher akzeptabel, daß sich ein Mädchen in einen Jungen verwandelt, als umgekehrt. Klar ist auf jeden Fall: Das aus der Verwandlung von Karin resultierende Karin-Joachim-Subjekt kann nicht bei der Jungengruppe dabei gewesen sein. Die Abspaltung gegengeschlechtlicher Anteile und die damit verbundene Affirmation des Geschlechterdualismus, der durch ein geschlechtsgetrenntes pädagogisches Angebot (Jungengruppe) betont wird, kommt den Jungen bei dieser Unsicherheit entgegen.

In der Gruppe scheint es den moralischen Konsens zu geben, daß ein Durcheinanderbringen von Geschlechts- und Subjektidentität nicht erlaubt ist und der Verstoß gegen dieses Verbot geahndet werden kann. Norbert antwortet auf die Herausforderung durch Karin und Claudia damit, massiv die Differenz zu den Mädchen/Frauen am Tisch zu inszenieren und damit das Terrain zurückzuerobern, das er im verbalen Schlagabtausch zunächst verloren hatte. In dieser Szene wird besonders die soziale Positionierung zum Thema: In seinem Bestreben Eindeutigkeit zu inszenieren und die Mädchen abzustrafen, nimmt sich Norbert als Kontrolleur (der Buntstifte) einen übergeordneten Platz (auf dem Tisch). Hat das Heraussuchen einer bestimmten Sorte von Buntstiften (den "neuen") zunächst mehr den Charakter einer parallel zu seiner "Hauptbeschäftigung", nämlich Karin und Claudia zu widersprechen, ablaufenden unbewußten sensomotorischen Übung, die vielleicht motiviert war von der Lust, schöne neue und ähnliche Dinge zu sammeln, zu ordnen und (zeitweilig) in Besitz zu nehmen, so gewinnt die Inhaberschaft der Stifte nach und nach eine soziale Bedeutung und positioniert die Mitglieder der Interaktion als die Stiftebenutzerinnen und den Stiftekontrolleur.

Diese (besonderen) Buntstifte markieren also eine Differenz zwischen Norbert und den weiblichen Personen am Tisch. Natürlich haben auch die anderen Jungen, die zeitweilig (Christian) oder später an den Tisch kommen und sich dann auch an der Auseinandersetzung beteiligen (Joachim, Benno) ebenfalls keinen dieser Stifte. Allerdings sind diese nicht im Zentrum des Streites: Norbert ist der Hauptkontrahent von Karin (und Claudia) und er spricht und agiert quasi als Vertreter "der Jungen". Es scheint fast so, als greife er zu den Stiften – in einer Situation der ärgerlichen Verunsicherung – um sich an irgendetwas festhalten zu können. Er hat damit "etwas in der Hand". Seine Reaktion, einen dieser Stifte mit voller Wucht an die Wand zu werfen, sich dann – mit den Stiften in der Hand – auf eine der Matratzen zu legen und zum Tisch zu sehen, läßt ahnen, welche Wut und auch Hilflosigkeit er in dieser Situation der Defensive empfindet.

Norbert ist über die Verwirrung der Geschlechtergrenze wütend. Er selbst gibt Aufschluß über seine Motive, die (neuen) Stifte herauszusuchen und zu kontrollieren: Er tut dies, "damit ihr die nicht, die neuen nicht vertüddelt". Er mag das Durcheinanderbringen nicht. Die Stifte könnten die Geschlechterdifferenz symbolisieren und auf der Ebene der gegenständlichen Struktur der Szene eine vergleichbare Rolle spielen wie die Walkie-Talkie-Antennen der von der Wildkatze Gejagten, wie die Schaufeln der Gespenster auf Katzenjagd oder das Gewehr des verschnupften Indianerhäuptlings. Auch Norberts Versprecher "Nee, *ich hab' da* ja *welche* (Stifte, Anm. durch mich) hier *stehen* – ehm – liegen" (0.32.40) als Antwort auf Claudia, er solle "keine Stifte mehr klauen", ließe sich in dieser Richtung interpretieren. Zunächst formuliert Norbert sein Verfügungsrecht über die Stifte als spezielle Strafe für Karin und Claudia ("Dann kriegt ihr eben keine Stifte!" 0.31.27) dafür, daß sich diese dem Streit nicht stellen, den sie angezettelt haben, indem sie erklären, sie machten "nicht mit". Danach formuliert Norbert eine Verhaltensregel für alle Zeichnerinnen ("Wenn jemand was braucht, dann muß er mir den gleich wiedergeben" 0.33.02).

Bemerkenswert ist, daß drei der vier Mädchen (und eine Frau) am Tisch aktiv daran beteiligt sind, Norbert in eine übergeordnete Position zu definieren, und ihm diese nicht streitig machen. Norberts erste Anmaßung, Karin und Claudia Stifte vorzuenthalten, folgt unmittelbar auf Claires Handlung, ihm einen weiteren Stift in sein Stiftbündel zu stecken und ist vielleicht hierdurch ausgelöst. Während Claires Zurückhaltung seiner Stempelaktion gegenüber möglicherweise durch die Filmsituation zu erklären ist, ist die Handlung, ihm den Stift in sein Bündel zu stecken, eine Definition durch sie, die durch nichts anderes motiviert ist, als durch sie selbst. Hier drängt sich mir der Gedanke auf, daß sie ihn vielleicht unbewußt für die Kränkung, die er zuvor durch Karin und Claudia erfahren hat, entschädigen, bestätigen, trösten wollte[3]. Deutlich ist dieses Motiv zumindest für Jule und für ihr Eingreifen gegen Karin und Claudia. Jule ist dann auch diejenige, die Norberts Stiftekontrolleursposition kurz nach Claires Handlung und seiner ersten "Amtsanmaßung" ausdrücklich bestätigt (0.31.51). Bei Jule mag auch noch zusätzlich das Motiv einer Wiedergutmachung dazukommen, denn sie hat sich zumindest einmal eben auch daran beteiligt, Karins Verwandlung in Joachim zu verteidigen und Norbert aufzuziehen.

Diese Kinderszene scheint mir eine Parabel zu sein über die Folgen eines Verstoßes gegen das Gebot, die Geschlechtergrenzen zu beachten, ein Lehrstück mit allen klassischen Elementen: Tat, Täterinnen, Opfer, Schuld, Strafe, Sühne. Und die Moral von der Geschicht': Mit der (Geschlechts-)Identität spielt frau nicht.

Anmerkungen

1) In demselben Dilemma und immer in der Gefahr, Geschlechterstereotype affirmativ zu bedienen, stecken auch die (z.t. berechtigten – wie ich denke) Versuche einer teilweisen Aufhebung der Koedukation im Bereich der allgemeinbildenden Schule.

2) Zwei Anmerkungen sind hier zu machen: Es ist möglich, daß Norbert sich durch Blicke mit Claire darüber verständigt hat, ob sie etwas gegen seine Stempelaktion einzuwenden hat; er ist einige Sekunden nicht im Bild und dort, wo man ihn sieht, sieht er sie an, lächelt; insofern soll hier nicht das Schwergewicht darauf liegen, daß er vorher nicht gefragt hat, sondern mehr darauf, wie er im Gesamtzusammenhang der Szene sich hier Raum nimmt und diesen von Claire eingeräumt bekommt.

Claires Zurückhaltung wiederum mag daraus resultieren, daß ich ihr, wie allen ErzieherInnen gesagt habe, daß ich an der Aktion der Kinder interessiert bin und die Erwachsenen während meiner Filmaufnahmen möglichst keine Angebote von sich aus machen sollten (abgesehen von notwendigem Eingreifen). Vielleicht hätte sie Norbert sonst hier Grenzen gesetzt.

3) Ich kann über Claires Motive nur spekulieren; zwischen der Analyse dieses Details und meiner Aufnahme in der Gruppe ist ein Jahr vergangen, Claire hat ihr Praktikum abgeschlossen; ich habe mit ihr nicht hierüber gesprochen/sprechen können.

Kapitel 9

Schlußfolgerungen

In diesem letzten Kapitel fasse ich zunächst die Ergebnisse der Analyse der von mir ausgewählten Kinderszenen zusammen. Dann will ich auf meine Erfahrungen mit der eingesetzten Methode eingehen, hierbei kritisch danach fragen, welche Effekte die Methode gegebenenfalls auf die erzielten Ergebnisse hatte, meine Beobachtungen zu Reaktivität, Übertragung und Gegenübertragung zusammenfassen und überlegen, welche Konsequenzen hieraus für das eingesetzte Analyseinstrument zu ziehen sind.

Zur geschlechtsspezifischen Sozialisation in der Kindergruppe

Ich habe sieben Kinderszenen dokumentiert und analysiert, in denen insgesamt dreizehn Mädchen und dreizehn Jungen (dabei jeweils sieben Mädchen und acht Jungen in "Hauptrollen") im Alter zwischen drei und fünf Jahren agieren. Das Ergebnis der Analysen liefert empirisches Material zur Frage, wie Kinder im Vorschulalter im sozialen Gefüge der Kindergruppe Geschlechtlichkeit, Geschlechtsidentität und Geschlechterdifferenz bearbeiten. Ich kann zeigen, daß Kinder in diesem Alter mit diesen Themen stark beschäftigt sind, damit, wie sie sich und die anderen in bezug hierauf definieren, und daß sie ihre jeweiligen Ambivalenzen und Konflikte hiermit im freien Spiel in Szene setzen. Ich stelle die Ergebnisse meiner Analysen anhand von Beispielen aus meinem Material dar. Es läßt sich leider nicht vollständig vermeiden, daß dabei aus tastenden Vermutungen über das Erleben der Kinder und die zugrundeliegenden intrapsychischen Konflikte "Ergebnisse" im Sinne von gesicherten Erkenntnissen zu werden scheinen. Es darf deshalb bei der folgenden Darstellung nicht vergessen werden, daß es sich um Ergebnisse einer *Deutungsarbeit* handelt; diese allerdings ist der genauesten Beobachtung und Dokumentation des Beobachteten verpflichtet. Die Darstellung bündelt das Material nach thematischen Schwerpunkten. Da die Beispiele aus meinem Material jeweils mehrere dieser Aspekte enthalten, sind Mehrfachnennungen nicht zu vermeiden.

Konflikte mit gegengeschlechtlichen Identifikationen und das Leiden an der (kulturellen) Differenz

Das Material aus dem Spiel von Karin, Fred, Dieter, Rudi, Kati und Ina liefert Belege für die These, daß das Erwerben einer Geschlechtsidentität im Rahmen der kulturellen Zweigeschlechtlichkeit eine Auseinandersetzung des Kindes sowohl mit den biologischen Gegebenheiten der Arbeitsteilung bei der Reproduktion der Gattung und den diesbezüglichen eigenen (beschränkten) Fähigkeiten erfordert als auch mit den dualistisch verorteten und nicht neutral bewerteten Eigenschaften und Fähigkeiten des sozialen Geschlechts. Beide Seiten dieses Erkenntnisprozesses (wobei "Erkenntnis" hier nicht nur das Kognitive meint), die vom ersten Moment an unauflösbar miteinander verknüpft sind, bringen narzißtische Kränkung mit sich. Bei zehn Kindern dreht sich das Spiel u.a. um diesen Themenbereich. Sie zeigen Wünsche nach geschlechtlicher Mehrdeutigkeit, aber auch nach Eindeutigkeit und die Abwehr von Wünschen nach Eigenschaften des anderen Geschlechtes:

– Karin will ihre Spielfigur als Sohn/als "ein Brüderchen" spielen; sie will als "Joachim" an der Jungengruppe teilgenommen haben. Ich rekonstruiere hier nicht einen Wunsch danach, ein Junge (und damit kein Mädchen) sein zu wollen, sondern sehe hierin mehr die Weigerung, auf hochgeschätzte Fähigkeiten, die im Rahmen der Zweigeschlechtlichkeit auf der männlichen Seite festgelegt werden, zu verzichten.

– Jule verteidigt Karins Spiel: Diese sei nicht deshalb eine "Quatschkuh", weil sie behauptet, Joachim zu sein. Denn: "Sie *ist* ja auch Joachim."

– Claudia solidarisiert sich mit Karin. Sie bezeichnet sich zwar nicht selbst als männlich bzw. bringt sich nicht selbst ein in das Vertauschspiel; sie verteidigt aber Karin und steigt aufgeregt-begeistert in das grenzverwirrende Spiel ein.

– Hanna beteiligt sich lachend und nickend daran, Karin Schützenhilfe gegen Norbert zu geben.

– Inas Spiel mit Kati könnte an einem bestimmten Punkt (sog. "Zeugungsszene") als die Symbolisierung eines Wunsches nach Unbegrenztheit in körperlich-geschlechtlicher Hinsicht interpretiert werden und damit als Weigerung, vom Nebeneinander weiblicher und männlicher Selbstrepräsentanzen zu lassen.

– Jane will "ein Räuber" sein.

– Fred will eine "liebe (Wild-)Katze", dann "eine wilde Königin" sein.

– Rudi und Dieter projizieren Weiblichkeit von sich weg und auf die "Wildkatze" Fred.

– Norbert kann es nicht aushalten, daß Karin sich zu Joachim erklärt, daß sie den Grenzen zwischen Kampfkatzen und Jungengruppe verwischt, daß die Mädchen im folgenden auch behaupten, er sei bei den Kampfkatzen gewesen; dies macht ihn hilflos und wütend.

Für die Jungen meiner Szenen scheint das Abschütteln früher gegengeschlechtlicher Identifikationen und die "kategorienerhaltende Arbeit an den Geschlechtergrenzen" (Davies) wichtiger als für die Mädchen, ein "Abweichen" in das Weibliche löst bei ihnen mehr Angst aus, als umgekehrte Prozesse bei den Mädchen. Diese scheinen leichter und spielerisch (für eine gewisse Zeit) die Grenzen verwirren und den anderen Raum besetzen zu können.

Bei beiden Geschlechtern wird das Leiden an der (kulturellen) Differenz und den hiermit verknüpften Zuschreibungen, Einschränkungen und Tabus (insbesondere das der Homosexualität) deutlich. Einige Beispiele hierzu (zunächst von Mädchen, dann von Jungen):

– Aus Karin spricht eine gewisse Eifersucht auf die von ihr als "männlich" definierten Eigenschaften, eine gewisse Verletztheit über die Exklusivität der Jungengruppe; ihre Lust (aber auch die der sich mit ihr solidarisierenden Mädchen) am verdeckt-aggressiven Provozieren der Jungen, an der Schadenfreude über Norberts Hilflosigkeit speisen sich aus diesen Gefühlen von Eifersucht, Neid und dem Wunsch, ihm bzw. den Jungen hierfür etwas heimzuzahlen. Im Neid auf die Jungen liegt auch eine Entwertung des eigenen Unternehmens (Mädchengruppe).

– Auch Claudias Begeisterung, sich am Verlachen von Norbert zu beteiligen, das Umschlagen in offene Wut, später dann in Angst vor Konsequenzen und ihre heftigen Abwehrbewegungen ("Ich mach' nicht mit!"), erklären sich vor dieser Folie.

– In Karins kokettem ("Kleinmädchen"-)Tonfall ihrer Fragen an Ralf und ihrer Bitten an den "Papi" schwingt ein Angebot von Unterwerfung als Bedingung der Anerkennung ihrer Wünsche mit.

– Margret bedeckt unentwegt den Körper ihrer Tochter bis zur Bewegungslosigkeit mit Kleidung und thematisiert hiermit das Tabu einer erotischen Beziehung zwischen Mutter und Tochter, die mütterliche Einengung und Kontrolle der Tochter, deren Leblosigkeit sowie ein Aggressionsverbot (Margret: "Die Indianer sind wohl nicht böse?"; "Aber zu mir bist du wohl auch lieb?"). Dabei bleibt ihr Spiel fast affektlos; auch die aggressive Abwehr des Vaters in der ihr wichtigen Festlegung, dieser sei gestorben, bringt sie scheinbar emotionslos vor.

– Kati und Ina werden für ihr homoerotisches Spiel ausgegrenzt, beschimpft ("Ihr alten Säuferinnen!") und verjagt.

– Besonders an Ralfs Spiel wird die Einsamkeit des kleinen Gerümpeljungen deutlich, wenn der Vater so ist, wie er ihn sich phantasiert: Chef an einem personenfreien Ort von Macht und Steuerung, nicht erreichbar für liebevoll-homoerotische, aber auch aggressive Annäherung seines "Kindchens". Ralfs Wortschöpfung "Gerümpelmensch" symbolisiert auf der sprachlichen Ebene die Verhärtung eines fließenden lebendigen Gefühls von Traurigkeit und die Kristallisierung von Angst. Auf der Ebene der sensomotorisch-affektiven Symbolik findet er ein Bild für Fallengelassen-Werden, Ins-Nichts-Fallen, Nicht-Aufgefangen-Werden, aber auch die Umkehrung alles dessen vom Modus des Erleidens in einen des Antuns.

– Rudi und Dieter zeichnen einen Vater, der nicht da ist, wenn er in drohender Gefahr (Wildkatzen, Feuer) gebraucht und gerufen wird. Bei diesen beiden Jungen steht allerdings nicht so sehr die Traurigkeit im Vordergrund, als eher der Ärger hierüber; außerdem wagen sie den (auch lustvollen) Versuch, sich – mit dem Freund – alleine durchzuschlagen (Dieter: "Wir sind schon groß!"); die Inszenierung des immer wieder mißlingenden Versuchs eines Größenvergleiches (die Antenne symbolisiert sowohl die Geschlechterdifferenz als auch die Identifikation mit dem Vater; das Abbrechen der Antenne ist ein Bild für den kränkenden Vergleich mit dem großen Vater) bringt Gefühle von Wut und Hilflosigkeit mit sich: Beide Jungen reagieren mehrfach weinerlichverzweifelt auf das Zusammen- bzw. Abbrechen der Antenne (Dieter: "Mach' mir mal das heil! Ohh, ich kann das *nicht*, Manno!!").

– Fred leidet im Wildkatzen-Drama wütend-verletzt an der Zuschreibung gefährlich-aggressiver Weiblichkeit und der Unvereinbarkeit dieser Rolle mit seinem starken Bedürfnis nach einem identifikatorischen Spiel und einer Liebesbeziehung zu Rudi.

– Norberts Stifte, von denen er – sich versprechend – sagt, er habe "welche hier stehen – ehm – liegen", haben objektiv die Funktion, etwas zu sein, an dem er sich festhalten kann, während ihm durch das Verwirrspiel von Karin der feste Boden der Zweigeschlechtlichkeit unter den Füßen weggezogen wird. Es liegt nicht ganz fern, in den Stiften – analog zu den Antennen – ein Symbol der Differenz bzw. für Männlichkeit zu sehen. Norbert selbst gibt Aufschluß darüber, worin ein Motiv für ihn liegt, die neuen Stifte zusammenzuhalten. Diese sollen nicht (wieder) von den Zeichnerinnen "vertüddelt" werden: "Ich hol' die nur raus, damit ihr die nicht, die neuen nicht vertüddelt." Er will verhindern, daß es (wieder) ein Durcheinander gibt.

Familiale Sozialisation und Kindergruppe

Zu Beginn dieser Arbeit habe ich angesprochen, daß die Verengung des Blicks der Psychoanalyse auf die frühkindliche Sozialisation und deren familialen Rahmen wichtige Bereiche der geschlechtsspezifischen Sozialisation übersieht oder in ihrer Bedeutung unterschätzt. In der Kindergruppe verbringen Kinder einen wesentlichen Teil des Tages unter Gleichen (sieht man von den ErzieherInnen ab) und außerhalb des psychodynamischen Feldes der Herkunftsfamilie. Hier müssen neue Rollen gefunden, Selbst- und Fremdbilder überprüft und ausprobiert werden, hier entwickeln sich neuartige Liebesbeziehungen und werden auch neue Erfahrungen mit Aggression, Konkurrenz und Angst gemacht. Dieser neue soziale Raum verlangt und ermöglicht die Erprobung der eigenen Deutungs- und Konfliktbewältigungsmuster und verändert diese.

Zwar bildet die jeweilige aus der familialen Sozialisation herrührende psychodynamische Struktur eines Kindes und seine in der Familie geleistete Arbeit an Geschlechtsidentität und Differenz die Folie, vor der es seine Position in der Kindergruppe findet; dieser Prozeß der Verortung in der Gruppe gewinnt aber eine eigene Dynamik. Und die hier gewonnenen neuen Interaktionserfahrungen bleiben gewiß nicht ohne Rückwirkung auf die seelischen Strukturen und familialen Konflikte. Die altersentsprechende Nähe der Kinder zu den Themen der Herkunftsfamilie wird deutlich an der großen Attraktivität von familialen Rollen und Konstellationen im freien Spiel, die gemeinsam definiert und in Szene gesetzt werden. Das Verfahren hierbei, die eigene Rolle und die der anderen zu definieren, findet eigentlich immer die Form eines verbalen Aushandelns: "Das ist dann der Papa von dem, ne?" (Karin); "Was soll ich sein, ein Indianer oder ein Häuptling?" (Max); "Der Vater ist gestorben, ne, Sigi?" (Margret); "Du bist das Fohlen und ich die Mutter, ja?" (Ina) etc. Diese Rollenabklärung ist nicht immer konfliktfrei: So ist im Spiel zwischen Ina und Kati der Konflikt selbst (Autonomie versus Kontrolle) wesentliches Thema des Spiels. Außerdem bleibt Katis Wunsch, jedesmal die Mutter zu spielen und Ina als Kind zu definieren, nicht ohne Widerspruch bei Ina; diese versucht einmal, einen Rollentausch durchzusetzen. Max bekommt die von ihm gewünschten Definitionen der eigenen Rolle (als Polizei, Indianer, Häuptling, Vater) nervenzerrend lange gar nicht und schließlich nur widerstrebend bestätigt. In zwei Szenen gerät diese Aushandlung zu einem offenen Konflikt: Fred will keine "Wildkatze" sein und Norbert kann die Eigendefinition Karins, sie sei Joachim, nicht gut ertragen.

Die Kinder bauen die anderen in die Inszenierung des eigenen Themas ein. Sie assimilieren ihre jeweiligen SpielpartnerInnen und deren Spielszenen dem Bedürfnis an der Inszenierung eines eigenen Themenbereichs bzw. eines eigenen Konflikts. Hierfür einige Beispiele:

– Karin nutzt Ralfs Gerümpelwelt, ihre eigenen (Beziehungs- und Identifikations-) Wünsche an den Vater zu spielen, aber auch dafür, ihren Neid auf die von ihr als männlich apostrophierten Eigenschaften zu bearbeiten, indem sie sich selbst lustvoll-stolz Ralf gegenüber als potentiell wehrhaft-aggressiv zeigt (sie hat die Kanonenkugel, Ralf aber nicht).

– Für Ralf bringt Karins Papa eine geänderte Folie für seine Gerümpelmenschen ins Spiel: "Kindchen" und Papi erwachen zum Leben, der Papi läßt sich jagen und attackieren und es öffnet sich für einen flüchtigen Moment sogar das Tor für eine zärtliche Nähe zu ihm.

– Dieter kann sein ambivalentes Schwanken zwischen Faszination und Angst gegenüber einer "eindeutig männlichen" Rolle, der phallischen Konkurrenz zum Vater und dem ödipalen Thema von heterosexueller Bemächtigung im Spiel mit Rudi ausprobieren: Einerseits "putscht" er diesen (und sich selbst) immer wieder mit Stichworten zu diesen Themen auf ("Bei mir kommt Farbe raus!"; "Ich will Hemänner sehen!" [im Fernsehen]; "Wir sind schon groß!"; "Feuer!"); andererseits ist er es dann wieder, der quasi "abbremst" ("Heute hat Heman zu"; "Der Fernseher ist kaputt"; "Nee, da kann man nur reinsprechen" [da, wo sonst "Farbe" herauskommt]; "Dann geh'n wir eben ohne Gewehre").

– Fred scheint für Rudi und Dieter in seiner abhängigen zähen Liebe zu Rudi und möglicherweise auch in seinem Wunsch, seine weiblichen Selbstrepräsentanzen nicht aufzugeben, eine geeignete Folie abzugeben sowohl für die Symbolisierung des ganz anderen (weiblichen), das zurückgewiesen und abgestreift werden muß als auch für den Gewinn von Omnipotenz in der Definition des Gegenüber: Fred widerspricht zwar wütend, da ihm aber seine Selbstdefinition (keine Wildkatze zu sein) nicht ausreicht, stattet er Rudi – indem er von diesem hierfür immer wieder eine explizite Bestätigung einfordert – faktisch mit einer entscheidenden Definitionsmacht aus.

– Max kann sein ödipales Thema der Bemächtigung des weiblichen Bereichs an Margrets Frauenhaus, in dem der Vater bereits beseitigt ("gestorben") ist, in Szene setzen.

– Margret bringt ihre Kränkung durch die Beziehung der Mutter zum Vater, die Abwehr des Vaters und der Heterosexualität dadurch auf die Bühne, daß sie Max auf ungefährlich sein festlegen will ("Du machst nicht alles da drin kaputt, ok?"), ihn lange Zeit ignoriert und nur widerstrebend in das Spiel kommen läßt.

In allen Szenen sind Botschaften zu entziffern, welche die Bedeutung der Geschlechterdifferenz, das Umgehen damit und die Definition von männlicher und weiblicher Identität betreffen. Teilweise gehören diese Botschaften zum normativen Kanon der kulturellen Zweigeschlechtlichkeit. Es sind aber durchaus auch gegenläufige Inhalte auszumachen:

– Das Wildkatzen-Spiel von Rudi und Dieter enthält die Aufforderung an die Adresse von Fred – aber vor allem auch an sich selbst –, "eindeutig männlich" zu sein.

– Karin wünscht und traut sich, diese Definitionen in Frage zu stellen; sie will auch so springen "wie das Brüderchen"; sie will auch an der Jungengruppe teilhaben.

– Die "Norbert-Bestätigungsrituale" durch die Mädchen (mit Ausnahme von Claudia) rücken – nach dem lustvollen Verwirrspiel mit den Grenzen zwischen Kampfkatzen und Jungengruppe – die Verhältnisse der Zweigeschlechtlichkeit wieder gerade. Wie brisant ein solcher Verstoß gegen die Zweigeschlechtlichkeit ist, belegt sowohl die kollektiv-lustvolle Aktion der Mädchen, die wütend-hilflose Reaktion von Norbert und der heftig-angstvolle Versuch von Claudia, sich aus der Affaire zu ziehen ("Ich mach' nicht mit!").

– Das Abgewehrtsein der Heterosexualität in der sich selbst genügenden exklusiven Beziehung zwischen Ina und Kati beunruhigt und provoziert Ingo, Jane und Dieter. Durch ihr Spiel entstehen die Phantasien von Kati und Ina als (oral) hemmungslose asoziale Frauen ("Säuferinnen"), die "bewacht" oder "weggezaubert" werden müssen. Sie sind für das soziale Gefüge gefährlich. Erst wenn die "Räuber" da sind, können diese Frauen "Pimmel in die Muschi machen". Hier entsteht das Bild von einer Lücke und von der Unvollständigkeit der Frauen (wenn kein Mann da ist). Ingo, Jane und Dieter scheinen mit dem "Überfall" auf das Haus der beiden Mädchen die Forderung nach Heterosexualität und nach homoerotischem Triebverzicht zu inszenieren.

Das Material meiner Spielszenen belegt die These, daß der Kindergarten und hier insbesondere das Spiel unter den Kindern ein wichtiges Medium der Geschlechtersozialisation darstellt.

Lust und Macht – Macht über Lust

Im Spiel von Max, Rudi, Dieter, Ingo und auch teilweise von Jane scheint es ganz deutlich um Lust und um deren Beherrschung zu gehen; um die Verwandlung des Penis zum Phallus als Ort und Symbol von Kontrolle, Macht und Gewalt:

– Max phantasiert ein brennendes Haus, das Auflodern von bedrohlichen heißen Flammen; er spielt aber nicht den Feuerwehrmann, der (das Nicht-Löschbare) löschen soll; er ist die "Polizei", eine Instanz der Kontrolle und Überwachung von Grenzen, die nicht übertreten werden dürfen.

– Rudi und Dieter müssen sich vor der gefährlichen Wildkatze in Sicherheit bringen; diese ist aus sich heraus gefährlich, braucht keinerlei Instrumente dazu; später bricht auch in diesem Spiel "Feuer" aus.

– Ingo und Dieter phantasieren sich als "Bewacher" der beiden "Säuferinnen": Ein Bild für die Beherrschung von hemmungsloser (oraler) Triebbefriedigung, für das Einfordern von Triebverzicht. Jane ist als "Räuber" zwar mit von der Partei bei der Strafaktion gegen Kati und Ina, übernimmt aber die Bewacher-Definition nicht für sich selbst. Ihre Aussage: "Die blöden Bewacher" (vielleicht ein Versprecher), mit der sie den anderen beiden "Bewachern" quasi in den Rücken fällt, könnte als Ausdruck einer Ambivalenz in diesem Konflikt interpretiert werden.

– Max, Rudi und Dieter stellen sich Waffen her. Im Spiel von Rudi und Dieter ist die Nähe der Bilder – Penis (Merkmal der Differenz und der Vateridentifikation) *und* Schußwaffe – besonders groß: Das Gerät changiert zwischen Walkie-Talkie, mit dem der Vater gerufen wird, und einer Waffe, mit der Farbe verspritzt werden kann. Das fortwährende ärgerliche Abfallen der Antennen symbolisiert, daß diese Instrumente nicht bedrohlich, sondern ihrerseits brüchig und in ihrer Verbindung zum Körper bedroht sind. Dies scheint kein Bild für Kastrationsangst zu sein, sondern eines für die Verwandlung des Penisses als Teil eines weichen warmen Körpers, der als ganzer Ort von Lust ist, in den Phallus, ein davon losgetrenntes Instrument, Symbol von Kontrolle und Macht über die Lust.

Zur Frage nach dem Begehren der Mädchen und wie sich dieses im Spiel zeigt, ist zunächst festzustellen, daß ich in den gesamten 74 Filmaufnahmen nicht eine einzige Sequenz gefunden habe, in der Mädchen ähnliche Szenarien mit ähnlichen Requisiten von sich aus entwickeln. Zwar spielen sie ein solches Spiel hin und wieder bei den Jungen eine Zeit lang mit (Jane z.B. möchte als "Heman-Frau von Heman" auch eine Pistole haben, läßt sich eine von Rudi bauen bzw. spielt als Räuber mit). Aber sie sind nicht fasziniert; es ist nicht ihr Spiel, sie beginnen ein solches Spiel nicht von sich aus und gestalten es nicht aus. Bei den Mädchen stellt sich das Verhältnis von Lust und Macht anders dar. Es ist eingebunden in eine intime Beziehung, thematisiert die Macht also nicht als öffentliche, wie das in den Polizei-, Bewacher-, Walkie-Talkieträger-Phantasien und selbst in der Gespensterrolle geschieht. Außerdem kommt im Spiel der Mädchen auch die erotische Seite von Unterwerfung unter die Macht zur Sprache:

– Margret ist stark damit beschäftigt, jeden Quadratzentimeter des Körpers ihres Puppenkindes als Quelle einer verbotenen Lust zu verstecken. Die mütterliche Macht engt das Kind bis hin zur Bewegungslosigkeit ein.

– In Karins Bitten an den "Papi" schwingen heteroerotische zärtliche Wünsche an den Vater, das Angebot von Unterwerfung und die Erotisierung der sehnsüchtigen Jungen-Tochter mit.

– Kati und Ina inszenieren im homoerotischen Spiel die Ambivalenz von Lust und Gefährlichkeit der frühen Identifikation mit einer mächtigen Frau. Ina bietet Kati verführerisch und aktiv-begehrend ein Spiel mit der Bemächtigung ihres Körpers an. In Katis Spiel findet sich die lustvolle Seite der Macht: Sie manipuliert Inas Körper in erotisch-sadistischer Weise, sie versohlt Ina das Hinterteil, legt ihre Arme wie bei einer leblosen Puppe auf eine Weise zurecht, wie sie dies als Schöpferin ihres Objektes haben will, hantiert (als Arzt) mit Instrumenten an Ina, die sie hierzu vollständig zugedeckt hat etc.

Positionierung von Weiblichkeit und Männlichkeit

In allen Szenen zeigt sich mehr oder weniger ausgeprägt und zum Teil mit subversiven Tendenzen der Umkehrung das Thema der sozialen Positionierung, des Unten und Oben der beiden Seiten der Zweigeschlechtlichkeit und der männlichen Dominanz:

– Ralfs Vater ist der Chef, der weiß, wohin die Reise geht, der "automatisch steuert", mit dem er sich als "Oberbestimmer" (wie er selbst in der Kindergruppe kritisch genannt wird) identifiziert.

– Max will "lieber ein Häuptling" sein, als ein (einfacher) Indianer.

– Karin positioniert den "Papi" oben, indem sie ihn aus der Position "unten" bittet, zu ihm "hoch" (auf das Schiff) zu dürfen. Sie inszeniert eine räumliche und statusbezogene Trennung vom Vater und gleichzeitig den sehnsüchtigen Wunsch nach Aufhebung der Trennung um den Preis der erotisierten Unterwerfung. Allerdings gibt es bei ihr genauso die gegenläufige Bewegung, diese Verhältnisse nicht zu akzeptieren: Sie traut sich, den Vater anzugreifen, ebenso wie sie Ralf als "Oberbestimmer" ein gemeinsames Spiel verweigern und diesen, als er körperlich aggressiv wird, in die Flucht schlagen kann.

– In Katis und Inas Spiel sind "Räuber leider verboten".

– Norbert belegt in seinem Bedürfnis, die Eindeutigkeit der Geschlechtsidentität wieder herzustellen und die Mädchen für ihr Verwirrspiel abzustrafen, einen Platz über den am Tisch sitzenden und zeichnenden Mädchen/Frauen, in dem er sich mitten auf den Tisch setzt, dabei selbst nicht malt, sondern sich die Funktion des Kontrollers (der "neuen" Buntstifte) aneignet. Nur Norbert verfügt über die Symbole der Differenz, kann über deren Benutzung bestimmen bzw. Regeln hierfür aufstellen. Er schließt die kurzzeitige Verwendung durch eines der Mädchen zwar nicht aus, aber: "Wenn jemand was braucht, dann muß er mir den gleich wiedergeben."

– Claudia widerspricht wütend: "Du klaust keine Stifte mehr!!" und beteiligt sich (abgesehen von ihrem von Angst diktierten Anbiederungsversuch, Norbert an gemeinsame Urlaubserlebnisse zu erinnern) nicht daran, Norbert als Stiftehalter und Kontrolleur aufzubauen oder zu bestätigen.

– Jule, Karin, Hanna (und die Praktikantin Claire) konstruieren Norberts dominante Rolle aktiv mit und dies vermutlich aus dem Gefühl heraus, es müsse wieder etwas gutgemacht werden, nachdem die Exklusivität der Jungengruppe bestritten und Norbert, obwohl er hilflos reagierte, damit aufgezogen worden ist.

– Im Spiel von Dieter und Rudi entsteht ein Bild von männlicher Heterosexualität – das Ziel ist die Wildkatze –, in dem die körperliche Funktion der Ejakulation mit aggressiver Inbesitznahme und Tötung verschmilzt: Der Penis wird als Instrument imaginiert mit der Fähigkeit zu markieren und zu beflecken ("Bei mir kommt Farbe raus!") sowie zu verletzen und zu töten (Schußwaffe).

– Max ist ebenso mit einer Schußwaffe ausgerüstet, die er der Mutter exhibitionistisch-stolz am Eingang des Frauenhauses zeigt, bevor er das Haus betritt, und von der er sagt, daß er damit schießen werde, "wenn ein Mann kommt".

Zur Methode

Ich habe anfangs bereits darauf hingewiesen, daß sich meine Arbeit bewegt zwischen genauestem Hinsehen bzw. akribischer Beschreibung dessen, was beobachtbar ist, und spekulativer Deutung, die sich allerdings immer rückbinden, belegen und auf Plausibilität überprüfen lassen muß durch die gegenständliche Struktur und affektive Färbung der Szene sowie durch den Ablauf des Geschehens. Ein Ergebnis dieser Arbeit liegt für mich in der Feststellung, daß das Transkribieren gefilmter Interaktionen und die Inhaltsanalyse mit dem vorgestellten Instrument in Anlehnung an das hermeneutische Verfahren von Soeffner zu brauchbaren Ergebnissen führt und eine Methode darstellt, Interpretationen von sozialem Handeln zu liefern, die im o.g. Sinne überprüft werden können.

Ich will dennoch an dieser Stelle zwei Erfahrungen schildern, die ich im Prozeß des Filmens, des Vertextens und der Interpretation mit mir, den beobachteten Kindern und dem Material gemacht habe und die Fragen zu der eingesetzten Methode aufwerfen. Die erste schildert einen eigenartigen Verfremdungseffekt, der einerseits die Künstlichkeit der spezifischen Verarbeitung von sozialer Interaktion in der sozialwissenschaftlichen Hermeneutik beleuchtet, aber wohl auch eine systematische Unterschätzung der kindlichen Kompetenzen aus der Sicht von Erwachsenen deutlich macht; die zweite berührt die Frage, ob durch die Methode des Sichtbarmachens von Aktionen unter den Bedingungen der Mikroanalyse möglicherweise eine unzulässige "Dramatisierung" des Geschehens erzeugt wird. Schließlich werde ich meine Erfahrungen in bezug auf Reaktivität, Übertragungs- und Gegenübertragungsreaktionen darstellen und hieran anknüpfend auf ein Defizit der von mir eingesetzten Methode hinweisen.

Unterschätzung kindlicher Kompetenzen

Wenn ich tagelang an der Interpretation einer Szene gearbeitet hatte und dann wieder – zu einer neuen Filmaufnahme – in die betreffende Kindergruppe kam, war ich immer wieder überrascht, wie klein meine AkteurInnen tatsächlich waren. "Das sind ja erst 4jährige!", schoß es mir dann durch den Kopf. Dies zeigt, daß sich während der intensiven Beschäftigung mit Vertextung und Interpretation mein Wissen, daß es sich um (noch relativ) kleine Kinder handelte, verflüchtigt hatte. Mein Bild, das ich von den gefilmten Kindern durch das intensive Studium der Filme und Protokolle, durch das Verstehen ihrer Handlungen und Motive gewonnen hatte, war erstaunlicherweise nicht kompatibel mit ihrem realen "Kleinsein". Dieser Effekt hängt wohl zum einen damit zusammen, daß die beobachteten Interaktionen in der Regel derart logisch, nachvollziehbar, komplex, subtil, langandauernd sind, Muster enthalten, die aus dem Alltagsgeschäft jedem erwachsenen Menschen bekannt sind (wie Loyalität, Bündnisse, Aufkündigung derselben, Ironie, zur Rechenschaft ziehen, Schuldgefühle zeigen, Beschwichtigungsversuche, Bedingungen aushandeln etc.), so daß bei der Interpretation fast nie das Alter der Kinder im Sinne einer kognitiven Beschränkung mitgedacht werden muß. Daß dieses mich nun aber erstaunt hat, kann eigentlich nur damit erklärt werden, daß ich – und ich tendiere dazu, zu verallgemeinern: – daß Erwachsene dazu neigen, die (interaktiven) Fähigkeiten kleiner Kinder zu unterschätzen.

Die beschriebene Überraschung stellte sich übrigens nicht ein, wenn ich mitten in einer Interpretation die entsprechende Filmsequenz noch einmal ansah. Dies könnte eventuell dadurch erklärt werden, daß ich die Kinder fast immer ohne Erwachsene auf dem Bildschirm habe, also ohne relativierenden Größenvergleich. Andererseits boten die Filme, mit denen ich die genannte Erfahrung machte, über den Blickwinkel, aus dem die Kinder zu sehen waren (ich führte die Kamera anfangs meist auf der Schulter), der normalen Augenhöhe einer Erwachsenen also, angemessene Informationen darüber, wie groß/alt die Kinder sein mußten. Dies spricht dafür, daß es nicht in erster Linie der fehlende optische Größenvergleich in den Filmsequenzen war, der bei mir eine Überschätzung des Alters der Kinder auslöste, sondern wohl eher die Sinnhaftigkeit der Protokolle. Dieser Befund wirft ein bezeichnendes Licht auf die beschränkten Kompetenzen von Erwachsenen, im Alltagsgeschehen den Sinn und die Bedeutung kindlichen Handelns zu realisieren. Andererseits aber unterstreicht diese Beobachtung einmal mehr die (unvermeidbare) Künstlichkeit der sozialwissenschaftlichen Hermeneutik im Gegensatz zur Alltagshermeneutik der in die Interaktion verstrickten Subjekte: Obwohl die Filme mir via Blickwinkel die Größe bzw. das Alter der Kinder eigentlich hätten vermitteln können/müssen, geschah das nicht, was in der realen Situation blitzartig erfolgte und Überraschung auslöste. Dieser Effekt verschwand übrigens, nachdem ich begann, ihn zu erwarten.

Dramatisierung des Geschehens?

Während ich mir inbezug auf die in den Protokollen und Interpretationen zu Tage tretende Sinnhaftigkeit der kindlichen Interaktionen sicher bin, daß es sich hierbei *nicht* um Artefakte handelt, kann ich dieselbe Sicherheit für ein weiteres Phänomen nicht in Anspruch nehmen. Hierbei geht es um eine gewisse Steigerung der Dramatik des Geschehens durch den Vorgang der Interpretation. Mit anderen Worten: Mir ist es mehrfach so gegangen, daß ich mich – wenn ich mir nach der Inhaltsanalyse einer Szene diese wieder angesehen habe – danach gefragt habe, ob das Geschehen in der Realität für die Kinder wirklich so dramatisch war, wie ich es in der Interpretation (re)konstruiert habe. Da ergab sich mitunter eine irritierende Differenz zwischen dem flüchtigen Eindruck einer scheinbar ohne besondere Höhepunkte dahinfließenden Interaktion einerseits und den auf der Mikroebene sichtbar werdenden schmerzhaften und aufrührenden Details andererseits. Ich will hierfür zwei Beispiele nennen; eines, für das ich meine Interpretation durch den Hinweis auf die im Verlauf der Interaktion tatsächlich gezeigten Affekte verteidigen kann, und ein zweites, für das die Diskrepanz zwischen "dramatischer" Interpretation und freundlicher Tönung des manifesten Spiels bleibt, so daß ich diese nur durch die Annahme einer Verdrängung von Affekten erklären kann.

Claudia versucht im "Kampfkatzen-Jungengruppen-Streit" eifrig-freundlich, Norbert an ein gemeinsames Urlaubserlebnis zu erinnern und damit eine emotional positive Beziehung zu ihm anzuknüpfen. Dieses schien etwas unangemessen, da sich dieses Thema erstens nicht aus dem Vorangegangenen ergab, Claudia zweitens Norbert unmittelbar zuvor in gemeinsamer Aktion mit Karin aggressiv verlacht und bloßgestellt hatte und sie sich drittens in der Situation befand, daß in der Kindergruppe gegen sie "mobil gemacht" wurde. Wenn man nun die Gefühle benennt und zu Papier bringt, die sie hierbei wahrscheinlich motivieren – Angst, Schuld, vielleicht Scham –, dann gewinnt das eine Dramatik, die sich bei der Betrachtung dieser Sequenz in der Geschwindigkeit der realen Interaktionen kaum einstellt bzw. bereits wieder verflogen ist, sobald die nächsten fünf Sekunden vergangen sind. Dennoch kann ich die Annahme der genannten Gefühle verteidigen, da sie eine plausible Erklärung für Claudias Verhalten liefern *und* weil diese direkt im Anschluß hieran heftig und ärgerlich versucht, sich aus der Affaire zu ziehen ("Ich mach' nicht mit!"), also Affekte zeigt, die die Annahme der genannten Gefühle damit quasi validiert.

Nicht ganz so einfach verhält es sich beim Spiel zwischen *Kati und Ina.* So zeigt Kati in der Szene mit dem roten Ball keine Affekte aus dem Fach der Tragödie. Im Gegenteil müßten sich in einem Drehbuch für ein authentisches Nachspielen dieses Stücks im Sinne seiner Autorin bzw. Regisseurin Anweisungen finden zur freundlichen Färbung des Tonfalls, zur spielerischen Leichtigkeit der Bewegungen, zur harmlosen Gefälligkeit von Maske und Kostümen. Die Diskrepanz zwischen meiner Deutung von bestimmten Elementen der Szene als Symbolisierung von Aggression und Todeswunsch und dem freundlichen Charakter der Szene kann nach zwei Seiten hin aufgelöst werden: Entweder ich verwerfe die Deutung *oder* ich werte eben diese Diskrepanz selbst als aufschlußreiches und aufzuschließendes Faktum. Die erste Variante würde zwar eine gewisse Stimmigkeit zwischen Interpretation und Szene hinsichtlich der affektiven Färbung bringen, hätte allerdings den Nachteil, daß die Ambivalenz mehrerer gegenständlicher Details von Katis Handeln nicht mehr ausgedeutet werden könnte (so z.B. das "ärztliche" Manipulieren mit Instrumenten an Inas Körper). Ich entscheide mich deshalb für die zweite Variante und begründe dieses mit der bereits im Abschnitt zum "szenischen Verstehen" referierten Annahme Lorenzers zu den Vorgängen der Desymbolisierung anstößiger konfliktreicher Themen. So wie bei der Verdrängung von sprachlich symbolisierten Konflikten "Worthülsen" zurückbleiben, die – unter Abzug des "Affektbetrages" (Freud) – nur noch zeichenhaft für das Verdrängte stehen, so ist mit der Verdrängung sensomotorisch-affektiver Szenen durch Verschiebung "von der anstößigen Szene auf eine 'strukturell' entsprechende, aber unanstößige" (Lorenzer 1983: 109) ebenfalls dieser Vorgang des "Verschwindens" der ursprünglichen Affekte verknüpft. Gerade hierin liegt der Gewinn der genannten Operation für das Subjekt im Sinne der (vorübergehenden) Sistierung eines intrapsychischen Konflikts. Die in klinischer Hinsicht wichtige Frage nach dem Verbleib des Affektbetrages ist allerdings eine, die ich im Rahmen der Analyse von Momentaufnahmen von der Sache her nicht beantworten kann.

Reaktivität, Übertragung- und Gegenübertragung

In der nicht psychoanalytisch orientierten empirischen Sozialwissenschaft ist die Interaktion von beobachteten Subjekten und Beobachtungssetting (insbesondere den darin agierenden ForscherInnen) – die Reaktivität also – eine Störvariable, die es zu minimieren gilt. Dies erhofft man sich u.a. durch das möglichst unauffällige Gestalten des Beobachtungsvorganges. Daneben gibt es im Bereich der Erforschung kindlichen Verhaltens die Auffassung, daß das Alter der Kinder eine Größe ist, die Einfluß auf die Stärke der Reaktivität hat. Jüngere Kinder reagieren weniger stark, so die Hoffnung. F. Peterander (1981: 220) schreibt in einem Aufsatz zur "Interaktionsanalyse als diagnostisches Instrument": "Für uns von Bedeutung sind Aussagen von Barker und Wright (1955), White (1972), daß jüngere Kinder weniger reaktiv auf die Beobachtung reagieren, da sie die gesamte Situation seltener reflektieren. (…) In der vorliegenden Untersuchung konnten wir mit Hilfe einer transportablen Videoanlage einige die Validität der Daten beeinflussende Faktoren reduzieren. Aus dieser Sicht erwies sich auch das Alter der Kinder mit vier bis sechs Jahren als günstig, da wir nach ein bis zwei Aufnahmen eine Gewöhnung an die neue Situation feststellen konnten. Das unbeeinflußte natürliche Kindverhalten zwingt auch die Mutter zu 'unverfälschten' Verhaltensweisen (…)."

Ich will nicht bestreiten, daß es sinnvoll ist, die Beobachtung so wenig eingreifend zu gestalten wie möglich; auch ich habe mich darum bemüht. Sicher ist auch richtig und entspricht meinen Erfahrungen, daß das anfängliche Interesse der Kinder an der Kamera, daran, diese anzufassen, durch den Sucher zu sehen, zur Kamera zu sehen etc. mit der Zeit nachläßt und schließlich meistens so gut wie verschwunden ist. Andererseits aber halte ich es für fragwürdig, von einer "Gewöhnung an die neue Situation" zu sprechen, wenn hiermit gemeint ist, diese Kinder würden (ganz oder weitgehend) *vergessen*, daß sie beobachtet werden (dieses klingt in der Vokabel "unbeeinflußt" an); meine Erfahrungen widersprechen einer solchen Annahme. Das Wissen, daß da jemand (eine Erwachsene) im Raum ist und zuguckt, ist meines Erachtens immer vorhanden und verblaßt nicht im Gewöhnungsprozeß. Ich schließe dies aus der Beobachtung, daß die Kinder, wenn keine/r der ErzieherInnen im Raum war, in bestimmten Situationen sofort zu mir sahen unabhängig davon, ob ich die Kamera auf der Schulter, auf dem Schoß oder neben mir abgestellt hatte, und obwohl ich mich in diesen Momenten nicht zusätzlich besonders bemerkbar gemacht habe oder mich sogar im Rücken der Kinder – also nicht in ihrem Blickwinkel – befunden habe. Solche Situationen waren beispielsweise bei eskalierendem Streit mit körperlichen Auseinandersetzungen gegeben, bei einer mit Weinen oder Geschrei begleiteten Verletzung eines Kindes oder beim Übertreten eines Verbotes (z.B. vom Hochbett zu springen) etc.

Es gab darüber hinaus eine ganze Palette von Versuchen der Kinder, eine individuelle (Liebes-) Beziehung zu mir anzuknüpfen oder in aggressiven Aktionen herauszubekommen, wer ich bin und was ich von ihnen wollte: Sowohl von Mädchen als auch von Jungen bekam ich im Vorbeigehen (auch während der Filmaufnahmen) Klapse auf das Gesäß; zwei Mädchen schenkten mir kleine selbstgemalte Bilder; zwei Jungen wollten mich mit einer Plastikspinne erschrecken; ein anderer Junge wollte unbedingt seinen Namen in mein Protokollheft schreiben (was er auch durfte); ein Mädchen forderte aggressiv von mir, mit dem Filmen aufzuhören (was ich dann auch tat); ein anderes Mädchen hat versucht, mich wegzuzaubern (wobei ich ihm nicht helfen konnte) etc.

Abgesehen hiervon habe ich an mehreren Stellen auf die Möglichkeit von Übertragungsreaktionen (Max; Kati und Ina) hingewiesen:

– Für Max könnte mein Filmen das Thema, das er dann spielt, ausgelöst oder virulent gemacht haben: Mit der Kamera "bewaffnet" bin ich ein Bild für das Eindringen in einen Raum und die Kontrolle der darin Agierenden. Max kam, als er den Gruppenraum betrat und mich filmen sah, sofort auf mich zu und erzählte mir, daß sein "Papa" sich "gestern eine Kamera gekauft" habe. Wenig später überschreitet er die Schwelle des Spielhauses der Mädchen, nachdem die Mutter (Margret) seine Pistole gesehen und bestätigt hat. "Wortlogisch" (Alfred Lorenzer) kann seine Aussage mir gegenüber eine schlichte Information sein, die keine tieferliegende Bedeutung hat. Max' Botschaft an mich könnte aber auch heißen: "Das, was du tust, kommt einem Mann, dem Vater zu, nicht einer Frau." Dann hätte er für sich in seiner nachfolgenden Inszenierung "die Dinge wieder gerade gerückt".

– Bei Szene II zwischen Kati und Ina könnte es sich u.a. auch um eine auf mich gezielte Inszenierung in der (Re-)Inszenierung handeln: Kati gestaltete eine erotische Mutter-Tochter-Beziehung, sah häufig zur Kamera/zu mir also, lächelte dabei zweimal, was dafür spricht, daß es u.a. auch reizvoll für sie war, gesehen zu werden und mich zu einer (aus der Beziehung ausgeschlossenen) Voyeurin zu machen. Kati hat hier also einerseits das Interesse gehabt, eine frühe Mutter-Tochter-Erfahrung (mit Ina in der Rolle der Tochter) darzustellen und zu bearbeiten; es könnte andererseits sein, daß sie dieses mit Blick auf mich inszenierte, um mit einer gewissen Genugtuung an mir als erwachsener Frau und in Umkehrung der Verhältnisse die in der Triangulierung erlittene Eifersucht über die Auflösung der Dyade und den Ausschluß aus der Liebesszene nachzustellen.

Und ich habe meine Gegenübertragungen beschrieben, wo ich diese ein Stück weit aufhellen konnte (Karin; Rudi, Dieter und Fred; Kati und Ina):

– Ich bin mit meinen eigenen weiblichen Verboten konfrontiert worden, indem ich Karins Spiel in einer ersten Interpretation als "sensibles Erspüren" von Ralfs Wünschen (re)konstruiert, ihre eigenen Motive und Wünsche übersehen und sie selbst damit zum Spiegel seiner Bedürfnisse gemacht hatte.

– Mit dem Abschalten der Kamera beim Wildkatzen-Spiel in einer Situation, als "die Jungen" nach draußen gelaufen waren, habe ich auf das von Rudi und Dieter abgewehrte Thema gefährlicher Weiblichkeit reagiert. Hiermit wurde von mir das Ignorieren der Wildkatze durch die beiden Jungen – das dem aufgeregten Spiel der Definition von Fred als gefährliche Wildkatze folgte – neu inszeniert.

– Das Spiel von Kati und Ina hat mich erneut an meiner "tauben Stelle" berührt, dort wo es um Wünsche der Mädchen und um meine Wünsche an Mädchen und Frauen geht: Das fast vollständige "Vergessen" dieser Filmszenen, das Wegschwenken der Kamera von diesen Bildern weiblichen homoerotischen Begehrens symbolisiert das Verbot des erotischen Blicks von der Mutter auf die Tochter, das sowohl im Tabu der Homosexualität als auch im Inzesttabu und in der Generationenschranke fundiert ist. Das nachträgliche intensive Schauen auf das Spiel (in Film und Protokoll) und das Verstehen meiner Gegenübertragung hat für mich den Weg freigemacht, das Verführerische dieser beiden Mädchen und mein erotisches Angezogensein zu spüren.

Diese Beispiele machen deutlich, daß man die oben zitierte Aussage von Peterander nicht nur hinterfragen, sondern sogar das Gegenteil behaupten muß: Mit der "Gewöhnung an die Situation" wird "Reaktivität" nicht reduziert, sondern beginnt sich zu entfalten im Spiel von Übertragung und Gegenübertragung. Hieraus ergibt sich die methodische Notwendigkeit einer systematischen Berücksichtigung und Bearbeitung dieser Vorgänge. Genau dieses ist aber in dem von mir eingesetzten inhaltsanalytischen Instrumentarium strukturell nicht vorgesehen: Den vier Ebenen, auf denen die Bedeutung einer Handlung aus dem Blickwinkel der beiden interagierenden Subjekte zu rekonstruieren ist, fehlt eine weitere, auf der konsequent nach den Gegenübertragungsreaktionen der "Dritten" im Bunde, der Beobachterin also, gefragt wird. Und dieses müßte ergänzt werden durch eine regelhafte Supervision der Deutungsarbeit.

Schlußbemerkung

Bei den von mir beobachteten Kindergruppen handelt es sich – wie bereits gesagt – nicht um eine repräsentative Stichprobe öffentlicher Kindertagesstätten, sondern um Kindergruppen alternativer Kindergärten, zu deren pädagogischem Konzept seit ca. 20 Jahren gehört, Geschlechterstereotypen in Frage zu stellen, die gesellschaftlichen (ökonomischen, politischen, sozialen) Bedingungen der Geschlechterverhältnisse und alternative Modelle von Arbeitsteilung im privaten Rahmen zu diskutieren, Konzepte einer unter geschlechtsspezifischen Aspekten emanzipatorischen Erziehung zu entwickeln, Mädchenarbeit auszuprobieren etc. Einschränkend muß hierzu allerdings, was die heutige Situation angeht, dreierlei angemerkt werden: Erstens blieben natürlich viele von diesen guten Vorsätzen unrealisiert; dies betrifft insbesondere den Bereich der privaten Arbeitsteilung zwischen Eltern. Zweitens muß wohl gesagt werden, daß der Impetus in diesen Fragen in der GründerInnenzeit (Mitte der 70er Jahre) der Kinderläden, an denen ich beteiligt war, und insbesondere zur Zeit der Höhepunkte der Frauenbewegung wesentlich stärker war, als er heute noch ist. Drittens haben Fragen des Geschlechterverhältnisses und Forderungen zu dessen Änderung natürlich auch den Bereich der staatlichen wie konfessionellen Kindertageserziehung erreicht, so daß sich der Unterschied zwischen dieser und der alternativen Erziehung gegenüber den Anfängen der Kinderläden wohl reduziert haben dürfte. Dennoch bleibt die Aussage richtig, daß es sich bei den von mir beobachteten Gruppen um ein spezifisches Klientel handelt.

Ein Motiv für mich nun, 1989 mit der vorliegenden Untersuchung zu beginnen, war mein vorwissenschaftliches Erstaunen als frauenbewegte Mutter aber auch das anderer Eltern und ErzieherInnen darüber, wie sehr trotz aller unserer Bemühungen geschlechtsstereotypes Verhalten bei unseren Kindern zu beobachten war. In Reflexion meiner Ergebnisse vor dem Hintergrund dieses Ausgangspunktes komme ich zu folgenden Überlegungen:

Sicherlich sind die Möglichkeiten, in der Geschlechterfrage pädagogisch "gegenzusteuern", überschätzt sowie die Probleme und die unbewußten Widerstände hiergegen unterschätzt worden. Dies korreliert, so ist mein Eindruck, mit einer Präferenz für lerntheoretische Erklärungsmodelle des Erwerbs von Geschlechtsidentitäten (Elena Gianna Belotti 1987; Ursula Scheu 1987) und mit einer Abneigung gegen psychoanalytische Konzepte; diese Abneigung war zwar wegen der berechtigten Kritik am Androzentrismus der Psychoanalyse verständlich, allerdings verbarg sich hierin auch sowohl der Wunsch nach Verfügbarkeit der Strukturen, unter denen Frauen und Männer leiden (Carol Hagemann-White 1978) als auch die Abwehr gegen die an sich selbst und den eigenen Liebesbeziehungen zu leistende Arbeit. Die wenigen Beispiele von Verhaltensweisen Erwachsener, die ich im Rahmen dieser Arbeit dokumentiert und im Zusammenhang mit dem Spiel der Kinder analysiert habe – mein eigenes und das der Praktikantinnen im Spiel der Wildkatzen und in der Auseinandersetzung um die Kampfkatzen – werfen ein bezeichnendes Licht auf die subtilen Mechanismen der Herstellung der Geschlechterverhältnisse und lassen ahnen, wie schwer verfügbar diese Strukturen sind im Sinne eines kognitiven Zugangs mit dem Ziel der Veränderung.

Dieses soll nun aber keineswegs heißen, daß es unerheblich oder gar sinnlos sei, im Bereich des Kindergartens Überlegungen zu einer Pädagogik anzustellen und praktisch zu erproben, die im o.g. Sinne am Geschlechterverhältnis ansetzt und dieses in Frage stellt. Im Gegenteil scheint mir z.b., daß die "Kampfkatzen" trotz aller Ambivalenz ein Ort der Stärkung der Mädchen waren. Wichtig allerdings wäre darüber hinaus, im Rahmen von Aus- und Weiterbildung von ErzieherInnen, im Rahmen der Supervision der alltäglichen praktischen pädagogischen Arbeit, im Rahmen von Elterngesprächen und Elternabenden an der eigenen Verwicklung ins Geschlechterverhältnis aufdeckend zu arbeiten. Aus den Ergebnissen meiner Untersuchung lassen sich vor allem zwei Desiderate für eine solche Arbeit ableiten:

– gegengeschlechtliche Identifikationen und Differenz-überschreitende Wünsche bei den Kindern (und bei sich selbst) wahrzunehmen und diese Wünsche zu akzeptieren sowie

– gleichgeschlechtliches Begehren bei den Kindern (und sich selbst) zu erspüren und anzunehmen.

Nachtrag

Zwischen der Planung dieser Untersuchung und der Publikation ihrer Ergebnisse liegen Jahre, in denen sich meine theoretischen Überlegungen weiter entwickelt haben. Obwohl mir diese Arbeit auch aus heutiger Sicht noch gefällt, sehe ich inzwischen zwei Probleme oder Grenzen.

Zum einen beschlich mich im Zuge meiner Lektüre der Arbeiten von Michel Foucault über die für die Moderne, für die Soziogenese der modernen Körper und deren Sexualität konstitutiven Techniken des Überwachens, des Kontrollierens ein Unbehagen, das die eingesetzte Methode und das Eindringen in die Mikrostrukturen des Spiels der von mir beobachteten Kinder betrifft. Ich sehe hier folgendes Dilemma: einerseits könnten die Ergebnisse meiner Beobachtungen dazu beitragen, den Spielraum für die geschlechtliche Selbstdefinition zu erweitern, weil sie für die Widersprüchlichkeit von geschlechtlicher Identität sensibilisieren; andererseits ist eine Untersuchung wie die meine – unabhängig von einem emanzipatorischen Interesse – unvermeidbar immer auch beteiligt an der Verfeinerung des prüfenden Blicks im Arsenal der von Foucault analysierten sozialen Kontrolltechniken.

Zum zweiten habe ich die Debatte über Postmoderne, Differenz, Dekonstruktion des binären Diskurses über die Geschlechter, Kritik am Essentialismus eines identifizierenden Sprechens über "die Frau", "den Mann", über die Materialität der Körper etc. (Judith Butler, Seyla Benhabib u.a.) nicht aufgenommen. Es ließe sich wahrscheinlich zeigen, daß in meinen Interpretationen die Gefahr einer affirmativen Reproduktion des Geschlechterdualismus nicht gebannt ist, während in der Dekonstruktion desselben doch die einzige Hoffnung liege, die Verhältnisse zum Tanzen zu bringen. Lassen sich die Elemente postmodernen Denkens, die die Erfüllung dieser Hoffnung versprechen, in feministisch-psychoanalytische Erklärungsansätze übernehmen oder sind beide Denkrichtungen nicht kompatibel? Wie würde eine dekonstruktivistische Herangehensweise mit dem Material meiner Spielszenen umgehen und zu welchen Ergebnissen würde sie kommen? Dieses sind für mich offene Fragen.

Danksagung

Meinem Liebsten, Rainer Göbel, danke ich für die intensiven Gespräche, die wir auf langen Spaziergängen und in Cafés – ohne Kinder im Hintergrund – über diese Arbeit geführt haben.

Für Unterstützung in unterschiedlicher Weise (emotional, inhaltlich, arbeitstechnisch, finanziell) in den fünf Jahren der Entstehung dieser Arbeit danke ich Regula Bott, Sonja Düring, Anne Fischer, Margret Hauch, Daniela Hitzwebel, Claudia Hoeltje, Lilo Flues-Hoeltje, Georg Hoeltje, Marianne von Ilten, Angela Keppler-Seel, Carmen Lange, Katharina Liebsch, Christa Merkl, Christian Schmidt, Rainer Schmidt, Hans-Georg Soeffner, Ingrid N. Sommerkorn, Gariele Teckentrup und Hans Hermann Teichler.

Ganz besonders danke ich Regina Becker-Schmidt. Ihre geduldige kritische Begleitung hat mir sehr geholfen, mich nicht im Gestrüpp zu verlaufen. Ich bin froh, daß sie mir zugetraut hat, offene Kritik auszuhalten und umzusetzen.

Mein Dank gilt auch den Kindern, ihren Eltern und ErzieherInnen der von mir gefilmten Kindergruppen.

Literatur

Becker-Schmidt, Regina (1989). Identitätslogik und Gewalt – Zum Verhältnis von Kritischer Theorie und Feminismus. In: Der Kaiserinnen neue Kleider. Feministische Denkbewegungen. Beiträge zur feministischen Theorie und Praxis, Nr. 24. Eigenverlag, Köln.
– (1991). Geschlechterdifferenz und Unbewußtes. Befreiungsversuche von psychoanalytischen Weiblichkeitskonzepten im Kontext psychoanalytischer Begrifflichkeit. In: Ernst Berger, Manfred Holodynski, Gerald Steinhardt, Margit Strake (Hg.) Studien zur Tätigkeitstheorie VI. Subjektentwicklung und Geschlechterfrage. Beiträge von Tätigkeitstheorie und Psychoanalyse, Universität Bielefeld.
– (1992). Defizite in psychoanalytischen Konzepten weiblicher Entwicklung. In: Hans-Georg Trescher, Christian Büttner, Wilfried Datler. Jahrbuch für Psychoanalytische Pädagogik 4, Matthias-Grünewald-Verlag, Mainz.
Beebe, Beatrice (1985). Mother-Infant Mutual Influence and Precursors of Self-and-Object-Representations. Manuskript eines Vortrages bei der Tagung "Frontiers in Self Psychology" im Okt. 1985 in New York (erwähnt bei Lotte Köhler 1990).
– (1986). Mother-Infant Mutual Influence and Precursors of Self-and-Object-Representations. In: J. Masling (Ed.) Empirical Studies of Psychoanalytic Theories. Bd. 2. Hillsdale New York.
Beebe, Beatrice und F.M. Lachmann (1988b). Mother-Infant Mutual Influence and Precursors of Psychic Structure. In: A. Goldberg (Ed.) Frontiers in Self Psychology (Vol. 3). Analytic Press, Hillsdale New York.
Benjamin, Jessica (1982). Die Antinomien des patriarchalischen Denkens. Kritische Theorie und Psychoanalyse. In: Wolfgang Bonß und Axel Honneth (Hg.) Sozialforschung als Kritik. Frankfurt am Main.
– (1990). Die Fesseln der Liebe. Psychoanalyse, Feminismus und das Problem der Macht. Stroemfeld, Roter Stern, Basel, Frankfurt am Main.
Borke, Helene (1971). Interpersonal Perception of Young Children. Egocentrism or Empathy? Developmental Psychology, 1971, Vol. 5, No. 2, 263-269.
– (1972). Chandler and Greenspan's 'Ersatz Egocentrism'. A Rejoinder. Developmental Psychology, 1972, Vol. 7, No. 2, 107-109.
– (1973). The Development of Empathy in Chinese and American Children between 3 and 6 Years of Age. Developmental Psychology, 1973, Vol. 9, No. 1, 102-108.
– 1975). Piaget's Mountains Revisited. Changes in the Egocentric Landscape. Developmental Psychology, 1975, Vol. 11, No. 2, 240-243.
Bronfenbrenner, U. (1981). Die Ökologie der menschlichen Entwicklung. Klett-Cotta, Stuttgart.
Chodorow, Nancy (1986). Das Erbe der Mütter. 2. Auflage. Amerikan. Original: 1978. Verlag Frauenoffensive, München.
– (1989). Feminism and Psychoanalytic Theory. Cambridge.
Davies, Bronwyn (1992). Frösche und Schlangen und feministische Märchen. Argument Verlag, Hamburg.
Dinnerstein, Dorothy (1979). Das Arrangement der Geschlechter. Amerikan. Original: 1976. Deutsche Verlagsanstalt,Stuttgart.
Düring, Sonja (1993). Zwischen Aufbruch und Verharren, Autonomie und Liebessehnsucht. Eine Untersuchung über den Verlauf der Adoleszenz von Frauen und ihre Konflikte mit der kulturellen Form der Zweigeschlechtlichkeit. Dissertation an der Universität Hamburg.
Enders-Dragässer, Uta und Claudia Fuchs (1988). Interaktionen und Beziehungsstrukturen in der Schule – Eine Untersuchung an hessischen Schulen. Veröffentlichung des Feministischen Interdisziplinären Forschungsinstituts.
Erdheim, Mario (1990). Die gesellschaftliche Produktion von Unbewußtheit. Eine Einführung in den ethnopsychoanalytischen Prozeß (3. Auflage). Suhrkamp, Frankfurt am Main.
Fast, Irene (1991). Von der Einheit zur Differenz. Psychoanalyse der Geschlechtsidentität. Springer, Berlin Heidelberg.
Flaake, Karin und Vera King (1992). Weibliche Adoleszenz. Zur Sozialisation junger Frauen. Frankfurt am Main.
Flavell, John H. (1975). Rollenübernahme und Kommunikation bei Kindern. Beltz-Verlag, Weinheim und Basel.
Freud, Sigmund (1982). Studienausgabe, Bd. I - X, Fischer Verlag, Frankfurt am Main.
Gambaroff, Marina (1984). Utopie der Treue. Rowohlt, 1993. Hamburg.

Großmaß, Ruth (1989). Feminismus im Schoß der Familie. Kritische Überlegungen zu Chodorows 'Erbe der Mütter'. In: Ruth Großmaß und Christiane Schmerl (Hg.) Feministischer Kompaß, patriarchales Gepäck. Campus Verlag, Frankfurt, New York.

Hagemann-White, Carol (1978). Die Kontroverse um die Psychoanalyse in der Frauenbewegung. Psyche 8/78, S. 732-763.

Hoffman, Martin L. (1975). Developmental Synthesis of Affect and Cognition and Its Implications for Altruistic Motivation. Developmental Psychology, Vol. 11, No. 5, 607-622.

- (1978). Toward a Theory of Empathic Arousal and Development. In: Michael Lewis und Rosenblum (Eds.) The Development of Affect. New York.

- (1982). Development of Prosocial Motivation: Empathy and Guilt. In: Nancy Eisenberg (Ed.) The Development of Prosocial Behavior. Academic Press, New York.

- (1984). Interaction of Affect and Cognition in Empathy. In: Caroll E. Izard, Kagan und R.B. Zajonc (Eds.) Emotion, Cognition and Behavior. Cambridge University Press.

Horstkemper, Marianne (1987). Schule, Geschlecht und Selbstvertrauen. Eine Längsschnittstudie über Mädchensozialisation in der Schule. Weinheim München.

Köhler, Lotte (1990). Unveröffentlichtes Skript für das Seminar "Neuere Forschungsergebnisse auf dem Gebiet der Kleinkindforschung", München.

Kohlberg, Lawrence (1966). Analyse der Geschlechtsrollenkonzepte und Attitüden bei Kindern unter dem Aspekt der kognitiven Entwicklung.

Laplanche, J. und J.-B. Pontalis (1991). Das Vokabular der Psychoanalyse. 10. Auflage. Suhrkamp, Frankfurt am Main.

Lévi-Strauss, Claude (1978). Strukturale Anthropologie, Bd. 1. Frankfurt am Main.

Lewis, Michael und Jeanne Brooks (1975). Infant's social perception: A constructivistic view. In: Leslie B. Cohen und Philip Salapatek (Eds.) Infant perception: From Sensation to Cognition (Vol. 2). Academic Press, New York.

Lewis, Michael und Marsha Weinraub (1979). Origins of early Sex-Role Development. Sex Roles, 1979, Vol. 5, No. 2, 135-153.

Lichtenberg, Joseph D. (1991). Psychoanalyse und Säuglingsforschung. Springer Verlag, Heidelberg.

Lorenzer, Alfred (1983). Sprache, Lebenspraxis und szenisches Verstehen in der psychoanalytischen Therapie. Psyche 2/1983, 97-115.

Mahler, Margaret S., Fred Pine und Anni Bergman (1990). Die psychische Geburt des Menschen. Fischer, Frankfurt am Main.

Mayring, Philipp (1983). Qualitative Inhaltsanalyse. Beltz.

Mittenecker, Erich (1987). Video in der Psychologie. In: Kurt Pawlik (Hg.) Methoden der Psychologie Bd. 9. Hans Huber, Bern.

Moysich, Jürgen (1990). Alternative Kindertageserziehung, Möglichkeiten und Grenzen. Brandes und Apsel, Frankfurt am Main.

Nitsch-Berg, Helga (1978). Kindliches Spiel zwischen Triebdynamik und Enkulturation. Klett-Cotta, Stuttgart.

Oevermann, Ulrich; Tilman Allert; Elisabeth Konau und Jürgen Krambeck (1979). Die Methodologie einer "objektiven Hermeneutik" und ihre allgemeine forschungslogische Bedeutung in den Sozialwissenschaften. In: Hans-Georg Soeffner (Hg.), Interpretative Verfahren in den Sozial- und Textwissenschaften. Metzlersche Verlagsbuchhandlung, Stuttgart.

Oevermann, Ulrich; Tilman Allert; Elisabeth Konau, Jürgen Krambeck (1983). Die Methodologie einer "objektiven Hermeneutik". In: Peter Zedler und Heinz Moser (Hg.) (1983) Aspekte qualitativer Sozialforschung. Leske und Budrich, Opladen.

Pagel, Gerda (1992). Lacan: Einführender Überblick. In: Bernhard H.F. Taureck (Hg.) Psychoanalyse und Philosophie, Lacan in der Diskussion. Fischer, Frankfurt am Main.

Peterander, F. (1981). Die Interaktionsanalyse als diagnostisches Instrument. In: Hanko Bommert und Michael Hockel (Hg) Verhaltensmodifikation. Diagnostik – Beratung – Therapie. Verlag Kohlhammer. Stuttgart Berlin Köln Mainz.

Piaget, Jean (1945). Nachahmung, Spiel und Traum. Klett 1969, Stuttgart.

- (1950). Der Aufbau der Wirklichkeit beim Kinde. Klett 1975, Stuttgart.

Reichertz, Jo (1986). Probleme qualitativer Sozialforschung. Zur Entwicklungsgeschichte der Objektiven Hermeneutik. Campus-Verlag, Frankfurt/New York.

- (1988). Verstehende Soziologie ohne Subjekt? Die Objektive Hermeneutik als Metaphysik der Strukturen. Kölner Zeitschrift für Soziologie und Sozialpsychologie, 1988, Vol. 40, No. 1.

Rohde-Dachser, Christa (1991). Expedition in den dunklen Kontinent. Weiblichkeit im Diskurs der Psychoanalyse. Berlin Heidelberg New York.

Rumpf, Mechthild (1989). Spuren des Mütterlichen. Die widersprüchliche Bedeutung der Mutterrolle für die männliche Identitätsbildung in Kritischer Theorie und feministischer Wissenschaft. Materialis Verlag. Frankfurt Hannover.

Salisch, Maria von (1991). Kinderfreundschaften. Emotionale Kommunikation im Konflikt. Hogrefe. Göttingen Toronto Zürich.

Sass, Louis A. (1988). The Self and Its Vicissitudes. An "Archaeological" Study of the Psychoanalytic Avantgarde. Social Research 1988, Vol. 55, No. 4, 551-607.

– (1992). Das Selbst und seine Schicksale. Eine archäologische Untersuchung der psychoanalytischen Avantgarde (I). Psyche, 1/92, S. 52-90.

Schmauch, Ulrike (1987). Anatomie und Schicksal. Zur Psychoanalyse der frühen Geschlechtersozialisation. Fischer, Frankfurt am Main.

Schmidtchen, Stefan und Anneliese Erb (1979). Analyse des Kinderspiels. Athenäum, Königstein, Taunus.

Soeffner, Hans-Georg (1989). Auslegung des Alltags – Der Alltag der Auslegung. Suhrkamp, Frankfurt am Main.

Spöhring, Walter (1989). Qualitative Sozialforschung. B.G. Teubner, Stuttgart.

Stern, Daniel N. (1985). The Interpersonal World of the Infant. Basic Books, New York.

Stern, William (1914). Psychologie der frühen Kindheit. Leipzig (zitiert bei Stefan Schmidtchen und Anneliese Erb 1979).

Süllwold, Lilo (1986). Schizophrenie (2. erweiterte Auflage), Kohlhammer, Stuttgart Berlin Köln Mainz.

Theweleit, Klaus (1980). Männerphantasien. Frauen, Fluten, Körper, Geschichte. Rowohlt Verlag, Hamburg.

Watzlawick, Paul, Janet Beavin und Don D. Jackson (1985). Menschliche Kommunikation. 7. Auflage. Hans Huber, Bern Stuttgart Toronto.

Whiting et al. (1958). The Function of Male Initiation. In: Eleanor E. Maccoby et al. (Eds.) Readings in Social Psychology. New York, Holt (Bezug bei Nancy Chodorow 1986).

Zelnick, Lawrence M. und Ester S. Buchholz (1991). Der Begriff der inneren Repräsentanz im Lichte der neueren Säuglingsforschung. Psyche 9/1991.

BEITRÄGE ZUR
SEXUALFORSCHUNG

Eberhard Schorsch und
Nikolaus Becker
Angst, Lust,
Zerstörung
Sadismus als soziales und
kriminelles Handeln
Zur Psychodynamik
sexueller Tötungen

PSYCHOSOZIAL-VERLAG

September 2000 · 326 Seiten
Broschur
DM 49,80 · öS 364,–
SFr 46,– · EUR 25,46
ISBN 3-89806-048-9

Weitab von allem Sensationellen geht es in diesem Buch darum, anhand der Fallstudien bekannt gewordener „Lustmörder" die psychodynamische Entwicklung nachzuzeichnen und so etwas wie ein psychologisches Verständnis dieser Phänomene zu erreichen: Die in der Öffentlichkeit als „Unmenschen" und „Bestien" Titulierten erscheinen als Menschen, die an Schwierigkeiten innerhalb von Entwicklungsprozessen, die wir alle durchlaufen haben, gescheitert sind. Der gängige Ausdruck „Lustmord", der suggeriert, daß hier eine besonders dämonische Form von Lust verwirklicht wird, erweist sich als irreführend. Denn es geht dabei nicht um die Steigerung von Lust, vielmehr stehen solche Taten am Ende eines langen, verzweifelten Kampfes gegen eine archaische neurotisch-destruktive Dynamik und signalisieren den Zusammenbruch der psychischen Struktur.

P☒V
Psychosozial-Verlag

September 2000 · 281 Seiten
Broschur
DM 49,80 · öS 364,–
SFr 46,– · EUR 25,46
ISBN 3-89806-027-6

Der Vergleich dreier repräsentativer Studien aus den Jahren 1966, 1981 und 1996 gibt höchst interessante Aufschlüsse darüber, wie sich das sexuelle Verhalten von Studierenden und ihre Einstellungen zu Fragen der Sexualität, Partnerschaft, Liebe, Treue, sexuellen Belästigung und Gewalt, usw. in den letzten 30 Jahren gewandelt haben. Wie die in ihrer Art einmalige Studie belegt, hat die sexuelle Revolution der 60er Jahre die noch heute vorherrschenden Einstellungen zur Sexualität nachhaltig geprägt. Neue Trends sehen die Autoren in der höheren Bedeutung der Treue trotz häufigerer Beziehungen und im ambivalenten Verhältnis zur Lebensform des Singles: die 1996er haben die serielle Monogamie perfektioniert: Sie ist nun serieller und monogamer.

„,Sex ist so schön wie Skifahren, und das will was heißen' schreibt ein Student unserer letzten Studie auf die Frage, was ihm Sexualität bedeute. Oberflächlich und entsetzlich banal, könnte man nörgeln. Aber es ist eine Sexualität frei von falschem Tiefsinn, entmystifizierter, entdramatisierter Sex. Und so scheint es, als sei die Sexualität zu Beginn des Jahrhunderts gründlich entrümpelt: vom Katholizismus, vom Patriarchat (fast) und von der Psychoanalyse. Das ist nicht wenig für 50 Jahre, fast schon eine Erfolgsgeschichte."
Gunter Schmidt

P▦V
Psychosozial-Verlag

Renate Maschwitz
Selbst-, Mutter- und Vaterbilder bei Sexualtätern
Probleme in der
Geschlechtsidentität bei
aggressiven Sexualdelinquenten

Psychosozial-
Verlag

September 2000 · 290 Seiten
Broschur
DM 69,– · öS 504,–
SFr 62,50 · EUR 35,28
ISBN 3-89806-040-3

Maschwitz interessiert die Verknüpfung männlicher Identität mit sexueller Gewalt bei Sexualtätern. Hierzu untersucht sie mit Hilfe des „Gießen-Tests" Mutter-, Vater- und Selbstbilder von 84 Sexualtätern, die wegen sexueller Gewaltdelikte strafrechtlich verurteilt und inhaftiert waren.

Zentrale Aussage der empirischen Ergebnisse ist, daß Sexualtäter aufgrund einer unsicheren männlichen Identität handeln. Unbefriedigte Bedürfnisse nach Zuwendung und Bestätigung, die aus enttäuschenden Beziehungen zum Vater resultieren, tragen bei ihnen zu einem mangelnden Selbstwertgefühl und zu Selbstunsicherheit bei. Die Diskrepanzen zwischen dem Selbsterleben und gesellschaftlich vorgegebenen Männlichkeitsvorstellungen führen bei ihnen zu intrapsychischen Spannungen, die über den Haß auf sich selbst schließlich externalisiert werden und im Sexualdelikt (vorübergehende) Entlastung finden.

Die Ergebnisse werden anhand klinischer Beispiele aus gruppenanalytischen Sitzungen veranschaulicht. Daran schließen sich Überlegungen zur therapeutischen Arbeit mit Sexualtätern an.

P⬚V
Psychosozial-Verlag

September 2000 · 177 Seiten
Broschur
DM 39,80 · öS 291,–
SFr 37,– · EUR 20,35
ISBN 3-89806-051-9

PsychoanalytikerInnen sowie Sozial- und Kulturwissenschaftle-rInnen entfalten Frauen- und Männerperspektiven zu den Themen Macht und Gewalt, Liebe und Verunsicherung, Erstarrung und Wandel in heterosexuellen Verhältnissen. Auch die bisher in der Sexualwissenschaft wenig beachtete Frage nach Zusammenhängen zwischen sexistischen und rassistischen bzw. antisemitischen Strukturen wird untersucht.

Mit Beiträgen von:
Halina Bendkowski, Christina von Braun, Sonja Düring, Carol Hagemann-White, Cornelia Hühn, Sebastian Krutzenbichler, Lisa Müller, Bernd Meyenburg, Rainer Neutzling, Hertha Richter-Appelt, Gunter Schmidt, Ulrike Schmauch, Gabriele Teckentrup

P V
Psychosozial-Verlag